大学入学共通テスト

英語[リーディング]
の点数が面白いほどとれる本

駿台予備学校講師
竹岡広信

JN247562

＊この本には「赤色チェックシート」がついています。

はじめに

▶共通テストの「英語[リーディング]」って，どんな試験？

共通テストの前身のセンター試験の英語の出題は，ひと言でまとめれば「すばらしい！」という出来映えです。東京大学の入試問題と同様に，「日本の英語教育をリードしていく」という気概が感じられます。受験人数が数十万人にも上ることを考えれば，教育現場への影響力は計り知れないものがあります。「センター試験のおかげで，英語教育が向上した」と言ってもいいくらいです。

共通一次試験が始まった1979年当時でも，たしかに良問が出題されてはいましたが，試行錯誤の感がまだありました。1990年に共通一次試験がセンター試験に移行して以来，1990年代にはさまざまな問題パターンが試され，出題の精度がさらに高まっていきました。その進化は，21世紀になっても続いています。「つねに進化するセンター試験」という感じですね。英語の実力をつけるためには，センター試験の過去問演習はとても効果的です。2019年のシンポジウムでは「センターの問題は世界遺産」と話されていました。共通テストもその DNA を受け継いでいくことでしょう。

▶この本って，どんな本？

センター試験（そしておそらく共通テスト）の出題には，「従来の“受験英語”を打破し，日本の英語教育を変革しよう」という高い志がうかがえます。しかし，そのような出題者（問題作成部会）の願いとは裏腹に，普遍性のないテクニックに走る対策書が数多く出回っています。傾向が変わるたびに「新傾向」対策用の新作問題集や模擬試験などが出回ります。先ほどのシンポジウムで，問題作成部会の人がこれらの問題を「劣化」と揶揄していました。

私は，出題者の意図からはずれ，従来の“受験英語”への後退を助長するような類書を，文字どおり「打破」したいという動機から，この本を書きました。この本は，共通一次試験，大学入試センター試験と大学入学共通テストの試行調査の本試験・追試験・試行調査のすべての過去問を分析・研究した結果と，のべ何万人にも及ぶ私の教え子を対象として行った授業やテスト，受講生たちからの質問を通して知った彼らの弱点を網羅したものになっています。

また，この本は，「真正面から英語に取り組むための試練の場」を提供することもめざしています。したがって，「あやしげな」テクニックや，些末

な知識はすべて排除しています。掲載した問題は，「考えずに解ける」ような平均点調整のための問題ではなく，「**差がつく**」ものとなっています（したがって，本書は，たとえ現行の試験の読解問題とは出題傾向が異なる問題であっても，「**良問**」**であれば積極的に載せています**）。

▶ 刊行にあたって

この『面白いほどとれる』シリーズのうち，私が執筆した書籍は，おかげさまで，のべ10万人以上の受験生に支持されてきました。実際，「この本を繰り返し勉強したおかげで○×点も伸びました」といううれしい声を何度も聞きました。それが「この本が**本物である証**」だと自負しています。

私には常々，「読解力をつけるには，目先の傾向などは無視していいから，過去問をしっかりやり込めばいい」という信念があり，本書についても大幅な改訂は控えてきました。しかし，このたび共通テストに移行するにあたり，**より普遍的な読解力を育成するための書**にするには大幅な手直しが必要であるとの判断に至りました。そして今回，大改訂に踏み切ったのですが，良いものに仕上がったと思っています。さらにパワーアップを果たした本書を用いて，受験生の皆さんが英語力を向上させられることを心から願っています。

▶ 感謝の言葉

私がセンター試験の分析・研究に興味を持ったのは，先輩である田平稔先生のおかげです。田平先生の方法論を参考にすることによって，今の「竹岡本」が出来上がったと言っても過言ではありません。その後も，貴重なアドバイスや校正などで大変お世話になっています。田平先生以外にも，すばらしい問題を提供していただいている歴代のセンター試験問題作成部会の方々，これまで私が出会ってきたさまざまな指導者の方々など，多くの方に心からお礼を申し上げます。

さらに，執筆・編集の過程ではKADOKAWAの山川徹氏（旧版），細田朋幸氏，丸岡希実子氏（新版）に多大なるご尽力をいただいたことに感謝いたします。

最後に，この本を手に取ってくださった読者の皆さんへの感謝・激励の気持ちを込めて，以下の言葉を贈らせていただきます。

「まあええか！」　その一言で　あと一年　　　　　　　竹岡　広信

もくじ

はじめに ...2
この本の特長と使い方 ...6

第 1 章　情報取得問題（図表チラシ）...10

1st step　傾向チェック編 ...10

2nd step　原則マスター編 ...14

原則① テスト問題の中にある情報は，英文でも図でも何でもとにかくよく見ること ...14

原則② チラシ，記事，レシピの類は必要な情報を見落とすな ...22

原則③ 巧妙な言い換えに注意せよ ...52

原則④ 主観的表現と客観的表現とを識別せよ ...61

3rd step　問題チャレンジ編 ...68

第 2 章　図表読解 ...106

1st step　傾向チェック編 ...106

2nd step　原則マスター編 ...109

原則① 図表は，表題・単位などに注目して「しっかり読む」訓練をせよ ...109

原則② 「図表読解問題」特有の表現を確認せよ ...123

原則③ 図表やイラストを選択する問題では，「錯乱情報」を排除し，正解に至る情報だけを探し出すこと ...149

3rd step　問題チャレンジ編 ...188

第3章 論理展開把握問題 …240

1st step 傾向チェック編 …240
2nd step 原則マスター編 …243
- **原則①** 「1パラグラフ・1アイデア」がパラグラフ構成の基本 …243
- **原則②** But は，その後ろの文が［主張］であることを示すマーカー …250
- **原則③** 空所の後ろの代名詞に注意せよ …279
- **原則④** 空所補充タイプの問題では，まず品詞・代名詞などをチェックせよ …299

3rd step 問題チャレンジ編 …306

第4章 評論・小説・エッセイ読解問題 …344

1st step 傾向チェック編 …344
2nd step 原則マスター編 …346
- **原則①** まず，次の手順を当たり前のこととすること …346
- **原則②** 本文の「主張・テーマ」を考え，方向性から選択肢を吟味しよう。解答は本文の要約になっているから，「本文には直接該当箇所がない表現」が多用されている。よって，まずは消去法により選択肢を絞ろう …378
- **原則③** 巧妙な「言い換え」に注意！ …402
- **原則④** 正解の選択肢に本文の具体例が入るときには，すべての例が凝縮された表現になっている …416

3rd step 問題チャレンジ編 …420

本文イラスト：佐藤百合子（p.367），中口美保
本文デザイン：長谷川有香（ムシカゴグラフィクス）

これから，しばらくのあいだ，
ヨロシクね！

この本の特長と使い方

共通テストの英語の出題範囲は，すべて高校における履修内容にもとづいています。基本さえしっかり身につければ，高得点も可能です。本書を用いて，徹底的に基本事項をおさえてください。

1st step 傾向チェック編 竹岡先生が過去問を詳細に分析した結果，見えてきた明らかな傾向を，楽しい読み物風に書いています。

---

① 情報取得問題（図表チラシ）

1st step 傾向チェック編

① 情報取得に重点を置いた読解のねらい

　図や表などを含む英文を読ませて，「必要な情報を素早く取得する」訓練をさせるものである。これは「スキャニング (scanning)」と呼ばれ，古くからある手法である。素材には図や表にとどまらず，e-mail，各種申込書，チラシ類，新聞の投稿欄などさまざまなものが使用されているが，そのための特殊な学習が必要だとは思われない。結局，必要なのは，次の2点である。

❶ 図表などを隅々まで見て，情報の見落としをしない。
　　➡ 時間との闘い
❷ イラストなどを見て，日常的な英語で表現できる。
　　➡ たとえば「～を壁に貼る」は put ～ on the wall

> 竹岡先生の，ちょっと毒舌だけどためになるお話にじっくり耳を傾けてください

竹岡の一言

「情報取得問題」は，図表やチラシ，e-mail，各種申込書などの，英語圏の日常生活におけるさまざまな情報の中から必要なものを選び出す訓練のための問題。さらには，「机の下にもぐった (**I got under the desk.**)」「携帯電話が圏外だ (**I can't get a signal here.**)」などの，日常生活に必要な英語を訓練する目的も含まれている。実用英語練習の機会だと思って，楽しみながら勉強してほしい。

> 「要するに，問題作成部会はこういうことを問おうとしている」という出題のねらいを，ズバリ分析しています

 **原則マスター編** → そのジャンルの問題を解くうえで威力を発揮する解法を **原則** としてあげ，それに対応した **例 題** を収録しています。

毎年，卒業した受講生から，「本番でバッチリ使えた！」と感謝されている解法のエッセンスを，余すところなく解説しています。直前期には，ココだけでも，目を通してください

原則❷ 本文の「主張・テーマ」を考え，方向性から選択肢を吟味しよう。解答は本文の要約になっているから，「本文には直接該当箇所がない表現」が多用されている。よって，まずは消去法により選択肢を絞ろう

正解の選択肢は，全体のテーマを踏まえたうえで作られている。よって，正解の選択肢は，本文のある1文を「言い換えた」というレベルではなく，「全体のテーマの方向性」を考えて作られている。「本文を読んで，該当箇所を探す」というやり方は通用しないので，避けること。

学習の目安として問題のレベル表示（易／標準／やや難／難）と解答目標時間を示しています

例 題 4　　やや難

「デジタルカメラのために，被写体が『特別なもの』から『日常的なもの』に変化した」という主張の英文に合致しているものを，①～④のうちから一つ選べ。

問　The main idea of the passage is that _____ .
① digital photography is changing the way we keep track of our lives
② people have become more careless about taking photos than they were in the past
③ the digital camera is one of the most important inventions in human history
④ we should carry digital photography to help us remember important events
　　　　　　　　　　　　　　　　　　　　　　　　　　　[追試・改題]

原則 のエッセンスの理解を試すため，精選された過去問を使用しています

解説 問 「この文の主なテーマは_____ということである」
実際には「主張・テーマ」がわかれば正解できたに等しい。このような形式で出題されれば簡単に感じるかもしれない。この設問は，あくまでも選択肢を吟味するための方法論を試す問題だと考えてほしい

疑問点を残さない，論理的な解説を行っています

過去問の傾向を把握し，解法を学んだあとに，腕試しとして取り組むのにふさわしい「差がつく」良問を厳選しています。

問題を解くうえでの着眼点を，ひと言アドバイスしています

例題 6　標準　10分

次の文章を読み，問1～3の　　　に入れるのに最も適当なものを，それぞれの選択肢のうちから一つずつ選べ。

You found the following story in a study-abroad magazine.

Flowers and Their Hidden Meanings
Naoko Maeyama (Teaching Assistant)

1　Giving flowers is definitely a nice thing to do. However, when you are in a foreign country, you should be aware of cultural differences.

2　Deborah, who was at our school in Japan for a three-week language program, was nervous at first because there were no students from Canada, her home country. But she soon made many friends and was having a great time inside and outside the classroom. One day she heard that her Japanese teacher, Mr. Hayashi, was in the hospital after

「共通テストでは時系列をたずねるものが出る！」なんて勇ましい問題集が多いが，小説やエッセイを読むときには「時系列を気にする」なんて当たり前だよね（笑）。

竹岡先生による，キレがあって，応用のきく解説が展開されています

解説　各パラグラフの役割と要旨

第1パラグラフ：外国では文化の差に注意
第2パラグラフ：デボラは先生のお見舞いに鉢植えの花を持って行く。先生が困惑
第3パラグラフ：デボラの説明。先生は情熱的だから赤が好きなはず
第4パラグラフ：デボラはお見舞いに関する日本文化を知って，入院中の先生に再度謝りに行く

問1　「話によると，デボラの感情は次の　　　の順番で変化した」
この英文は「最初は混乱したが，文化の違いに気がついて申し訳なく思った」というオチだから，それだけでも，①「緊張している ⇒ 混乱している ⇒ 幸せだ ⇒ 衝撃を受けている ⇒ 申し訳ない」と，③

このように，いろいろな工夫が詰まったこの本で過去問をしっかり演習すれば，どのレベルにある人でも必ず合格点を取れるようになります。
さあ，さっそく自分の苦手ジャンルからページを開いてみてください。

さあ,「英語」の勉強が始まるよ！今回は「リーディング」に絞った対策で, 新傾向の問題も出題されている。どうやって対策すればいいか困っているだろうけど, この本を読み込めば, どんな問題が出てもたじろがない, 真の実力がつくよ。さっそく始めてみよう！

1 情報取得問題（図表チラシ）

1st step 傾向チェック編

1 情報取得に重点を置いた読解のねらい

　図や表などを含む英文を読ませて，「必要な情報を素早く取得する」訓練をさせるものである。これは「スキャニング（scanning）」と呼ばれ，古くからある手法である。素材には図や表にとどまらず，e-mail，各種申込書，チラシ類，新聞の投稿欄などさまざまなものが使用されているが，そのための特殊な学習が必要だとは思われない。結局，必要なのは，次の2点である。

> ❶　図表などを隅々まで見て，情報の見落としをしない。
> 　　➡　時間との闘い
> ❷　イラストなどを見て，日常的な英語で表現できる。
> 　　➡　たとえば「〜を壁に貼る」は put 〜 on the wall

2 本書の方針

　いたずらに「新傾向」の出題に振り回されることなく，さまざまなタイプの出題に慣れておくことが大切である。

　本書では前述のタイプの問題を「情報取得問題」として位置づけ，過去に出題されたさまざまな傾向の問題を提示することによって読者の学力向上に寄与したい，と考えている。したがって，本書は，たとえ現行の共通テストの読解問題とは出題傾向が異なる問題であっても，「良問」であれば積極的に取り上げている。

> 次のものは，「広告」の出題例（問いは省略）。図以外にもさまざまなパターンが予想されるが，どのようなものが出てきてもあわてず落ち着いて取り組めば大丈夫！

The Edokko Times   January 15, 2007

Classified Ads

SPECIAL INTEREST

EPA（Environmental Preservation Association） is a volunteer organization whose aim is to exchange information in English on ecology movements in Japan. Meetings are held on the third Sunday of each month at the World Center in Shinjuku. The annual membership fee is ¥3,000. The next meeting features "Protection of the Urban Environment." Further information: www.epassociation. or.jp.

- -

Save the Earth Forum is a group discussing environmental issues in Japanese. Join us FREE! Visit our website every Friday 19:00 to 20:30 for our weekly online discussion. Meetings: the 1st Sunday of each month from 13:00 to 15:00 at Saigo Kaikan (a two-minute walk from JR Ueno Station). The theme for this year is "Global Warming." See www.savetheearth.or.jp.

- -

International Communications（IC） provides a great language exchange opportunity. Bi-monthly events are intended for networking between English speakers who wish to make friends with Japanese people and Japanese who want to enjoy English conversation with foreigners. No membership fee. Participation: ¥500 per person. The next IC event is "Sumida River Sunset Cruise" this Friday. Bring your own food and drink. For more information email: info@intercomm-help.ne.jp.

- -

Inquiry is a group which publishes an English magazine four times a year. Its purpose is to provide information on living in metropolitan Tokyo to foreign residents. To receive a copy (postage ¥190), call 090-555-XXXX.

訳

江戸っ子タイムズ，2009 年 1 月 15 日

項目別広告

特殊利益団体

EPA（環境保護協会）は，日本でのエコロジー運動に関して，英語での情報交換を目的とするボランティア団体です。会合は新宿のワールドセンターで毎月，第 3 日曜日に開かれます。年会費は 3,000 円。次回会合の議題は「都市環境の保護」です。詳細は www.epassociation.or.jp まで。

- -

地球を救えフォーラムは，日本語で環境問題を話し合うグループです。参加は無料です！　毎週金曜日の 19：00 ～ 20：30 に開かれる当フォーラムのウィークリー・オンライン・ディスカッションに参加の場合は当ウェブサイトまで来てください。会合：毎月第 1 日曜日の 13：00 ～ 15：00 に西郷会館にて

（JR 上野駅から徒歩 2 分）。今年のテーマは「地球温暖化」です。www.savetheearth.or.jp をご覧ください。

- -

　インターナショナル・コミュニケーションズ（IC）は，外国語で会話するすばらしいチャンスを提供。隔月の催しは，日本人と友達になりたい英語圏の話し手たちと，外国人と英語の会話を楽しみたい日本人とのネットワーク作りを意図したものです。入会費は無料。参加費：1 人 500 円。次回の IC イベントは，今週金曜日の「隅田川サンセットクルーズ」です。食べ物と飲み物は持参のこと。詳しくは info@intercomm-help.ne.jp までメールしてください。

- -

　インクワイアリーは，年に 4 回英語の雑誌を発行している団体です。目的は首都東京での生活情報を外国人居住者に提供することです。当誌の購読（郵便料金￥190）をするには，090-555-XXXX までお電話ください。

　このようなタイプの英文を初めて見る人も多いと思われる。しかし，冷静に読んでみてほしい。この「チラシ」を理解するためには，次のような語彙の知識があれば十分なのである。

❶ **the third Sunday of each month**「毎月第 3 日曜日」
　➡理解するだけならなんでもない表現だが，いざ「英語で言え！」と問われると難しい。読解問題だけで終わらせるのではなく，日常会話のためにも覚えたい。

❷ **the annual membership fee**「年会費」
　➡たとえこの単語の意味がわからなくても **The annual membership fee is ￥3,000.** と書かれているので「お金」であることはわかるだろう。ただし，annual がわからないと，「月の会費」なのか「年の会費」なのかなどが判断できない。

❸ **further information**「さらなる情報」
　➡日本語で「詳細につきましては」にあたる英語は **for further information**。これも読んで理解するだけならなんでもない表現だが，いざ「英語で言え！」と問われると難しい。

❹ **free**「無料で／無料の」
　➡この単語を知らないとさまざまな場面で損をする可能性がある（笑）。なお，**free** は「〜がない」という意味でも用いられる。**duty-free**「免税の／免税品店」は有名な表現。

❺ **bimonthly**「隔月の／月 2 回の」
　➡これも英語圏の日常生活で普通に使われる単語だが，知らない人もいる

かもしれない。ついでに言えば、「隔週の／週2回の」は biweekly。
❻ **a copy**「(雑誌・新聞などの)一部」
　➡日本語で「コピー」と言えば「**複写する（photocopy）**」が有名だが、英語圏の日常生活で a copy と言えばこの意味で多く使われる。

普段から英語圏の日常生活で使う、このような語彙さえ身につけておけば、こういうタイプの問題に対する特別な準備はいらない。

竹岡の一言

「情報取得問題」は、図表やチラシ、e-mail、各種申込書などの、英語圏の日常生活におけるさまざまな情報の中から必要なものを選び出す訓練のための問題。さらには、「机の下にもぐった（**I got under the desk.**）」「携帯電話が圏外だ（**I can't get a signal here.**）」などの、日常生活に必要な英語を訓練する目的も含まれている。実用英語練習の機会だと思って、楽しみながら勉強してほしい。

2nd step 原則マスター編

原則❶ テスト問題の中にある情報は，英文でも図でも何でもとにかくよく見ること

「この図はおまけかな？」なんて思っていてはいけない。いたるところに問題を解くカギが隠されている。それを必死に収集すること。

例題 1

次の文章を読み，問1・2の [   ] に入れるのに最も適当なものを，それぞれ下の①～④のうちから一つずつ選べ。

You found the following story in a blog written by a female exchange student in your school.

School Festival
Sunday, September 15

　I went with my friend Takuya to his high school festival. I hadn't been to a Japanese school festival before. We first tried the ghost house. It was well-made, using projectors and a good sound system to create a frightening atmosphere.

　Then we watched a dance show performed by students. They were cool and danced well. It's a pity that the weather was bad. If it had been sunny, they could have danced outside. At lunch time, we ate Hawaiian pancakes, Thai curry, and Mexican tacos at the food stalls. They were all good, but the Italian pizza had already sold out by the time we found the pizza stall.

　In the afternoon, we participated in a karaoke competition together as both of us love singing. Surprisingly, we almost won, which was amazing as there were 20 entries in the competition. We were really happy that many people liked our performance. We also enjoyed the digital paintings and short movies students made.

I can't believe that students organized and prepared this big event by themselves. The school festival was pretty impressive.

問1　At the school festival, ☐.
　①　most food at the stalls was sold out before lunch time
　②　the dance show was held inside due to poor weather
　③　the ghost house was run without electronic devices
　④　the karaoke competition was held in the morning

問2　You learned that the writer of this blog ☐.
　①　enjoyed the ghost tour, the dance show, and the teachers' art works
　②　sang in the karaoke competition and won third prize
　③　tried different dishes and took second place in the karaoke contest
　④　was pleased with her dancing and her short movie about the festival

［第2回試行調査　第3問］

イラストは「おまけ」ではない！

解説　問1「学校祭では ☐」

　選択肢を順に確認していく。①「屋台のほとんどの食べ物は昼食時間の前に売り切れていた」は, 本文第2パラグラフの第5～6文に「お昼ご飯の時間には, 私たちはハワイアンパンケーキとタイカレー, そしてメキシカンタコスを屋台で食べた。それらはみんなおいしかったが, イタリアンピザは, 私たちがピザの屋台を見つけたときにはすでに売り切れていた」とあり, 合致しない。②「**ダンスショーは悪天候のため屋内で開催された**」は, 本文第2パラグラフ第4文「**もし晴**

れていたら，**彼らは外で踊ることができただろう**」とあり合致。③「お化け屋敷は電子機器を用いずに運営されていた」は，第1パラグラフ第4文「それは恐ろしい雰囲気を作るためにプロジェクターとよい音響システムを用いた，よくできたものだった」とあり合致しない。④「カラオケ大会は午前中に行われた」は，第3パラグラフ第1文「私たちは2人とも歌うのが大好きなので，午後にはいっしょにカラオケ大会に参加した」とあるので「カラオケ大会」は午後に行われたと考えられる。よって合致しない。以上から②が正解となる。

問2「このブログの筆者は [_____] とわかる」

選択肢を順に確認していく。①「お化け屋敷とダンスショー，先生たちの芸術作品を楽しんだ」は，「先生たちの芸術作品」が本文にないので不可。②「カラオケ大会に参加し，3位になった」は，本文第3パラグラフの第2文に「私たちはもう少しで優勝するところだった」とあるだけで「3位」かどうかは確定できない。しかし，**イラストを見ると2位のみが2人なので，2位になったことがわかる**。よって②は合致しない。③「**さまざまな料理を試し，またカラオケ大会で2位になった**」の前半は，本文第2パラグラフ第5文「お昼ご飯の時間には，私たちはハワイアンパンケーキとタイカレー，そしてメキシカンタコスを屋台で食べた」と一致しており，後半は②の解説で述べたとおり合致している。④「彼女のダンスと彼女の学校祭に関する短い動画に満足した」は，本文第2パラグラフ第1文「それから私たちは生徒によるダンスショーを見た」だけからでも合致していないことがわかる。

以上より③が正解。イラストを見ていないと解けない問題である。

解答 問1 ②　　問2 ③

訳　　あなたは自分の学校の交換留学生である女生徒が書いたブログで以下の話を見つけた。

学校祭
9月15日　日曜日

私は友人のタクヤといっしょに彼の高校の学校祭に行った。私はそれまで日本の学校祭には行ったことがなかった。私たちはまずお化け屋敷に挑戦してみた。それは恐ろしい雰囲気を作るためにプロジェクターとよい音

響システムを用いた，よくできたものだった。

　それから私たちは生徒によるダンスショーを見た。彼らはかっこよくて，また踊りも上手だった。天気が悪かったのが残念だ。もし晴れていたら，彼らは外で踊ることができただろう。お昼ご飯の時間には，私たちはハワイアンパンケーキ，タイカレー，そしてメキシカンタコスを屋台で食べた。それらはみんなおいしかったが，イタリアンピザは，私たちがピザの屋台を見つけたときにはすでに売り切れていた。

　私たちは 2 人とも歌うのが大好きなので，午後にはいっしょにカラオケ大会に参加した。大会には 20 組もの参加者がいたが，驚いたことに，私たちはもう少しで優勝するところだった。私たちは多くの人々が私たちの歌を気に入ってくれてとても幸せだった。私たちはまた，生徒たちの作ったデジタル絵画と短編映画も楽しんだ。

　私はこのような大きい催しを生徒たち自身が組織し，準備したというのが信じられない。学校祭はかなり印象的なものだった。

語句

第1パラグラフ

▶ **fríghtening**　　　形「恐ろしい／怖い」
▶ **átmosphere**　　　名「雰囲気」

第2パラグラフ

▶ **perfórm** 〜　　　他「〜を行う」
▶ **cool**　　　形「かっこいい」
▶ **It is a píty that** S V　　　熟「S V は残念だ」
▶ **Thai**　　　形「タイの」
▶ **stall**　　　名「屋台」
▶ **sell out**　　　熟「売り切れる」

第3パラグラフ

▶ **partícipate in** 〜　　　熟「〜に参加する」
▶ **karaóke competítion**　　　名「カラオケ大会」
▶ **surprísingly**　　　副「驚いたことに」
▶ **amázing**　　　形「驚きの／驚くべき」

第4パラグラフ

▶ **órganize** 〜　　　他「〜を組織する」
▶ **by** *oneself*　　　熟「自分だけで」
▶ **prétty**　　　副「かなり」
▶ **impréssive**　　　形「印象的な」

情報取得問題（図表チラシ）

例題 2 　　易　5分

次の文章を読み，問1・2の □ に入れるのに最も適当なものを，それぞれ下の①〜④のうちから一つずつ選べ。

You want to visit a country called Vegetonia and you found the following blog.

My Spring Holiday on Tomatly Island
Sunday, March 23

I went with my family to a country named Vegetonia to visit Tomatly Island, which is located to the southwest of the main island of Vegetonia. The fastest way to get to Tomatly is to take an airplane from Poteno, but we took a ferry because it was much cheaper. It started to rain when we got to the island, so we visited an art museum and a castle. Then, we enjoyed a hot spring bath. In the evening, our dinner was delicious. Everything was so fresh!

Luckily, the next morning was sunny. We rented bicycles and had fun cycling along the coast. After that, we went fishing on the beach but we didn't catch anything. Oh well, maybe next time! In the evening, we saw a beautiful sunset and later on, lots of stars.

On the last day, we took a private taxi tour and the driver took us to many interesting places around the island. She also told us a lot about the nature and culture of the island. We had a great holiday, and as a result, I've become more interested in the beauty and culture of small islands.

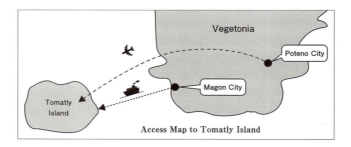

Access Map to Tomatly Island

問1　The family went to Tomatly Island from ☐☐☐☐ . ✕

① Magon by air

② Magon by sea

③ Poteno by air

④ Poteno by sea

問2　From this blog, you learned that ☐☐☐☐ . ✕

① the best month to visit Tomatly Island would be March because it is less crowded

② there are still some things you can enjoy on the island even if the weather is bad

③ you can enjoy various outdoor activities and local food at reasonable prices

④ you can join a bus tour around the island that explains the island's nature and culture

［第1回試行調査　第3問］

解説 問1 「一家は ☐☐☐☐ からトマトリー島に行った」

　第1パラグラフの第2文で「トマトリー島に行く最短の方法はポテノから飛行機に乗ることだが，私たちはフェリーで行った。そのほうがずっと安かったからだ」とあり，**フェリーで行ったことがわかる**。よって①「飛行機でマゴン」，③「飛行機でポテノ」は消える。さらに地図を見ると，フェリーはマゴンから出ていることが確認できる。よって答えは④「船でポテノ」ではなく，②「**船でマゴン**」である。

問2 「このブログから ☐☐☐☐ ということが**わかる**」

　選択肢を順に確認していく。①「トマトリー島を訪ねるのに最も適した月は3月で，それはあまり混んでいないからである」は，ブログの日付から家族がトマトリー島に行ったのが3月であるとわかるが，それ以外のことは書かれていないので不可。②「**天気が悪かったとしても島には楽しめるものがまだいくらかある**」は，第1パラグラフ第3〜4文で「私たちが島に着いたころに雨が降り出したので，私たちは美術館とお城に行った。それから私たちは温泉を楽しんだ」とある

情報取得問題（図表チラシ）　19

ので合致。③「さまざまな野外活動と地元の食べ物を良心的な価格で楽しむことができる」は，少なくとも「良心的な価格で」に対応する記述や図はない。④「島の自然と文化について説明してくれる島全体のバスツアーに参加できる」は，「バスツアー」が本文には書かれていない。以上から②が正解だとわかる。

解答 問1 ②　問2 ②

訳　あなたはベジトニアと呼ばれる国に行きたいと思っていて，次のブログを見つけた。

トマトリー島での私の春休み
3月23日　日曜日

　私は家族といっしょにベジトニアという名前の国へ行き，トマトリー島を訪れた。その島は，ベジトニアの本島の南西に位置している。トマトリー島に行く最短の方法はポテノから飛行機に乗ることだが，私たちはフェリーで行った。そのほうがずっと安かったからだ。私たちが島に着いたころに雨が降り出したので，私たちは美術館とお城に行った。それから私たちは温泉を楽しんだ。夕方，私たちの晩ご飯はとてもおいしかった。何もかもが新鮮だった！

　幸運にも，次の日の朝は晴れだった。私たちは自転車を借りて，海沿いのサイクリングを楽しんだ。そのあと，私たちは浜辺に釣りをしに行ったが，まったく釣れなかった。まあいい。きっと次回は！　夕方には，私たちは美しい夕日を見て，そのあとにはたくさんの星を見た。

　最終日にはタクシーに乗って家族だけでツアーをした。運転手さんに島中のたくさんの興味深い場所に連れて行ってもらった。彼女はまた島の自然や文化について多くのことを私たちに教えてくれた。私たちはすばらしい休日を過ごし，結果として，小さな島の美しさや文化について，私はより興味を持つようになった。

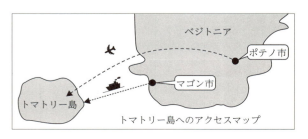

語句

第1パラグラフ

▶ be lócated to ～ 　熟 「～に位置している」
▶ get to ～ 　熟 「～に到達する」
▶ much ＋比較級 　副 「ずっと～」
▶ castle 　名 「城」
▶ a hot spring bath 　名 「温泉」
▶ so 　副 「それほど～」
　　＊　訳さないことも多い

第2パラグラフ

▶ lúckily 　副 「幸運なことに」
▶ rent ～ 　他 「(お金を出して) ～を借りる」
▶ have fun (V)ing 　熟 「Vして楽しむ」
▶ láter on 　熟 「(続けて) あとで」

第3パラグラフ

▶ cúlture 　名 「文化」
▶ as a resúlt 　熟 「結果 (の1つ) として」

情報取得問題 (図表チラシ)　21

原則❷ チラシ，記事，レシピの類は必要な情報を見落とすな

　実用的なチラシなどを見て答える問題は，特殊な表現は知らなくても解けるように作ってあるが，最低限知っておかねばならないことがある。たとえば，コンサートや映画のチラシの中にある advance ticket「前売り券」を知らないと苦労することになる。

「実用実務読解問題」特有の表現を確認せよ！

❶ 入会・会費・料金・返金

例1　**Subscribers** can participate in ABC seminars.
　　　「加入者は ABC セミナーに参加できます」

例2　**Fill out an application form** and send it to us at aaabbb@ccc.ne.jp.
　　　「申込書にご記入の上，aaabbb@ccc.ne.jp までお送りください」

例3　Children 6 years old and under can get in **free** when accompanied by a parent.
　　　「6 歳以下のお子様は保護者同伴の場合には入場無料です」

例4　The price is 5,000 yen **postage included**.
　　　「価格は送料込みで 5,000 円です」

例5　The annual **membership fee** is $5.00.
　　　「年会費は 5 ドルです」

例6　We are offering 10% off regular **admission** in July.
　　　「7 月は通常の入場料を 10 パーセント割引します」

例7　For this month only, we are waiving the **enrollment fee** for new members.
　　　「今月入会の方に限り入会金を免除いたします」

例8　**Shipping and handling charges** may vary according to ～.
　　　「送料と手数料は～によって異なることがあります」

例9　We accept credit cards, money orders, and **bank transfers**.
　　　「クレジットカード，為替，銀行振込でのお取引が可能です」

例10　The **expiration date** of my card is January 2018.
　　　「私のクレジットカードの有効期限は 2018 年の 1 月です」

例 11　If this should fail to give satisfaction, we guarantee to **refund your money**.

「万一ご満足いただけない場合は返金を保証いたします」

❷ 事務関係

例 1　**For more information**, e-mail: aaabbb@intercomm.ne.jp.

「詳細につきましては，Eメール：aaabbb@intercomm.ne.jp まで」

例 2　Passengers traveling with pets must inform the airline **in advance**.

「機内にペットを持ち込むお客様はあらかじめお知らせください」

例 3　**Round-trip tickets** are available at this desk.

「往復切符はこのデスクでお買い求めできます」

例 4　This pass **is valid** for a year from the date of purchase.

「このパスはご購入日から1年間有効です」

例 5　We gladly accept **orders** from all around the globe.

「ご注文は世界じゅうから喜んで受け付けます」

❸ 授業・講習

例 1　Students **are placed** in the level appropriate to their language ability.

「学生はその言語能力に適したレベルに配属されます」

例 2　The **nine-digit student number** is at the top of the student identification card.

「9桁の学生番号が学生証の上部に書かれています」

例 3　The basic **tuition fee** depends on how early you pay.

「基本授業料はお支払いいただく時期の早さで決まります」

例 4　This is a workshop to give children **hands-on experience** with computers.

「これは子どもたちにコンピュータを実地体験させる講習会です」

例 5　All classes require **advance registration**.

「どの授業も事前登録が必要です」

例 6　Seats are assigned **on a first-come, first-served basis**.

「座席は先着順で決まります」

例題 3

次の文章を読み，問1〜3の [　　　] に入れるのに最も適当なものを，それぞれ下の①〜④のうちから一つずつ選べ。

You visited your town's English website and found an interesting notice.

Call for Participants: Sister-City Youth Meeting
"Learning to Live Together"

Our town's three sister cities in Germany, Senegal, and Mexico will each send ten young people between the ages of 15 and 18 to our town next March. There will be an eight-day youth meeting called "Learning to Live Together." It will be our guests' first visit to Japan.

We are looking for people to participate: we need a host team of 30 students from our town's high schools, 30 home-stay families for the visiting young people, and 20 staff members to manage the event.

Program Schedule

March 20	Orientation, Welcome party
March 21	Sightseeing in small four-country mixed groups
March 22	Two presentations on traditional dance: (1) Senegalese students, (2) Japanese students
March 23	Two presentations on traditional food: (1) Mexican students, (2) Japanese students
March 24	Two presentations on traditional clothing: (1) German students, (2) Japanese students
March 25	Sightseeing in small four-country mixed groups
March 26	Free time with host families
March 27	Farewell party

- Parties and presentations will be held at the Community Center.
- The meeting language will be English. Our visitors are non-native speakers of English, but they have basic English-language skills.

To register, click **here** before 5 p.m. December 20
▶▶ International Affairs Division of the Town Hall

問1 The purpose of this notice is to find people from the host town to ＿＿＿．
① decide the schedule of activities
② take part in the event
③ visit all of the sister cities
④ write a report about the meeting

問2 During the meeting the students are going to ＿＿＿．
① have discussions about global issues
② make presentations on their own cultures
③ spend most of their time sightseeing
④ visit local high schools to teach languages

問3 The meeting will be a good communication opportunity because all of the students will ＿＿＿．
① be divided into different age groups
② have Japanese and English lessons
③ speak with one another in English
④ stay with families from the three sister cities

［第2回試行調査　第1問］

問3は，センター試験時代を踏襲する見事な言い換えだ。

解説　問1　「このお知らせの目的は主催の街から ＿＿＿ ための人を見つけることだ」

　チラシの表題には「参加の呼びかけ：姉妹都市の若者の集い『共生のための学び』」とあり，さらに本文を確認すると，第2パラグラフに「私たちは参加者を探しています。すなわち，主催チームとして私たちの町の高校の生徒30人，訪れる若者のためのホームステイ受け入れ家族30世帯と催しを切り盛りするためのスタッフが20人必要です」とあり，「**催しの参加者**」を募っていることがわかる。よって，①「活動の日程を決める」は不適切。② 「**催しに参加する**」が正解。③「すべての姉妹都市を訪れる」，④「会議についての報告書を書く」

情報取得問題（図表チラシ）　25

は，本文にそのような記述がない。

　本文の正解のカギとなる participate は CEFR-J では B1 とやや難しい単語だが，この単語を含む文のあとの文で，平易な単語を用いて説明されているため，**たとえ participate を知らなくても解ける**。なお選択肢の take part in 〜は participate in 〜を簡単に言い換えた熟語。

問2 「会議のあいだ生徒は ▢▢▢▢▢ 予定だ」

　プログラムの予定を見ると，3 月 20 日と 27 日は歓送迎会，3 月 21 日と 25 日が観光，22 日から 24 日の 3 日間が，日本人に加えてそれぞれセネガル人，メキシコ人，ドイツ人による，伝統文化についての発表となっていることがわかる。① 「地球規模の問題について討論する」は，本文にそのような記述がないので不適切。② 「自分たち自身の文化について発表をする」はいったん保留。③ 「ほとんどの時間を観光をして過ごす」は「ほとんどの」が不適切で誤り。④ 「地元の高校に言語を教えに訪れる」は，本文にそのような記述がない。以上から ② が正解だとわかる。

　本文では **traditional dance「伝統的な踊り」**，**traditional food「伝統的な食べ物」**，**traditional clothing「伝統衣装」とあり，これらが their own cultures「彼ら自身の文化」と言い換えられていることに注意したい**。問 1 では participate を take part で置き換えた，いわば「単純な言い換え」だが，この問題は具体例を総称した言い換えになっている。このような言い換え問題に対しては，**「正解を探す」**よりも**「不正解の選択肢を消していく」という消去法が有効である**ことも覚えておきたい。

問3 「すべての生徒が ▢▢▢▢▢ ので，会議はよい意思疎通の機会になるだろう」

　① 「年齢ごとのグループに分けられる」，② 「日本語と英語の授業を受ける」は本文には記述がない。③ 「お互いに英語で話す」はいったん保留。④ 「3 つの姉妹都市からの家族の家に滞在する」は「3 つの姉妹都市からの」が不可。本文第 2 パラグラフ第 2 文には「訪れる若者のためのホームステイ受け入れ家族 30 世帯」とあるが，その若者の家族が来るとは書かれていない。以上から ③ が正解だと推測できる。念のため確認する。本文に書かれたスケジュールの欄外の 2 つ目の注意事項を見ると，「会議の言語は英語である」とある。ただ

し，本文には「だから，会議はよい意思疎通の機会になる」とは書かれていないし，「外国語としての英語での意思疎通」は実際にはなかなか困難と思われるが，選択肢にあるように「意思疎通の機会」にはなると推察できる。以上から ③ が正解。

なお選択肢にある one another は，「お互い」という意味の熟語。another one「他の1つ」の語順が入れ替わってできた熟語で，本来は「（3者以上の母集団に対して）お互い」の意味で使ったが，現在では「（2者あるいはそれ以上の母集団に対して）お互い」の意味で使用し，each other と交換可能。

解答 問1 ② 問2 ② 問3 ③

訳 あなたは自分の町の英語のウェブサイトを訪れ，面白い告知を見つけました。

参加の呼びかけ：姉妹都市の若者の集い「共生のための学び」

ドイツ，セネガル，メキシコにある私たちの町の3つの姉妹都市から，来年3月，私たちの町に15歳から18歳までの若者がそれぞれ10人ずつ送られてきます。「共生のための学び」と題された8日間の若者による集会が行われる予定です。それは私たちのゲストにとって初めての訪日になるでしょう。

私たちは参加者を探しています。すなわち，主催チームとして私たちの町の高校の生徒30人，訪れる若者のためのホームステイ受け入れ家族30世帯と催しを切り盛りするためのスタッフが20人必要です。

プログラムの予定

3月20日	研修会，歓迎会
3月21日	4か国合同の小グループでの観光
3月22日	伝統的な踊りについての2つの発表
	(1)セネガル人の生徒　　(2)日本人の生徒
3月23日	伝統料理についての2つの発表
	(1)メキシコ人の生徒　　(2)日本人の生徒
3月24日	伝統衣装についての2つの発表
	(1)ドイツ人の生徒　　(2)日本人の生徒
3月25日	4か国合同の小グループでの観光
3月26日	ホストファミリーとの自由時間

情報取得問題（図表チラシ）　27

3月27日　　お別れ会

・会と発表は公民館で行われる予定です。
・集会での使用言語は英語です。私たちのお客さんは英語が母語ではありませんが，基本的な英語力はあります。

登録するには，12月20日の午後5時までにここをクリックしてください。

▶▶町役場国際課

(語句)

▶ nótice	名	「告知」
▶ partícipant	名	「参加者」
▶ each	名	「それぞれ」

＊　本文では，Our town's three sister cities と同格の関係となっている

▶ éight-day	形	「8日にわたる」
▶ partícipate	自	「参加する」
▶ staff mémber	名	「スタッフ（の1人）」
▶ síghtseeing	名	「観光」
▶ tradítional	形	「伝統的な」
▶ farewell párty	名	「お別れ会」
▶ hold ～	他	「～を催す」
▶ régister	自	「登録する」
▶ take part in ～	熟	「～に参加する」
▶ glóbal	形	「世界的な」
▶ íssue	名	「（社会的な）問題」
▶ spend ～ (V)ing	熟	「～をVに費やす」
▶ opportúnity	名	「（良い）機会」
▶ divíde A into B	熟	「AをBに分ける」
▶ one anóther	熟	「お互い」
▶ stay with ～	熟	「～の家に泊まる」

例題 4

易 **6分**

　次ページのオンライン・ショッピングのサイトを読み，問1～3の
　　　　　　に入れるのに最も適当なものを，それぞれ下の①～④のうちか
ら一つずつ選べ。

問1　According to the website, the online bookstore 　　　　　　.

①　deals with a wide range of items

②　does not provide online instructions

③　has stores throughout the world

④　surveys about 90% of its customers

問2　Customers have to pay extra for shipping when they order
　　　　　　　.

①　a paperback novel which is paid for by bank transfer

②　five CDs and five DVDs together with standard domestic
　　delivery

③　from countries which are mentioned in More Shipping Info

④　products whose total weight exceeds the 10 kg limit

問3　At *San Fran Bookstore,* 　　　　　　.

①　customers contact the store when receiving a product

②　international customers can buy goods with cash

③　new customers do not have to pay shipping costs

④　products can be exchanged up to two months after purchase

San Fran Bookstore Online Order Instructions
http://www.sanfranbook.com/order/instructions.html

San Fran Bookstore
Online Shopping Instructions

As one of the most popular US-based online bookstores, San Fran Bookstore offers a variety of products. In addition to books, we sell CDs, DVDs, software, video games, and office furniture —— all at reasonable prices. We gladly accept orders from all around the globe. More than 90 percent of San Fran Bookstore customers come back and make another purchase because they are satisfied with our service.

Shipping & Handling

Shipping and handling charges may vary according to the delivery address for your order. Below are the general policies about shipping and handling charges:

Destination	Standard Shipping		Rapid Shipping		Quantity /Weight
	Cost	Estimated Time	Cost	Estimated Time	
Domestic	$ 4.00	5 days	$ 7.00	2 days	Up to 10 items (10kg max) per shipment
International	$10.00	16 days	$15.00	8 days	

∗ Additional shipping and handling charges will apply to items of unusual size or weight.
∗ Refer to More Shipping Info for the countries to which we cannot ship due to international restrictions.

Notes

1. Payment methods: We accept credit cards, money orders, and bank transfers. For international orders, only credit cards are accepted.
2. For new customers: We offer a 5% "First-time Buyer Discount" on your first order.
3. Return policy: Merchandise may be returned for an exchange within two months of purchase.
4. Immediate response: If you do not hear from us within 24 hours of submitting an order or inquiry, please email us at inquiry@sanfranbook.com or telephone (xxx)-xxx-xxxx.

  We hope you enjoy a pleasant online shopping experience with us.

[追試]

問2が少し難しかったようだ。数字関連の問題は慎重に取りかかること。

解説 問1「ホームページによると，このネット書店は _____ 」

① 「**幅広い商品を扱っている**」。本文に「**サン・フラン書店はさまざまな商品を提供いたします**。書籍はもちろんのこと，CD，DVD，ソフトウェア，テレビゲーム，それに事務用家具など」とあるので合致。

② 「ネットでの説明はしていない」は明らかな間違い。右の表はまさに「ネットでの説明」。

③ 「世界中に店舗を構えている」も間違い。海外への発送の場合には値段が高くなることを考えれば，海外に店舗があるとは思えない。

④ 「顧客のおよそ90％を調査している」。本文に記述はない。

以上から①が正解。

問2「_____ （を）注文するときには追加送料が必要となる」

本文には「大きさや重量が上記を超える商品につきましては別途送料と手数料をいただきます」とある。

① 「銀行振込で支払うペーパーバックの小説」は追加料金と無関係で不可。

② 「普通国内便でのCD 5枚とDVD 5枚」。表の右の欄に「1回の送付につき最大10品目（最大10キロ）まで」とあり，数量は問題ない。CDやDVDが1枚1キログラムもあるとは思えないので，重量の超過手数料は必要ない。

③ 「発送詳細情報に挙げられている国から」。本文には「国際規約により商品をお送りできない地域がございます。発送詳細情報をご覧ください」とあるだけで超過手数料が必要とは書かれていないので不可。

④ 「**総重量が10キログラムを超える商品**」。これが正解。

問3「サン・フラン書店では _____ 」

① 「商品を受け取ったとき，客は店に連絡をとる」。本文に記述なし。

② 「海外からの客は現金で商品が買える」。本文には「海外からのご注文につきましては，クレジットカードのみのご利用とさせていただいています」とあるので不可。

情報取得問題（図表チラシ）　31

③「新規の客は送料を払う必要はない」。本文には「初めてご利用のお客様：初回ご注文時に「新規ご利用特典割引」として5%の割引をさせていただきます」とあるだけなので不可。

④「商品は購入後最大で2か月までなら交換可能である」。本文には「商品の返品規約：ご購入後2か月以内でしたら，商品の交換をさせていただきます」とあり合致。これが正解。

解答 問1 ① 問2 ④ 問3 ④

訳 サン・フラン書店 インターネットによる注文の手引き
http://www.sanfranbook.com/order/instructions.html

サン・フラン書店
インターネットによる注文の手引き

　米国を本拠地とする最も人気のあるネット書店の1つとして，サン・フラン書店はさまざまな商品を提供いたします。書籍はもちろんのこと，CD，DVD，ソフトウェア，テレビゲーム，それに事務用家具など，すべてお手ごろ価格で販売しております。ご注文は世界中から喜んでお受けいたします。サン・フラン書店ご利用のお客様は，私どものサービスにご満足くださり，リピーター率は90%を超えております。

送料と手数料
　送料と手数料はご注文をいただいたお客様の配送先によって異なります。送料と手数料に関する全体的な約款は以下のとおりです。

送付先	普 通 便		お 急 ぎ 便		数量／重量
	金額	商品到着までの時間	金額	商品到着までの時間	
国内	4ドル	5日間	7ドル	2日間	1回の送付につき最大10品目（最大10キロ）まで
海外	10ドル	16日間	15ドル	8日間	

＊　大きさか重量が上記を超える商品につきましては追加で送料と手数料をいただきます。

＊　国際規約により商品をお送りできない地域がございます。発送詳細情報をご覧ください。

注
1. 　お支払い方法：クレジットカード，為替，銀行振込でのお取引が可能です。海外からのご注文につきましては，クレジットカードのみのご利用とさせていただいています。
2. 　初めてご利用のお客様：初回ご注文時に「新規ご利用特典割引」として 5％の割引をさせていただきます。
3. 　商品の返品規約：ご購入後 2 か月以内でしたら，商品の交換をさせていただきます。
4. 　迅速な対応：ご注文，お問合せのあと 24 時間以内にご連絡を差し上げなかった場合には，inquiry@sanfranbook.com までメールをいただくか，あるいは (xxx)-xxx-xxxx までお電話ください。

　　私どものお店でネットショッピングを楽しんでください。

語句

▶ wébsite	名	「ホームページ」
▶ a wide range of 〜	熟	「幅広い範囲の〜」
▶ survéy 〜	他	「〜を調査する」
▶ cústomer	名	「客」
▶ pay éxtra	熟	「超過料金を払う」
▶ shípping	名	「運送（料金）」
▶ bank tránsfer	名	「銀行振込」
▶ doméstic	形	「国内の」
▶ goods	名	「商品」
▶ exchánge 〜	他	「〜を交換する」
▶ up to 〜	熟	「〜まで」
▶ púrchase	名	「購入」
▶ réasonable price	名	「お手ごろ価格」
▶ the globe	名	「世界」
▶ hándling	名	「取り扱い（料金）」
▶ destinátion	名	「目的地」
▶ éstimated	形	「推定の」
▶ restríction	名	「制限」

例題 5

次のマラソン大会の申込みに関するウェブサイトを読み，問 1 ～ 3 の ▢ に入れるのに最も適当なものを，それぞれ下の ① ～ ④ のうちから一つずつ選べ。

The 28th LAKEVILLE MARATHON
February 26, 2015

APPLICATION
▷ Period: August 1 – August 31, 2014 (NO late applications will be accepted.)
▷ Anyone 16 or older on the day of the race may apply for entry.
▷ Online applications only.
▷ One application per person. Multiple applications will be automatically rejected.
▷ Reporting any false personal information will result in elimination.

SELECTION
▷ Unfortunately, due to the size of Lakeville Sports Field, not all applications can be accepted. The 15,000 runners will be determined by lottery.
▷ Applicants will receive their acceptance or rejection letter in mid-October.

PAYMENT
▷ Online credit card payments only.
▷ The application fee cannot be returned. NO exceptions.
▷ The entry fee will be charged only to those selected by lottery.

Category	Application fee*	Entry fee**
Minor (16 or 17)	$15	$25
Adult (18 to 64)	$15	$50
Senior (65 or over)	$15	$15

 *No application fee if you live in Lakeville!
**$5 discount if you entered either of the last two Lakeville Marathons!

RACE DAY
▷ Check-in: Opens at 7:00. All participants must present a photo ID (for example, driver's license or passport) and their acceptance letter on the day of the race.
▷ Race schedule: Starts at 8:00/Finishes at 16:00 (Runners who fail to finish by the designated time must stop running.)

For inquiries, contact: marathondesk@lkve.com

[**CLICK HERE TO APPLY**]

問1 Which of the following statements is NOT true about applying?

① You must apply during the month of August.
② You must be at least 16 years old when you apply.
③ You must enter your application via the Internet.
④ You must submit no more than one application.

問2 A 70-year-old woman living in Lakeville who competed in the 26th marathon will have to pay _____ to participate.

① $10
② $15
③ $25
④ $30

問3 According to the website, which of the following is true? _____

① You can pay the application and entry fees in cash.
② You have to make all inquiries by phone.
③ You must check online to see if you are accepted.
④ You will have eight hours to finish the race. ［本試］

解説 問1 「次の中で，申込みに関して正しくないことを述べているのはどれか」

①「8月中に申し込まなければならない」は，本文の「申込み」の欄の第1文に「期間：2014年8月1日から8月31日（期間後の申込みは一切受け付けません）」とあるので正しい。②「(インターネットで) 申込む時点で少なくとも16歳でなければならない」は，本文の「申込み」の欄の第2文「レース当日に16歳以上の方は，どなたでも参加申込みができます」に反するので不可。「(レース当日の) エントリー登録」と「(インターネットによる) 申込み」との区別ができないと難しい。③「申込みはインターネットを通じて行わなければならない」は，本文の「申込み」の欄の第3文「申込みはオンラインのみ」に合致。④「申込書は1通しか提出してはならない」は，本文の「申込み」の欄の第4文「申込みは1名につき1回限り。複数回申し込んだ場合は，自動的に無効となります」と合致。

情報取得問題（図表チラシ） 35

①・③・④ がはっきりしているので，消去法を用いれば速く解ける。下位層の正解率は 30% ぐらいで，上位層の正解率も 70% 未満。

問2 「第 26 回のマラソンで走ったレークビル在住の 70 歳の女性は，参加するのに ▢▢▢▢▢ を払わなければならないだろう」

まず「（70 歳の）申込み料金」は，15 ドル。ただし，「レークビルにお住まいの方は申込み料金が不要です」とあるので 0 ドルとなる。「（70 歳の）参加料金」は 15 ドルだが，「最近 2 回のレークビル・マラソンのいずれかに出場された方は 5 ドル割引になります」とあるので，15 − 5 = 10 より ① 「**10 ドル**」が正解とわかる。

さまざまなポイントを確認しなければならず，非常に面倒な問題。

問3 「このウェブサイトによると，次の中で正しいのはどれか」

① 「申込み料金と参加料金は現金で支払うことができる」は不可。「支払い」の欄に「オンラインによるクレジットカード払いのみ」とある。② 「すべての問い合わせは電話で行わなければならない」も不可。本文の最下欄に「お問い合わせは，marathondesk@lkve.com までご連絡を」とある。③ 「当選したかどうかは，オンラインで確認しなければならない」も不可。本文の「選抜」の欄の第 2 文に「当落の通知書は，10 月半ばに申込み者にお届けします」とある。以上から ④ 「**8 時間でレースを完走すればよい**」が正解とわかる。本文の「レース当日」の欄の第 2 文に「レースのスケジュール：8 時開始，16 時終了（指定時間までにゴールできないランナーは，マラソンを中止していただくことになります）」とある。

問3は，問1，問2で扱えなかった本文の残りを「総ざらえ」するための問題。邪魔くさくても 1 つ 1 つ確認するしかない。

解答 問1 ②　　問2 ①　　問3 ④

訳 第 28 回レークビル・マラソン
2015 年 2 月 26 日
申込み
・期間：2014 年 8 月 1 日から 8 月 31 日
　　　　（期間後の申込みは一切受け付けません）
・レース当日に 16 歳以上の方は，どなたでも参加申込みができます。
・申込みはオンラインのみ。

36

・申込みは 1 名につき 1 回限り。複数回申し込んだ場合は，自動的に無効となります。

・虚偽の個人情報を申告した場合，資格を取り消します。

選抜

・レークビル運動場には大きさの制限があるため，残念ながら，すべての申込みに応じることができません。抽選により 15,000 人のランナーを決定します。

・当落の通知書は，10 月半ばに申込み者にお届けします。

支払い

・オンラインによるクレジットカード払いのみ。

・申込み料金は返却できません。例外はありません。

・参加料金は抽選で選ばれた方にのみ請求いたします。

カテゴリー	申込み料金*	参加料金**
未成年（16 または 17 歳）	15 ドル	25 ドル
成年（18 から 64 歳）	15 ドル	50 ドル
シニア（65 歳以上）	15 ドル	15 ドル

 *レークビルにお住まいの方は申込み料金が不要です！

**最近 2 回のレークビル・マラソンのいずれかに出場された方は 5 ドル割引になります！

レース当日

・受付：7 時開始。参加者には全員，レース当日に顔写真付きの身分証明書（運転免許証やパスポートなど）と当選通知書を提示していただきます。

・レースのスケジュール：8 時開始，16 時終了（指定時間までにゴールできないランナーは，マラソンを中止していただくことになります）

お問合せは，marathondesk@lkve.com までご連絡を。

クリックして応募

（語句）
- ▶ false 形「虚偽の」
- ▶ resúlt in ～ 熟「結果として～になる」
- ▶ eliminátion 名「除外／予選落ち」
- ▶ lóttery 名「抽選」
- ▶ fee 名「料金」
- ▶ charge ～ 他「（料金）を請求する」
- ▶ désignate ～ 他「～を指定する」

例 題 6

標準 6分

次ページのコンサートに関する広告を読み，問1～3の □□□ に入れるのに最も適当なものを，それぞれ下の ① ～ ④ のうちから一つずつ選べ。

問1　Which of the following statements is true? □□□
　① Acton City Stadium will host *Seven Funky Rangers*' spring concert.
　② *Seven Funky Rangers* are famous for their two top-selling songs.
　③ *Seven Funky Rangers* will perform several times this year.
　④ The legendary *Hip Hop Heroes* are the main attraction.

問2　Which of the following costs $80 if bought on August 18th? □□□
　① One class A standard seat.
　② One class B standard seat.
　③ One class B VIP seat.
　④ One stage front ticket.

問3　A family consisting of a father aged 41, a mother aged 40, two boys aged 14, and a girl aged 13, providing proof of age for the children, would □□□ .
　① all be allowed to enter the stage front section
　② exceed the maximum number of tickets that can be bought at one time
　③ receive a 50% discount on three tickets when purchasing in advance
　④ receive a 10% discount when purchasing five tickets at one time

38

Acton City Stadium http://www.actoncitystadium.us

Acton City Stadium proudly presents the legendary Seven Funky Rangers

Aug. 18th

The world-famous pop group **Seven Funky Rangers** will play at the Acton City Stadium, **Saturday, August 18th**. Famous for their number one hits *Don't Cry No More* and *Too Busy Living Life To The Full*, **Seven Funky Rangers** will only perform once this year, so don't miss this chance. Also appearing, **Hip Hop Heroes**. Doors open at 6:00 pm.

Ticketing

Advanced purchase strongly recommended.

Non-reserved tickets available on the day at the door.

Ticket type	Price (advanced sales only)	Status
VIP seating	A : $ 300 B : $ 200	Sold out Available
Standard seating	A : $ 80 B : $ 60	Available Available
Stage front (standing only)	$ 50	Sold out

*Add $20 to the advertised prices above for on-the-day ticket sales.

*Young people (ages 10-18, proof of age required) receive 50% off the above prices (advanced purchases only).

*No one under 16 allowed in the stage front section.

*No children under 10 allowed.

*A maximum of five tickets can be purchased at one time.

*Senior citizens (ages 65 and over) receive 10% off advanced sales prices.

*VIP seating includes food and drinks and a back stage tour.

Click to Buy

We accept all major credit cards.

[本試]

解説 問1 「次の記述のうちのどれが正しいか」

① 「アクトン・シティ・スタジアムはセブン・ファンキー・レインジャーズの**春の**コンサートを開催する」は不可。チラシには「8月（＝夏）」にコンサートが開かれるとある。

② 「セブン・ファンキー・レインジャーズはその大ヒットした2曲で有名である」は本文第2文と合致で正解。

③ 「セブン・ファンキー・レインジャーズのコンサートは今年は**数回開かれる**」は不可。本文には「**今年1回だけ**」とある。

④ 「伝説的なヒップ・ホップ・ヒーローが主役である」は不可。legendary という形容詞がついているのは Seven Funky Rangers だけである。以上から, ② が正解となる。

なお, 月の名前の省略形は次のとおりである。確認しておきたい。Jan. / Feb. / Mar. / Apr. / May（これのみ省略形がない）/ Jun. / Jul. / Aug. / Sep. / Oct. / Nov. / Dec.

問2 「もし8月18日に買った場合, 80ドルの費用がかかるのはどれか」

問題文には「**8月18日**」とあるが, コンサートも同じ日にある。だから当日券を買うことになる。表の「価格」の欄を見ると「前売りのみ」と書いてあることから, 表の価格は前売り特価だとわかる。さらに表のすぐ下に「当日券は, 上記価格に20ドル追加」とある。よって, 当日券の場合には「表の価格＋20ドル」となる。つまり 80 − 20 ＝ 60 ドルのチケットを探せばよいことがわかる。それは② 「**Bの普通席1枚**」となる。

問3 「41歳の父親と40歳の母親と14歳の少年2人と13歳の少女からなる家族は, 子どもの年齢確認が可能ならば ☐ 」

① 「みんな舞台正面の場所へ入れる」は不可。「16歳未満は舞台正面には入れない」とある。

② 「一度に購入可能なチケットの数を超えている」は不可。「一度に購入できるチケットは5枚まで」とある。

③ 「事前に購入すれば3枚のチケットが半額になる」が正解。「（年齢確認ができる10歳から18歳の）若者は（事前購入に限り）上記価格より50％値引きになる」とある。

④ 「一度に5枚購入すれば10％安くなる」は不可。10％の割引になるのは「65歳以上の人」だけである。

解答 問1 ② 問2 ② 問3 ③

訳 アクトン・シティ・スタジアム　http://www.actoncitystadium.us

アクトン・シティ・スタジアムが自信を持って提供する

伝説のセブン・ファンキー・レインジャーズ

8月18日

　世界的に有名なポップグループである**セブン・ファンキー・レインジャー**ズが**8月18日**(土)にアクトン・シティ・スタジアムに登場します。**セブン・ファンキー・レインジャーズ**は，大ヒット曲「これ以上泣かないで（Don't Cry No More）」と「充実した生活を送るのに忙しすぎて（Too Busy Living Life To The Full）」で有名ですが，今年の公演は一度限りです。だからこの機会をお見逃しなく。**ヒップ・ホップ・ヒーロー**も出演します。開場は午後6時です。

チケット販売

前売り券のご購入をおすすめいたします。

自由席は当日入り口で販売します。

チケットの種類	価格 （前売りのみの値段）	状況
VIP 席	A：300 ドル	売り切れ
	B：200 ドル	残席有り
普通席	A：80 ドル	残席有り
	B：60 ドル	残席有り
舞台前 （立ち見のみ）	50 ドル	売り切れ

・当日券は上記の価格に 20 ドル追加してください。

・（年齢確認ができる 10 歳から 18 歳の）若者は（事前購入に限り）上記価格より 50％値引きになります。

・16 歳未満は舞台正面には入れません。

・10 歳未満の子どもは入れません。

・一度に購入できるチケットは最大で 5 枚です。

・65 歳以上の方は前売りの価格よりさらに 10％割引です。

・VIP 席の値段には飲食物と楽屋裏ツアーが含まれます。

ご購入はここをクリックしてください

大手のクレジットカードは使えます。

例題 7

標準 6分

次ページはインターネットで紹介されているお菓子の作り方である。問1〜3の □ に入れるのに最も適当なものを，それぞれ下の ① 〜 ④ のうちから一つずつ選べ。

問1 When you follow Kim's recipe, one of the things you should put into the mixing bowl first is □ .

① bananas

② eggs

③ flour

④ sugar

問2 According to Kim's recipe, you □ .

① can take the muffins out of the pan as soon as they are cooked

② should be warming up the oven while you are mixing the ingredients

③ should mix the flour, baking powder, soda and salt until it is creamy

④ will need two mixing bowls and more than three teaspoons

問3 What Janet likes about the changes she has made to the recipe is that her muffins □ Kim's.

① are easier to make than

② are less fattening than

③ have more calories than

④ have the same ingredients as

42

MyFavoriteRecipes.com

Search MyFavoriteRecipes.com [＿＿＿＿＿＿＿＿] [Search]

Recipes | Cooking Tips | Measurements | Comments | Shop

Banana muffins

POSTED BY: Kim

SERVINGS: 12 muffins

INGREDIENTS:
3 bananas, mashed
1/2 cup chopped walnuts
2 cups all-purpose flour
1/2 cup butter, softened
1/4 cup milk
2 large eggs

1/2 cup brown sugar
1/4 teaspoon salt
1 teaspoon vanilla
1 teaspoon baking powder
1 teaspoon baking soda

DIRECTIONS:
1. Preheat oven to 375 degrees F (190 degrees C).
2. In your mixing bowl, mix together butter and brown sugar until the mixture is creamy. Add bananas, milk, eggs and vanilla, mixing well. Gently stir in flour, baking powder, soda and salt, until moistened. Add the walnuts. Pour the mixture into a muffin pan.
3. Bake at 375 degrees F for around 20 minutes, until a toothpick inserted into a muffin is dry when it comes out. Allow to cool in the pan for 5 minutes. Then place the muffins on a wire rack to finish cooling.

COMMENT ON/RATE THIS RECIPE

COMMENTS:
★★★★☆
    I wanted lower calorie banana muffins so I combined this recipe with my favorite low-fat muffin recipe. I used 1/4 cup of unsweetened applesauce instead of the butter, used only 1 egg, and only half the sugar (1/4 cup). The applesauce adds plenty of sweetness with fewer calories.

Janet in Oklahoma

MORE COMMENTS...

［追試］

料理にまったく興味のない人には難しかったのではないだろうか。問2の正答率が相当低いようである。

解説 問1 「キムのレシピに従うと，最初にミキシングボウルに入れるべきものの1つは _____ である」

作り方（directions）に「ミキシングボウルにバターと赤砂糖を入れて，混ぜ合わせてクリーム状にする」とある。よって，①「バナナ」，②「卵」，③「小麦粉」，④「砂糖」の中から④を選ぶ。この問題の正解率は90％前後。間違えた人はほとんどが①「バナナ」を選んでしまった。作り方には Add bananas「バナナを**加える**」とあるから，**問題文の「最初に入れる」と矛盾する。**

問2 「キムのレシピによると _____ 」

①「マフィンは焼けたらすぐにマフィン焼き型から取り出してよい」は，作り方の最後のほうにある Allow to cool in the pan for 5 minutes.「マフィン焼き型の中で5分間冷ます」と矛盾するので不可。

②「**材料を混ぜているあいだにオーブンを温めておくべきである**」。これに完全に対応する直接の記述はないので保留とする。

③「中力粉，膨らし粉，重曹，塩をクリーム状になるまで混ぜ合わせるべきだ」。本文には「クリーム状になるまで混ぜる」とあるが，これは「バターと赤砂糖」のこと。よって不可。この選択肢を選んでしまった人が30％以上になる。

④「ミキシングボウルが2つと小さじが4本以上いる」。本文には，必要となるミキシングボウルの数と小さじの数には言及がない。また，常識的に考えてもおかしい。

以上から，②が正解となる。指示にある作り方の流れから「材料を混ぜているあいだにオーブンを温める」ことになるはずだ。**非常に巧妙な問題。消去法しかない。**

問3 「ジャネットがこのレシピに加えた変更点に関して気に入っているのは，彼女のマフィンはキムのマフィン _____ ということである」

①「より作りやすい」。このような記述はない。

②「**より太りにくい**」。本文には「カロリーを抑えて」とあるから，合致。

44

③「よりカロリーのある」は真逆。
④「と同じ材料である」。卵の数や砂糖の量が異なるので不可。
以上から ② だとわかる。

解答 問1 ④ 　　問2 ② 　　問3 ②

訳

大好きなレシピ・ドットコム

　大好きなレシピ・ドットコムを検索
　レシピ｜料理のヒント｜計量｜コメント｜店舗

バナナ・マフィン
投稿者：キム

量　　：マフィン12個分

材　料：

すりつぶしたバナナ	3本	赤砂糖	カップ 1/2
刻んだクルミ	カップ 1/2	塩	小さじ 1/4
中力粉	カップ 2	バニラ	小さじ 1
柔らかくしたバター	カップ 1/2	膨らし粉	小さじ 1
牛乳	カップ 1/4	重曹	小さじ 1
大きめの卵	2個		

作り方
　1. あらかじめオーブンを華氏375度（摂氏190度）に温めておく。
　2. ミキシングボウルにバターと赤砂糖を入れて，混ぜ合わせてクリーム状にする。バナナ，牛乳，卵，バニラを加えてよく混ぜる。中力粉，膨らし粉，重曹，塩を少しずつ加えて混ぜ合わせ，しっとりするまで馴染ませる。そこにクルミを加える。混ぜ合わせたものをマフィン焼き型に流し込む。
　3. 華氏375度で20分ほど焼く。できあがりの目安はマフィンに爪楊枝を挿して，それを抜いたときにベチャッとならないこと。マフィン焼き型の中で5分間冷ます。それからマフィンを金網台にのせて冷ませばできあがり。

このレシピについてのコメント・評価

コメント：

★★★★☆

　もっとカロリーの低いバナナ・マフィンにしたかったので，このレシピに私のお気に入りの低脂肪マフィンのレシピを組み合わせました。バターの代わりに，甘みを加えていないアップルソースを 1/4 カップ使い，卵は 1 個だけ，砂糖も半分の量 (1/4 カップ) に抑えました。アップルソースを使えば，甘みが増し，カロリーは低くなります。

オクラホマ在住のジャネット

さらにコメントを読む…

語句

▶ récipe	名	「作り方」
▶ flour	名	「小麦粉」
＊ flower と同じ発音		
▶ ingrédient	名	「材料」
▶ fáttening	形	「太る」
▶ post ～	他	「～を投稿する」
▶ sérving	名	「(飲食物の) 1 人前」
▶ mash ～	他	「～をすりつぶす」
▶ wálnut	名	「クルミ」
▶ all-púrpose flour	名	「中力粉」
▶ sóften ～	他	「～を柔らかくする」
▶ báking pówder	名	「膨らし粉」
▶ ～ degrée F	名	「華氏～度」
▶ ～ degrée C	名	「摂氏～度」
＊ $C = (F - 32) \times \frac{5}{9}$		
▶ stir ～ in ／ in ～	熟	「～を入れて混ぜる」
▶ móisten ～	他	「～を湿らせる」
▶ tóothpick	名	「爪楊枝」

例題 8

次ページの広告を読み，問 1 ～ 3 の　　　　に入れるのに最も適当なものを，それぞれ下の ① ～ ④ のうちから一つずつ選べ。

問 1　One thing you should do to have your puppies trained at Kyoto DOS is to 　　　　.
① email them to make a reservation for a vaccination
② fill out the application form found on their website
③ go to the monthly orientation with your dog
④ make an appointment to choose a trainer for your dog

問 2　If your two-year-old dog tends to bite people, it should be enrolled in 　　　　.
① Course A
② Course B
③ Course C
④ Special Courses

問 3　At Kyoto DOS, 　　　　.
① puppies need at least seven lessons to show change
② Sunday courses are offered upon request
③ the fee depends on the dog's weight
④ they don't require you to accompany your dog

Kyoto DOS

Why not send your dog to Kyoto Dog Obedience School for quality training at a reasonable fee?

School Hours	Mon.-Fri. 10:00 - 19:00 Sat. 10:00 - 12:00
Lessons	45-minute lessons, based on an individualized curriculum
Fees	Enrollment fee ¥10,000 ¥3,000 per lesson (all types, all sizes)
Owner Participation	Recommended but optional

Call **Kyoto DOS** now at 0120-xxx-xxx and register for one of our monthly orientation sessions. Download the application form at http://kyoto.dos.co.jp and bring the completed form to the orientation. Please also bring your dog's vaccination records, but do not bring your dog. A date and time will be set for a trainer to meet your dog and create a training curriculum.

Lessons for dogs 3 months - 1 year old

Course A	House training (e.g. toilet training)
Course B	Outside on-leash / off-leash training (e.g. sit, stay)

Lessons for dogs more than 1 year old

Course C	Behavior modification training (e.g. ending bad habits)
Special Courses	Special training for social services (e.g. assisting people with special needs)

What satisfied owners say:

  "How can my puppies change after only 3 lessons? They have never chewed my shoes since."

  "Pochi has matured after 7 lessons. A quality life together is now assured. Thank you!"

[追試]

Kyoto DOS って，ひょっとすると「京都どす＝京都です〈京都弁〉」にひっかけたダジャレ？ 問題作成部会はたまに「笑えないギャグ」を仕組むからね。問3で差がついた問題。

解説　問1　「愛犬を Kyoto DOS で訓練してもらうためにすべき1つのことは 　　　　 だ」

①「予防接種の予約をするため，メールを送ること」は本文にないので不可。

②「ホームページにある申込み用紙に記入すること」。本文に合致。

③「犬を連れて毎月行われる説明会に行くこと」。少なくとも「犬を連れて」が不可。

④「犬のための訓練士を選ぶため約束を取りつけること」。少なくとも「訓練士を選ぶことは可能」という記述はない。

以上から正解は②。

問2　「生後2年の犬が人を噛む傾向にある場合，　　　　 に登録すべきだ」

悪い癖を直すコースはコースCのみ。よって③が正解。

問3　「Kyoto DOS では，　　　　 」

①「子犬が変化を示すには少なくとも授業を7回受けなければいけない」。飼い主の声には「7回の授業」とあるが，**この記述とは無関係なので不可**。

②「日曜の授業は要望があれば開かれる」。本文にまったく記述がないので不可。

③「授業料は犬の体重によって決まる」。表の授業料を見ると「種類や大きさは不問」とあり，不可。

④「犬に同伴する必要はない」。表の Owner Participation「飼い主の参加」のところに「推奨だが任意」とあるので，**この選択肢が正しいとわかる**。

①〜③までに正解がないので消去法を使えば確実に正解するはず。①を選んだ人が多かった問題。

解答　問1　②　　問2　③　　問3　④

訳

京都 DOS

あなたの愛犬を京都犬訓練学校に入れてお手ごろな授業料で質の高い訓練を受けさせませんか。

開講時間	月曜日から金曜日まで 10：00 ～ 19：00 土曜日　10：00 ～ 12：00
授業	個別カリキュラムにもとづき 1 レッスン 45 分
授業料	登録料 10,000 円 愛犬の大きさや種類にかかわらず 1 レッスンにつき 3,000 円
飼い主の参加	推奨だが任意

Kyoto DOS（0120-xxx-xxx）まで今すぐお電話いただき，毎月行われている入所説明会に登録してください。申込書は当社ホームページ（http://kyoto.dos.co.jp）からダウンロードして，その用紙にご記入いただき，入所説明会にご持参ください。また愛犬の予防接種の記録もご持参ください。ただし皆様の愛犬は連れてこないでください。訓練士が皆様の愛犬に会い，訓練のカリキュラムを作成する日時が設定されます。

生後 3 か月から 1 年までの愛犬のための授業

コース A	家の中の訓練（例：トイレの訓練など）
コース B	家の外の訓練　リードあり／リードなし（例：お座り，待てなど）

生後 1 年を超えた愛犬のための授業

コース C	行動を正すための訓練（例：悪い癖をやめさせるなど）
特別コース	社会奉仕のための特別訓練（例：特別な介護が必要な人の援助など）

満足いただけた飼い主の方々の声

「どうすればたった 3 回の授業でうちのワンちゃんの態度がこんなに変わるのだろうか。この訓練以来一度も靴を噛んでいません」

「ポチは 7 回授業を受けてすっかり大人になりました。ポチとの良好な生活が約束されました。ありがとうございました！」

語句 ▶ vaccinátion　　　　　名「予防接種」
　　　　▶ applicátion form　　名「申込書」

50

▶ réasonable	形	「妥当な」
▶ fee	名	「料金」
▶ enróllment	名	「登録」
▶ participátion	名	「参加」
▶ óptional	形	「任意の」
▶ régister	自	「登録する」
▶ leash	名	「(犬などをつなぐ) ヒモ, リード」
▶ modificátion	名	「修正」
▶ assúre ～	他	「～を保証する」

お役立ちコラム

ラテン語からの略語

　本文に出てくる e.g. は, ラテン語の exemplī grātia (= for example) の略。英語の略で ex. と書くと exercises の意味にもなり得るので, 「例」を挙げる場合は e.g. のほうが一般的。

　なお, etc. もラテン語 et cetera (= and so on) の略。

　さらに, i.e. 「すなわち」もラテン語の略で, id est (= that is) のこと。

情報取得問題 (図表チラシ)　51

原則❸ 巧妙な言い換えに注意せよ

　作題の基本は，正解の選択肢がすべて**本文の見事な言い換え**になっていることである。

　つまり，「当て勘」で解こうとする受験生を「ワナ」に引っかけるように作られている。この「情報取得問題」にも**巧妙な言い換えが現れる**から十分に注意したい。毎年，最低1問は，このような言い換えがしてあると考えよう。

例題 9　　　標準

　次の文章を読み，問の ☐ に入れるのに最も適当なものを，下の ①〜③ のうちから一つ選べ。

　People across the country were randomly selected with the use of telephone books.　They were called and invited to join the study if they were in their (1) late teens, (2) late thirties, or (3) late fifties. After 600 people agreed to participate, the researchers interviewed them at home.

問　People were first chosen for the survey in the following way: ☐ .

① The first 600 people in the telephone book were invited
② The researchers called the people in three groups
③ The researchers selected them depending on chance

[本試・改題]

この年で最も正答率が低かったと予想される問題。

解説 「調査のために，最初 ▢▢▢▢ のようにして人が選ばれた」

①「その電話帳の最初の 600 人が招待された」。「電話帳の最初の 600 人」というのは A から始まる人を指すのであろうか。本文に記述がないので，偽であると判定できる。注意深く読んでいる人なら，**本文では telephone books と複数形になっているが，この選択肢では the telephone book のように the がつき，おまけに単数形になっている**ことに気がつくはず。

②「その調査の担当者は 3 つのグループの人々に電話した」。本文では「彼ら（無作為に選ばれた人）に電話し，もし (1)，(2)，(3) のどれかなら調査に参加するように依頼した」とある。あらかじめ 3 つのグループに分かれていたわけではなく，電話をして，3 つのグループのうちのどれかなら調査を依頼したのであるから，この選択肢は偽である。**and の並列構造**を見誤ると選んでしまいそうな選択肢である。

$$\text{They were} \left\{ \begin{array}{l} \text{called} \\ \boxed{\text{and}} \\ \text{invited to join the study if} \sim . \end{array} \right.$$

この問題に限らず，読解において **and / but / or** の並列構造は，慎重に判断しなければ致命傷になることが多い。要注意だ。

③「**その調査の担当者は人々を任意に**（偶然に任せて）**選んだ**」。本文では「電話帳を用いて，国中の人々から**無作為に**（= randomly）選ばれた」とあるから正しい。**randomly を depending on chance で言い換えている**ことがわかるかどうかがカギ。

この選択肢を積極的に選ぶことは難しいが，**消去法を用いて「言い換え」**を確認すれば，比較的容易に選べるはずである。

解答 ③

訳 複数の電話帳を用いて全国から無作為に人が選ばれた。その人たちに電話をかけ，もしその人たちが，(1) 10 代後半，(2) 30 代後半，(3) 50 代後半なら，調査への参加を促した。600 人が参加に同意してから，調査を担当した人がその人たちの家に出向いて話を聞いた。

情報取得問題（図表チラシ） 53

例 題 10　　易　3分

　次の文章を読み，問1・2の□□□に入れるのに最も適当なものを，それぞれ下の①〜④のうちから一つずつ選べ。

You are a member of the English club. You are going to have a farewell party for one of the members, Yasmin from Malaysia. You have received a note from Amelia, an Assistant Language Teacher（ALT）and the club advisor.

Dear members of the English club,

It's about time we decide when to have the English club farewell party for Yasmin. She's leaving Japan on December 15, so the club members should meet sometime next week. Can you ask Yasmin which day is convenient for her to come to the party and let me know? When the day is fixed, I'll help you by planning a few nice surprises. Also, is it all right if I invite other students? I know some students from the tennis team who want to take part because they really had a good time playing tennis with her over the past six months.

Best wishes,
Amelia

問1　The teacher wants you to ask Yasmin □□□ .

①　what she would like to eat at the party

②　when she can attend the party

③　where she would like to have the party

④　who she would like to invite to the party

問2　The teacher would also like to invite □□□ .

①　a few students who don't belong to the English club

②　all the members of the English club and the tennis team

③　some of Yasmin's other English teachers

④　students who want to study abroad in Malaysia

［第2回試行調査　第1問］

54

問1 「先生はあなたたちにヤスミンに ◯ について聞いてほしいと思っている」

　手紙の第3文に「ヤスミンに，どの日がパーティーに来るのに都合がいいのかをたずね，私に教えてくれますか」とある。ここから，先生は**ヤスミンの送別会を開くにあたって，ヤスミンの都合のよい日程を「あなたたち」にたずねてほしいと言っている**ことがわかる。よって②「**彼女はいつならパーティーに参加できるか**」が正解となる。本文の Can you ask Yasmin which day is convenient for her to come to the party and let me know? が，The teacher wants you to ask Yasmin when she can attend the party. に置き換えられていることがわかる。それ以外の選択肢①「彼女がパーティーで何が食べたいか」，③「彼女はどこでパーティーをしたいか」，④「彼女はだれをパーティーに招待したいか」はすべて不適切。

問2 「先生は ◯ もまたパーティーに招待したいと思っている」

　手紙の第5～6文に Also, is it all right if I invite other students? I know some students from the tennis team who want to take part because they really had a good time playing tennis with her over the past six months. 「また，私が他の生徒を誘ってもいいでしょうか？　**テニス部の何人かの生徒が**，これまでの6か月間，彼女とテニスをして本当に楽しい時間を過ごしたということで，**パーティーに参加したいと思っている**のを私は知っているのです」とある。問題文には The teacher would also like to invite ～とあることに注意したい。also は「また」の意味なので，問題文は「（英語クラブのメンバー以外に）～も招待したい」という意味。よって，「英語クラブ（の生徒）」を含んだ②「英語クラブとテニス部のすべてのメンバー」は不適切（間違えた人は，ほとんどがこの選択肢を選んだようだ）。さらにこの②は「テニス部のすべてのメンバー」とあり，本文の「テニス部の何人かの生徒」と合致しないことからも間違いだとわかる。③「ヤスミンの他の英語の先生を何人か」や④「マレーシアに留学したい生徒」は本文にはまったく記述がない。以上から，①「**英語クラブに参加していない生徒数人**」が正解だとわかる。なお④の選択肢は in Malaysia があるので abroad が不要となる。

解答 問1 ②　　問2 ①

訳　　あなたは英語クラブの一員である。あなたは，クラブの会員の1人であるヤスミンのためにお別れ会を開くつもりである。あなたは外国語指導助手（ALT）であり，クラブの顧問であるアメリアからのメモを受け取った。

親愛なる英語クラブの会員の皆さんへ

　　そろそろ，ヤスミンのためのお別れ会をいつ開くかを決めるときです。彼女は12月15日に日本を離れる予定ですから，クラブの会員は来週のいつかに集まるとよいと思います。ヤスミンに，どの日がパーティーに来るのに都合がいいのかをたずね，私に教えてくれますか？　日程が決まったら，いくつかのすてきなサプライズを計画して皆さんのお手伝いをします。また，私が他の生徒を誘ってもいいでしょうか？　テニス部の何人かの生徒が，これまでの6か月間，彼女とテニスをして本当に楽しい時間を過ごしたということで，パーティーに参加したいと思っているのを私は知っているのです。

よろしくお願いします。

アメリア

語句　本文

▶ **farewell párty**　　　　　　名「お別れ会」
▶ **note**　　　　　　　　　　　名「メモ」
▶ **Assístant Lánguage Téacher**　名「外国語指導助手」
▶ **It is about time** S V　　　熟「そろそろ S V するときだ」
　　＊　本来は S V に仮定法が適用されるが，本文ではそうなっていないことに注意したい
▶ **leave ～**　　　　　　　　　他「～を離れる」
▶ **sómetime**　　　　　　　　副「いつか」
▶ **convénient**　　　　　　　形「都合がよい」
▶ **let me know**　　　　　　　熟「教えてください」
▶ **fix ～**　　　　　　　　　　他「～を決める」
▶ **take part**　　　　　　　　熟「参加する」
▶ **have a good time** (V)**ing**　熟「V して楽しい時を過ごす」

選択肢

▶ **want ～ to** (V)　　　　　　熟「～に V してほしい」
▶ **atténd ～**　　　　　　　　他「～に出席する」
▶ **invíte** A **to** B　　　　　　熟「A を B に招待する」
▶ **belóng to ～**　　　　　　　熟「～に属している」

例題 11

次の文章と表を読み，問の　　　　に入れるのに最も適当なものを，下の①～④のうちから一つ選べ。

Satellites are very closely tied to our daily lives. The best example of this is weather observation satellites. During a weather forecast on television, you can see images of cloud patterns over Japan from the Himawari satellite.

In fact, the table below shows the satellite in use in mid-2007 was the sixth in the Himawari series, which stretches back to 1977. The six Himawari satellites have each had different characteristics.

Name	Launch date	Launch site	Rocket	Weight (kg)	Period of service
Himawari 1	July 14, 1977	Florida, USA	Delta	325	April 1978- June 1984
Himawari 2	August 11, 1981	Tanegashima, Japan	N-II	296	April 1982- September 1984
Himawari 3	August 3, 1984	Tanegashima, Japan	N-II	303	September 1984- December 1989
Himawari 4	September 6, 1989	Tanegashima, Japan	H-I	325	December 1989- June 1995
Himawari 5	March 18, 1995	Tanegashima, Japan	H-II	344	June 1995- May 2003
Himawari 6	February 26, 2005	Tanegashima, Japan	H-IIA	1,250	June 2005-

(Data correct as of June, 2007)

Most of the satellites in the Himawari series have had 　　　　 of around six years.

問　From the information in the passage and table, which of the following is the most appropriate for the blank? ☐

① 　a launch date

② 　an operating lifetime

③ 　an out-of-service period

④ 　a repair time 　　　　　　　　　　　　　　　　［本試・改題］

解説　「本文と表の情報から，以下のうちどれが空所に最も適切か」

　　空所の直後の「およそ6年間の」がポイント。表の中で「6年間」に当たるものを探してみると，Period of service「稼働期間」しかないことがわかる。

　　選択肢を見ると，①「打ち上げた日」，②「**稼働期間**」，③「非稼働期間」，④「修理期間」とあり，正解が②であることは明らかである。

　　よく表を見ていない受験生は①か③を選んだ。とくに，③はservice や period という語が含まれているために飛びついてしまった受験生が多かったようである。

　　本文の表の中にある **Period of service** が **an operating lifetime** と同じ意味だとわかるには，「**共通テストではとにかく言い換えが多い**」という普段からの認識が大切である。消去法を用いて正解を導く訓練もあわせて徹底したい。

　　なお，電車やバスの表示で「**回送**」は，英語では **out of service** ということも覚えておきたい。

解答　②

訳　　人工衛星は私たちの日常生活にきわめて密接に関係している。このことを示す最もよい例は，気象観測衛星である。テレビの天気予報のとき，気象衛星ひまわりからの日本上空の雲の様子の映像を見ることができる。

　　実際，以下の表によると，2007年中ごろに使用されていた人工衛星は，「ひまわりシリーズ」の6番目のものであり，その「ひまわりシリーズ」の最初のものは1977年にまでさかのぼる。6機の気象衛星ひまわりはそれぞれ異なった特徴を持つようになってきた。

58

名前	打ち上げた日	打ち上げた場所	ロケット	重さ(kg)	稼働期間
ひまわり1号	1977年7月14日	フロリダアメリカ	デルタ	325	1978年4月～1984年6月
ひまわり2号	1981年8月11日	種子島日本	N-Ⅱ	296	1982年4月～1984年9月
ひまわり3号	1984年8月3日	種子島日本	N-Ⅱ	303	1984年9月～1989年12月
ひまわり4号	1989年9月6日	種子島日本	H-Ⅰ	325	1989年12月～1995年6月
ひまわり5号	1995年3月18日	種子島日本	H-Ⅱ	344	1995年6月～2003年5月
ひまわり6号	2005年2月26日	種子島日本	H-ⅡA	1,250	2005年6月～

（データは2007年6月現在のもの）

第1章 情報取得問題（図表チラシ）

「ひまわりシリーズ」の人工衛星の大半は、およそ6年間の②稼働期間を持つようになった。

語句
- sátellite　　名「（人工）衛星」
- be tied to ～　　熟「～と結びついている」
- stretch back to ～　　熟「～にまでさかのぼる」
- périod of sérvice　　熟「稼働期間」

さあ，この調子でドンドン進もう！

情報取得問題（図表チラシ）　59

例題 12   標準 2分

次の文章を読み，下の文章が上の文章の内容と一致するかどうかを判定せよ。

The alarm clock problem: "At 8 p.m., John set his old-style alarm clock to wake him up at 9 o'clock the next morning. Then he slept until the alarm rang. How many hours did John sleep?" (People usually answer "Thirteen hours," because they do not realize that the alarm will ring at 9 p.m. The answer, of course, is "One hour.")

In the alarm clock problem, John was awakened when the alarm rang before 9 a.m.   [本試・改題]

正答率が50％未満と思われる問題。ただし，慎重に読めばなんのことはない。
本文の his old-style alarm clock がアナログ時計であることがわかるかどうかがポイント。アナログ時計には，デジタル時計と違い，「午前／午後」の表示がない。

解説　朝の9時に起きようとして，夜の8時に目覚まし時計をセットしたら，夜の9時に目覚まし時計が鳴ってしまい，結局1時間しか寝られなかったという話。a.m. と p.m. を読み間違えてはならない。
　質問文の意味は，「**目覚まし時計の問題では，ジョンは，午前9時より前に目覚まし時計が鳴ったときに目が覚めた**」。
　目覚まし時計は**その日の午後9時に**鳴ったのだから，「午前9時より前」で正しい。

解答　一致する

訳　目覚まし時計の問題：「午後8時に，ジョンは翌朝9時に起きるために，古いタイプの目覚まし時計をセットした。そして，目覚まし時計が鳴るまで寝た。ジョンは何時間寝ただろうか？」（普通，人は「13時間」と答える。目覚まし時計が午後9時に鳴ることがわかっていないからである。もちろん，答えは「1時間」である）

原則❹ 主観的表現と客観的表現とを識別せよ

　情報を取得する際に注意すべきなのは，「何が事実で，何が事実ではないか」ということである。

　データにもとづく記述は客観的な描写であり，事実に対して自分が感じたことは主観的な描写であると言える。「この本は600円だ」は客観的描写だが，「この本のおかげで点が伸びた」は主観的描写となる。「本当に伸びたんですよ！！！」と叫んでも，主観的描写であることには変わりない。

❶ 主観的表現の例

(1) a **beautiful** woman「美しい女性」
(2) a **high** mountain「高い山」
(3) a **difficult** book「難しい本」
(4) **good** for your health「健康によい」
(5) I **recommend** this.「これはお勧めです」
(6) a **delicious** meal「とてもおいしい食事」

❷ 客観的表現の例

(1) the second highest mountain in Japan「日本で2番目に高い山」
(2) The shop closes at six.「その店は6時に閉まる」
(3) The novel has sold a total of one million copies.
　　「その小説は累計100万部売れている」
(4) This actor is placed first in the ranking of the last person girls want to sleep with.「この俳優は女子が抱かれたくない男ランキングの1位だ」
(5) It takes about two hours to get there by train.
　　「そこまで電車でおよそ2時間かかる」
(6) The sum of the three angles at a triangle is 180°.
　　「三角形の3つの角の総和は180°である」

例題 13

次の文章を読み，問A・Bに答えよ。

You are traveling abroad and trying to find places to eat on the Internet. The following are reviews of some restaurants written by people who have visited them.

Shiro's Ramen

★★★★☆ by Boots（3 weeks ago）
Best choice: *cha-shu* noodles. Cheap, crowded & lots of noise. Very casual. Felt rushed while eating. Open 5 p.m. ~ 6 a.m.

Annie's Kitchen

★★★☆☆ by Carrie（2 weeks ago）
Was in the mood for variety, and Annie's Kitchen did NOT disappoint. The menu is 13 wonderful pages long with food from around the world. Actually, I spent 25 minutes just reading the menu. Unfortunately, the service was very slow. The chef's meal-of-the-day was great, but prices are a little high for this casual style of restaurant.

Johnny's Hutt

★★★☆☆ by Mason（2 days ago）
The perfect choice when you want to eat a lot. But you might need to wait for a bit.

★★★★★ by Roosevelt（5 days ago）
For a steak fan, this is the best! The chef prepares steak dishes to suit any customer's taste. My favorite was the Cowboy Plate — perfect!

★☆☆☆☆ by Ken-chan（2 weeks ago）
Sadly, below average, so won't be going back again. The steak was cooked too long! The fish dishes were also disappointing.

A　問1～3の　　　　　　に入れるのに最も適当なものを，それぞれ下の
①～④のうちから1つずつ選べ。

問1　You would most likely visit Shiro's Ramen when you 　　　　　.
①　are looking for a quiet place to have a conversation
②　have an empty stomach at midnight
③　need to have a formal meal
④　want to have a casual lunch

問2　You would most likely visit Annie's Kitchen when you 　　　　　.
①　feel like eating outdoors
②　have lots of free time
③　must have a quick breakfast
④　want to have cheap dishes

問3　The opinions about Johnny's Hutt were all 　　　　　.
①　different
②　favorable
③　negative
④　neutral

B　問4の答えとして適当なものを，下の①～⑥のうちから1つ以上選べ。

問4　Based on the reviews, which of the following are facts, not personal opinions? (You may choose more than one option.)
①　Annie's Kitchen offers dishes from many countries.
②　Johnny's Hutt is less crowded than Shiro's Ramen.
③　Johnny's Hutt serves some fish dishes.
④　The chef at Johnny's Hutt is good at his job.
⑤　The chef's meal-of-the-day is the best at Annie's Kitchen.
⑥　The menu at Annie's Kitchen is wonderful.

[第1回試行調査　第2問]

情報取得問題（図表チラシ）　63

問1と問4で間違えた人が多かった問題。「試行」調査だけあって雑な問題が目立つのが残念。

解説 問1 「あなたが ☐ ときには，あなたはシローズラーメンを訪れる可能性が最も高いだろう」

　シローズラーメンに書かれたレビューを読むと，「イチオシ：チャーシュー麺。安いが混んでいて騒がしい。非常にカジュアル。食べているときに急かされているように感じる。午後5時から午前6時まで営業」とある。これから選択肢の正誤を確認していく。①は「会話をするのに静かな場所を探している」は，「静かな場所」が本文の「混んでいて騒がしい」と矛盾しているので不可。②「**深夜におなかがペコペコな**」の中にある「深夜」は，本文の「午後5時から午前6時まで営業」に対応しているが，「おなかがペコペコ」に対応する直接的な記述は本文にはない。一般に，「おなかがいっぱいになるかどうか」は「注文した量」で決まり，「店の種類」にはあまり影響されないように思えるが，これを正解とするしかなさそうだ。③「正式な食事をとる必要がある」も本文にはその記述がないが，一般に「ラーメン」は「正式な食事」には分類されないと言えるかもしれない。④は「簡単な昼食がとりたい」は，「**昼食**」が本文の記述「**午後5時から午前6時まで営業**」と矛盾していて不可。以上から，しかたなく②を選ぶことになる。④を選んだ人が30％以上に及ぶ。

問2 「あなたが ☐ ときには，あなたはアニーズキッチンを訪れる可能性が最も高いだろう」

　アニーズキッチンに書かれたレビューを読むと，「いろいろなものが食べたい気分だったので，アニーズキッチンは期待どおり。メニューは世界中の食べ物を網羅する13ページにも及ぶすばらしいものだ。実のところ，ただメニューを読むだけで25分もかかった。残念ながら，料理が出てくるのはとても遅かった。シェフの本日のお勧めはすばらしかったけれども，こういったカジュアルな感じのレストランにしては少し値段が高い」。①「屋外で食事がしたい気分の」は本文に記述がない。②「**暇な時間がたくさんある**」は悩ましい。本文には「対応がとても遅かった」とあるので，「対応がとても遅い」＝「食事に時間がかかる」という意味だととれるが，だからといって「暇な時間

がたくさんある人が行く」と断定するのはやや無理がある。いったん保留することにする。③「速く朝食をとらなくてはいけない」は，「速く」が本文の「対応が遅い」と矛盾するので不可。④「安い料理が食べたい」は「安い」が，本文の「こういったカジュアルな感じのレストランにしては少し値段が高い」と矛盾するので不可。以上から，しかたなく ② を選ぶことになる。

問3 「ジョニーズハットに関する意見はすべて [   ]」

ジョニーズハットに書かれたレビューを読むと，(1)「たくさん食べたいときには完璧な選択。しかし，少し待たないといけないかもしれない」，(2)「ステーキ好きの人にとってはここが最高！　シェフはどんなお客さんの味の好みにも合わせたステーキ料理を用意してくれる。私のお気に入りはカウボーイプレート，もう完璧！」，(3)「悲しいことに平均以下で，二度と行くことはないでしょう。ステーキは焼きすぎ！　魚料理もまた残念でした」とある。②「好意的だ」は 3 つ目のレビューと矛盾する。③「否定的だ」は 1 番目と 2 番目のレビューと矛盾する。④「中立的だ」はどのレビューとも合致しない。以上から ①「異なっている」を選ぶことになる。**レストランの感想なのだから，言う人が異なれば内容が異なることは当然予想できる。**

問4 「レビューにもとづき，事実であって個人的な意見ではないものは，下の①〜⑥のうちどれか。ただし，答えは 1 つとは限らない」

事実と意見を識別する問題。事実は「客観的な記述」であり，意見は「主観的な記述」である。一般に形容詞は「色，形状」などを除けば，ほとんどが主観的だと言える。①「アニーズキッチンでは多くの国々からの料理を提供している」は，本文では「メニューは世界中の食べ物を網羅する 13 ページにも及ぶすばらしいものだ」とあり合致しているが，「多くの」「世界中の」は主観的記述であり「事実」とは言い難い。残念ながら公式の発表ではこれが正解となっているので，ここでもこれを正解とする。②「ジョニーズハットはシローズラーメンよりは混雑していない」は「混雑している」が主観的形容詞である。たとえば「電車が混雑している」は，日本語では「すし詰め状態」を意味するが，欧米では「座れない状態」を意味することが多い，というように文化によって意味が変わるから

情報取得問題（図表チラシ）　65

主観的だと言える。さらに本文では「シローズラーメンは混んでいる」とあるだけで，アニーズキッチンの混み具合は書かれていないことからも消去できる。③「ジョニーズハットでは魚料理を提供している」は，レビューに「魚料理もまた残念でした」とあり，味の是非は別として魚料理が用意されていることがわかる。これは客観的事実なので正解。④「ジョニーズハットのシェフは仕事が得意だ」の「仕事が得意だ」＝「料理がおいしい」は主観的な描写にすぎない。⑤「アニーズキッチンではシェフのその日のお勧めが最もよい」は，「最もよい」が主観的描写。⑥「アニーズキッチンのメニューはすばらしい」は，「すばらしい」が主観的な形容詞で，事実かどうかは別問題である。⑥を選んだ人が半数近くいる。

解答 問1 ② 問2 ② 問3 ① 問4 ①，③

訳 あなたは海外旅行中で，インターネットでどこか食べるところを探そうとしている。以下はレストランを訪れた人々によって書かれたレビューである。

シローズラーメン
★★★★☆ ブーツの投稿（3週間前）
イチオシ：チャーシュー麺。安いが混んでいて騒がしい。非常にカジュアル。食べているときに急かされているように感じる。午後5時から午前6時まで営業。

アニーズキッチン
★★★☆☆ キャリーの投稿（2週間前）
いろいろなものが食べたい気分だったので，アニーズキッチンは期待どおり。メニューは世界中の食べ物を網羅する13ページにも及ぶすばらしいものだ。実のところ，ただメニューを読むだけで25分もかかった。残念ながら，料理が出てくるのはとても遅かった。シェフの本日のお勧めはすばらしかったけれども，こういったカジュアルな感じのレストランにしては少し値段が高い。

ジョニーズハット
★★★☆☆ メーソンの投稿（2日前）
たくさん食べたいときには完璧な選択。しかし，少し待たないといけな

いかもしれない。

★★★★★　ルーズベルトの投稿（5日前）

　ステーキ好きの人にとってはここが最高！　シェフはどんなお客さんの味の好みにも合わせたステーキ料理を用意してくれる。私のお気に入りはカウボーイプレート，もう完璧！

★☆☆☆☆　ケンちゃんの投稿（2週間前）

　悲しいことに平均以下で，二度と行くことはないでしょう。ステーキは焼きすぎ！　魚料理もまた残念でした。　*I won't be going back again*

語句			
▶ revíew	名	「評価」
▶ choice	名	「選択」
▶ cásual	形	「くだけた」
▶ rúshed	形	「急かされる」
▶ disappóint ~	他	「～を失望させる」
▶ from aróund ~	熟	「～じゅうからの」
▶ unfórtunately	副	「残念ながら」
▶ meal-of-the-day	名	「その日のお勧め」
▶ for ~	前	「～のわりには」
▶ prepáre ~	他	「～を調理する」
▶ suit *one's* taste	熟	「～の好みに合わせる」
▶ belów áverage	熟	「平均以下で」
▶ disappóinting	形	「がっかりで」

選択肢

▶ émpty	形	「空の」
▶ fórmal	形	「正式な」
▶ feel like (V)ing	熟	「V したいと思う」
▶ fávorable	形	「好意的な」
▶ négative	形	「否定的な」
▶ néutral	形	「中立的な」
▶ serve ~	他	「～を出す」

3rd step 問題チャレンジ編

チャレンジ問題 1　　標準　6分

次の広告を読み，問1・2の □ に入れるのに最も適当なものを，それぞれ下の ①〜④ のうちから一つずつ選べ。

Book Online & Get 10% OFF the Tour!

Yakushima Eco - Tour

Yakushima Eco - Tour is a guided hiking tour to enjoy the natural beauty of Yakushima Island. You can see a variety of animals and plants including the famous Yaku Cedars.

― ○ ― ○ ―

Participation fee ： ¥35,000 (air and bus fares, lunch, and admission fee included)
Minimum group size ： 2 people
Tour route ：

Kagoshima Airport —plane→ Yakushima Airport —bus→ Downtown Ambo (1-hour
[8:30 departure]
free time; lunch) —bus→ Yakusugi Land (2-hour guided hiking) —bus→
Yakushima Airport —plane→ Kagoshima Airport
　　　　　　　　　　　　　　　　[16:50 arrival]

Your guide will be waiting for you at the information counter of Yakushima Airport, holding a sign marked "Yakushima Eco-Tour."

English-speaking guide : available for an additional fee

― ○ ― ○ ―

About Yakushima

Yakushima is an almost circular island having a circumference of 135 km located about 60 km south-southwest of the Osumi Peninsula in Kagoshima Prefecture. In 1994, the huge Yaku Cedar forests were designated as a World Heritage site.

― ○ ― ○ ―

Prior to your departure

Make sure you have warm clothes. The climate along the coastal area of the island is subtropical, but the mountain area can be quite cool. The rainfall can be extreme around the northeastern part of the island, so pack an umbrella. Wear comfortable shoes for hiking.

KGMS **ECO-TOUR**
SWEAT SHIRTS
available for ¥3,000

KGMS Travel :
Book online & save 10% of your tour price!
URL : www.kgms-t.co.jp
TEL : (09974) 2 - XXXX
KGMS

68

問1　If you make an online reservation, you can receive ⬚⬚⬚⬚⬚ .

① a sticker marked "Yakushima Eco-Tour"

② a free copy of "The World Heritage Site Guidebook"

③ 10% off the sweat shirt price

④ a discount of 3,500 yen per person

問2　According to the advertisement, which statement is true? ⬚⬚⬚⬚⬚

① After hiking, there is time to shop in Ambo.

② Two or more participants are required for the tour to be conducted.

③ You need to take your bus fare with you on the tour.

④ You need only light clothes for the tour.　　　　　　［本試］

解説　問1　「オンラインで予約すれば ⬚⬚⬚⬚ を受けることができる」

　　①「『屋久島エコツアー』のステッカー」，②「『世界遺産地域ガイドブック』の無料冊子」は，本文に記述がない。

　　③「トレーナーの10％割引」については，チラシの下のほうに，「頒布価格が3,000円」とあるだけである。よって，消去法から④「**1人につき3,500円の割引**」となる。

　　ただ，チラシの上方，あるいは下方に「オンラインでの予約ならば10％割引がある」と書いてあり，チラシ上方に「参加費用35,000円」とあるから，④を選ぶことは，**消去法**を用いるまでもないかもしれない。実生活において「3,500円の割引」は大きいので，気がつかないということは普通はないはずだが。

問2　「この広告によれば，次の文のどれが正しいか」

　　旅程を見れば，①「ハイキングのあとで，安房で買い物をする時間がある」は不可であるとわかる。また，バス代は費用に含まれているとあるので，③「このツアーでは，バス代は自分で払わなければならない」も不可。さらに，「ご出発の前に」というところに「暖かい服を持ってくること」とあるから，④「このツアーは軽装で参加してもよい」も不可。結局，②「**このツアーが行われるためには，最低2人の参加者が必要となる**」が正解。最少催行人数に「2人」とあることからわかる。

情報取得問題（図表チラシ）　69

解答 問1 ④　問2 ②

訳　ネット予約で，ツアー料金10％引き！　屋久島エコツアー

屋久島エコツアーは，屋久島の美しい自然を楽しむための，ガイド付きハイキングツアーです。有名な屋久杉を含むさまざまな動植物をご覧いただけます。

参加費用：35,000円（飛行機代，バス代，昼食代，入場料を含む）

最小催行人数：2名

旅　　程

屋久島空港のインフォメーション・カウンターで，「屋久島エコツアー」と書いた案内板を持って，ガイドがお待ちしております。

　英語が話せるガイド：追加料金でご用意

屋久島について

屋久島は，鹿児島県の大隅半島の南南西約60キロにある，周囲が135キロのほぼ円形の島です。1994年に，屋久杉の広大な森林が世界遺産地域に指定されました。

ご出発の前に

暖かい衣類を必ず携帯してください。島の海沿いの地域は亜熱帯性気候ですが，山間部は相当涼しくなることがあります。島の北東部では，雨が激しく降ることがありますから，傘をお持ちください。ハイキングに適した快適な靴でお越しください。

KGMSエコツアートレーナー：頒布価格3,000円

KGMSトラベル

　インターネットから予約していただければ，ツアー料金が10％お得！
　URL:www.kgms-t.co.jp
　TEL:(09974) 2-XXXX

チャレンジ問題 2

次ページの広告と電子メールを読み，問1～3の答えとして最も適当なものを，それぞれ下の①～④のうちから一つずつ選べ。

問1　According to the advertisement, which is the main sales point of the robot?
① If you are a beginner, it is the right choice.
② If you want, you can get an order form online.
③ You can assemble it without any tools.
④ You can choose the body-part options you like.

問2　Why did Takashi write the email?
① He found something wrong with the Origi-bot set sent to him.
② He needed technical advice from the maker.
③ He wanted a new Origi-bot set to be sent within a week.
④ He would like to order an Origi-bot set online.

問3　According to the advertisement or the email, which statement is true?
① Five types of options are available for each body part of the robot.
② If the robot falls down, you must help it stand up.
③ Takashi will send back a Type B lower body.
④ Smoothness in climbing stairs is one of the robot's features.

Origi-bot:

Design It Yourself!

   Making robots is a popular hobby. Origi-bot Co. brings you the excitement of assembling a robot to your own design. YOU CAN DESIGN IT YOURSELF! This walking robot, Origi-bot, is for intermediate to advanced level modelers. The completed model, standing about 30 cm tall and weighing 1.9kg, can walk, run, dance and climb stairs smoothly. If it falls over, it will pull itself back to a standing position. The body parts of Origi-bot (Head, Chest, Lower Body, Arms, Legs) are available as a variety of independent option packages, so that you can order each part according to your choice and make an original robot. THIS IS THE PERFECT ROBOT FOR YOU!

How to Order Your Origi-bot Online

Origi-bot
$249

   Each of the robot's five body parts comes in three options (Types A, B, C). You choose the options you like, you fill out the online order form, and we send you what you have ordered, together with motors, batteries, printed circuit boards, a step-by-step instruction manual and easily installable software. You will need some basic assembly tools, glue, and paint.

   Online order form available at: http://www.origibotshop.com

---

Dear Customer Service Manager,

Recently I bought an Origi-bot set online at a cost of 249 dollars. When I opened the package, I discovered that you had sent the wrong lower body part (Type A instead of Type B).

I am sending the wrong part back, so please send the right one. I look forward to hearing from you within a week.

Takashi Akiyama

[追試]

題名の「自分で設計する」だけでも内容はつかめるはず。あとは早合点しないように慎重に解くこと。

解説 問1 「広告によると，ロボットの主なセールスポイントは何か」

① 「初心者なら適切な選択だ」は不可。本文には「中級レベルから上級レベルまでの模型マニアの方にぴったりです」とある。

② 「望むなら，注文書をオンラインから手に入れることができる」は，記述としては正しいが，主なセールスポイントとは言えない。

③ 「道具を使用せずに組み立てることができる」は不可。本文には，道具が必要だと書かれてある。

④ 「好きな身体の部品を選ぶことができる」が正解。

問2 「なぜタカシはメールを書いたのか」

① 「送られてきたオリジ・ボットにおかしなところを見つけた」本文に「送られてきた部品が注文したものと違うものだった」とあるので，これが正解。

② 「制作者に技術上のアドバイスを必要とした」は不可。どこにもそのような記述はない。

③ 「新しいオリジ・ボットを1週間以内に送ってほしかった」も不可。部品の交換を要求しているだけ。

④ 「オリジ・ボットをオンラインで注文したいと思っている」も不可。

問3 「広告やメールにおいて，どれが正しい記述か」

① 「ロボットのそれぞれの身体の部品に対して，5つの種類の選択肢がある」。これは「ワナ」。身体の部品は5種類あるが，それぞれの選択肢はA，B，Cの3種類しかない。

② 「ロボットが倒れると立ち上がるのに手助けしてやらねばならない」は偽。「転倒すると，自力で立ち上がります」と書いてある。

③ 「タカシはタイプBの下肢を返送する」は「ワナ」。本文には「BではなくてAが入っていました」と書いてあるので，返送するのはA。

よって，④「階段を昇る際のなめらかさがロボットの特徴の1つである」が正解。

解答 問1 ④　問2 ①　問3 ④

情報取得問題（図表チラシ）　73

> 訳

オリジ・ボット　　　　　　　自分で設計する

　ロボットを作るのは人気のある趣味です。オリジ・ボット会社が，自分自身の設計にもとづいてロボットを組み立てるという**興奮**をお届けします。**自分で設計できます！**　歩くロボットであるオリジ・ボットは，中級レベルから上級レベルまでの模型マニアの方にぴったりです。完成品は高さが約 30 センチで，重さが 1.9 キロ。歩くことも，走ることも，踊ることも，階段を昇ることもなめらかな動きでこなします。転倒すると，自力で立ち上がります。オリジ・ボットの身体のパーツ（頭部，胸部，下肢，腕，脚）は，独立した選択肢として各種取りそろえているので，それぞれの部品を好みに応じて注文し，自分だけのロボットを作ることができます。**これはあなただけの完璧なロボットです**。

オリジ・ボット
249 ドル

オリジ・ボットをオンラインで注文する方法
　ロボットの 5 つの部品はそれぞれ A，B，C 3 種類あります。好みの選択をして，オンラインの注文書に記入してください，そうすれば，注文されたものをお送りします。その際に，モーター，電池，基盤，組み立て説明書，簡単にインストールできるソフトなども同封します。組み立てに必要な基本的な道具，接着剤，塗料などは別途必要です。

　オンラインの注文書は次のアドレスまで

　　　　　　　　　　　http://www.origibotshop.com

お客様室室長様

　私は 249 ドル払い，オリジ・ボットをオンラインで最近購入しました。包みを開けると，送られてきた下肢部品が注文したものと違うものでした（B ではなくて A が入っていました）。

　間違って送られた部品を返送しますから，正しい部品をお送りください。1 週間以内にお返事をいただければ幸いです。

アキヤマ　タカシ

チャレンジ問題 3

標準 6分

次ページの書類は，アメリカで体調を崩した日本人旅行者が現地の医療機関で診察を受ける前に記入したものである。次の問い（問1～3）を読み，□□□ に入れるのに最も適当なものを，それぞれ下の①～④のうちから一つずつ選べ。

問1　According to the form, the man □□□ .
① designs buildings for a living
② stayed overnight at the medical center in July
③ will pay all medical fees by himself
④ works for a trading company in Japan

問2　The information on the form tells us that the man □□□ .
① became ill just after lunch
② came here with his sick wife
③ has been sick for six days
④ was seriously ill two years ago

問3　A symptom of the man's illness is □□□ .
① a backache
② a digestion problem
③ a high temperature
④ a toothache

見慣れない出題傾向だけど，けっして難しくはないからね！

RKS Medical Center
Patient Pre-Registration Form

Today's Date July 26, 2008

Personal Information

Patient Name: Shinji Ube

Sex: M   Date of Birth: August 10, 1978

Marital Status: ☑Single ☐Married ☐Widowed ☐Divorced

Home Address: 2-9-18, Kokusai-dori, Yamada-cho, Shibuya-Ku

City: Tokyo   State: Country: Japan

Zip Code: 153-0044

Home Phone: +81-3-3434-1358   Work Phone: +81-3-5257-8235

Employment Status: ☑Employed ☐Student ☐Other

Employer: ABC House   Occupation: architect

Employer Address: 2-3-6, Marunouchi, Chiyoda-ku, Tokyo

Medical Information

1) What are your symptoms? (Please circle all that apply.)

① (fever) (38.5° F / (C))

② (headache), chest pain, stomachache, other:

③ (coughing), difficulty in breathing

④ nausea

⑤ constipation, diarrhea

⑥ fainting, dizziness

⑦ others (   )

2) When did the symptoms start?

Date: July 20   Time: 11:00 p.m.

3) Previous serious illnesses: none

4) Illnesses currently under treatment: none

5) Are you allergic to any medication or food?   (Yes   (No))

If Yes, please provide details:

Payment Information

☑ Insurance (MUST provide card)   ☐ Self Pay (MUST pay in full EACH visit)

Have you been admitted to a hospital overnight in the last 60 days?

入院する   Yes ☐   No ☑

If Yes, please provide name of facility and date:

[本試]

解説 問1 「**書類によれば，男性は** [　　　　] 」

　職種（occupation）に architect「建築家」とあるので，① 「**建物の設計を生業にしている**」が正解。

　②「7月に医療センターで1泊入院した」は偽。問診票の最後に「最近60日以内に1泊以上の入院をされたことはありますか？」という質問があるが，「いいえ」と答えている。

　③「自分で医療費を全額支払う」も不可。「保険」に印がしてある。

　④「日本で貿易会社に勤めている」も不可。彼は「建築家」。

問2 「**書類の情報から，男性は** [　　　　] **だとわかる**」

　①「昼食直後に具合が悪くなった」は不可。症状が出たのは「7月20日午後11時」となっている。

　②「病気の妻と来院した」も不可。区分では「独身」となっている。

　③「**6日間具合が悪い**」が正解。本日の日付は「7月26日」とあり，症状が出たのが「7月20日」であることより明らか。

　④「2年前に重い病気をしていた」も不可。重篤な既往症は「なし」となっている。

問3 「**男性の病気の症状は** [　　　　] **である**」

　①「背中の痛み」は記述なし。

　②「消化不良」も記述なし。

　③「**高熱**」が正解。「熱が38.5℃」とある。

　④「歯痛」は記述なし。

解答 問1 ①　　問2 ③　　問3 ③

訳 RKS医療センター
患者事前記入用紙

	本日の日付　2008年7月26日
個人情報	

患　者　名：ウベ　シンジ

性　　　別：男　　生年月日：1978年8月10日

婚姻区分：☑ 独身 □ 既婚 □ 寡夫（婦） □ 離婚

自宅住所：渋谷区山田町国際通り2－9－18

　　市：東京　　州：　　国：日本

　　郵便番号：153-0044

自宅電話：+81-3-3434-1358　　職場電話：+81-3-5257-8235

情報取得問題（図表チラシ）　77

雇用区分：☑ 被雇用者　□ 学生　□ その他
　　雇用主：ABC House　　職種：建築家
　　雇用主住所：東京都千代田区丸の内 2 - 3 - 6

医療情報

1）症状はどのようなものですか？（該当するものすべてを丸で囲んでく
ださい）
- ❶ （熱）（38.5°F/ⓒ）
- ❷ （頭痛）, 胸痛, 腹痛, その他：
- ❸ （咳）, 呼吸困難
- ❹ 吐き気
- ❺ 便秘, 下痢
- ❻ 気絶, めまい
- ❼ その他（　　　　　）

2）症状が出たのはいつですか？
　　日付： 7 月20日　　時：午後11時
3）重篤な既往症：なし
4）現在治療中の病気：なし
5）薬や食物に対するアレルギーはありますか？　（はい　（いいえ））
　　もしあれば, 詳細にお書きください：

お支払い情報

☑ 保険（保険証の提示が必要）　□ 自己負担（通院ごとに全額支払いが必要）
最近60日以内に 1 泊以上の入院をされたことはありますか？
　　　　　　　　　　　　　　　　　　　　はい □　　いいえ ☑
もしあれば, 医療機関の名称と日付をご記入ください：＿＿＿＿＿＿＿

（語句）

▶ **zip code**　　　　　名「郵便番号」
▶ **occupátion**　　　　名「職業」
▶ **árchitect**　　　　　名「建築家」
▶ **sýmptom**　　　　　名「症状」
▶ **cóughing**　　　　　名「咳」
▶ **náusea**　　　　　　名「吐き気」
▶ **constipátion**　　　名「便秘」
▶ **diarrhéa**　　　　　名「下痢」
▶ **medicátion**　　　　名「薬物」
▶ **insúrance**　　　　　名「保険」
▶ **facílity**　　　　　　名「機関／施設」

チャレンジ問題 4

次ページの広告を読み，問1～3の ☐ に入れるのに最も適当なものを，それぞれ下の①～④のうちから一つずつ選べ。

問1　According to the advertisement, students are required to ☐ at the start of their course.
① have reserved a hotel room
② bring money for their tuition fees
③ take an English placement test
④ visit the office with their sponsors

問2　A student who pays the tuition for the two-week course and the accommodation fee for a single room at the beginning of June should send a total amount of ☐ dollars.
① 870
② 920
③ 1,120
④ 1,170

問3　Students who decide not to join the Summer Camp must tell the office by ☐ , or they cannot have a refund.
① May 15
② June 15
③ June 30
④ July 28

English Summer Camps 2008

San Diego Seaside College is proud once again to sponsor one- and two-week English Summer Camps for high school students from all over the world who are interested in brushing up their English skills. Classes are offered at five levels, from basic to advanced. Students are tested on arrival and placed in the level appropriate to their language ability. Each class has a maximum of 14 students. In the classroom, lessons focus on student interaction while teachers provide feedback and support.

Tuition Fees

The basic tuition fee depends on how early you pay.

One-week Course（Monday, July 28-Friday, August 1）:
- $310 if we receive the full amount by May 15
- $360 otherwise

Two-week Course（Monday, July 28-Friday, August 8）:
- $620 if we receive the full amount by May 15
- $670 otherwise

The full payment must be received before the beginning of the courses.

Accommodations

We can provide housing in our student residence, Peter Olsen House. Breakfast & dinner, 7 days a week

Single room: $250 per week

Twin room: $160 per person, per week

You should reserve your accommodations before May 15 and all accommodation fees must be paid in full before June 15.

Cancellation

If you have to withdraw from the camp after you have been accepted, but no later than June 30, then all the fees you have paid will be returned. If you have to withdraw after June 30, we regret that we cannot return any fees.

How to Apply

Fill out an application form and send it to us at <esc@sdsc.edu>.

Visit the Golden State this summer and make yourself shine at English!

［本試］

差がついたのは問2。「あっ，しまった！」と言わなくても済むように，情報を慎重に読み込んでいこう。

解説 問1 「広告によると，生徒は，コースが始まるときに ⬜ ことを要求されている」

第1パラグラフ第3文に，Students are tested on arrival and placed in the level appropriate to their language ability.「受講生は，到着するとすぐに試験を受け，自分の言語能力にふさわしいレベルに振り分けられます」とあるので，①「ホテルの部屋を予約してある」，②「授業料を持ってくる」，④「保証人と事務所を訪れる」は不可。③「英語のクラス分けテストを受ける」が正解。

an English placement test「英語のクラス分けテスト」自体は難しいが，消去法を使えば簡単に正解が選べるはず。

問2 「2週間のコースの授業料とシングルルームの宿泊費用を6月の初めに支払う生徒は，全部で ⬜ ドルを支払わなければならない」

まず「6月の初め」に「2週間のコース」を支払うことを確認する。受講料（Tuition Fees）の項目に，2週間コースの支払いが5月15日以降の場合，670ドルとある。さらに，宿泊設備（Accommodations）に，シングルルームの場合，1週間につき (per week) 250ドルとある。よって，合計金額は 670 + 250 × 2 = 1,170 となり，④ が正解。

間違えた受験生は，「1週間につき250ドル」を読み飛ばして，670 + 250 = 920 としてしまったようである。日常生活でも，このような計算は非常に重要。「間違えた！」では済まされない。慎重に計算する姿勢が大切。

問3 「夏合宿に参加しないことを決めた生徒は ⬜ までに事務局に連絡しなければならない。そうでなければ，払戻金を受け取ることができない」

refund「払戻金」という単語になじみのない受験生も多いと思われるが，文脈から推測は可能だったはず。キャンセル（Cancellation）の項目で，「申し込んだあと，合宿参加を取りやめなければならない場合，それが6月30日までならば，お支払いいただいた全授業料はお返しします」とあるので，③「6月30日」が正解。問2に「ひねり」

情報取得問題（図表チラシ） 81

があったため，この問題の単純さに逆に戸惑った受験生も多かったようだ。

no later than June 30 は「6月30日を越えてはならない」という意味。**比較級の前の no は「差がゼロ」であることを意味する。**よって，no later than June 30 は，「6月30日よりゼロ日遅い」＝「6月30日」であることを示す。類似の有名表現にＳＶ **no sooner than** S'V'．「ＳＶとS'V' の時間差がゼロ」＝「ＳＶ**すると同時に**S'V'」がある。

解答 問1 ③ 問2 ④ 問3 ③

訳

2008 年夏の英語合宿

　サンディエゴ・シーサイド大学は，英語の能力を高めることに興味がある世界中の高校生のために，1週間と2週間の夏の英語合宿を今年も開催いたします。クラスは基礎から上級まで5つのレベルを用意しています。受講生は，到着するとすぐに試験を受け，自分の言語能力にふさわしいレベルに振り分けられます。それぞれのクラスは，最大14名です。教室では，授業は生徒同士の交流に重点が置かれ，教師は意見を述べてサポートします。

受講料
　基本受講料は，支払いの時期によって決まります。
　　1週間コース：7月28日（月）〜8月1日（金）
　　　● 5月15日までに全額お支払いなら，310 ドル
　　　● それ以外の場合は，　　　　　　360 ドル
　　2週間コース：7月28日（月）〜8月8日（金）
　　　● 5月15日までに全額お支払いなら，620 ドル
　　　● それ以外の場合は，　　　　　　670 ドル
　開講前に，全額お支払いいただかなくてはなりません。

宿泊設備
　本学の学生寮，ピーター・オルセンハウスに宿泊することができます。
　7日間，朝食と夕食が出ます。
　　　シングルルーム：週 250 ドル
　　　ツインルーム　：1人につき週 160 ドル

5月15日までに宿泊の予約をしてください。そして，宿泊料金全額を6月15日までに払い込んでください。

キャンセル
　申し込んだあと，合宿参加を取りやめなければならない場合，それが6月30日までならば，お支払いいただいた全授業料はお返しします。もしも，7月1日以降に合宿参加を取りやめなければならない場合には，残念ながら，授業料の返還はできません。

申込み方法
　申込み用紙に必要事項を記入して，〈esc@sdsc.edu〉までお送りください。

　今年の夏は，ゴールデンステート（カリフォルニア）を訪れて，英語に磨きをかけましょう！

語句
- ▶ spónsor ～　　　他「～を主催する」
- ▶ brush ～ up / up ～　熟「～を磨く」
- ▶ apprópriate　　　形「適切な」
- ▶ fócus on ～　　　熟「～に重点を置く」
- ▶ interáction　　　名「交流」
- ▶ tuítion　　　　　名「授業料」
- ▶ accommodátion　名「宿泊施設」
- ▶ hóusing　　　　　名「学生寮」
- ▶ withdráw from ～　熟「～を取り消す」
- ▶ fill ～ out / out ～　熟「～に記入する」
- ▶ applicátion form　名「申込み用紙」

広告文の問題は苦手という人が多いから，得意にしておけばガゼン有利だよね！

チャレンジ問題 5

次の文章に合う絵として最も適当なものを，下の ① ~ ④ のうちから一つ選べ。

There are two rows of circles at the bottom of this abstract painting. In the upper section, there is a large square, and to the right of it a vertical dotted line. A solid line goes from the upper left-hand corner to the lower right-hand corner. It is crossed by a horizontal line in the lower half of the painting. There is a moon shape to the left of the square and an arrow below the horizontal line, pointing toward the dotted line.

① 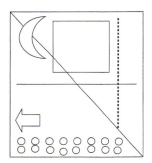 ②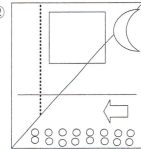

③ 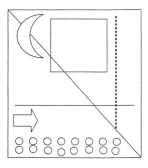 ④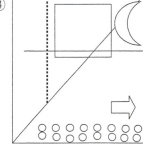

[本試]

a solid line「実線」などの日本人学習者には難しい表現をまったく知らなくても，十分に解ける。とにかく消去法を徹底したい。

解説　第1文はすべての選択肢にあてはまるので問題には無関係。第2文は「正方形の右の」から②・④が消える。この文は，**a dotted line**「**点線**」などわからなくても図には「**点線**」**しかないから容易**。第3文からも②・④が消える。また，第4文からは，①が消える。よって，答えは③。

解答　③

訳　この抽象画の一番下には，2列の円がある。上の部分には，大きな正方形があり，また，その右に，垂直の点線がある。上の左の角から，下の右の角まで実線が引かれている。その実線は，絵の下半分のところで，水平の線と交差する。正方形の左に，月の形をしたものがあり，水平の線の下に，点線の方向に向いた矢印がある。

語句
- ▶ row　　　　　　　名「横の列」
- ▶ ábstract　　　　　形「抽象的な」
- ▶ úpper　　　　　　形「上の」
- ▶ squáre　　　　　　名「正方形／四角形」
- ▶ vértical　　　　　形「垂直の」
- ▶ dótted line　　　名「点線」
- ▶ sólid line　　　　名「実線」
- ▶ lówer　　　　　　形「下の」
- ▶ árrow　　　　　　名「矢／矢印」
- ▶ horizóntal　　　　形「水平の」

第1章　情報取得問題（図表チラシ）

チャレンジ問題 6

次の漫画の内容に最も近いものを，次ページの①～④のうちから一つ選べ。

① Everyone in the Johnson family was working hard moving to their new house. Some people were carrying boxes. One of the helpers was struggling with a large box but was able to put it down. As he slid it under a table, a box on top of the table hit a vase, which fell and broke into many little pieces. Naturally, Mrs. Johnson became very upset, as the vase was one of her favorites.

② Everyone was rushing because the Johnsons were moving. The boxes were being packed and the helpers were taking them to the truck. One of the men was about to drop a heavy box, so he rushed to set it on a nearby table. As he did, a vase fell onto the floor, cracking. Mrs. Johnson was obviously furious, even though the vase did not break into pieces.

③ The Johnsons were busy moving. One of the helpers was carrying a box and put it on a table with another large box. However, he did not notice that there was a vase sitting behind that box. When he pushed the box further onto the table, the vase fell and broke on the floor. Understandably, Mrs. Johnson was very angry that her favorite vase had been broken.

④ The Johnsons were moving and Mrs. Johnson was telling the helpers where to put boxes. One of the helpers put a box on a table. Little did he know that there was a vase on the table, behind another box. When he pushed the box, the vase broke and fell off the table. Not surprisingly, Mrs. Johnson was broken-hearted, as it was one that she liked very much.   [本試]

間違いの選択肢には「間違いの箇所」が，少なくとも1か所はある。なお，感情表現として①に「うろたえた」，②に「激怒していた」，③に「とても怒っていた」，④に「がっかりした」があるが，このようなはっきりと断定できるような**主観的な情報を判断基準にはできない**。

　　①は「その箱をテーブルの下に滑り込ませると」が不可。
　　②は「花びんは粉々には壊れなかったが」が不可。
　　④「その花びんは割れてテーブルから落ちた」が不可。**花びんは，テーブルから落ちたあとに割れた**のである。

以上から，③ が正解。

解答 ③

訳

①　ジョンソン家の人は皆，新しい家への引っ越しで一生懸命だった。箱を運んでいる人もいた。手伝っている人の1人は大きな箱を運ぶのに苦労したが，やっと下に降ろすことができた。その箱をテーブルの下に滑り込ませると，テーブルの上の箱が花びんに当たり，落ちて粉々になった。その花びんはジョンソン夫人のお気に入りのうちの1つだったので，当然ながら，ジョンソン夫人はとてもうろたえた。

②　ジョンソン家は引っ越しのため，皆急いでいた。箱に荷物が詰められ，手伝いの人たちがそれをトラックまで運んでいた。男たちの1人が重い箱を落としかけたので，慌てて近くのテーブルの上に置いた。そのとき，花びんが床に落ちてヒビが入った。花びんは粉々には壊れなかったが，ジョンソン夫人は明らかに激怒していた。

③　ジョンソン一家は引っ越しに忙しかった。手伝いの1人が箱を運んでいて，それを別の大きな箱が載っているテーブルの上に置いた。しかし，その手伝いの人はその箱の後ろに花びんがあることに気がつかなかった。箱をテーブルの向こう側に押すと，花びんが床に落ちて割れた。当然のことながら，ジョンソン夫人は自分のお気に入りの花びんが割れてしまったのでとても怒った。

④　ジョンソン家は引っ越しの最中で，ジョンソン夫人は手伝いの人に箱をどこに置けばよいかを指示していた。手伝いの1人が箱をテーブルの上に置いた。テーブルの上に，別の箱の後ろに花びんが置いてあることにはまったく気がつかなかった。その手伝いの人が箱を押すと，その花びんは割れてテーブルから落ちた。当然ながら，ジョンソン夫人はがっかりした。というのも，それはジョンソン夫人が大変気に入っていたものだったからである。

語句

▶ strúggle with ～　　熟「～と格闘する」
▶ break ínto píeces　　熟「粉々に割れる」
▶ upsét　　形「狼狽した」
▶ rush　　自「急ぐ」
▶ be abóut to (V)　　熟「まさにVしようとする」
▶ fúrious　　形「激怒した」
▶ understándably　　副「もっともなことだが」

88

チャレンジ問題 7

次の漫画の内容に最も近いものを、次ページの①〜④のうちから一つ選べ。

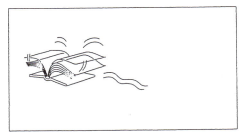

① A boy gets upset during intensive study, but then he is suddenly surprised to see all his textbooks trying to escape by flying from the room together. In the end he is relieved to be free of the books, and the burden of doing his homework, and he resumes other pastimes.

② A boy is studying excessively hard, using many books at his desk. Suddenly, he becomes very frustrated, throwing the books away one by one until they are almost all gone. Finally, however, he stops this ridiculous behavior and cleans up his room in order to begin studying again.

③ A boy sitting at his desk, surrounded by books, suddenly gets irritated with studying, and so he picks up one of his many books and throws it. Unexpectedly, the book begins to fly away, and soon many of his other books also begin to fly off the desk. He is naturally very surprised by this.

④ A boy who is hardly studying for an examination becomes very bored and depressed. Amazingly, while he is daydreaming, all his books suddenly begin to fly away like birds, though of course that could never happen in reality. Nevertheless, it pleases him a great deal. ［追試］

主観的な「**感情描写**」は無視して，客観的な「**事実の描写**」を探すことに重点を置くこと。

解説　**不確実な情報は切り捨てる**。漫画がどれほどうまく描かれていようが，感情表現が特定できるわけではない。イラストだけから人物の感情を決定することはできない。解答根拠は「**だれの目にも明らかな客観的な描写部分**」だけで十分。

①・②・④の選択肢の次の下線を施した部分が，漫画に一致しない，もしくは言い過ぎ。

①「すべてのテキストが部屋から飛んで逃げていこうとする」

②「本を1冊ずつ捨て去り，ついにはほとんどすべての本がなくなってしまう」

④「すべての本が突然鳥のように飛び立つ」

以上，**消去法**から ③ が正解。

解答 ③

訳 ① 少年が，集中的に勉強している最中に狼狽している。しかし次の瞬間，突然すべてのテキストが部屋から飛んで逃げていこうとするのを見て驚く。結局，少年はテキストや宿題をやる負担から逃れられてほっとしていて，他の娯楽を再開する。

② 少年はかなり一生懸命に勉強し，机の上の多くの本を使っている。突然，少年は強いいら立ちをおぼえ，本を1冊ずつ捨て去り，ついにはほとんどすべての本がなくなってしまう。しかし，最終的には，こうしたばかげた行為をやめ，勉強を再開するために部屋を掃除する。

③ 本に囲まれて机に向かって座っている少年は突然勉強にいら立ち，多くの本の中の1冊を拾い上げ，捨てる。意外なことに，その本は飛んでいき，まもなく他の多くの本も机から飛び立って行く。当然ながら少年はこの事態にとても驚いている。

④ 試験の勉強をほとんどしていない少年は，とても退屈し落ち込んでいる。驚いたことに，彼が空想にふけっているあいだ，すべての本が突然鳥のように飛び立つ。もちろん，そんなことは実際には絶対起きないが。しかし，彼はそれによってずいぶん満足している。

語句

▶ upsét 　　　　　形「狼狽した」
▶ inténsive 　　　形「集中的な」
▶ be free of ~ 　熟「~から自由になる」
▶ búrden 　　　　名「重荷」
▶ resúme ~ 　　他「~を再開する」
▶ pástime 　　　名「娯楽／気晴らし」
▶ excéssively 　副「過度に」
▶ frústrated 　　形「いら立って」
▶ ridículous 　　形「ばかな」
▶ írritated 　　　形「イライラしている」
▶ depréssed 　　形「落ち込んでいる」
▶ amázingly 　　副「驚いたことに」
▶ dáydream 　　自「空想にふける」

チャレンジ問題 8

標準 8分

次のウェブサイトの記事を読み，問1～5の[　　]に入れるのに最も適当なものを，それぞれ下の①～④のうちから一つずつ選べ。

You are a member of the cooking club at school, and you want to make something different. On a website, you found a recipe for a dish that looks good.

EASY OVEN RECIPES
Here is one of the top 10 oven-baked dishes as rated on our website. You will find this dish healthy and satisfying.

Meat and Potato Pie

Ingredients (serves about 4)

A	1 onion	2 carrots		500g minced beef
	🥄 ×2 flour	🥄 ×1 tomato paste		🥄 ×1 Worcestershire sauce
	🥄 ×1 vegetable oil	🥤 ×2 soup stock		salt & pepper
B	3 boiled potatoes	40g butter		
C	sliced cheese			

Instructions

Step 1: Make **A**
1. Cut the vegetables into small pieces, heat the oil, and cook for 5 minutes.
2. Add the meat and cook until it changes color.
3. Add the flour and stir for 2 minutes.
4. Add the soup stock, Worcestershire sauce, and tomato paste. Cook for about 30 minutes.
5. Season with salt and pepper.

Step 2: Make **B**
1. Meanwhile, cut the potatoes into thin slices.
2. Heat the pan and melt the butter. Add the potatoes and cook for 3 minutes.

Step 3: Put **A**, **B**, and **C** together, and bake
1. Heat the oven to 200℃.
2. Put **A** into a baking dish, cover it with **B**, and top with **C**.
3. Bake for 10 minutes. Serve hot.

~~~~~~

REVIEW & COMMENTS

cooking@master *January 15, 2018 at 15:14*
This is really delicious! Perfect on a snowy day.

Seaside Kitchen *February 3, 2018 at 10:03*
My children love this dish. It's not at all difficult to make, and I have made it so many times for my kids.

問1　This recipe would be good if you want to ☐ .

① cook chicken for lunch

② eat something sweet

③ enjoy a hot dish on a cold day

④ prepare a quick meal without using heat

問2　If you follow the instructions, the dish should be ready to eat in about ☐ .

① half an hour

② one hour

③ twenty minutes

④ two to three hours

問3　Someone who does not like raw carrots may eat this dish because ☐ .

① carrots are not used

② many kinds of spices are used

③ the carrots are cooked

④ the carrots are very fresh

I took a mistake.

問4　According to the website, one **fact** (not an opinion) about this recipe is that it is ☐ .

① highly ranked on the website

② made for vegetarians

③ perfect for taking to parties

④ very delicious

問5　According to the website, one **opinion** (not a fact) about this recipe is that ☐ .

① a parent made this dish many times

② it is easy to cook

③ it is fun to cook with friends

④ the recipe was created by a famous cook

［第2回試行調査　第2問］

情報取得問題（図表チラシ）　93

「試行調査」は雑で，模擬試験レベルである。問題作成部会のチェックが甘くなってしまったのであろうか。残念である。

解説 問1 「このレシピはもしあなたが _____ ならよいでしょう」

①「昼ご飯のために鶏肉を料理したい」は不可。レシピに書かれた材料には「鶏肉」がない。②「何か甘いものが食べたい」も不可。これもレシピに「多量の砂糖」などとは書かれていない。③「**寒い日に熱い料理を楽しみたい**」の「熱い料理」は，Step 3 の「オーブンを 200 度まで熱する」という記述だけでもあてはまるが，「寒い日の」に対応するものがない。たしかに 2 人のレビューの日付を見ると 1 月と 2 月になっているが，南半球だとすると暖かい月となる。さらに，1 番目のレビューに「雪の日には完璧だ」とあるが，これは主観的な感想にすぎない。よって，いったん保留。④「温めずに早く料理を用意したい」は，「温めず」「早く」が合わないので不可。以上から，しかたなく ③ を選ぶことになる。

問2 「もし作り方に従えば，この料理は準備するのに約 _____ かかる」

レシピに書かれた所要時間を足す問題。Step 1 は 5 分＋ 2 分＋ 30 分＝ 37 分，Step 2 は 3 分，Step 3 は 10 分。以上から 50 分＋αだと推察できる。①「30 分」，②「**1 時間**」，③「20 分」，④「2 〜 3 時間」の中で，最も近いのは ② だとわかる。

問3 「生のニンジンが好きでない人でも，この料理は _____ ので食べられるかもしれない」

①「ニンジンは使われていない」は不可。レシピにニンジンが入っている。②「たくさんの種類のスパイスが使われている」は保留。少なくとも「たくさんの」の正確な数字はつかめない。③「**ニンジンは火が通してある**」，この記述自体は正しい。本文の Step 1 には「野菜をみじん切りにして，油を熱して，5 分間火を通す」とある。**cook は英英辞典の定義では to prepare food for eating by using heat「熱を加えることで食べるための食べ物を調理する」**であり，「火を使って調理する」ことに注意したい。「サラダを作る」などには使えない。④「ニンジンはとても新鮮」は本文には記述がないし，また新鮮だか

ら「食べやすい」ということもなかろう。常識的には「スパイスで味をごまかせるから苦手なニンジンでも食べられる」ということだろうが,「生のニンジンが好きでない人」とあるから, ③ を正解とするのが適切。

問4 「ウェブサイトによると, このレシピについての1つの（意見ではなく）事実は, ☐☐☐☐ ということだ」

　① 「ウェブサイトで上位に位置している」, これは本文の冒頭に書かれている「こちらは当サイトにランキングされた, オーブンを使った焼き料理の上位10位の1つです」に対応している。しかし,「上位」というのも主観的判断にもとづくものである。よって「事実」とは言い難い。公式の発表で ① が正解となっているため, これを正解とするしかない。② 「菜食主義者のために作られた」は, 材料に肉が使われているので不可。③ 「パーティーに持っていくのにぴったり」は本文に記述がない。おそらく「パーティー」＝「大人数」という前提なら「ぴったり」ではないことが推察できる。④ 「大変とてもおいしい」は主観的な記述なので不可。なお『ジーニアス英和辞典第5版』の delicious の項には「delicious はすでに『とても』の意味が含まれているので, very などを付けないで言うことが多い」とある。よって選択肢自体が不適切なものとなっている。

問5 「ウェブサイトによると, このレシピに関する（事実ではなく）意見の1つは ☐☐☐☐ ということだ」

　① 「ある親はこの料理を何度も作った」は, 2番目のレビューの「何度も子どもに作りました」に合致しているが, これは意見ではなく事実なので不可。② 「簡単に作れる」も, 2番目のレビューに「作るのはまったく難しくない」とあり, 合致。「簡単・困難」は主観の問題なので, これが正解。③ 「友達と作ると楽しい」および ④ 「レシピは著名な料理人によって作られた」は, 本文のどこにもそのような記述がないので不可。以上から ② が正解だとわかる。

解答 問1 ③　　問2 ②　　問3 ③　　問4 ①　　問5 ②

訳 あなたは学校の料理クラブの一員で, 何か変わったものを作りたいと考えている。あなたはウェブサイトでよさそうなレシピを見つけた。

情報取得問題（図表チラシ）　95

簡単なオーブン料理のレシピ
こちらは当サイトにランキングされた，オーブンを使った焼き料理の上位 10 位の 1 つです。この料理が健康的で満足のいくものだとわかるでしょう。

肉とイモのパイ
材料（約 4 人前）
A　タマネギ 1 個　　　ニンジン 2 本　　　　　牛ひき肉 500 グラム
　　小麦粉さじ 2 杯　　トマトペーストさじ 1 杯　ウスターソースさじ 1 杯
　　野菜油さじ 1 杯　　だし汁 カップ 1 杯　　　塩・こしょう
B　ゆでたジャガイモ 3 個　　　　バター 40 グラム
C　スライスチーズ

作り方
ステップ 1：A を調理する
　1．野菜をみじん切りにして，油を熱して，5 分間火を通す。
　2．肉を加えて色が変わるまで炒める。
　3．小麦粉を加えて 2 分間かき混ぜる。
　4．だし汁，ウスターソース，そしてトマトペーストを加える。30 分ほど煮詰める。
　5．塩・こしょうで味付けする。
ステップ 2：B を調理する
　1．そのあいだ（A を作るあいだ）に，ジャガイモを薄く切る。
　2．フライパンを熱して，バターを溶かす。ジャガイモを加えて 3 分間炒める。
ステップ 3：A と B と C を合わせて，オーブンで焼く
　1．オーブンを 200 度に温める。
　2．耐熱皿に A を入れて，B を上に乗せて，C をその上にかける。
　3．10 分間オーブンで焼く。熱いうちに食べること。

意見・コメント
● cooking@master　2018 年 1 月 15 日 15：14
　これは本当においしい！　雪の日には完璧です。
●海際のキッチン　2018 年 2 月 3 日 10：03
　私の子どもたちはこの料理が大好きです。作るのはまったく難しくないし，私は子どもたちのために何度も作りました。

語句

▶ on a wébsite 　熟 「ホームページで」
▶ rate ～ 　他 「～を評価する」
▶ sátisfying 　形 「満足がいく」
▶ ingrédient 　名 「材料」
▶ ónion 　名 「タマネギ」
▶ cárrot 　名 「ニンジン」
▶ minced 　形 「ミンチにした」
▶ flour 　名 「小麦粉」
▶ Wórcestershire sauce 　名 「ウスターソース」
▶ soup stock 　名 「だし汁」
▶ instrúction 　名 「指示」
▶ cut A into B 　熟 「A を切って B にする」
▶ heat ～ 　他 「～を熱する」
▶ séason ～ 　他 「～を味付ける」
▶ méanwhile 　副 「そのあいだに」
▶ thin 　形 「薄い」
▶ melt ～ 　他 「～を溶かす」
▶ top with ～ 　熟 「～をトッピングする／上に乗せる」
▶ serve ～ 　他 「～を出す」

次の英語を日本語にしてみよう。

1	cábbage	2	célery	3	cúcumber	4	égg plant
5	gárlic	6	gínger	7	gréen pépper	8	léttuce
9	pea	10	spínach	11	squash	12	tomáto

解答　1 キャベツ　　　2 セロリ　　　3 キュウリ　　4 ナス
　　　　5 ニンニク　　　6 ショウガ　　7 ピーマン　　8 レタス
　　　　9 （さや）エンドウ　　　　10 ホウレンソウ
　　　　11 カボチャ（ウリ科の総称）　　12 トマト

第1章 情報取得問題（図表チラシ）

情報取得問題（図表チラシ）　97

チャレンジ問題 9

標準 **8分**

次の記事を読み，問1～5の [   ] に入れるのに最も適当なものを，それぞれ下の ① ～ ④ のうちから一つずつ選べ。

Your English teacher gave you an article to help you prepare for the debate in the next class. A part of this article with one of the comments is shown below.

No Mobile Phones in French Schools

By Tracey Wolfe, Paris

11 DECEMBER 2017・4:07PM

The French government will prohibit students from using mobile phones in schools from September, 2018. Students will be allowed to bring their phones to school, but not allowed to use them at any time in school without special permission. This rule will apply to all students in the country's primary and middle schools.

Jean-Michel Blanquer, the French education minister, stated, "These days the students don't play at break time anymore. They are just all in front of their smartphones and from an educational point of view, that's a problem." He also said, "Phones may be needed in cases of emergency, but their use has to be somehow controlled."

However, not all parents are happy with this rule. Several parents said, "One must live with the times. It doesn't make sense to force children to have the same childhood that we had." Moreover, other parents added, "Who will collect the phones, and where will they be stored? How will they be returned to the owners? If all schools had to provide lockers for children to store their phones, a huge amount of money and space would be needed."

21 Comments

Newest

Daniel McCarthy 19 December 2017 • 6:11PM

Well done, France! School isn't just trying to get students to learn how to calculate things. There are a lot of other things they should learn in school. Young people need to develop social skills such as how to get along with other people.

問1 According to the rule explained in the article, students in primary and middle schools in France won't be allowed to ☐ .

① ask their parents to pay for their mobile phones

② bring their mobile phones to school

③ have their own mobile phones until after graduation

④ use their mobile phones at school except for special cases

問2 Your team will support the debate topic, "Mobile phone use in school should be limited." In the article, one **opinion** (not a fact) helpful for your team is that ☐ .

① it is necessary for students to be focused on studying during class

② students should play with their friends between classes

③ the government will introduce a new rule about phone use at school

④ using mobile phones too long may damage students' eyes

問3 The other team will oppose the debate topic. In the article, one **opinion** (not a fact) helpful for that team is that ☐ .

① it is better to teach students how to control their mobile phone use

② students should use their mobile phones for daily communication

③ the cost of storing students' mobile phones would be too high

④ the rule will be applied to all students at the country's primary and middle schools

問4 In the 3rd paragraph of the article, "One must live with the times" means that people should _____.
① change their lifestyles according to when they live
② live in their own ways regardless of popular trends
③ remember their childhood memories
④ try not to be late for school

問5 According to his comment, Daniel McCarthy _____ the rule stated in the article.
① has no particular opinion about
② partly agrees with
③ strongly agrees with
④ strongly disagrees with

[第 2 回試行調査　第 2 問]

解説 各パラグラフの役割と要旨 ：正解の該当箇所に下線を引き，選択肢と結ぶ

第 1 パラグラフ：学校内での携帯使用禁止

第 2 パラグラフ：教育相の意見。子どもは休み時間に子ども同士で遊ぶべきだ

第 3 パラグラフ：親からの反対意見。携帯を置くロッカー設置には費用とスペースが要る

コメント：フランス政府に賛成

問1 「記事中で説明されている規則によると，フランスの小学校と中等学校の生徒たちは _____ ことが許されない」

　本文第 1 パラグラフ「フランス政府は 2018 年 9 月から生徒が学校で携帯電話を使うのを禁止する。生徒たちは学校に携帯電話を持ってきてもかまわないが，**特別な許可が出たときを除いてはいかなるときも校内で使うことが許されない**。この規則は国の小学校と中等学校のすべての生徒に適用される」とある。選択肢の中でこの記述と合致するのは，④「特別なときを除いて学校で携帯電話を使う」だけなのでこれが正解。①「親に携帯料金を払ってもらう」，②「学校に携帯電話を持ってくる」，③「卒業までに携帯電話を持つ」は本文に書かれていない。なお選択肢 ④ の except for special cases は，

100

本文の without special permission の言い換えとなっていることに注意したい。なお第 1 パラグラフ第 1 文の prohibit は CEFR-J では B2 に分類される難語であるため，あとの文で A2 の分類である allow / permission / apply を用いて説明されていることが面白い。

問2 「あなたのチームはディベートで『学校での携帯電話の使用は制限されるべき』というトピックを支持する。記事の中で，あなたのチームに役立つ意見（事実ではなく）は ［＿＿＿＿＿］ ということである」

　「学校での携帯電話使用制限」に賛成の立場の根拠となる意見を記事の中に探せばよい。本文の第 2 パラグラフ第 1 文に大臣の意見として **「近年生徒たちはもはや休み時間に遊ばなくなった。彼らは皆スマートフォンの前にいるだけで，これは教育的見地から言って問題がある」** とある。この内容に合致する選択肢は ② **「生徒たちは授業と授業のあいだの時間に友達と遊ぶべきだ」** だけである。間違えた人の多くは ①「生徒が授業中は勉強に集中することが必要だ」を選んでいる。この選択肢は一般には正しいと思われるが，本文のどこにもその記述がないので不可。必ず本文の中に根拠を見つけて解答するようにしたい。第 2 パラグラフ第 2 文の They are just all in .... では，<u>They と all が同格の関係</u>になっていることに注意したい。一般に be 動詞を含んだ文で，主語と all が同格の関係になる場合，<u>all は be 動詞のあとに置かれることに注意</u>。③「政府は学校での電話の使用についての新しい規則を紹介する」は，第 1 パラグラフに記述はあるものの，「意見」ではなく「事実」であるために不正解となる。④「携帯電話をあまりに長時間使用することは生徒の目を傷つけるかもしれない」は本文には記述がない。

問3 「他のチームはディベートのトピックに反対する。記事の中で，そのチームに役立つ意見（事実ではなく）は ［＿＿＿＿＿］ ということである」

　今度は「学校での携帯電話使用制限」に反対の立場の根拠となる意見を探すことになる。本文第 3 パラグラフの最終文に **「もしすべての学校が子どもたちが自分の携帯電話を保管するためのロッカーを提供しなければならないとしたら，それには莫大なお金とスペースが必要となるだろう」** とある。この文には仮定法過去が使われていることに

情報取得問題（図表チラシ）　101

注意したい。一般に仮定法過去は「話者が可能性が低いと考える場合に使われる時制」である。この文の話者である親は「学校での携帯電話使用制限」に反対の立場である。ゆえに「ロッカー設置の可能性は少ない」という立場で書いているため仮定法を用いていると考えられる。この内容に合致する選択肢は ③ 「生徒の携帯電話を保管しておくのにかかる費用は高すぎる」である。間違えた人の多くは ② 「生徒は日常の意思伝達に携帯電話を使うべきだ」にしたが，これは本文にまったくそのような記述がないので不可。① 「生徒に携帯電話の使用をコントロールする方法を教えるほうがよい」は，第1パラグラフに記述はあるものの，「意見」ではなく「事実」であるために不正解となる。④ 「規則は国じゅうの小学校と中等学校の生徒すべてに適用される」は本文に記述がないので不可。

問4 「記事の第3パラグラフの『人は時代と共に生きていかねばならない』というのは，人は ⬚⬚⬚⬚ べきだという意味である」

　まず，live with the times は「時代と共に生きる」という意味であることに注意したい。time は，the times の形で「時代」という意味になる。本文該当箇所の前には「しかし，すべての親たちがこの規則（学校での携帯電話使用制限）に喜んでいるわけではない」とあり，さらに該当箇所の直後には「子どもたちに私たちが過ごしたのと同じ子ども時代を強制するのは意味をなさない」とある。つまり「**私たちが過ごしたのと同じ子ども時代**」＝「**学校で携帯電話を使用しない子ども時代**」**を強いることに反対**とある。よって該当箇所の意味は「時代と共にルールを変更する必要がある」という意味だと推測できる。この内容に合致する選択肢は ① 「生きている時々に応じて生活習慣を改める」しかない。それ以外の選択肢 ② 「人気の流行にとらわれず，自分自身の生き方をする」，③ 「子どものころの思い出を覚えている」，④ 「学校に遅れないようにする」は該当箇所とはまったく無関係である。

問5 「ダニエル・マッカーシーのコメントによると，彼は記事で言及されている規則について ⬚⬚⬚⬚ である」

　ダニエル・マッカーシーの立場は，「よくやった，フランス！」から明らかで，「**学校での携帯電話使用制限**」**に賛成**の立場だとわかる。このことは，その後の彼の発言「学校はただ生徒にどうやって物事を

計算するかを学ばせようとするところではない。学校で学ぶべきこと
は他にもたくさんある。若者はどうやって他の人と仲よくするかなど
の社会的な技術を伸ばす必要がある」という部分が，第2パラグラフ
の教育相の発言「近年生徒たちはもはや休み時間に遊ばなくなった。
彼らは皆スマートフォンの前にいるだけで，これは教育的見地から
言って問題がある」と合致することからもわかる。以上より，③「**強
く賛成**」を選ぶ。①「とくに意見はない」，②「部分的に賛成」，④「強
く反対」は不可。

解答 問1 ④ 問2 ② 問3 ③ 問4 ① 問5 ③

訳 あなたたちの英語の先生があなたたちに，次の授業で行うディベートの準
備をするのに役立てるよう，ある記事をくれた。いくつかあるコメントの
1つと共に，この記事の一部が下に示されている。

フランスの学校で携帯電話禁止

トレイシー・ウルフの投稿，パリ

2017年12月11日午後4時7分

　フランス政府は2018年9月から生徒が学校で携帯電話を使うのを禁止
する。生徒たちは学校に携帯電話を持ってきてもかまわないが，特別な許
可が出たときを除いてはいかなるときも校内で使うことが許されない。こ
の規則は国の小学校と中等学校のすべての生徒に適用される。

　フランスの教育相ジャン・ミッシェル・ブランケは，「近年生徒たちはも
はや休み時間に遊ばなくなった。彼らは皆スマートフォンの前にいるだけ
で，これは教育的見地から言って問題がある」と述べた。彼はまた，「緊急
時には電話は必要だろうが，その使用は何らかの形で管理されなければな
らない」とも発言した。

　しかし，すべての親たちがこの規則に喜んでいるわけではない。何人か
の親たちは，「人は時代と共に生きていかなければならない。子どもたちに
私たちが過ごしたのと同じ子ども時代を強制するのは意味をなさない」と
言った。さらに他の親たちは付け加えて，「だれが携帯電話を集めて，どこ
に保管するのか？　どうやって持ち主に返すのか？　もしすべての学校が
子どもたちが自分の携帯電話を保管するためのロッカーを提供しなければ
ならないとしたら，それには莫大なお金とスペースが必要となるだろう」
とも言った。

情報取得問題（図表チラシ）　103

21 件のコメント

最新

ダニエル・マッカーシー　2017 年 12 月 19 日午後 6 時 11 分

「よくやった，フランス！　学校はただ生徒にどうやって物事を計算するかを学ばせようとするところではない。学校で学ぶべきことは他にもたくさんある。若者はどうやって他の人と仲よくするかなどの社会的な技術を伸ばす必要がある」

語句　▶ árticle　　　　　　　　　名「記事」

第 1 パラグラフ

▶ prohíbit 〜　　　　　　　他「〜に禁止する」

▶ allów O to (V)　　　　　　熟「O が V するのを許可する」

▶ permíssion　　　　　　　名「許可」

▶ applý to 〜　　　　　　　熟「〜にあてはまる」

▶ prímary school　　　　　名「小学校」

▶ míddle school　　　　　　名「ミドルスクール／中等学校」

第 2 パラグラフ

▶ break time　　　　　　　名「休み時間」

▶ not 〜 anymóre　　　　　熟「もはや〜ない」

▶ from a 〜 point of view　熟「〜の見地からすれば」

▶ in case of emérgency　　熟「緊急の場合に」

▶ sómehow　　　　　　　　副「なんとかして」

第 3 パラグラフ

▶ the times　　　　　　　　名「時代」

▶ make sense　　　　　　　熟「意味をなす」

▶ force O to (V)　　　　　　熟「O に V を強制する」

▶ moreóver　　　　　　　　副「おまけに」

▶ store 〜　　　　　　　　他「〜を保管する」

▶ retúrn 〜　　　　　　　　他「〜を返却する」

▶ províde A for B　　　　　熟「B に A を提供する」

▶ a huge amóunt of 〜　　熟「莫大な〜」

コメント

▶ get O to (V)　　　　　　　熟「O に V してもらう」

▶ cálculate ～   他「～を計算する」
▶ sócial skills   名「社会的な技術」
▶ get alóng with ～   熟「～とうまくやっていく」

選択肢
▶ excépt for ～   熟「～を除いて」
▶ be fócused on ～   熟「～に集中する」

竹岡の一言

「記事とそれに対する投稿コメント」というパターンは共通テストに定着するであろうか。そもそも「ネット上のコメント」などには，無責任なものや感情的なものが多いのは常識ではないだろうか。そうした「投稿コメント」の中に fact があると言えるのだろうか。新しい試みは評価されなければならないだろうが，「改悪」だけは避けてもらいたいものだ。

② 図表読解

1st step 傾向チェック編

1 図や表に重点を置いた読解のねらい

　図や表などを含む英文を読ませて，「必要な情報を素早く取得する」訓練をさせるものである。比較的長い会話にイラストが入った英文からその情報を得る問題もここに入る。結局，必要なのは，次の2点である。

---

❶ 数字，比較表現に注意し英文を読む。
　➡「増加，減少」などに注目
❷ 図や表などを隅々まで見て，情報の見落としをしない。
　➡ 時間との闘い

---

2 本書の方針

　いたずらに「新傾向」の出題に振り回されることなく，さまざまなタイプの出題に慣れておくことが大切である。

　当然のことながら，図や表の種類は多岐にわたる。不慣れな図には戸惑うだろう。よって本書では，過去に出題されたさまざまな傾向の問題を提示することによって読者の学力向上に寄与したい，と考えている。したがって，本書は，たとえ現行の共通テストの読解問題とは出題傾向が異なる問題であっても，**「良問」であれば積極的に取り上げている。**

　図や表を含む問題はリスニングにも登場する。以下のものは会話を聞き，その会話の内容に適したものを1つ選ぶ問題である。

W: Our survey shows the number of foreigners visiting our museum has been decreasing.
M: Especially from Europe.
W: But the number from Asia is on the rise.
M: At least that's good news.

問　Which graph describes what they are talking about?

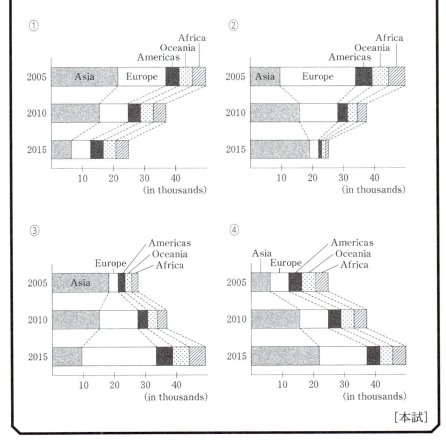

[本試]

　「訪れる外国人の数は減少している」から③と④は消える。さらに「アジアから訪問者の数は増えている」からに①が消え，②が正解だとわかる。とくに難問というわけではないが，こういうグラフの問題に慣れていないと混乱するかもしれない。とにかく慣れることが大切。

図表読解　107

訳 女性：私たちの調査によると，私たちの美術館を訪れる外国人の数が減少しているわ。
男性：とくにヨーロッパからね。
女性：でもアジアからの来館者数は増加しているわ。
男性：ともかく，それはいいニュースだね。

問　彼らが話している内容に合うグラフはどれか

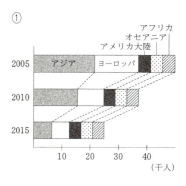
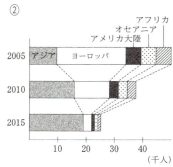
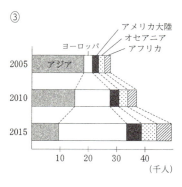
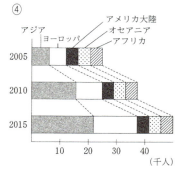

2nd step 原則マスター編

原則❶ 図表は，表題・単位などに注目して「しっかり読む」訓練をせよ

　図表をまともに読まずに，解答の根拠を本文にのみ求めてしまうと，かえって混乱することが多い。このタイプの問題は「言語活動を通して**情報を処理する技能**を養う（問題作成部会）」ことに主眼がある。とりあえず，**図表の読み取り**の徹底した訓練をせよ。
　そのためには，❶表題，❷単位などをしっかり読んで，「何の図かな」と考える癖をつけることだ。

例題 1

　次の文章と図を読み，問の □ に入れるのに最も適当なものを下の①～④のうちから一つ選べ。

Rainforests are destroyed to make money from selling not only trees but also cattle and crops that are raised on the cleared land. However, experts say that rainforests will have more economic value if we leave them as they are and harvest their medicinal plants, oil-producing plants and fruits. This knowledge, plus the fact that native life is becoming extinct, led Brazil to introduce stronger rainforest protection laws at the beginning of this century. These laws aim to protect native tribes, prevent illegal cutting of trees and expand the protected rainforest area. All countries that are contributing to the destruction of rainforests should begin their own efforts to protect them. Rainforests are essential to human survival. Therefore, we are all responsible for protecting this biological treasure.

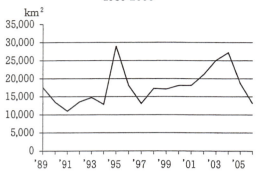

 The information in the text and the graph suggests that ☐ .
① in the early 1990s people became more aware of the value of rainforests
② stronger environmental laws in Brazil reduced deforestation after 2004
③ there is no hope that the rate of rainforest loss will go down in the future
④ there were almost no trees left in the Brazilian rainforest after 1995

[本試・改題]

図表からだけでも十分正解を導くことが可能。図表から読み取れる情報は，必ず設問にからんでくるから，図表をしっかり読むことが肝要。

解説 問 「本文と図の情報は [　　　] を示唆している」

この図は，1989～2006年の，ブラジルの熱帯雨林の年間消失面積を示したものである。図より，1990年から1995年にかけて，熱帯雨林の減少が継続していることがわかる。よって，①「人々は，1990年初期に熱帯雨林の価値をより意識するようになった」は矛盾している。また，本文でもそのような事実は確認できない。よって，①は不可。

図より，2004年あたりからブラジルの熱帯雨林の消失が減少に転じていることがわかる。よって，③「熱帯雨林の消滅速度が将来低下する希望はない」も不可。

④「1995年以降，ブラジルの熱帯雨林には木がほとんど残っていない」はギャグ。

以上より，②「**ブラジルのより強力な環境法が，2004年以降，森林破壊を減少させた**」が正解。本文ではなく，図からだけでも十分に正解を得られる問題である。

解答 ②

訳 　熱帯雨林は破壊され，その木材だけでなく，伐採による開拓地で育てられた家畜や穀物を売ることでお金もうけの材料にされている。しかし，専門家たちの意見では，もし熱帯雨林をそのままにし，薬草や油がとれる植物や果実を収穫すれば，熱帯雨林にはより経済的価値があるということだ。土着生物が絶滅しつつある事実のみならず，こうしたことがわかったことから，ブラジルでは今世紀初頭に，より強力な熱帯雨林保護法を導入することになった。これらの法律は，現地住民を守り，木々の不法な伐採を防ぎ，熱帯雨林の保護地域を拡張する目的で制定されている。森林破壊にかかわっているすべての国はみずから，森林を守るよう尽力し始めるべきである。熱帯雨林は，人類の生存にとって不可欠である。したがって，私たちは皆，この生態系の財産を守るために責任を負っているのである。

この章の最初の「例題」だったね。どうだった？

例題 2 易 3分

次の表を見て，問の ☐ に入れるのに最も適当なものを，下の ①
～ ④ のうちから一つ選べ（本文は省略）。

Table 1
Health Care Indicators by Country

Country	Doctors per 10,000 people*	Nurses per 10,000 people*	Health care spending (2003)	
			% of GDP	Actual amount spent per person (US $)
Senegal	0.6	3.2	5.1	29
(A)	1.5	9.2	4.5	16
Afghanistan	1.9	2.2	6.5	11
Japan	19.8	77.9	7.9	2662
(B)	25.6	93.7	15.2	5711
Sweden	32.8	102.4	9.4	3149
France	33.7	72.4	10.1	2981
(C)	42.5	80.5	5.6	167
Cuba	59.1	74.4	7.3	211

*Data collected at different times between 2000–2005.
(WHO (2006) *The World Health Report 2006* を参考に作成)

問　According to the report, which two aspects influence a country's
health care situation most? ☐
①　Sustainable training systems and health care spending.
②　Sustainable training systems and money donated.
③　The numbers of health care workers and health care spending.
④　The numbers of health care workers and money donated.

[本試・改題]

解説　問　「報告によると，どの2つの側面が国の医療の状況に最も影響す
る か」

表からわかるのは，セネガルやアフガニスタンなどでは，保健医療
従事者の数が少なく，また保健医療費も少ないということ。そして日
本やスウェーデンなどでは，それぞれが多いということ。キューバは
保健医療従事者の数は多いが，保健医療費は少ない。これは「地理」

112

に詳しい人には常識だろう。

　表から「保健医療従事者の数と，保健医療費」だと推測できる。選択肢は ① 「持続可能な訓練システムと保健医療費」，② 「持続可能な訓練システムと寄付金」，③ 「保健医療従事者の数と保健医療費」，④ 「保健医療従事者の数と寄付金」で，答えは ③ だと推測できる。もし，これが正解でないとすれば，この表を用意した意図が不明になる。

解答 ③

訳

表　国別健康管理指標

国	人口1万人当たりの医師数*	人口1万人当たりの看護師数*	医療費（2003年）	
			GDPに対する割合(%)	1人当たりの実際の支出額（USドル）
セネガル	0.6	3.2	5.1	29
(A)	1.5	9.2	4.5	16
アフガニスタン	1.9	2.2	6.5	11
日本	19.8	77.9	7.9	2662
(B)	25.6	93.7	15.2	5711
スウェーデン	32.8	102.4	9.4	3149
フランス	33.7	72.4	10.1	2981
(C)	42.5	80.5	5.6	167
キューバ	59.1	74.4	7.3	211

*2000年～2005年の異なる時期に集められたデータ
(WHO (2006) *The World Health Report 2006* を参考に作成)

語句
- **áspect**　名「面」
- **ínfluence ～**　他「～に影響を及ぼす」
- **sustáinable**　形「持続可能な」
- **donáte ～**　他「～を寄付する」
- **spénding**　名「支出」

図表読解　113

例題 3 難 5分

次の図を見て, 問1・2の [ ] に入れるのに最も適当なものを, それぞれ下の①～④のうちから一つずつ選べ（本文は省略）。

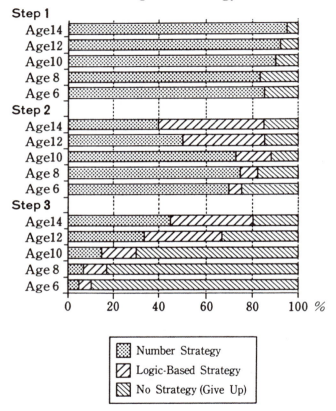

問1　The main finding of the research was that [ ].

① few younger children can apply the number strategy
② older children learn to use more than one strategy
③ two strategies are replaced by one as children grow older
④ younger children seldom use the same strategy

問2　The graph indicates that the twelve-year-old children _____ .
① gave up as frequently as they used either strategy in step three
② got the lowest percentage correct using the number strategy
③ were the least likely to give up in the three steps
④ were the most successful when attempting the first step

[本試・改題]

この問題は正答率が非常に低かったのであるが，特殊な問題というわけではない。あくまでも「図表の読み取り」を意識して作られていることに注意せよ。そして，「図表の読み取り」とは，単に数字を目で追うことをさすのではなく，図表から得られる結論を予測することだ。
この問題は，図より「子どもは，年齢が上がるにつれて論理思考を用いるようになる」ということがわかればすべて解決するように作られている。

解説　この図は，ある問題を解決する場合に子どもが選択する戦略と年齢の関係を示したものである。

問1　「この研究の主な発見は _____ ことであった」

①「number strategy（数戦略，以下，N.S. と略）を適用できる 6〜8 歳の子どもはほとんどいない」
Step 1 で N.S. を使った 6〜8 歳の子どもは 80% 以上であることから，この選択肢は不可だとわかる。
②「**12〜14 歳の子どもは複数の戦略を使用するようになる**」
図に出てくる戦略は，N.S. と logic-based strategy（論理にもとづく戦略，以下，L.S. と略）の 2 つしかない。また，Step 1 を見れば，どの年齢の子どもも N.S. を高い割合で使用していることがわかる。
図全体を見れば，12〜14 歳の子どものほうが，6〜8 歳の子どもよりも L.S. を使った割合が高いことがわかる。よって，正解としたいところだが，この図からだけでは，**1 人の子どもが複数の戦略を使ったかどうかは不明**。よって，正誤の判断は保留とする。
③「子どもが年をとるにつれて，2 つの戦略が 1 つの戦略に取って代わられる」
要するに，「**年齢とともに，使う戦略が 2 つから 1 つに絞られる**」

ということであるが，図の Age 14 と Age 6 を比べる限り，むしろ「年齢とともに，使う戦略が 1 つから 2 つに増える傾向」を示している。よって，不可。

④「6 ～ 8 歳の子どもが同じ戦略を使うことはまれである」

Step 1 ではすべての年齢の子どもが N.S. を用いている。Step 2 でも，L.S. よりも N.S. のほうがより多く用いられている。このことから，「まれ」とは言えない。よって，不可。

以上より，消去法で②を正解とする。

問2「この図は，12 歳の子どもが _____ ことを示している」

①「**Step 3 では，どちらかの戦略を使う頻度と同じぐらいの頻度であきらめている**」

Step 3 における 12 歳の子どもを見ると，N.S./ L.S. / "Give Up（降参)" がほぼ同じ割合であることがわかる。よって，正しい。

この選択肢の意味を理解するのは難しいから，これがすぐに正解だとわからないかもしれない。

しかし，あとの選択肢にはすべて最上級が用いてあり，不正解であることは明らか（図より，12 歳の子どもは最上級とは関係がないとわかる）。**消去法**を用いよう。

②「N.S. を用いて正解に至るパーセンテージが**最も低い**」

このグラフからは，**正解に至った子どもが選んだ戦略がそれぞれ何であるかは読み取れない**。よって，不可。

③「3 つの Step で**一番あきらめる可能性が低い**」

最上級に注目する。一番あきらめる可能性が低いのは 14 歳の子どもであることは明らか。よって，この選択肢も不可。

④「Step 1 を試みた際に**最も成功している**」

②の選択肢の解説と同じ理由で不可。

解答 問1 ② 問2 ①

訳

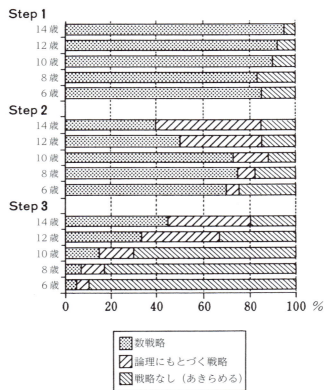

語句

- ▶ fínding　　　　　　名「発見」
- ▶ applý 〜　　　　　　他「〜を利用する」
- ▶ strátegy　　　　　　名「戦略」
- ▶ learn to (V)　　　　熟「V するようになる」
- ▶ repláce 〜　　　　　他「〜にとって代わる」
- ▶ séldom　　　　　　　副「めったに〜ない」

例題 4 標準 3分

次の文章と図を読み，問に対する答えとして最も適当なものを，下の①～④のうちから一つ選べ。

The top place was taken by Japanese cuisine, mentioned by 71% of the respondents, with traditional architecture and gardens in second and third places. Modern architecture was also mentioned (by 28% of the tourists asked). Hot spring resorts and *ryokan* inns, long enjoyed by Japanese people, have now caught the attention of foreign tourists, too, and both of these are among the five most popular types of attractions. *Sumo* and other traditional sports also feature prominently on the list. Tokyo's Tsukiji fish market has been a draw for visitors to Japan for a number of years, but now it is joined by places like Akihabara, which sell goods related to *anime* characters.

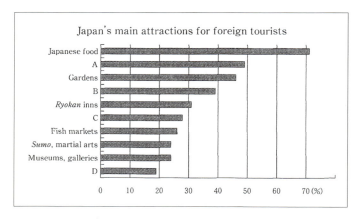

(Data: Japan National Tourism Organization, 2007)

問　In the graph, which letter represents "*anime* characters"?
　① A　　② B　　③ C　　④ D

[本試・改題]

図の完成問題は，当然ながら本文を読むことによって行う。ただし，素直な問題でないことも多い。この問題のポイントは「消去法」だ！

解説 問 「図の中で，アニメのキャラクターを表しているものはどれか」

本文には「伝統建築と庭園は 2 位と 3 位に位置する」とあるから，A は「伝統建築」とわかる。また，本文の「日本人が昔から楽しんできた温泉と旅館は今や外国人旅行客の注目も集めており，これらは両方とも最も人気のある 5 つの項目の中に入っている」とあるから，B は「温泉」だとわかる。さらに本文には「現代建築という回答もあった（回答者の 28％）」とあるから C は「現代建築」だとわかる。結局「アニメのキャラクター」がどれなのかという言及がないことに気がつく。だけど，**消去法を用いれば残りの D が「アニメのキャラクター」だとわかる**。「消去法」による問題。

「焦らず騒がずゆっくりと！」がポイント。

解答 ④

訳 　伝統建築と庭園が 2 位と 3 位に位置する中，第 1 位は回答者の 71％が答えた日本料理だった。現代建築という回答もあった（回答者の 28％）。日本人が昔から楽しんできた温泉と旅館は今や外国人旅行客の注目も集めており，これらは両方とも最も人気のある 5 つの項目の中に入っている。相撲やその他の伝統的なスポーツも目立ってリストに挙がっている。東京の築地市場も何年か前から日本への観光客を惹きつけているが，現在ではアニメキャラクターに関連するグッズを販売する秋葉原のような場所もそれに加わっている。

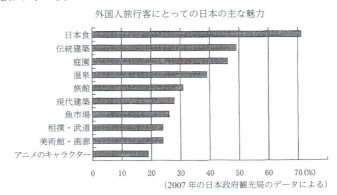

外国人旅行客にとっての日本の主な魅力
（2007 年の日本政府観光局のデータによる）

語句
- cuisíne　　　名「料理」
- respóndent　　名「回答者」
- árchitecture　　名「建築(様式)」
- hot spring resórt　名「温泉街」
- próminently　　副「目立って」
- a númber of ~　　熟「いくつもの~」
- reláted to ~　　熟「~と関連のある」

一般に，名詞は前にアクセントがあることが多い（-ate などの特殊語尾の名詞は除く）。よって，cuisíne「料理」は特殊なアクセントを持つ語。ついでに，machíne / routíne / maríne をいっしょに覚えておこう。

例題 5 易 3分

次の図を見て，問1・2に答えよ。

Preferred Hairstyles

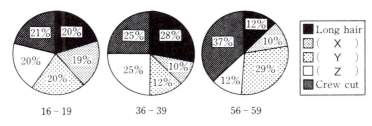

Ages

問1　次の文の □ に入れるのに最も適当なものを，下の①～④のうちから一つ選べ。

The percentage of people in the oldest age group choosing the crew cut is about □ times as large as that in the youngest age group.

① 1.2　　② 1.4　　③ 1.5　　④ 1.8

問2　図の内容と合っているものを，下の①～④のうちから一つ選べ。
① Hairstyle preferences remain the same in different generations.
② People in the oldest age group have the strongest preferences.
③ People in their late teens show a clear preference for a particular hairstyle.
④ People in their thirties and those in their fifties show similar preferences.

[本試・改題]

調査対象から「20代および40代の人々」が抜けているのは，**各グラフの差異を明確にするため**だと思われる。図から，**年齢が上がるにつれ，好みが似てくる**ことがわかればよい。

解説 問1「年長のグループでクルーカットを選んだ人の割合は年少のグループのその割合の約 □ 倍である」

the oldest age group は 56〜59 歳のグループを，the youngest age group は 16〜19 歳のグループを指す。クルーカットを選んだ割合は，図よりそれぞれ 37％と 21％だから，37 ÷ 21 ＝ 1.76 より，④の「**1.8**」が正解。小数点第 2 位を四捨五入して初めて正解が得られるところに「出題者のこだわり」を感じる。

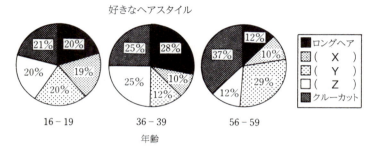

好きなヘアスタイル

問2 ①「ヘアスタイルの好みは世代が変わっても同じである」
明らかに不可。
② **「年長のグループには，最もはっきりした好みの傾向がある」**
the strongest preferences の意味がわかりにくい。しかし，基本単語である **prefer A to B**「**B より A を好む**」と **the strongest**「**最も強い**」から「**最も傾向が顕著である ➡ 傾向が似ている**」くらいは類推できるはずだ。グラフの 56〜59 歳のところを見ると，37％や 29％という，他の年代に比べて高い割合を占めるヘアスタイルがあることから，この選択肢は正しいと言えるかもしれない。
③「10 代後半の人々は，ある特定のヘアスタイルに対して明確なこだわりがある」
show a clear preference for a particular hairstyle は，実質的には②の have the strongest preferences と同じである。16〜19 歳では，どのヘアスタイルもほぼ 20％前後であるから，これは不可。
④「30 代の人々と 50 代の人々は同じような嗜好を示している」
明らかに不可。
以上より，**消去法**で②を選ぶことになる。

解答 問1 ④ 問2 ②

原則❷ 「図表読解問題」特有の表現を確認せよ

「図表読解問題」は，その性質上，使われる単語や表現に特徴がある。そのような**頻出表現**を「**読解**」できるかどうかが**最低ライン**。

まずは以下に述べる表現がわかるかどうか，ていねいに確認してほしい。なお，センター試験で出題されたものはそのままの形で掲載する。

❶ 実験・調査の［目的］を示す表現

例1 (In order) to V, **an experiment [a research] was carried out** by a group of researchers.
「Vするために，ある実験［研究］がある研究者集団によって行われた」

例2 (In order) to V, **a survey was conducted [carried out / done]** in ～.
「Vするために，ある調査が～で行われた」

例3 (In order) to V, S **analyzed [asked / surveyed]** ～.
「Vするために，Sは～を分析した［～にたずねた／～を調査した］」

例4 **Their aim [task / purpose]** was to V.
「彼らのねらい［仕事／目的］はVすることであった」

❷ 実験・調査の［手順］を読み解くための表現

例1 They were **each** given an instruction to V.
「彼らにはそれぞれVするという指示が与えられた」
　＊ they と each が同格の関係にある

例2 S was selected **randomly**.
「Sが無作為に選ばれた」

例3 S was chosen **at random**.
「Sが無作為に選ばれた」

例4 **divide** the children **into** five groups
「その子どもたちを5つのグループに分ける」

例5 The group were **each** made up of 35 children aged 13-14.
「そのグループは，それぞれが13歳から14歳までの子ども35名から成っていた」　＊ the group と each が同格の関係にある

例6 **One of the four** young people was under 12 years old.
「若者の4人のうち1人が12歳未満であった」

例7 **participate in** the experiment
「その実験に参加する」

図表読解　123

例 8　**regardless of** age
「年齢に無関係に」
> ＊　〈regard（見る）＋ less（否定）〉＋ of（目的語を示す）

例 9　**depending on chance**
「任意に」　＊　「偶然に任せて」が直訳

例 10　**on condition that** S V
「S が V するという条件で」

❸　実験・調査の［結果］を読み解くための表現

❶　「増加／減少」

「〜**にまで**増加［減少］した（**to** 〜）」という**結果**と，「〜**だけ**増加［減少］した（**by** 〜）」という**差**に注意！

例 1　The average quantity of paper collected by Group B **increased by** 0.75.
「B グループによって回収された紙の量は平均して 0.75 ポイント増加した」
> ＊　「増加」を示す語：increase / rise / grow
> ＊　「減少」を示す語：decrease / fall / decline

例 2　The population is expected to **grow by** 20% in the next ten years.
「人口は次の 10 年で 20％だけ増加すると予測されている」

例 3　"Radio" **dropped to two-thirds** its 1950 level.
「『ラジオ』は 1950 年の水準の 3 分の 2 にまで落ち込んだ」
> ＊　two(-)thirds ➡ one third「3 分の 1」が 2 つ ➡ 複数形
> ＊　〈倍数＋名詞〉で「〜の x 倍」という意味に用いられることがある（倍数は，1 倍を超える場合，〜 **times** となる）
>> 例　A is **twenty times** the earth's diameter.
>> 「A は地球の直径の 20 倍だ」

例 4　Unemployment **increased from** 1.6 million in 1990 **to** 3.2 million in 1999.
「失業者の数は，1990 年には 160 万人だったが，1999 年には 320 万人にまで増加した」

例 5　More and more videos were being rented in Britain, yet the number of movie tickets sold **increased by** 81 percent **from** 53 **to** 96 million.
「イギリスではレンタルビデオの貸出数が伸びているが，販売される映画のチケットの数も 5300 万枚から 9600 万枚という 81％の伸びを示している」

例 6　The divorce rate **has risen steadily** since the 1950s and it shows no sign of **falling** again.

「離婚率は 1950 年代から着実に増加し，再び減少する兆しはない」

例 7　The item showed **a steady fall from** 1986 **to** 1998.

「その品目は 1986 年から 1998 年まで着実な減少を示した」

＊　steady「継続的な」

例 8　The consumption of melons **constantly increased** until 1994, after which it showed **a steady change in the opposite direction**.

「メロンの消費量は 1994 年までずっと増加し，その後着実に減少した」

＊　a steady change in the opposite direction は，「逆方向の着実な変化」が直訳

例 9　The consumption of oranges **rose and fell slightly** between 1986 and 1998.

「オレンジの消費量は 1986 年から 1998 年までのあいだ，若干の増減を示した」

例 10　Only **a gradual change** was found in the use of JR in the years covered by the survey.

「調査期間に JR の使用についてはゆっくりとした変化しか見られなかった」

❷　「割合／倍数」

「**A** は **B** の x 倍」なのか，「**B** は **A** の x 倍」なのかが問題

例 1　Girls in the class outnumber the boys **by a proportion of three to one**.

「クラスの女子の数は，3 対 1 の割合で男子より多い」

＊　a proportion of A in comparison with B となりうる

例 2　**The proportion** of incorrect answers to A **in comparison with** incorrect answers to B **was** 5 : 4.

「A の不正解と B の不正解の比率は 5 対 4 であった」

＊　in comparison with ～「～と比較して」

例 3　The graph shows **the proportion of** working women **to** the total labor force.

「そのグラフは，労働力全体に対する働く女性の割合を示している」

例 4　The percentage of people in the oldest age choosing A **is about** 1.6 **times as large as** that in the youngest age group.

「年長のグループの中で A を選んだパーセンテージは年少のグループのおよそ 1.6 倍である」

図表読解　125

例5 **About a third as many** photographs were taken of *A* **as** of *B*.
「A の写真の枚数は B の約 3 分の 1 である」

例6 The actual number of women managers in major banks **doubled from** 104 **to** 208.
「主要銀行の女性支店長の実数は 104 人から 208 人に倍増した」

❸ その他

例1 Group C showed **the most remarkable improvement between** stage I **and** II.
「C グループには，第 1 段階と第 2 段階のあいだに最も著しい進歩が見られた」

例2 The survey was carried out **every** five days.
「調査は 5 日に 1 度行われた」
　　　* 〈every + 数字 + 複数名詞〉「〜ごとに」

例3 "Ground" was felt to be **the least beautiful** of the five groups of objects.
「『地面』は 5 つのもののグループの中で最も美しくないと感じられた」
　　　* the most 〜「最も〜だ」の逆が the least 〜「最も〜でない」

例4 The type of object most often photographed was *Ground*, **followed by** *Plants*.
「最も頻繁に写真に収められたものが,『地面』で,その次は『植物』であった」
　　　* *A* follow *B*. = *B* is followed by *A*.「A が B に続く」

例5 Older children learn to use **more than one** strategy.
「年長の子どもは複数の戦略を身につける」
　　　* more than one は「2 以上」，つまり「複数」のこと。「1」は含まないことに注意

例6 Asians **account for** the largest share.
「アジア人が最も大きな割合を占める」
　　　* account for 〜「(〜の割合) を占める」
　　　* make up 〜 も同義

❹ **実験・調査の［結論］を読み解くための表現**

例1 the **figures** indicate 〜 「その数値は〜を示している」
例2 the **table** below 「下の表」
　　　* below は形容詞として table を修飾している

例3	the **chart** below 「下の図」
例4	another **finding** 「その他にわかったこと」
	＊ finding「(研究・調査などの結果) わかったこと」
例5	show **the percentage** of *A* 「A のパーセンテージを示す」
例6	**conclude** that S V 「S が V するという結論を出す」
例7	**as expected** 「予測どおり」
例8	**as the survey indicates** 「その調査が示しているように」
例9	**contrary to** popular belief 「一般に考えられていることとは逆に」
	＊ contrary to ~「~とは逆に」
例10	**in contrast** 「(それとは) 対照的に」
例11	**prior to** 1983 「1983 年より前に」
例12	See Table 3 **above**. 「上の表 3 を参考にせよ」
例13	**scale** 「目盛り／縮尺」
例14	**regarding** the result of the survey 「その調査結果に関して」
	＊ regarding は前置詞として「~に関して」の意味で使われる

よく出る表現を覚えてしまえば楽になるんだよ！

例題 6　　　標準　15分

次の図と文章を読み，問1〜5の [   ] に入れるのに最も適当なものを，それぞれ下の①〜④のうちから一つずつ選べ。

In class, everyone wrote a report based on the two graphs below. You will now read the reports written by Ami and Greg.

A survey was given to people between the ages of 13 and 29. To answer the question in Graph 2, the participants were able to choose more than one reason.

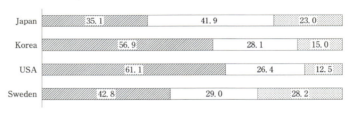

Graph 1: Are You Interested in Volunteer Work? (%)

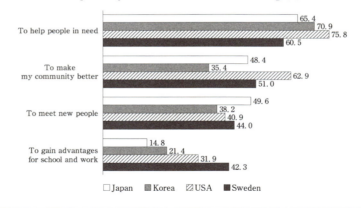

Graph 2: Why Are You Interested in Volunteering? (%)

Ami Kitamura

I was surprised when I saw Graph 1 because the percentage of Japanese participants who are interested in volunteering was higher than I had expected. As far as I know, none of my friends are doing any volunteer activities. So, I think we should motivate students in Japan to do more volunteering.

In order to do that, it's important to consider the merits of doing volunteer work. According to Graph 2, 65.4% of Japanese participants said they are interested in volunteering because they want to help people in need. Also, the percentage of Japanese participants who chose "To meet new people" was the highest among the four countries.

I think more Japanese students should learn about the benefits of volunteering. Thus, for the school festival I plan to make a poster that says, "You can help people in need and make new friends at the same time!" I hope many students will see it and become more interested in volunteer work.

Greg Taylor

In the USA, volunteering is common, so I was not surprised that it has the highest percentage of people who are interested in volunteer work. Graph 2 shows that a lot of American participants answered they are interested in volunteer work because they want to help people in need. I think this reason is important because students would feel a sense of achievement by helping people.

However, I was shocked to see that only 35.1% of Japanese participants are interested in volunteer work. I thought it would be more common in Japan. According to the information in Graph 2, only a few participants in Japan recognize the advantages for school and work. I recently heard Japanese universities and companies now put more value on volunteer experience than before. If more students understand these advantages, I think their interest in volunteering will increase.

Students should do volunteer work for the following two reasons. First, helping people in need will give students a feeling of accomplishment. Second, volunteering will also provide them with advantages for their future career. Therefore, I will compose a newsletter about these two benefits of doing volunteer work, and distribute it to students at school.

問1 　　　　　 felt that the percentage of Japanese participants who were interested in volunteer work was lower than expected.

① Ami

② Both Ami and Greg

③ Greg

④ Neither Ami nor Greg

問2 Both Ami and Greg say that Japanese students should 　　　　 .

① discuss the benefits of volunteer work with students from other countries

② focus on studying and then consider doing volunteer work after graduating

③ know that doing volunteer work has good effects on those who do it

④ realize that volunteer work is becoming popular in other countries

問3 Neither Ami nor Greg mentioned " 　　　　 " in their reports.

① To gain advantages for school and work

② To help people in need

③ To make my community better

④ To meet new people

問4 In their reports, Ami says she will 　a　 and Greg says he will 　b　 .

① a. give a survey　　　　b. make a speech

② a. give a survey　　　　b. write a newsletter

③ a. make a poster　　　　b. make a speech

④ a. make a poster　　　　b. write a newsletter

問5 You found four articles on the Internet. Based on the titles below, the most useful article for both Ami's and Greg's plans would be " 　　　　 ".

① Differences between Volunteer Work and Community Service

② How to Make Friends while Volunteering Abroad

③ Supporting People in Need through Volunteer Work

④ Volunteer Experiences and Your Future Career

［第1回試行調査　第4問］

解説 問1 「_____ はボランティア活動に興味のある日本人参加者の割合が予想よりも低いと感じた」

アミ，グレッグそれぞれの発言を読んでから答える必要がある。アミの発言の第1パラグラフ第1文に「私は図1を見たとき，予想していたよりもボランティア活動に興味のある日本人参加者の割合が高かったので驚いた」とあり，問題文にある「予想より低い」とは真逆だとわかる。よって①「アミ」，②「アミとグレッグの両方」は消える。また，グレッグは第5パラグラフ第1文で「しかし，私は日本人参加者のうちわずか35.1％しかボランティアに興味がないとわかり衝撃を受けた」とあるので，日本人ボランティアの数がグレッグの予想より低かったことがわかる。よって④「アミとグレッグのどちらでもない」は消える。④の neither *A* nor *B* は「A も B も〜ない」という意味の熟語的な表現。以上より③「グレッグ」が正解。

問2 「アミとグレッグの両方が日本の生徒は _____ べきだと言っている」

アミの発言の第3パラグラフ第1文に「私は，もっと多くの日本の学生がボランティア活動による恩恵について学ぶべきだと思う」とある。さらにグレッグの発言の第6パラグラフ第1〜3文に「次の2つの理由から，学生はボランティア活動をするべきだと思う。まず，助けを必要としている人を手伝うことは学生たちに達成感を与えるだろう。次に，ボランティア活動はまた彼らの将来の仕事に有利な点を与えるだろう」とあり，両者とも「ボランティアには恩恵があり学生はもっとすべきだ」という意見だとわかる。①「他の国々の学生とボランティア活動の恩恵について話し合う」は「他の国々の学生と」が余分。②「学業に集中し，そして卒業後にボランティア活動を行うことを考える」は両者の意見と完全に食い違うので不可。③「ボランティア活動をすることはその人によい影響を与えると知る」は両者の意見に一致する。④「他の国々ではボランティア活動は人気になりつつあると気づく」は本文に記述がない。以上から③が正解だとわかる。

問3 「アミとグレッグのどちらもレポートの中で，『_____』については言及していない」

選択肢を順に検討する。①「学校や仕事で有利な点を得ること」はグレッグが第6パラグラフ第3文で「次に，ボランティア活動はま

た彼らの将来の仕事に有利な点を与えるだろう」とあり，それだけでも不可だとわかる。②「困っている人を助けること」は，まずアミの発言の第2パラグラフ第2文に「図2によると，65.4％の日本人参加者が，困っている人の手助けがしたいのでボランティア活動に関心があると回答している」とある。さらにグレッグの発言の第6パラグラフ第2文に「まず，助けを必要としている人を手伝うことは学生たちに達成感を与えるだろう」とあり，不可だとわかる。③「私の生活共同体をよりよくすること」は，my community「私の共同体」が意味不明で，間違いだとわかる。「マイナンバー」などの影響で my を「自分の」と勘違いしている人はこれが間違いだとわからなかったようである。④「新しい人に会えること」は，アミの発言の第2パラグラフ第3文で「また，『新しい人に会える』を選んだ日本人参加者の割合は4か国で最も高い」からだけでも不可だとわかる。

問4 「彼らのレポートの中で，アミは □ a □ と言い，グレッグは □ b □ と言っている」

アミの発言の第3パラグラフ第2文に「それで，私は文化祭のために……ポスターを作ることを計画している」とあり，グレッグの発言の第6パラグラフ第4文に「私は……についての会報を作成し……」とある。よって，④「a. ポスターを作る　b. 会報を書く」が正解となる。それ以外の選択肢の意味は，①「a. 調査を行う　b. スピーチをする」，②「a. 調査を行う　b. 会報を書く」，③「a. ポスターを作る　b. スピーチをする」。

問5 「あなたはインターネットで4つの記事を見つけた。下の題名にもとづくと，アミの計画とグレッグの計画の両方に最も役立つであろう記事は『 □ 』である」

①「ボランティア活動と地域サービスとの違い」は「地域サービス」に関する記述が本文にない。②「海外でのボランティアでどのように友人を作るか」は本文にまったく記述がない。③「ボランティア活動を通じて困っている人を手伝うこと」は問3で述べたとおり両者とも言及しているので適切。④「ボランティア活動の経験とあなたの将来の仕事」はグレッグが第6パラグラフ第3文で「次に，ボランティア活動はまた彼らの将来の仕事に利点を与えるだろう」と書いているが，アミは言及していない。以上から③が正解。④を選んだ人が

40%を超える。

解答 問1 ③　問2 ③　問3 ③　問4 ④　問5 ③

訳　授業で全員が下の2つの図にもとづいてレポートを書いた。あなたは今アミとグレッグの書いたレポートを読もうとしている。

調査は13歳から29歳の人々に対して行われた。図2の質問に答えるために，参加者は2つ以上の理由を選択することができた。

図1：あなたはボランティア活動に興味があるか？（％）

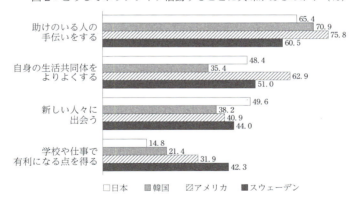

図2：どうしてボランティア活動することに興味があるのか？（％）

キタムラ・アミ

1　私は図1を見たとき，予想していたよりもボランティア活動に興味のある日本人参加者の割合が高かったので驚いた。私の知っている限りでは，私の友人は1人もボランティア活動には何も参加していない。だから，私たちは日本の学生をもっとボランティア活動をする気にさせるべきだと考える。

2　そうするために，ボランティア活動をすることの利点に関してよく考えることは重要だ。図2によると，65.4％の日本人参加者が，困っている人の手助けがしたいのでボランティア活動に関心があると回答している。また，「新しい人々に会える」を選んだ日本人参加者の割合は4か国で最も高い。

3　私は，もっと多くの日本の学生がボランティア活動による恩恵について学ぶべきだと思う。それで，私は文化祭のために，「困っている人を助け，同時に新しい友達が作れる！」というポスターを作ることを計画している。私はたくさんの学生がそれを見て，ボランティア活動にもっと興味を抱いてくれたらと思う。

グレッグ・テイラー

4　アメリカ合衆国では，ボランティア活動は普通のことなので，ボランティア活動に興味を持っている人の割合が最も高いことには驚かなかった。図2は多くのアメリカ人参加者が困っている人の手助けをしたいからボランティア活動に興味があると答えたことを示している。私はこの理由は学生が人助けに達成感を感じるのには重要だと思う。

5　しかし，私は日本人参加者のうちわずか35.1％しかボランティアに興味がないとわかり衝撃を受けた。図2の情報によると，学校や仕事での利点についてわかっている日本の参加者は少ししかいない。私は最近，日本の大学や企業が今，以前よりもボランティア経験に重きを置いていると聞いた。もしもっと多くの学生がこれらの利点を理解すれば，ボランティア活動への彼らの関心はより高まるだろうと思う。

6　次の2つの理由から，学生はボランティア活動をするべきだと思う。まず，助けを必要としている人を手伝うことは学生たちに達成感を与えるだろう。次に，ボランティア活動はまた彼らの将来の仕事に有利な点を与えるだろう。したがって，私はボランティア活動をすることのこれら2つの恩恵についての会報を作成し，学校の学生たちに配布するつもりだ。

語句　第1パラグラフ

▶ **partícipant**　　　　　名「参加者」
▶ **as far as I know**　　　熟「私の知り得る限り」
▶ **mótivate** ～　　　　　他「～をやる気にさせる」

第2パラグラフ

▶ **in órder to** (V)　　　熟「V するために」
▶ **consíder** ～　　　　　他「～を考慮する」

- ▶ in need　　熟「困っている」

第3パラグラフ
- ▶ bénefit　　名「恩恵」
- ▶ thus　　副「それゆえ」

第4パラグラフ
- ▶ cómmon　　形「ありふれた」
- ▶ réason　　名「理由」
- ▶ a sense of achíevement　　熟「達成感」

第5パラグラフ
- ▶ accórding to ～　　熟「～によれば」
- ▶ récognize ～　　他「～を認識する」
- ▶ put more válue on ～　　熟「～により価値を置く」
- ▶ expérience　　名「経験」
- ▶ incréase　　自「増加する」

第6パラグラフ
- ▶ fóllowing　　形「次の」
- ▶ accómplishment　　名「達成」
- ▶ províde A with B　　熟「A に B を提供する」
- ▶ compóse ～　　他「～を作る」
- ▶ distríbute ～　　他「～を配布する」

こうして数多くの英文を読んでいく中で，知らない，もしくは自信のない語を見たら，必ず手持ちの単語帳（もしくは辞書）でチェックすること。大切な単語は何度も何度も出てくるから，この方法を使えばみるみるうちに語彙力がつくこと間違いなし！

例題 7
やや難 15分

次の文章はある報告書の一部である。この文章と図を読み，問 1 ～ 4 の ☐ に入れるのに最も適当なものを，それぞれ下の ① ～ ④ のうちから一つずつ選べ。

Magnet and Sticky: A Study on State-to-State Migration in the US

Some people live their whole lives near their places of birth, while others move elsewhere. A study conducted by the Pew Research Center looked into the state-to-state moving patterns of Americans. The study examined each state to determine how many of their adult citizens have moved there from other states. States with high percentages of these residents are called "magnet" states in the report. The study also investigated what percent of adults born in each state are still living there. States high in these numbers are called "sticky" states. The study found that some states were both magnet and sticky, while others were neither. There were also states that were only magnet or only sticky.

Figures 1 and 2 show how selected states rank on magnet and sticky scales, respectively. Florida is a good example of a state that ranks high on both. Seventy percent of its current adult population was born in another state; at the same time, 66% of adults born in Florida are still living there. On the other hand, West Virginia is neither magnet (only 27%) nor particularly sticky (49%). In other words, it has few newcomers, and relatively few West Virginians stay there. Michigan is a typical example of a state which is highly sticky, but very low magnet. In contrast, Alaska, which ranks near the top of the magnet scale, is the least sticky of all states.

Three other extreme examples also appear in Figures 1 and 2. The first is Nevada, where the high proportion of adult residents born out of state makes this state America's top magnet. New York is at the opposite end of the magnet scale, even though it is attractive to immigrants from other nations. The third extreme example is Texas, at the opposite end of the sticky scale from Alaska. Although it is a fairly weak magnet, Texas is the nation's stickiest state.

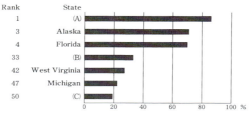

Figure 1. Magnet scale (selected states).

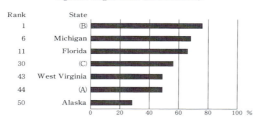

Figure 2. Sticky scale (selected states).

　The study went on to explore the reasons why "movers" leave their home states and "stayers" remain. As for movers, there is no single factor that influences their decisions to move to other states. The most common reason they gave for moving is to seek job or business opportunities. Others report moving for personal reasons: family ties, the desire to live in a good community for their children, or retirement.

(Pew Research Center (2008) *American Mobility* を参考に作成)

問1　If a state is magnet, ＿＿＿＿．
　① few adults born there have stayed
　② few adults living there were born elsewhere
　③ many adults born there have stayed
　④ many adults living there were born elsewhere

問2　Which three states are represented in Figures 1 and 2 as (A), (B), and (C)? ＿＿＿＿
　① (A) Nevada　　(B) New York　(C) Texas
　② (A) Nevada　　(B) Texas　　　(C) New York
　③ (A) New York　(B) Nevada　　(C) Texas
　④ (A) New York　(B) Texas　　　(C) Nevada

問3　The main purpose of this passage is to ☐.
　①　describe various patterns in American migration
　②　explain why some states are less popular than others
　③　list states with a high ratio of adults who were born there
　④　report how the Pew Research Center collected data

問4　What topic might follow the last paragraph? ☐
　①　Reasons why some Americans stay in their home states.
　②　States that attract immigrants from other countries.
　③　Types of occupations movers look for in other states.
　④　Ways to raise children in a magnet state community.　　[本試]

sticky は「粘着性のある／ネバネバした」の意味。これがわからないとイメージしにくかったかもしれない。問4の正答率は上位者でも30％ぐらいしかない。図のみならず，文全体の流れにも注目しなければならない問題。

解説　問1　「もしある州がマグネットなら ☐ 」
　「マグネット」と「スティッキー」が何を意味するかは第2パラグラフの **In other words** 以下の記述で明確にわかる。それぞれ「他の州から人が来る州」，「その州から人が出て行かない州」ということ。選択肢①「そこで生まれた成人で留まる人がほとんどいない」は，「スティッキー」の逆。②「そこに住んでいる成人で他の州で生まれた人がほとんどいない」は「マグネット」の逆。③「そこで生まれた多くの成人がそこに留まる」は「スティッキー」のこと。④「そこに住んでいる成人の多くは他の州で生まれた」は「マグネット」のことでこれが正解。正答率は60％ぐらい。

　問2　「図1と図2の中で，(A)(B)(C)として表されている3つの州はどれか」
　第3パラグラフまで読まないと決定はできない。「ネバダはマグネットの度合がアメリカで最も高くなっている」とあるから，(A)がネバダ。「ニューヨークは，他の国からの移民にとっては魅力的であるけれど，マグネットの度合では対極に位置する」から，ニューヨークが(C)だとわかる。第3の極端な例はテキサスで，スティッキーの度合

ではアラスカの対極に位置する。テキサスはマグネットの度合がかなり弱いが，この国で最もスティッキーな州である。これだけでも答えは ② だとわかる。さらに「テキサスはマグネットの度合がかなり弱いが，この国で最もスティッキーな州である」からテキサスが（B）だとわかる。正答率は下位層でも 80％を超えている。

問3 「この文の主な目的は ⬜⬜⬜⬜ ことである」

　とにかく選択肢を吟味する。① 「アメリカのさまざまな移住パターンを説明する」は不可ではない気がするのでいったん保留。②「他の州よりも人気が劣る州がある理由を説明する」は不可。英文のどこにも書かれていないし，図にも記されていない。③「州内で生まれた成人の比率が高い州を列挙する」は，「スティッキー」のみの話になり不可。④ 「ピュー・リサーチ・センターがデータをどのように集めたかを報告する」はまったく無関係。以上から，① が正解。**消去法を使えば簡単だが，① が正解であるという確証を探すのは困難**。正答率は 60％ぐらい。

問4 「最終パラグラフのあとにはどのようなトピックが続くと考えられるか」

　最終パラグラフは「マグネット」の理由について述べられている。よって，次のパラグラフには「スティッキー」の理由について述べられていることが予想できる。① 「故郷の州に留まるアメリカ人がいる理由」が正解。他の選択肢 ②「他国から移民を引きつける州」は，根拠がない。この調査はアメリカの中の州の話である。③「移住者が他の州で探す職業の種類」。最終パラグラフに「彼らが挙げた移住の理由として最も一般的なものは，雇用やビジネスの機会を探すことである」とあるが，「家族関係，子どものためによい地域社会で生活したいという気持ち，余生を過ごすためといった個人的なことを移住の理由に挙げる人もいる」とあるため，「探す職業の種類」に特化するのはおかしい。④「マグネットな州の地域社会で子どもを育てる方法」も根拠がない。

　半数以上の受験生が ③ にしている。文全体を見渡すことを忘れてはならない。

解答 問1 ④　問2 ②　問3 ①　問4 ①

訳　マグネットとスティッキー：米国における州から州への移住についての研究

　生まれた場所の近くで一生涯暮らす人もいれば，他の地に移住する人もいる。ピュー・リサーチ・センターが行った研究は，アメリカ人の州から州への移住パターンが研究対象となった。この研究では，成人市民のうち，他の州からそこへ移住して来た人がどのくらいいるかを判断するために各州を調査した。このような住民の比率が高い州は，この報告書の中では「マグネット」な州と呼ばれている。この研究はまた，各州で生まれた成人の何％が今でもそこに住んでいるかを調べた。これらの数字が高い州は，「スティッキー」な州と呼ばれている。マグネットかつスティッキーである州もあれば，どちらでもない州もあることがこの研究によりわかった。マグネットのみ，あるいはスティッキーのみの州もあった。

　図1と2は，選ばれた州がマグネットとスティッキーという尺度のそれぞれにおいて，どのような位置づけになるかを示している。フロリダは，両方において順位が高い州の好例である。現時点での成人人口の70％は別の州で生まれているが，同時にフロリダで生まれた成人の66％は，現在でもそこに住んでいる。他方，ウエスト・バージニアはマグネットではないし（わずか27％），とくにスティッキーというわけでもない（49％）。言い換えれば，ウエスト・バージニアには新しく来る人が少なく，またその州に留まる人も比較的少ないということだ。ミシガンは，スティッキーの度合は非常に高いが，マグネットの度合は非常に低い州の典型的な例である。これに対してアラスカは，マグネットの度合では最上位付近に位置づけられるが，スティッキーの度合は全州の中で最も低い。

　図1と2には，他の極端な例も3つ見られる。第一はネバダで，生まれた場所が州外である成人居住者の比率が高いため，この州はマグネットの度合がアメリカで最も高くなっている。ニューヨークは，他の国からの移民にとっては魅力的であるけれど，マグネットの度合ではその（＝ネバダ

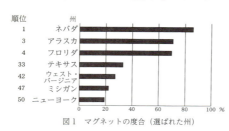

図1　マグネットの度合（選ばれた州）

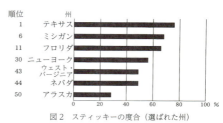

図2　スティッキーの度合（選ばれた州）

の）対極に位置する。第三の極端な例はテキサスで，スティッキーの度合ではアラスカの対極に位置する。テキサスはマグネットの度合がかなり弱いが，この国で最もスティッキーな州である。

　この研究はさらに続けて，「移住者」が故郷の州を離れる理由と，「居留者」が留まる理由を探った。「移住者」については，彼らが他の州に移住する決断に影響を与える単独の要因は存在しない。彼らが挙げた移住の理由として最も一般的なものは，雇用やビジネスの機会を探すことである。家族関係，子どものためによい地域社会で生活したいという気持ち，余生を過ごすためといった個人的なことを移住の理由に挙げる人もいる。

語句

第1パラグラフ
- ▶ **stícky** 形 「粘着性の／ネバネバした」
- ▶ **condúct a stúdy** 熟 「研究を行う」
- ▶ **look ínto ～** 熟 「～を調査する」
- ▶ **exámine ～** 他 「～を調べる」
- ▶ **detérmine ～** 他 「～を決定する／判断する」
- ▶ **cítizen** 名 「市民」
- ▶ **résident** 名 「住人」
- ▶ **invéstigate ～** 他 「～を調査する」

第2パラグラフ
- ▶ **on ～ scale** 熟 「～の尺度で」
- ▶ **respéctively** 副 「各々」
- ▶ **cúrrent** 形 「現在の／現時点での」
- ▶ **in óther words** 熟 「言い換えれば」
- ▶ **rélatively** 副 「比較的」
- ▶ **týpical** 形 「典型的な」
- ▶ **in cóntrast** 熟 「対照的に」

第3パラグラフ
- ▶ **extréme** 形 「極端な」
- ▶ **propórtion** 名 「比率／割合」
- ▶ **attráctive** 形 「魅力的な」
- ▶ **ímmigrant** 名 「移民」

第4パラグラフ
- ▶ **go on to**（V） 熟 「さらに続けてVする」

図表読解　141

▶	explóre ~	他	「~を調査する」
▶	fáctor	名	「要因」
▶	ínfluence ~	他	「~に影響する」
▶	move to ~	熟	「~に引っ越す」
▶	seek ~	他	「~を探し求める」
▶	tie	名	「つながり」
▶	retírement	名	「引退」

竹岡の一言

　「学力」とは，人生の今までで身につけてきた教養，論理力，注意力，応用力などの総体を意味する。

　「教養」とは，それまで読んできた活字，行ってきた知的な会話などによって身につくものである。読書量と知的な仲間で決まると言っても過言ではないだろう。言葉の多義性に対する鋭敏さも学力を表すことになる。たとえば，「しょうかき」と聞いて，まず思い浮かぶのは「消火器」だが，もし病院の中で聞いたなら「消化器」だとわかるし，自衛隊の中なら「小火器」の可能性もある。英単語を覚えるときに「単語１つに意味１つ」とか「単語１つに１つのコロケーション」というのは，言葉の多義性を冒瀆（ぼうとく）するものとなろう。「論理力」とは，数学や理科などを通して身につく論理思考のことだ。「注意力」とは，さまざまなことに注意を払うことのできる神経の鋭敏さだが，これも「ぼーっと生きてきた」のでは身につかない。以上のような力を武器に「応用力」は獲得される。「未知なものに対してどのように対処するか」を決めるのも「学力」であろう。未曾有（みぞう）の危機に対してどのように対処できるかも政治家，経営者の学力によるものである。当然ながら，「英語力」と「学力」はまったく異なるものであり，TOEICや英検の点数などは「学力」を反映しているものではない。

　この問題の問４は，この当時は「新傾向」であって「学力」を反映するものであった。英語の筆記テストで９割とった集団でも正答率が30％ぐらいしかなかったのである。問題作成委員の人たちが「受験生にとって未知な問題」を出題することで受験生の「学力」を測ろうとしていることを，忘れてはならない。つねに「新傾向」に柔軟に対応しよう。

例題 8

やや難 15分

第2章 図表読解

次の文章はある説明文の一部である。この文章と表を読み，問1～4の
〔　　　　　〕に入れるのに最も適当なものを，それぞれ下の①～④のうちか
ら一つずつ選べ。

Whether as a dream or reality, the idea of climbing to the top of
the highest mountains of the world has a special appeal to mountain
climbers. Two sets of mountains have become targets for the most serious
climbers. The first set, called the Eight-thousanders (8000ers), consists of
the 14 mountain peaks higher than 8,000 meters above sea level, which
are all in Asia. The other set, the Seven Summits, refers to the highest
mountain on each of the seven continents of the world.

First, let us consider the 8000ers. Endeavors to climb such high
mountains understandably involve situations that are life-threatening
and even fatal to the members of the climbing parties. Such difficulties
were overcome by a party led by Maurice Herzog and Louis Lachenal of
France, and these men became the first to successfully climb an 8000er,
Annapurna in Nepal, in 1950. In the two decades that followed, the
summits of all the other 8000ers were reached by at least one climber.

There are even individuals who have succeeded in climbing all 14
of the 8000ers; the first ten are listed in Table 1. Because of the lack
of oxygen at such extreme heights, it is not uncommon for climbers to
rely on bottled oxygen in their attempts to reach these highest peaks.
In Table 1, the numbers from (1) to (4) to the right of the four climbers'
names indicate the order of completions without bottled oxygen. The
very first person to reach all 14 summits, Reinhold Messner of Italy,
accomplished this without oxygen support. The second person in Table 1,
Jerzy Kukuczka of Poland, succeeded in climbing all 8000ers in less than
half the number of years it took Messner, but this was with the aid of
bottled oxygen.

The 8000ers also attract female climbers. In 1974, three — Japanese Mieko
Mori, Naoko Nakaseko, and Masako Uchida — became the first women to
succeed in climbing one when they reached the peak of Manaslu in Nepal.
Since then, many others have followed. There are at least two women who

図表読解　143

have made successful climbs of all 14 peaks: Edurne Pasaban of Spain by 2010 and Gerlinde Kaltenbrunner of Austria by 2011, the latter without oxygen support. As we have seen so far, climbing all the 8000ers has long been a target for both male and female enthusiasts from all over the world.

Table 1

The First Ten Climbers Who Reached the Peaks of All the 8000ers (All Male)

Order	Name	Nationality	Year Completed	Time Taken to Complete (years/months)
1	R. Messner (1)	Italy	1986	16 / 3
2	J. Kukuczka	Poland	1987	7 /11
3	E. Loretan (2)	Switzerland	1995	13/ 3
4	C. Carsolio	Mexico	1996	10/ 9
5	K. Wielicki	Poland	1996	16/ 6
6	J. Oiarzabal (3)	Spain	1999	13/11
7	S. Martini	Italy	2000	15/ 9
8	Y. S. Park	South Korea	2001	8 / 2
9	H. G. Um	South Korea	2001	12/11
10	A. Iñurrategi (4)	Spain	2002	10/ 7

（Richard Sale 他 （2012） *On Top of the World* を参考に作成）

問1　The 8000ers are defined as [　　　] .

① Asian mountains within 8,000 meters of the coast

② the 8,000 highest summits in the world

③ the mountains higher than 8,000 meters

④ the world's 8,000 most popular mountains

問2　According to the passage and Table 1, which of the following is true about J. Oiarzabal? [　　　]

① He became the first Spaniard to climb all the 8000ers with bottled oxygen.

② He came third in completing the climbs of all the 8000ers without bottled oxygen.

③ He climbed three of the 8000ers with bottled oxygen and the others without.

④ He was the third person to receive oxygen support in climbing the 8000ers.

問3 The main purpose of the above passage is to ［　　　］.
① describe the history of mountain climbing on each continent
② detail the 14 highest mountains in Asian countries
③ explain the 8000ers and some of their successful climbers
④ list the first ten who reached the peaks of all the 8000ers

問4 What topic might follow the last paragraph? ［　　　］
① Achievements by Japanese climbers
② Male climbers of the 8000ers
③ The locations of the 8000ers
④ The Seven Summits and their climbers　　　　　　　　［追試］

モニターの筆記試験の全体の平均点が（200点満点中）150点の母集団なのに，問4の正答率は22.9％しかない。全体を俯瞰する癖をつけよう。

解説 問1 「"the 8000ers" は ［　　　］ と定義されている」

「8000メートル峰」とは地球上にある標高8000メートルを超える14の山の総称。

つまり「標高が8000メートル級」であって，「8000もの数の山」という意味ではない。選択肢を見ると，①「海岸から8000メートル以内のアジアの山」は不可。②「世界の8000もの数の一番高い山」，④「最も人気のある世界の8000もの数の山」は8000の意味が違う。以上より答えは③「世界の8000メートルを超える山」。

問2 「本文と表1によると，フアニート・オヤルサバルに関して正しいのは次のうちどれか」

表の名前の横にある数字は「酸素ボンベを用いないで登頂に成功した人の中での順位」。よって，表を見るとフアニート・オヤルサバルは，酸素ボンベを用いないで登頂に成功した3番目の人だとわかる。「酸素ボンベを使用していない」という点に着目すると，①「彼は，

酸素ボンベを使ってすべての 8000 メートル級の山を登った最初のスペイン人である」，③「彼は酸素ボンベを使って 8000 メートル級の山のうちの 3 つに登り，残りの山は酸素ボンベを使わずに登った」，④「彼は 8000 メートル級の山を登る際に酸素の助けを借りた 3 番目の人だ」はすべて間違いだとわかる。以上から ②「彼は，酸素ボンベを使わずにすべての 8000 メートル級の山を 3 番目に征服した」が正解。

問3 「上の文の主な目的は ☐☐☐☐ ことである」

　見当がつかないので，とりあえず選択肢を見てみる。①「それぞれの大陸においての山登りの歴史について描写する」。少なくとも「それぞれの大陸」が間違い。②「アジアの国々の最も高い 14 の山々を詳しく述べる」も「アジア」だけでも完全な間違い。③「8000 メートル級の山々とその登頂に成功した人々の一部を説明する」は，とくに間違いは見つからない。④「すべての 8000 メートル級の山に到達した最初の 10 人をリストアップする」。表だけ見れば，この選択肢は正解に見えるが，本文ではそれ以外の内容も書かれているので不十分な選択肢である。以上から ③ が正解。

問4 「最後の段落の次に来る可能性がある話題はどれか」

　これも見当がつかないので選択肢を見る。①「日本人の登山者による業績」。これはすでに述べられている。②「8000 メートル級の男性登山者」。これも本文に述べられていた。③「8000 メートル級の山々の位置」。これは，本文には書かれていないが，これが次に続く根拠がない。④「7 つの山とその登山者」は，第 1 パラグラフで，「最も真剣に山登りに取り組んでいる者にとっての目標となっている山には 2 つのグループがあり，それは『8000 メートル級』と『7 つの頂点』である」と書かれている。本文全体では「8000 メートル級」のことしか書かれていないから，このあとに「7 つの頂点」についての記述があると考えるのは妥当。以上から ④ が正解。① を選んだ人が半数以上になる。パラグラフメモ（➡ p.346）をして全体像を把握する訓練をしたい。

解答 問1 ③　問2 ②　問3 ③　問4 ④

訳　夢としてであろうが現実としてであろうが，世界の最も高い山々に登るという考えは，山登りをする者たちにとって特別に訴えかけるものがある。最も真剣に山登りに取り組んでいる者にとっての目標となっている山には2つのグループがある。「8000 メートル峰」と呼ばれている最初のグループは，アジアにある標高 8000 メートルより高い 14 の山々から成る。「7 大陸最高峰」と呼ばれているもう 1 つのグループは，世界の 7 つの各大陸で最も高い山を指す。

　まず，「8000 メートル峰」を考えてみよう。そのような高い山に登ろうと努力すると，当然ながら，命を脅かしたり，登山隊の仲間が死に至ったりさえする状況を伴う。そのような困難は，フランスのモーリス・エルゾーグとルイ・ラシュナルが率いた一行によって克服され，1950 年，彼らはネパールのアンナプルナという 8000 メートル峰の山の登頂に成功した最初の人になった。その後 20 年のあいだで，その他のすべての 8000 メートル級の登頂は，少なくとも 1 人の登山家によって達成された。

　8000 メートル峰の中の 14 の山すべてを征服した人さえいる。そうした最初の 10 人の一覧が表 1 である。そのように極端に高い場所では酸素が不足するため，登山者がこうした山頂にたどり着くために酸素ボンベに頼ることは珍しくない。表 1 では，登山者の名前の右側の(1)から(4)の数字が，酸素ボンベを使うことなく登頂に成功した順序を示している。14 の山すべての登頂に最初に成功した，イタリアのラインホルト・メスナーは酸素ボンベを使用することなく，これを達成した。表 1 の 2 人目の人，ポーランドのイェジ・ククチカは，メスナーが達成するのにかかった時間の半分以下ですべての 8000 メートル峰の山に登ることに成功した。しかし，これは酸素ボンベの助けを借りた登頂であった。

　8000 メートル峰の山々はまた女性登山者をも惹きつけている。1974 年，森美枝子，中世古直子，内田昌子の 3 人の日本人がネパールのマナスルに登頂したとき，そうした山の登山に成功した最初の女性となった。それ以来，他の多くの女性たちが彼女らに続いた。14 すべての登頂に成功した女性は少なくとも 2 名いる。スペインのエドゥルネ・パサバンは 2010 年までに，オーストリアのゲルリンデ・カルテンブルンナーは 2011 年までに成功した。後者ゲルリンデは酸素ボンベを使わずに成功している。これまで見てきたとおり，8000 メートル級の山を登ることは，昔から世界中の男女を問わず登山愛好家にとっての目標となってきたのである。

図表読解　147

表1　すべての 8000 メートル峰の登頂に成功した最初の 10 人（すべて男性）

順番	名前	国籍	成功年	成功までに要した時間(年/月)
1	R. メスナー（1）	イタリア	1986	16 / 3
2	J. ククチカ	ポーランド	1987	7 / 11
3	E. ロレタン（2）	スイス	1995	13 / 3
4	C. カルソリオ	メキシコ	1996	10 / 9
5	K. ヴィエリツキ	ポーランド	1996	16 / 6
6	J. オヤルサバル（3）	スペイン	1999	13 / 11
7	S. マルティーニ	イタリア	2000	15 / 9
8	Y. S. パク	韓国	2001	8 / 2
9	H. G. オム	韓国	2001	12 / 11
10	A. イニュラテギ（4）	スペイン	2002	10 / 7

語句

第1パラグラフ
- ▶ consíst of ～　　熟「～からなる」
- ▶ refér to ～　　熟「～を指す」

第2パラグラフ
- ▶ endéavor　　名「努力」
- ▶ understándably　　副「当然ながら」
- ▶ invólve ～　　他「～を伴う」
- ▶ life-thréatening　　形「命を脅かす」
- ▶ fátal　　形「致命的な」

第3パラグラフ
- ▶ extréme height　　名「極端に高い場所」
- ▶ relý on ～　　熟「～に依存する」
- ▶ in one's attémpt to (V)　　熟「V するために」
- ▶ índicate ～　　他「～を示す」
- ▶ the órder of ～　　熟「～の順序」

第4パラグラフ
- ▶ the látter　　名「後者」
- ▶ so far　　熟「今までのところ」
- ▶ enthúsiast　　名「熱心な人」

原則❸ 図表やイラストを選択する問題では,「錯乱情報」を排除し,正解に至る情報だけを探し出すこと

常識の範囲では正確にわからない箇所は,いったん保留して消去法を用いる。

図表やイラストを選択する問題では,比較的広い範囲から必要な情報(「真情報」)を探し出すことが要求されている。意図的に含まれている「錯乱情報」(「偽情報」)に注意。

例題 9

次の文章と図を読み,問1・2の ☐ に入れるのに最も適当なものを,それぞれ下の ① ～ ④ のうちから一つずつ選べ。

You are studying about world ecological problems. You are going to read the following article to understand what has happened in Yellowstone National Park.

Yellowstone National Park, located in the northern United States, became the world's first national park in 1872. One of the major attractions of this 2.2-million-acre park is the large variety of animals. Some people say that Yellowstone is the best place in the world to see wolves. As of December 2016, there were at least 108 wolves and 11 packs (social families) in the park. By the 1940s, however, wolves had almost disappeared from Yellowstone National Park. Today, these wolves are back and doing well. Why have they returned?

The wolves' numbers had declined by the 1920s through hunting, which was not regulated by the government. Ranchers on large farms raising cattle, horses, and sheep did not like wolves because they killed their animals. When the wolves were on the point of being wiped out by hunting, another problem arose — the elk herds increased in number. Elk, a large species of deer, are the wolves' principal source of food in the winter. The elk populations grew so large that they upset the balance of

図表読解 149

the local ecosystem by eating many plants. People may like to see elk, but scientists were worried about the damage caused by the overly large population.

To solve this problem, the U.S. government announced their intention to release young wolves brought from Canada. It was hoped that the wolves would hunt the elk and help bring down the population. However, because many ranchers were against bringing back wolves, it took about 20 years for the government and the ranchers to agree on a plan. In 1974, a team was appointed to oversee the reintroduction of wolves. The government published official recovery plans in 1982, 1985, and finally in 1987. After a long period of research, an official environmental impact statement was issued and 31 wolves were released into Yellowstone from 1995 to 1996.

This project to reduce the number of elk was a great success. By 2006, the estimated wolf population in Yellowstone National Park was more than 100. Furthermore, observers believe that the wolves have been responsible for a decline in the elk population from nearly 20,000 to less than 10,000 during the first 10 years following their introduction. As a result, a lot of plants have started to grow back. The hunting of wolves is even allowed again because of the risk from wolves to ranchers' animals. While hunting wolves because they are perceived as a threat may seem like an obvious solution, it may cause new problems. As a study published in 2014 suggested, hunting wolves might increase the frequency of wolves killing ranchers' animals. If the leader of a wolf pack is killed, the pack may break up. Smaller packs or individual wolves may then attack ranchers' animals. Therefore, there is now a restriction on how many wolves can be hunted. Such measures are important for long-term management of wolf populations.

問1 Out of the following four graphs, which illustrates the situation the best? ☐

①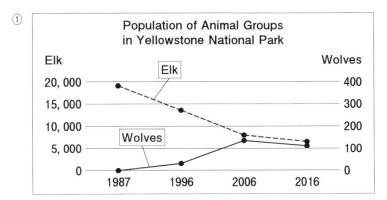

②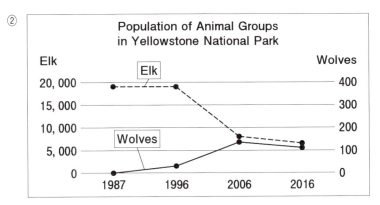

③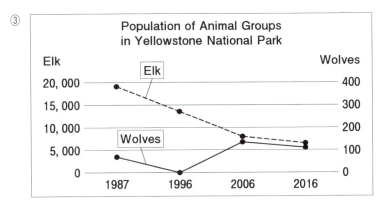

④

Population of Animal Groups in Yellowstone National Park

Elk   Wolves

Elk		Wolves
20,000		400
15,000		300
10,000		200
5,000	Wolves	100
0		0

1987   1996   2006   2016

問2　The best title for this article is _____ .

① A Decrease in the Number of Ranchers' Animals
② Addressing Problems With Nature's Balance
③ Nature Conservation Around the World
④ Releasing Elk in National Parks

［第2回試行調査　第6問・改題］

解説　各パラグラフの役割と要旨

第1パラグラフ：イエローストーン国立公園　2016年現在は108頭と11の群れがいるが，1940年代までにオオカミがほぼ姿を消した

第2パラグラフ：家畜を食べるオオカミを駆除した結果，ヘラジカが増加し生態系を揺るがした

第3パラグラフ：1995～1996年に31頭のオオカミを入れる

第4パラグラフ：生態系は元に戻ったが，オオカミが再び家畜を襲うようになった

問1　「以下の4つのグラフのうち，状況を最もよく示しているものはどれか」

　本文のオオカミの数についての記述をていねいに追うしかない。1987～1996年のオオカミの数についての記述は第3パラグラフ第5～6文「1982年と1985年，そして最終的には1987年に政府は公式の再野生化計画を出した。長い調査期間を経て，公式環境影響評価書

が出されて，1995〜1996年にかけて31頭のオオカミがイエロース
トーンに放たれた」とある。よって，この期間にオオカミは増加して
いることがわかる。これより，**その期間にオオカミの数が減少してい
ることを示している③と④は消える**。また，第4パラグラフ第3文
に「さらに監視員たちは，オオカミを放ったあと，最初の10年間で
ヘラジカの個体数が約2万頭から1万頭未満にまで減ったのはオオ
カミたちのおかげだと確信している」とあり，**オオカミが導入された
1995〜1996年以降の10年間でヘラジカの数が半減していることが
わかる**。このことを的確に示しているのは②しかない。

問2 「**この記事に最も適した題名は ［　　　　］ である**」

　本文は「生態系のバランスを保つことがいかに難しいか」というこ
とを，イエローストーン国立公園での出来事を例に述べたもの。①「牧
場の動物の減少」は，問1の図だけでも不可だとわかる。図からは，
ヘラジカは減少しているが，オオカミは増加したのちに減少している
ことがわかる。②「**自然のバランスにかかわる問題の対処**」は適切。
③「世界中の自然保護」は「世界中の」が不可。④「国立公園でのヘ
ラジカの解放」は，「オオカミの解放」なら検討の余地がある。以上
より②が正解だとわかる。

解答 問1 ②　　問2 ②

訳　　あなたは世界の生態学的な問題について勉強している。イエローストー
ン国立公園で起こっていることを理解するために，以下の記事を読もうと
している。

1　イエローストーン国立公園はアメリカ合衆国北部に位置しており，1872
　年に世界で最初の国立公園になった。この220万エーカーの公園の主た
　る魅力の1つは多様な動物たちだ。イエローストーンはオオカミを見る
　には世界で最もよい場所だと言う人もいる。2016年12月現在，公園内
　には少なくとも108頭のオオカミと11の群れ（群居する家族）がいる。
　しかし1940年代までには，オオカミたちはイエローストーン国立公園
　からほとんど姿を消していた。今日これらのオオカミたちは戻ってきて
　うまく暮らしている。オオカミたちはなぜ帰ってきたのだろうか。
2　オオカミの数は，政府によって規制されていなかった狩猟を通じて
　1920年代までに減少していった。ウシやウマ，ヒツジを飼育している大

図表読解　153

きな牧場の経営者たちは，オオカミが自分たちの動物を殺してしまうので，オオカミのことをよく思っていなかった。オオカミが狩猟によって全滅しそうになったとき，別の問題が持ち上がった —— ヘラジカの群れの数が増えたのだ。シカの大型の種であるヘラジカは，冬場のオオカミの主な食料源である。ヘラジカの個体数があまりに大きく増加し，大量の植物を食べてしまうので，その地域の生態系のバランスが崩れてしまった。人々はヘラジカを見るのが好きかもしれないが，科学者たちはその数が増えすぎてしまったことで引き起こされる悪影響について心配した。

3　この問題を解決するため，合衆国政府はカナダから連れてきた若いオオカミを放つという意向を発表した。オオカミがヘラジカを狩り，その数を減らすのに役立ってくれるという願いからであった。しかし，多くの牧場経営者がオオカミを連れ戻すことに反対したため，政府と牧場経営者が計画の合意に至るまでには約 20 年かかった。1974 年，あるチームがオオカミの再導入の監視役に任命され，1982 年と 1985 年，そして最終的には 1987 年に政府は公式の再野生化計画を出した。長い調査期間を経て，公式の環境影響評価書が発表され，1995 ～ 1996 年にかけて 31 頭のオオカミがイエローストーンに放たれた。

4　ヘラジカの数を減らすこの事業は大きな成功を収めた。2006 年までにはイエローストーン国立公園のオオカミの推定個体数は 100 頭を超えた。さらに監視員たちは，オオカミを放ったあと，最初の 10 年間でヘラジカの個体数が約 2 万頭から 1 万頭未満にまで減ったのはオオカミたちのおかげだと確信している。結果として多くの植物がまた育ち始めている。オオカミは牧場の家畜にとって危険要因であるため，実際のところ，オオカミの狩猟は再び許可されている。オオカミは脅威だと考えられているために，オオカミを狩猟することはわかりやすい解決策のように思えるが，それは新たな問題を生むかもしれない。2014 年に出されたある研究が示すところによると，オオカミを狩猟することは牧場の家畜がオオカミに殺される頻度を高めるかもしれないのだ。もしオオカミの群れのリーダーが殺されると，その群れはバラバラになってしまう可能性がある。すると，より小さな群れや個々のオオカミが牧場の家畜を襲うようになるかもしれないのだ。そのため今では，何頭ならオオカミを狩猟してもいいかについて規制が設けられている。そのような対策は，長期的にオオカミの個体数を管理するには重要なものなのだ。

語句　第 1 パラグラフ

▶ **lócated in ～**　　　　熟「～に位置する」

▶ **attráction**　　　　名「惹きつけるもの／魅力」

▶ **as of** ～　　　　　　熟「～現在で」

▶ **at least**　　　　　　熟「少なくとも」

▶ **pack**　　　　　　　名「(オオカミなどの) 群れ」

▶ **disappéar**　　　　　自「消える」

第2パラグラフ

▶ **declíne**　　　　　　自「減少する」

▶ **régulate** ～　　　　他「～を規制する」

▶ **ráncher**　　　　　　名「牧場経営者」

▶ **raise** ～　　　　　　他「～を育てる」

▶ **cáttle**　　　　　　　名「(集合的に) ウシ」

▶ **sheep**　　　　　　　名「ヒツジ (単複同形)」

▶ **on the póint of** (V)**ing**　熟「V しそうになる」

▶ **wipe** ～ **out ／ out** ～　　熟「～を一掃する」

▶ **aríse**　　　　　　　自「(問題などが) 生じる」

▶ **elk**　　　　　　　　名「ヘラジカ」

▶ **herd**　　　　　　　　名「(ヒツジ・ブタなどの) 群れ」

▶ **spécies**　　　　　　名「種 (単複同形)」

▶ **deer**　　　　　　　　名「シカ (単複同形)」

▶ **príncipal**　　　　　形「主な」

▶ **source**　　　　　　　名「源」

▶ **upsét a bálance**　　熟「バランスを崩す」

▶ **lócal**　　　　　　　形「地元の」

▶ **écosystem**　　　　　名「生態系」

▶ **dámage**　　　　　　名「損害」

第3パラグラフ

▶ **annóunce** ～　　　　他「～を発表する」

▶ **inténtion**　　　　　名「意図」

▶ **reléase** ～　　　　　他「～を解放する」

▶ **bring** ～ **down ／ down** ～　熟「～を減らす」

▶ **be agáinst** ～　　　熟「～に反対である」

▶ **appóint** ～　　　　　他「～を任命する」

▶ **oversée** ～　　　　　他「～を監視する」

▶ **ímpact státement**　名「影響評価書」

▶ **íssue** ～　　　　　　他「～を発行する」

図表読解　155

第4パラグラフ

▶ redúce ～	他	「～を減らす」
▶ éstimate ～	他	「～を推定する」
▶ fúrthermore	副	「さらに」
▶ be respónsible for ～	熟	「～の原因となっている」
▶ as a resúlt	熟	「その結果」
▶ percéive *A* as *B*	熟	「A を B と認識する」
▶ threat	名	「脅威」
▶ óbvious	形	「明白な」
▶ suggést ～	他	「～を示唆する」
▶ fréquency	名	「頻度」
▶ restríction	名	「制限」
▶ méasures	名	「手段」
▶ lóng-term	形	「長期の」

お役立ちコラム
単複同形について

　単数形と複数形が同じ形の名詞を「単複同形」と呼ぶ。
　主な例が sheep「ヒツジ」，deer「シカ」，carp「コイ」などで，「群れをなして，個性が感じられないもの」が多い。American「アメリカ人」の複数形は Americans だが，Japanese「日本人」の複数形は Japanese である。日本人は怒るべきではなかろうか。

例題 10

次の文章に合う絵として最も適当なものを，下の ① ～ ④ のうちから一つ選べ。

Witness B:

I was walking on the side road toward Route 300 — coming to the intersection. I noticed that they had put up signals near the service station. This should help make the intersection safer. Suddenly, a van came up from behind me. It was strange — I could see inside the van and it was full of soccer balls! I had never seen anything like that before. Anyway, as the van was approaching the signal, the light turned from green to yellow. But the driver went faster when he should have slowed down — he drove into the intersection where he almost hit a sports car. It was so lucky — the man was able to turn to the right and miss the car. I think the sports car turned too. Fortunately, there was no accident, but there were soccer balls all over the place.

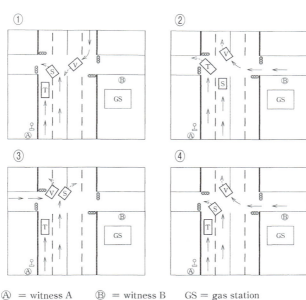

Ⓐ = witness A　　Ⓑ = witness B　　GS = gas station
T = small farm truck　　S = sports car　　V = van　　⚑ = bus stop

[本試・改題]

目撃者 A と目撃者 B の 2 人の発言からイラストを選ぶ問題。実際には目撃者 A の発言はイラストには無関係！ 今回は目撃者 B の発言のみを掲載。

解説 とにかく，「正解の選択肢を選ぼう！」と思うのではなく，「**不正解の選択肢を消そう！**」と思うこと。

証言の第 4 文に「突然，私の背後から 1 台のバンが近づいてきました」とあるので，①と③は消える。

第 8 文「交差点に入ってそこであやうくスポーツカーとぶつかりそうになりました」とあるので，②は消える。

これで答えは ④ だとわかる。

なお，第 10 文に「スポーツカーも曲がったと思います」とあるが，「思います」では真情報とは言い難いので，解答の根拠にするのは避ける。

解答 ④

訳 目撃者 B：
　私は 300 号線へ出る脇道を交差点に向かって歩いていました。ガソリンスタンドの近くに信号ができていることに気づきました。これで交差点はもっと安全になるだろうと思いました。突然，私の背後から 1 台のバンが近づいてきました。妙なことですが，バンの中を見ると，サッカーボールでいっぱいだったのです！ あんなもの，これまでに見たことがありませんでした。とにかく，バンが信号に近づいていくと，信号は青から黄色に変わりました。しかし，運転手は減速すべきときに加速し，交差点に入ってそこであやうくスポーツカーとぶつかりそうになりました。運がよかったんですね。運転手は右に曲がってスポーツカーを回避することができました。スポーツカーも曲がったと思います。幸いなことに，事故にはなりませんでしたが，サッカーボールが辺り一面に転がっていました。

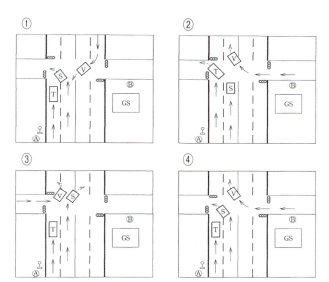

Ⓐ ＝目撃者A　　Ⓑ ＝目撃者B　　GS ＝ ガソリンスタンド

T ＝ 小型農業用トラック　　S ＝ スポーツカー　　V ＝ バン　　♀ ＝ バス停留所

次の英語を日本語にしてみよう。

1　sídewalk　　　2　(tráffic) sígnal　　3　crósswalk
4　(tráffic) lane　5　right turn　　　　6　gas státion
7　bus stop　　　 8　pass a car

解答　1　歩道　　　　　2　信号（機）　　　3　横断歩道
　　　　4　車線　　　　　5　右折　　　　　　6　ガソリンスタンド
　　　　7　バスの停留所　8　車を追い越す

例題 11

次の文章に合う絵として最も適当なものを，下の①〜④のうちから一つ選べ。

This type of bridge is made up of multiple connected sections. These sections work together to help distribute the forces throughout the entire bridge, so that it can cross great distances and support a large amount of weight. The size of the components in each section is small, which makes this type of bridge ideal for places where long sections cannot be shipped or where large cranes and heavy equipment cannot be used during construction. However, a bridge of this type encloses the space above the roadway, possibly distracting drivers' attention.

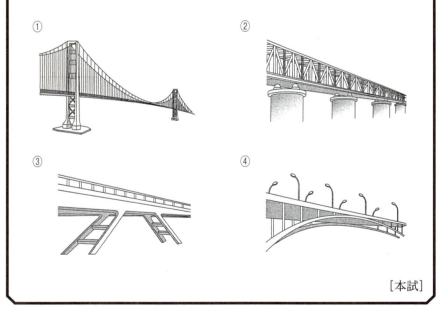

[本試]

section や component という単語は日本語にもなっているが，そのように生活に密着した単語は弱点になることが多い。普段からこまめに辞書で確認すること。
この問題の正答率は 60% 前後。

解説 　本文に登場する **section** という単語が難しい。新聞・雑誌なら「欄」の意味。例 entertainment **section**「娯楽欄」。書店なら「○×コーナー」の意味。例 picture book **section**「絵本のコーナー」。さらには，「(組み立てる際の) 部品」という意味もある。例 The crane was shipped in **sections**.「そのクレーンはバラバラにされて運ばれた」。本文ではこの意味で使われている。

　また，**multiple** は「**多くの構成要素からなる**」という意味。例 a **multiple** mission「(いくつかの仕事からなる) 複合的な任務」。よって，本文の第 1 文は「多くの接合部でできている」の意味。これだけでも ③・④ は消える。

　さらに，第 3 文に「各接合部の構成部品の大きさは小さく」とあり，これが決定的な根拠となり，② が正解とわかる。この文に登場する **component**「**構成要素／構成部品**」という単語のイメージがつかめたかどうかがポイント。

解答 ②

訳 　このタイプの橋は多くの接合部でできている。これらの接合部が全体として機能し，力を橋全体に分散させるのに役立っている。その結果，橋の全長を延ばしたり，大きな負荷に耐えられるようにできる。各接合部の構成部品の大きさは小さく，そのため長い接合部を運送できないような場所や建設中に大きなクレーンや重機が使えないような場所には，このタイプの橋が適している。しかし，このタイプの橋は道路の上の空間をふさぎ，もしかするとドライバーの注意をそらす可能性がある。

語句
- ▶ **be made up of ~**　熟「~からなっている」
- ▶ **múltiple**　形「複合的な」
- ▶ **séction**　名「(分割された) 部分」
- ▶ **distríbute ~**　他「~を分配する／分散させる」
- ▶ **compónent**　名「構成要素」
- ▶ **idéal for ~**　熟「~にとって理想的な」
- ▶ **ship ~**　他「(荷物など) を輸送する」
- ▶ **equípment**　名「設備」　＊　不可算名詞
- ▶ **enclóse ~**　他「~をふさぐ」
- ▶ **póssibly**　副「ひょっとすると」
- ▶ **distráct ~**　他「~ (の気) をそらす」

第 2 章　図表読解

図表読解　161

例題 12

次の絵の説明として最も適当な記述を，下の①～④のうちから一つ選べ。

① This picture illustrates the idea of communicating in everyday life using tense facial expressions or gestures in order to express an emotional disagreement with someone.

② This picture illustrates the idea of modeling or imitating an actual event, sometimes using equipment which creates a simpler version of a real situation for safer training.

③ This picture illustrates the idea of passing silent signals which often indicate that two people are basically in agreement. When having a conversation, they adopt similar postures.

④ This picture illustrates the idea of selecting a particular social position and behaving as little as possible like a person who actually holds that position. It is used to avoid problems in new circumstances.

[追試]

マネキンのような気味の悪いイラストである。選択肢をまともに読むと「わけがわからない状態」に陥る。これは，選択肢が「**偽情報**」だらけだからであるが，よく読むと「**真情報**」がある。

解説　選択肢の記述のほとんどが「偽情報」である。イラストから確実にわかるのは，③ の「会話をする際に似たような姿勢をとる」だけ。この 1 文で答えは決定する。**posture** という単語は，「(体の) **姿勢**／(モデルなどの) **ポーズ**」の意味。

解答　③

訳
① この絵が示しているのは，だれかとの感情的な不一致を表現するために，緊張した顔の表情や身振りを使って日常の意思疎通をするという考えである。
② この絵が示しているのは，より安全な訓練のために，時には現実の状況を単純化したものを生み出す装置を使用して，実際の出来事をモデル化したり模倣したりするという考えである。
③ この絵が示しているのは，2 人の人間が基本的には同意していることをしばしば示す，言葉を使わない信号を送るという考えである。会話をする際に似たような姿勢をとる。
④ この絵が示しているのは，ある特定の社会的地位を選択し，実際にその地位に就いている人にはできるだけ見えないように振る舞うという考えである。新しい状況における問題を回避することに使われる。

語句
▶ tense　　　　　　　形「緊張した」
▶ fácial　　　　　　　形「顔の」
▶ expréssion　　　　名「表情」
▶ ímitate ～　　　　他「～をまねする」
▶ índicate ～　　　　他「～を示す」
▶ adópt ～　　　　　他「～を採用する」
▶ pósture　　　　　　名「姿勢」
▶ avóid ～　　　　　他「～を避ける」
▶ círcumstances　　名「(通例複数形で) 事情」

第2章　図表読解

図表読解　163

例題 13 標準 4分

次の文章に合う絵として最も適当なものを，下の① ～ ④のうちから一つ選べ。

The school festival area is surrounded by a fence, and the entrance is shown at the bottom of this map. In the middle of the schoolyard, there is a place for singers to perform. There are also two places for students to sell food. Next to one of these food areas, students can show the works they produced in art class. In addition, trash containers are provided at two locations beside the food stands. Finally, if students have things they don't need, they can try to sell them at a stand in the corner near the back fence.

🗑 = trash cans

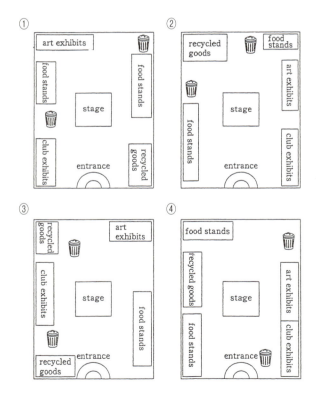

[追試]

解説 **消去法**を徹底しよう。素直に読んでいけば簡単。

第3文「学生が食べ物を売る場所（food stands）も2か所ある」から③が消える。

第4文「こうした売店の敷地の1つの隣で，学生は美術の時間に制作した作品を展示することができる（＝ art exhibits）」から④が消える。

第6文「もし学生が必要としないものがあれば，後ろのフェンスの近くの角にある売店でそれを売ることも可能である（＝ recycled goods）」では，back fence が難しい。イラストには直接記述はないが，第1文にある「入口はこの地図の下方」ということから，back fence は正面の入口とは逆の，つまり奥，「地図の上方」にあると考えるのが妥当。よって，①が消える。つまり，②が正解。

解答 ②

訳 文化祭が行われる場所は，周りにフェンスが施してあって，入口はこの地図の下方にある。校庭の真ん中には歌を歌うための場所がある。学生が食べ物を売る場所も2か所ある。こうした食べ物の売店の敷地の1つの隣で，学生は美術の時間に制作した作品を展示することができる。さらに，食べ物の売店の隣の2か所にゴミ箱が設置されている。最後に，もし学生が必要としないものがあれば，後ろのフェンスの近くの角にある売店でそれを売ることも可能である。

🗑＝ゴミ箱

語句	▶ surróund ~	他	「~を取り囲む」
	▶ bóttom	名	「下」
	▶ in addítion	熟	「おまけに」
	▶ locátion	名	「場所」

イラストから得られる情報は，必ず設問にからんでいるよね！

例題 14

下線部の these が表すものとして最も適当な図を，下の ① 〜 ⑥ のうちから一つ選べ。

Eri: Wait, Ann, look at <u>these</u>! What are they?
Ann: Hmm … I think they're from a type of rabbit.
Eri: Really? They look like a duck's footprints to me.
Ann: Yeah, they do. But duck's feet don't have rounded toes. They're webbed.
Eri: Webbed?
Ann: Oh, that means the toes are connected by skin — like a frog, for example.
Eri: I see … but the entire shape is like a duck's print.
Ann: Actually, it's shaped like a snowshoe. These prints are from a snowshoe hare.

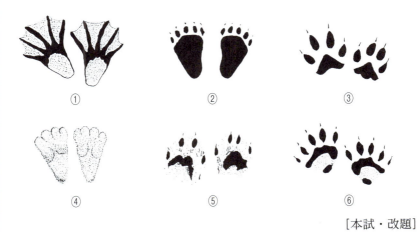

[本試・改題]

これも正答率が低い。ここで間違えた受験生のほとんどは，Ann の2番目の発言にある But で始まる部分を読み違えたようである。この部分から後ろは「アヒルの足跡」の説明にすぎず，設問とは無関係である。

解説 **they're from a type of rabbit**「ウサギのようなものの（足跡）だ」

> ⇒ 小学生のころに「ウサギの飼育係」をしていた人や，家でウサギを飼ったことがある人などを除けば，「ウサギの足跡」の正確な形など，**常識の範囲ではわからない**。よって，「**錯乱情報**」。

They look like a duck's footprints to me. / duck's feet don't have rounded toes

「アヒルの足跡に似ている／アヒルの足跡は指が丸くなっていない」

> ⇒ ここから，少なくとも「**指が丸くなっている**」ことがわかる。① は排除できる。

the entire shape is like a duck's print

「全体の形はアヒルの足跡に似ている」

> ⇒ 「アヒルの足跡」など，常識の範囲ではわからない。よって，「**錯乱情報**」。「ドナルドダックの足跡は ① だよな」などと考えた受験生は哀れである。

it's shaped like a snowshoe「雪靴（かんじき）に似た形だ」

> ⇒ snowshoe「雪靴」がわからなくても，少なくとも，**shoe** は「**靴**」に違いないのだから，②・③・⑤・⑥ のような形ではないはず。

> 以上から，答えは ④ だとわかる。

解答 ④

訳　エリ：待って，アン。これ見てよ！　これ何？

アン：うーん。一種のウサギの足跡じゃないかな。

エリ：本当？　私にはアヒルの足跡に見えるけど。

アン：まあね。けど，アヒルの足は指が丸くないよ。webbed（水かき）になっているでしょ。

エリ：webbed（水かき）って？

アン：ええ，足の指が皮膚でつながっているっていうこと。たとえば，カエルみたいに。

エリ：なるほど。けど，全体の形はアヒルみたいだね。

アン：実際，雪靴の形にも見えるよね。この足跡は snowshoe hare（カンジキウサギ）のだよ。

168

お役立ちコラム
「反復」することはなぜ重要か

　授業を聞くと，生徒たちは「わかった気になる」らしい。教える側としては，そう言ってもらえるのはうれしいが，じつはそこに落とし穴がある。

　語学の上達の基本は「反復練習」に尽きる。教えた生徒の中で，センター試験で200点満点中190点以上の高得点（私は，授業で「170点未満を取ってはいけない！」と言っている）をたたき出している者は，例外なくこの「反復練習」を行っている。その努力は並たいていではない。彼らは，「答えが合っているかどうか」に一喜一憂するのではなく，「正解に至るまでの思考のプロセス」を完全に頭に入れている。このプロセスは，同じ問題を繰り返し解くことによって初めて獲得できる。

　よって，本書を読んで「わかった気になっている」だけではいけない。毎回「初めて見る問題」のように，同じ問題を繰り返し，客観的に解いていくことが必要だ。もちろん，本書の内容は，繰り返し使用するに値するものであると自負している。とにかく，友人とムダ話をしているヒマがあるくらいなら，1問でも多く「反復」せよ。

Practice makes perfect.
「習うより慣れよ」

例題 15

標準 15分

スペイン人画家の Salvador には，日本生まれの Chitose という孫がいる。Chitose はかつて，Salvador に絵のレッスンを受けていた。次の文章は，Salvador の日記と，Chitose が彼に宛てた手紙である。文章を読み，問 1 ～ 5 の □ に入れるのに最も適当なものを，それぞれ下の ① ～ ④ のうちから一つずつ選べ。

Salvador's Diary

March 30, 2012

Our last lesson was a disaster. Chitose and I had a huge fight. She arrived at the studio smiling and said, "Look Grandpa, I painted this portrait of you." The man in the portrait had a lot of hair, stood straight, looked young, and smiled. She might be talented enough to attend an art college in France, but she has a big weakness as an artist. When she paints a person, too often she paints an idealized image rather than the real person. I had been explaining this point to her for several months, but she just wouldn't listen. I got a little angry and said to her, "This is not me, and you are not a real artist." She got angry too and said she didn't care because she didn't need me as a teacher anymore. I then showed her the portrait I had painted as her farewell gift and said, "This is the real you!" She took one look at it, said, "No, it isn't" and left.

I gave the portrait of Chitose to her parents thinking they would appreciate it. I had done the portrait a couple of months before Chitose started changing her style, and I think it shows the high school student I taught for two years. When I painted it, she still had her natural curly hair, not her straight perm. She was not wearing all the accessories she has now, including the ring-shaped earrings she loves. She also never wore makeup then. This was a Chitose with a fantastic future who knew she was still an amateur artist. I understand that she is getting older and wants to act and look more like an adult. However, she seems to think that being an adult means that you stop listening to others. She will never become a great artist if she stops learning.

A Letter to Salvador

March 25, 2013

Dear Grandpa Sal,

I know this is late but I wanted to say that I am sorry for what happened the last time we met. In our last lesson, I didn't listen to you because I thought that you still saw me as a kid. I looked at how you painted me in the portrait and this confirmed my belief. I was so hurt that I just left without taking your gift.

You don't know this, but Mom secretly put the portrait into one of my suitcases when I left home for France. When I found it, I was still upset so I hid it in my closet. I didn't think about the portrait for a while, but I rediscovered it by chance a couple of months ago. Looking at it, I saw a Chitose who was willing to listen in order to improve her art. I realized that the Chitose I'd become was different. She wanted to prove to everyone that she was an adult and had stopped listening to others. Until then, I'd been really struggling in my art classes, but after I realized my weakness, I started learning again and my art got much better. You will always be my teacher, Grandpa.

I remember the portrait I showed you in our last lesson. You didn't like it and told me to paint you as I saw you. What you taught me that day makes sense to me now. I should paint things as they actually are and then their true beauty will shine.

I've painted a portrait of us and am sending you a photo of it. It actually won first prize in my city's young artists competition. As you can see, I've painted myself like you did, as Chitose the high school student with a lot of potential. I've also painted you as I really see you. Your wrinkles are proof of your wisdom. The cane shows your will to overcome your physical challenges. Your bent back shows that you have poured all your strength into what you love the most: your art and me. Thank you, Grandpa.

Love,
Chitose

問1　Salvador wanted Chitose to _____ .
① appreciate things for how they are
② dress more like an artist
③ find another art teacher
④ paint young-looking people

問2　In the last lesson, Chitose didn't accept the portrait because she believed her _____ .
① family would appreciate it more than she would
② family would not like her style
③ grandfather did not respect her as an adult
④ grandfather was not a very good artist

問3　Which of the following is true? _____
① Chitose gave the portrait made by Salvador to her parents.
② Chitose painted the new portrait before writing the letter.
③ It took Salvador two years to make Chitose's portrait.
④ Salvador painted the portrait after Chitose changed her appearance.

問4　What is the most likely reason for the improvement in Chitose's art? _____
① She learned a lot from entering the competition.
② She started to be open to other people's ideas again.
③ She stopped wearing makeup and earrings.
④ She tried to influence other adults' opinions.

172

問 5 Which of the following pictures best matches the description of the portrait in the photo Chitose sent to her grandfather? ☐

①
②
③
④

[本試]

全体を最後まで読んで，「結局何が言いたかったのか」を確認すれば簡単。

解説 問1 「サルヴァドールはチトセに ☐ ことをしてもらいたかった」

　全体を読めば，サルヴァドールは「ありのままを描くことの大切さ」を伝えようとしたことがわかる。よって，①「**事物をあるがままの状態で正しく理解する**」が正解。②「もっと芸術家のような服装をする」，③「他の絵の先生を見つける」，④「見た目の若い人を描く」はどれも的外れである。

　問1だから「第1パラグラフの〜文」を探して，というやり方はやめたほうが正答率は上がる。

図表読解　173

問2 「最後のレッスンで，チトセがその肖像画を受け入れなかったのは，彼女が ▢▢▢▢ と思ったからである」

チトセは，大人に見せたかったのに，祖父が絵の中で自分を子ども扱いしたから怒ったのである。よって③「祖父が彼女を大人として尊重しなかった」が正解。残りの選択肢①「家族のほうが当人よりその絵のよさがわかるだろう」，②「家族は彼女のスタイルを気に入らないだろう」，④「祖父はあまりすぐれた画家ではない」はすべて不可。

問3 「以下のどれが正しいか」

①「チトセはサルヴァドールの描いた肖像画を両親にあげた」は間違い。祖父の描いてくれた肖像画をフランスに持って行ったために，「素直な心」を思い出したのである。本文には「母がこっそりと荷物に入れておいた」とあるが，そんな細かいことを覚えていなくても，チトセにとって大きな意味を持つ祖父の描いた肖像画を，だれかに譲るというのは方向性がおかしいとわからなければならない。

②「チトセは手紙を書く前に新たな肖像画を描いた」は正解。新たな肖像画が賞を取った報告をしていることから明らか。

③「チトセの肖像画を描くのにサルヴァドールは2年かけた」。これを確認するのは非常に邪魔くさい。危険だが，これを確認する時間は他の問題にまわしたほうが得策。② が明らかな正解だから大丈夫だろう。ちなみに本文には「私があの肖像画に取り組んでいたのは，チトセが自分のスタイルを変え始める数か月前のことだった。あの絵は私が2年間教えてきた高校生のころのチトセを表すものだと思っている」とあるので間違いとわかる。

④「サルヴァドールはチトセが容姿を変えたあとで肖像画を描いた」は，③のポイントと同じ箇所を参照すれば間違いだとわかる。

問4 「チトセの絵がよくなった理由として最もありそうなものは何か」

素直でなかったチトセが素直になり，対象をあるがままに描いたからである。

①「彼女はコンテストに参加することで多くを学んだ」，③「彼女は化粧をしたりイヤリングをつけたりするのをやめた」，④「彼女は他の大人たちの意見に影響を及ぼそうと努力した」はすべて不可。②「彼女は他人の考え方を再び受け入れ始めた」が正解。

第2章 図表読解

問5 「チトセが祖父に送った写真に写っていた肖像画の説明と最もよく合っているのは以下のイラストの中のどれか」

祖父の忠告に耳を貸して，対象をあるがままに描いたものを選ぶ。まず，祖父に注目すると，ありのままのイラストは①・④。さらに，スタイルを変える前の素直なチトセを描いたものは①。以上から①が正解とわかる。チトセは天然パーマだから，パーマをあてたような巻き髪のほうが自然な姿であるというのがワナ。

解答 問1 ①　　問2 ③　　問3 ②　　問4 ②　　問5 ①

訳 サルヴァドールの日記
2012年3月30日

　私たちの最後のレッスンは最悪だった。チトセと私は激しく言い争った。アトリエにやって来たときにはほほえみながら「おじいちゃん，見て，おじいちゃんの肖像画を描いたのよ」と言った。その肖像画の中の男は髪の毛がふさふさで，背筋がピンとしていて，見た目も若々しくほほえんでいた。チトセはフランスの美術学校に行けるだけの才能はあるかもしれないが，画家としては大きな欠点がある。あの子が人物画を描くと，ほとんどの場合，実際の人間ではなく，理想化された像を描くからだ。何か月ものあいだ，チトセにはこの点を説明してきていたが，どうしても耳を貸そうとはしなかった。私は少し腹を立て，あの子に「これは私ではないし，おまえは本物の絵描きなんかではない」と言った。あの子も腹を立て，そんなことどうでもいいわ，もうおじいちゃんに先生をしてもらう必要なんかないから，と言った。それから私は餞別として自分で描いた肖像画をあの子に見せ，「これが本物のおまえじゃよ！」と言った。あの子は一目見ると，「いいえ，違うわ」と言って出て行った。

　チトセの肖像画は，チトセの親ならわかってくれるだろうと思って渡しておいた。私があの肖像画に取り組んでいたのは，チトセが自分のスタイルを変え始める数か月前のことだった。あの絵は私が2年間教えてきた高校生のころのチトセを表すものだと思っている。私があの絵を描いたとき，チトセの髪の毛はストレートパーマではなく，まだ天然の巻き髪だった。あの子は，気に入っているリング状のイヤリングも含めて，今のようにあちこちアクセサリーをつけてはいなかった。また化粧など一切していなかった。これが，まだ素人画家であることを自覚している，将来有望なチトセであった。あの子は成長しており，もっと大人のように振る舞ったり，大

人のような格好をしたりしたいのは理解している。しかし，大人であることとは，人の話に耳を傾けないことであるように思っているみたいだ。学ぶことをやめてしまったのでは，立派な画家にはなれない。

サルヴァドールへの手紙
2013 年 3 月 25 日

親愛なるサルヴァドールおじいちゃんへ

　もう遅いことはわかっているのですが，最後に会ったときにあったことを謝りたいと思っています。最後のレッスンで，おじいちゃんの話を聴かなかったのは，おじいちゃんが私をまだ子ども扱いしていると思ったからです。おじいちゃんが私のことをあの肖像画にどのように描いたかを見て，私の思いが正しいことがわかりました。とても傷ついたので，プレゼントも受け取らずに出て行ってしまったのです。

　おじいちゃんは知らないでしょうけれど，私がフランスに旅立つとき，おじいちゃんが描いてくれた肖像画をお母さんが私のスーツケースの 1 つにこっそり入れてくれました。見つけたときは，まだ動揺していてクローゼットにしまい込んでしまいました。しばらくはその肖像画のことを考えることもありませんでした。ところが数か月前に偶然また見つけたのです。それを見たとき，そこに描かれていたのは，自分の絵を向上させるために人の話を嫌がらずに聴いていたチトセでした。その当時のチトセは変わってしまったのだとわかりました。その当時のチトセは大人であることを皆に証明したくて人の話を聴かなくなっていたのです。おじいちゃんの描いた肖像画を見つけるまでは，学校の絵の授業では本当に悪戦苦闘していました。けれど自分の弱点を理解したあとは，再び学ぶことを始め，私の絵はずいぶんとよくなったのです。おじいちゃんは，いつまでも私の先生です。

　最後のレッスンで，私がおじいちゃんに見せた肖像画のことを覚えています。おじいちゃんは気に入ってくれなくて，自分が見たままに描けと言ってくれました。あの日におじいちゃんが教えてくれたことは，今の私にはよく理解できます。ありのままに描くことは必要なことだし，そうすれば対象の持つ本当の美しさが輝くのですね。

　私は，私とおじいちゃんの肖像画を描いたのでその写真を送ります。この絵で，じつは今住んでいる町の若手芸術家コンテストに優勝しました。見てわかるとおり，私は，自分をかつておじいちゃんがやったのと同じよ

うに，多くの可能性を秘めていた高校生のチトセとして描きました。私は
また，おじいちゃんを実際に見たままに描きました。おじいちゃんのしわ
は知恵の印。杖は，肉体的な障害を乗り越える意志。曲がった背中は，自
分が一番愛するもの，つまり絵と私にすべての力を注ぎ込んだことを示し
ます。ありがとう，おじいちゃん。

愛を込めて
チトセ

語句 サルヴァドールの日記
第1パラグラフ

▶ disáster	名	「悲惨なこと」
▶ have a fight	熟	「けんかする」
▶ huge	形	「大きな」
▶ pórtrait	名	「肖像画」
▶ stand straight	熟	「背筋を伸ばして立つ」
▶ tálented	形	「才能がある」
▶ atténd ～	他	「～に通う」
▶ idéalize ～	他	「～を理想化する」
▶ A ráther than B	熟	「B ではなくて A」
▶ expláin ～ to A	熟	「A に～を説明する」
▶ would not ～	助	「～しようとしなかった」
▶ farewell	名	「お別れ」

第2パラグラフ

▶ appréciate ～	他	「～のよさがわかる」
▶ ～ befóre S V	接	「S V の～前に」
▶ perm	名	「パーマ」
▶ inclúding ～	前	「～を含めて」
▶ wear mákeup	熟	「化粧をしている」

サルヴァドールへの手紙
第3パラグラフ

▶ confírm ～	他	「～を確かなものにする」

第4パラグラフ

▶ upsét	形	「動揺している」
▶ clóset	名	「クローゼット」

図表読解 177

▶ for a while	熟	「しばらくのあいだ」
▶ by chance	熟	「偶然」
▶ a cóuple of ～	熟	「2，3の～」
▶ be wílling to (V)	熟	「嫌がらずに V する」
▶ impróve ～	他	「～を向上させる」
▶ prove ～	他	「～を証明する」
▶ strúggle	自	「もがく」

第5パラグラフ

▶ make sense	熟	「意味をなす」
▶ shine	自	「輝く」

第6パラグラフ

▶ competítion	名	「コンテスト」
▶ proof	名	「証明」
▶ wísdom	名	「知恵」
▶ overcóme ～	他	「～を克服する」
▶ phýsical	形	「肉体的な」
▶ chállenge	名	「難題」
▶ bent	形	「曲がった」
▶ pour ～	他	「～を注ぐ」

例題 16

標準 15分

第2章 図表読解

次の文章は，留学プログラムの説明会の中で，バンクーバーの大学に 3 か月間留学した 2 人の学生が，それぞれの体験を語っているものである。問 1 ～ 5 の ☐ に入れるのに最も適当なものを，それぞれ下の ① ～ ④ のうちから一つずつ選べ。

Koji's speech

My name is Takeda Koji, and today I will talk about my study-abroad experience in the English Language Program at North Pacific University in Vancouver last year. First of all, I really liked the intensive English classes every weekday. My English has improved a lot. All the teachers were friendly and enthusiastic, and they sometimes stayed late to help us with our projects. I'm truly grateful to Ms. Lee, my advisor, who always responded to my problems promptly.

Also, I enjoyed exploring the city. It has many good ethnic restaurants and a wonderful park near the ocean where interesting events were held every weekend. I took many weekend trips offered by the program including a visit to the Native Canadian Art Museum and boat trips to several beautiful islands.

On top of that, I totally enjoyed the student life at NPU and attended many student-organized events on campus. My most precious memory is of preparing a big exhibit to introduce Japanese culture for the International Fair. However, there was one problem, that is, computer access. The computer rooms in the Writing Center were always crowded, especially when students were writing midterm or final papers, and it was frustrating to wait so long.

I have one regret, and it's about my host family. Though my host parents and their 10-year-old son were nice people, they were so busy all the time. Both parents worked late, and the boy belonged to the local hockey team. So I often had to eat alone and didn't have much time to interact with them. I felt envious of Yuka, who will speak after me, when I went

図表読解　179

to a barbecue at her host family's. Now I think I should have consulted the program coordinator about this problem at an early stage.

Finally, I'd like to say that this program is very good for improving your English and expanding your knowledge about different cultures.

Yuka's speech

My name is Imai Yuka. I was in the same program as Koji at North Pacific University, though my experience was slightly different from his. First, I wasn't so satisfied with the courses offered, though the teachers were all wonderful. There were too many language classes, but only two courses that covered the history and culture of Canada. I mean, I wish I had learned more about Canada as well as studied English. Then the benefits would have been double.

Also, I had mixed feelings about the campus life at NPU. I loved the spacious lawns and nice facilities, but the campus events didn't seem so interesting to me. I know Koji had a great time at the International Fair, but I wanted to go to a concert with my host family instead. However, I was impressed by the wonderful Writing Center with its academic support. Even though it was sometimes crowded, it was worth the wait. I went there almost every weekend and learned how to write a good paper.

And I almost forgot to say that it was such fun to go around the city, especially to street fairs and some really great ethnic restaurants. On the other hand, I didn't take so many trips because there were lots of things going on with my host family.

Actually, what made my stay most exciting and unforgettable was my host family. My host father is an agricultural engineer and he has worked on projects in several different countries. Just talking with him was stimulating, and he, as well as my host mother, always helped me whenever I had problems with homework, friends, and school activities. My host mother is a violinist with the local philharmonic, and so we were able to go to the concerts every month for free. She opened my eyes to classical music, and I promised her that I would start piano lessons when I came back to Japan. They also have lots of friends. I met so many people at all the barbecues they had.

In my case, the rich cultural experience my host family provided and the host family themselves were the best part of my stay.

問1　Both Koji and Yuka enjoyed ☐ .
① 　city exploration
② 　class projects
③ 　English language courses
④ 　the International Fair

問2　What did Koji complain about? ☐
① 　His advisor was often out of reach when he needed help.
② 　His host family had little time to spend with him.
③ 　The computer rooms didn't have helpful staff.
④ 　The language classes were not so interesting.

問3　What was Yuka's criticism? ☐
① 　She couldn't attend the International Fair.
② 　She couldn't take weekend trips to beautiful islands.
③ 　The Writing Center was always crowded.
④ 　There were not many classes about Canadian culture.

問4　Which of the following statement is true? ☐
① 　Koji has a good impression of the school facilities.
② 　Koji thinks that his English should have improved more.
③ 　Yuka has a negative impression of the amount of homework.
④ 　Yuka has a positive feeling toward her host parents.

問5　Which of the following pairs of pictures best represents two experiences Yuka described in her speech? ☐

図表読解　181

[本試]

上位層の正答率は非常に高い。中位から下位層は問3の出来が悪かったようだ。満点をとることが上位層の条件。

解説 問1 「コウジとユカは　　　　を楽しんだ」

　コウジが楽しんだことを整理すると，1．英語の授業　2．街の探索　3．学生生活（国際博）で，ユカが楽しんだことを整理すると，1．ライティングセンター　2．ホストファミリーとのコンサート　3．ホストファミリー　4．街の散策。よって①「街の探索」が正解。

　②「学校のプロジェクト」，③「英語の授業」，④「国際博」はどちらか一方だけなので不可。

　最後の最後まで読んでからでないと解けない問題。素早くメモをしながら問題文を読んでいるかどうかがポイントとなる。

問2 「コウジは何について不満だったか」

　コウジは留学に対しておおむね肯定的で，不満を訴えているのは，最後のほうに出てくる「**ホストファミリーとの交流の時間が十分ではなかった**」ということがその1つ。

　①「彼のアドバイザーは彼が助けを必要とするときにしばしば連絡が取れなかった」は不適切。彼はアドバイザーに対して，第1パラグラフで「私が抱えた問題につねに速やかに対応していただいた，私のアドバイザーのリー先生には本当に感謝しています」とある。

　②「**彼のホストファミリーは彼と過ごす時間がほとんどなかった**」は正解。

　③「コンピュータルームには有用なスタッフがいなかった」は本文に記述がない。

　④「言語の授業がそれほど面白くなかった」も不適切。第1パラグラフで「毎週月曜日から金曜日まで行われた英語の集中講義は本当によかったです」と書いている。

問3 「ユカの批判は何か」

　ユカの批判はいくつかある。まず第6パラグラフにある「**言語の授業ばかりで，カナダの歴史と文化に関する授業が2つしかなかった**」。2つ目が第7パラグラフにある「大学での催し物はあまり面白いものではなかった」ということ。

　①「彼女は国際博に参加できなかった」は不適切。

　②「彼女は週末美しい島々に旅行に行けなかった」も不適切。「島々」に関することはコウジが発言しているだけで，ユカは触れていない。

　③「ライティングセンターがいつも混雑していた」も不適切。第7パラグラフに「混雑していることもありましたが，待つだけの価値はありました」とあるが，これは批判とは言えない。

　④「**カナダの文化に関する授業が多くなかった**」。これが正解。本文を見事に言い換えてあるから選べなかった人がいたようである。

問4 「次のどの記述が正しいか」

　①「コウジは学校の施設にいい印象を持っている」は不適切。コウジは「施設」に関してはまったく言及していない。

　②「コウジは彼の英語力をもっと向上させるべきであったと思って

いる」も不適切。コウジは「おかげで私の英語力はずいぶんと向上しました」とある。

③「ユカは宿題の量に対していい印象を持っていない」は不可。宿題の量については言及していない。

④「**ユカはホストファミリーに対していい感情を持っている**」は正解。

問5 「次の絵の組の中で，ユカが発表で述べた2つの経験を一番よく表しているのはどれか」

　もう一度ユカの経験を整理すると，1. ライティングセンター　2. ホストファミリーとのコンサート　3. ホストファミリー　4. 街の散策。よって，①は「船旅の絵」が余分。③も「イヌイット展の絵」と「一人でくつろいでいる絵」がともに不可。④も「一人でくつろいでいる絵」が不可。以上から②が正解となる。やはり消去法が早い。

解答　問1　①　　問2　②　　問3　④　　問4　④　　問5　②

訳　**コウジの発表**

　私の名前はタケダ・コウジです。今日は，昨年バンクーバーの北太平洋大学で行われた英語プログラムにおける留学経験について話したいと思います。まず最初に，毎週月曜日から金曜日まで行われた英語の集中講義は本当によかったです。おかげで私の英語力はずいぶんと向上しました。先生はみんな気さくで熱心でした。また時には遅くまで私たち学生のプロジェクトにも手をさしのべてくださいました。私が抱えた問題につねに速やかに対応していただいた，私のアドバイザーのリー先生には本当に感謝しています。

　また，街を探検するのも楽しかったですね。民族色豊かないいレストランが数多くあり，海の近くにはすばらしい公園があり，そこでは興味深い催し物が毎週土日に行われていました。留学プログラムの一環として週末は何度も旅行に出かけました。たとえば，ネイティブ・カナダ美術館を訪れたり，いくつかの美しい島々に船で行ったりしました。

　さらに，NPU の学生生活もおおいに楽しみました。そして学生主催の大学で行われる多くの催し物にも参加しました。一番大切な思い出は，国際博のために日本文化を紹介する大きな展示品を準備したことです。だけど，

1つだけ問題がありました。それはコンピュータの利用の問題です。ライティングセンターのコンピュータルームはいつも混雑していました。とくに学期末，学年末のレポートのシーズンはひどかったですね。長時間待つのにはイライラしました。

1つだけ後悔していることがあります。それはホストファミリーに関することです。ホストファミリーには10歳の息子さんがいて，みんないい人だったのですが，皆さんは四六時中忙しくされていたのです。ホストファミリーのお父さんもお母さんも帰るのが遅く，息子さんは地元のホッケーチームに所属していました。だから，僕は一人で食事をせざるを得ないことも多く，ホストファミリーの人々と交流を持つ時間があまりとれませんでした。僕のあとで話をするユカのホストファミリー主催のバーベキューパーティーに行ったとき，ユカのことをうらやましく思いました。今から考えれば，もっと早い段階で，この問題をプログラムのコーディネーターの人に相談するべきだったと思います。

最後になりましたが，ぜひ言いたいことは，このプログラムは英語力の向上と異文化に関する知識の拡大にきわめて有効だということです。

ユカの発表

私の名前はイマイ・ユカです。北太平洋大学でコウジと同じプログラムに参加しました。ただ私の経験したことはコウジとは少し違います。まず最初に，提供された授業にそれほど満足していません。もちろん先生はすばらしかったのですが。言語の授業ばかりで，カナダの歴史と文化に関する授業が2つしかありませんでした。つまり，私は英語の勉強はもちろんのことカナダについてもっと知りたかったのです。もしそれなら得たものは2倍になっていたでしょう。

また NPU の大学生活には複雑な気持ちがあります。広々とした芝生とすばらしい施設はよかったのですが，大学での催し物はあまり面白いものではありませんでした。コウジは国際博でとても楽しい時間を過ごしたようですが，私はその代わりにホストファミリーといっしょにコンサートに行きたかったです。だけど，私はすばらしいライティングセンターのアカデミックサポートには感銘を受けました。混雑していることもありましたが，待つだけの価値はありました。週末はほとんどそこへ行って，よいレポートの書き方を学びました。

そして忘れずに言っておかねばならないことは，街を散策するのが本当に面白かったということです。とくに露天市や本当にすばらしい民族色豊かなレストランに行ったことです。一方，ホストファミリーといっしょにやることが多くあって，それほど旅行はしていません。

実際，留学が最も刺激的で忘れられないものになったのは，ホストファミリーのおかげです。ホストファミリーのお父さんは農業技師でさまざまな国でプロジェクトに取り組んでいました。お父さんとの話は刺激的で，ホストのお母さんもお父さんも，私が宿題や友達のことや学校の活動のことなどで困っていると必ず助けてくれました。ホストのお母さんは地元の交響楽団でバイオリンを演奏されていました。だから毎月無料でコンサートに行くことができました。お母さんのおかげでクラシックに開眼しました。私はお母さんに，帰国したらピアノのレッスンを始めると約束しました。2人とも友達が多くて，バーベキューパーティーではずいぶんと多くの人に出会うことができました。

私の場合には，ホストファミリーが提供してくれた豊かな文化的な経験と，ホストファミリー自体が留学の中で最高でした。

語句

第1パラグラフ

▶ **inténsive** 　　形「集中的な」
▶ **enthusiástic** 　形「熱心な／情熱的な」
▶ **gráteful** 　　形「感謝している」
▶ **prómptly** 　　副「速やかに」

第2パラグラフ

▶ **explóre ～** 　他「～を探索する／探検する」
▶ **éthnic** 　　　形「民族の」
▶ **inclúding ～** 　前「～を含む」

第3パラグラフ

▶ **on top of that** 　熟「おまけに」
▶ **atténd ～** 　　他「～に参加する」
▶ **stúdent-órganized** 形「学生が主催する」
▶ **précious** 　　形「貴重な」
▶ **exhíbit** 　　　名「展示品」

▶ frústrating 形 「イライラさせる」

第4パラグラフ

▶ regrét 名 「後悔」
▶ lócal 形 「地元の」
▶ interáct with ～ 熟 「～と交流する」
▶ feel énvious of ～ 熟 「～をうらやましいと思う」
▶ consúlt ～ 他 「～と相談する」

第5パラグラフ

▶ expánd ～ 他 「～を拡張する」

第6パラグラフ

▶ bénefit 名 「恩恵／利益」

第7パラグラフ

▶ spácious 形 「広々とした」
▶ lawn 名 「芝生」
▶ facílity 名 「施設」
▶ instéad 副 「その代わり」
▶ be impréssed by ～ 熟 「～に感銘を受ける」
▶ worth ～ 形 「～に値する」
▶ páper 名 「レポート」

第9パラグラフ

▶ agricúltural 形 「農業の」
▶ work on ～ 熟 「～に取り組む」
▶ stímulating 形 「刺激的な」
▶ philharmónic 名 「交響楽団」

図表読解　187

3rd step 問題チャレンジ編

チャレンジ問題 1 標準 13分

次の文章と図を読み，問 1 ～ 4 の □ に入れるのに最も適当なものを，それぞれ下の ① ～ ④ のうちから一つずつ選べ。

"Heaven helps those who help themselves," said Benjamin Franklin. Although we are familiar with the message contained in this old saying, the fact remains that we have to help each other. And that is what hundreds of millions of people are doing —— working as volunteers. In 2001, 28.9 percent of Japanese citizens volunteered their services. This number suggests that the idea of volunteering is becoming more attractive, because in 1983 a similar survey on that topic found that only 20 percent had some experience with volunteering. Even so, that percentage was lower than for the United States and the United Kingdom, where more than 50 percent of citizens had some experience of volunteering.

Differences can be found within a country as well. The graph below shows regional variations with respect to volunteer activities among four prefectures in Japan in 2001. As mentioned above, the overall rate of participation of Japanese in community service was 28.9 percent. In that year Hyogo appeared to be typical of the nation in regard to that rate. The leading prefecture was Kagoshima, where more than 40 percent of the people had some volunteer experience. Yamanashi's rate was similar to that of Kagoshima, but preferences differed when it came to types of volunteer work: A little over 10 percent of the volunteer work focused on community safety, compared with 7.4 percent in Kagoshima.

Those living in Tokyo seemed to be less involved in volunteer work than the nation as a whole. In fact, the overall percentage was the second lowest of all the prefectures in Japan. Furthermore, the nation's capital had the lowest percentage in community development. It might be that people living in big cities see themselves as individuals and not as members of a community. Or, perhaps they simply do not have time to think of their neighbors.

The Japanese government has been making efforts to establish a system to promote volunteer activities. Indeed, Japan was the driving force behind the United Nations making 2001 the "International Year of the Volunteers." Although variations among and within countries will likely continue for quite some time, it is hoped that government support for this important activity will encourage more people to help their neighbors and their communities.

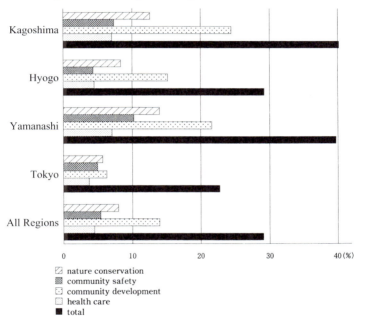

(Data: 総務省, *Survey on Time Use and Leisure Activities*, 2001)

問1 In 1983, in Japan one person out of ☐ participated in a volunteer activity.

① two   ② three
③ four   ④ five

問2　In 2001, people living in Yamanashi seemed to be more aware of
　　　　　　　　　 than those living in Kagoshima were.
　① volunteering　　　② health care
　③ community safety　④ community development

問3　The author suspects that people living in Tokyo 　　　　　 .
　① are very much concerned about health care
　② do not want to live in an environment with less green and more
　　 noise
　③ communicate with their neighbors on a regular basis
　④ are too independent to be concerned with community affairs

問4　According to the passage, 　　　　　 .
　① the number of volunteers in Japan increased as a result of the
　　 activities of the United Nations
　② the Japanese government has shown little interest in volunteer
　　 work
　③ Japan contributed greatly toward establishing the "International
　　 Year of the Volunteers"
　④ Hyogo appeared to be the safest of the four regions covered in
　　 the survey　　　　　　　　　　　　　　　　　　　　　[本試]

解説　問1　「1983年，日本では 　　　　　 人に1人がボランティア活動に
　　　　　参加した」

　　one person out of 〜「〜のうち1人」という表現は重要。図は
2001年の資料なので，この設問とは無関係。よって，本文から情報
を得ることになる。
　　「1983」という数字を頼りに本文の該当箇所を探すと，第1パラグ
ラフ第5文に「1983」を含んだ記述があることに気づく。ここには，
「なぜなら，このテーマに関する同様の1983年の調査では，ボランティ
アの経験が少しでもある人は，わずか20％しかいなかったからであ
る」とある。「20％＝5人に1人」だから，答えは④「**5**」だとわかる。

問2 「2001年，山梨県在住者は鹿児島県在住者よりも，□□□□□に関する意識が高いように思われた」

図を見れば，本文を読むまでもなく解決する。山梨県が鹿児島県より高い割合を示しているのは「自然保護（nature conservation）」と「地域の安全（community safety）」。

選択肢を見ると，① 「ボランティア」，② 「医療」，③ 「地域の安全」，④ 「地域振興」とある。① は「ボランティア全体」という意味だから不可。よって，③ が正解となる。

「自然保護」も正解のはずだが，**選択肢にない。**

問3 「**筆者は，東京在住者は** □□□□□ **と思っている**」

まず，**suspect that** S V は，「S が V ではないかと疑う」，つまり，「S が V だと思う」の意味。

① 「医療に高い関心を示している」は，図よりとてもそんなことは言えないので不可。

② 「緑が少なく騒音の多い環境では住みたくない」は，図にも本文にもそのような記述はないので不可。そもそも，これが正しければ，東京に住めなくなるのではないだろうか。

③ 「定期的に隣人とコミュニケーションをとる」。第3パラグラフに，「大都市の住民たちは，自分を地域社会の一員としてではなく，個人と見ているのだろう。あるいはまったく，隣人のことを考える時間がないのかもしれない」とあるから，この選択肢は誤り。この選択肢に含まれている **on a ～ basis** は「～を基盤にして」が直訳だが，訳出にあたっては「～」にあたる部分を副詞的に処理すればよい。

　　例　**on an** everyday **basis**「毎日」

以上より，④ 「あまりに独立心が旺盛なため，地域のことに興味を向けられない」が正解。**affairs** は「（漠然とした）**事柄**」の意味。

問4 「**本文によると，**□□□□□」

① 「国際連合の活動の結果，日本のボランティアの数は増加した」

国際連合の話は最終パラグラフに登場する。ここには，「事実，国連が2001年を『ボランティア国際年』に制定した際，日本はその陰の原動力であった」とある。① は，この内容と一致しないので誤りだとわかる。

② 「日本政府はボランティアにほとんど関心を示していない」

最終パラグラフ第1文に，「日本政府は，ボランティア活動を促進

するためのシステム作りに努力してきた」とあるので不可。そもそも,この試験が日本の公(おおやけ)の試験であることを考えれば,「政府に批判的なこんな選択肢が正解になるわけない」と思ってほしい。

③「日本は『ボランティア国際年』の樹立に向けおおいに貢献した」
これが正解。

④「兵庫県は調査で取り上げられた4つの地域の中で,最も安全であるように見える」

図を見ると,兵庫県は「地域の安全にかかわるボランティア」に最も関心が低い県だとわかるが,だからといって「最も安全」とは言えないはず。本文にもそのような記述はない。よって,不可。

解答 問1 ④ 問2 ③ 問3 ④ 問4 ③

訳
　「天はみずから助くる者を助く」とベンジャミン・フランクリンは言った。我々はこの古いことわざに含まれている教訓のことは知っているのだが,我々がお互いに助け合わなければならないという事実に変わりはない。そしてこれこそが何億人もの人々がしている ―― ボランティアとして働く ―― ということである。2001年には日本国民の28.9%がボランティアとして奉仕した。この数字は,ボランティア活動という考え方がより魅力を持ってきていることを示唆している。なぜなら,このテーマに関する同様の1983年の調査では,ボランティアの経験が少しでもある人は,わずか20%しかいなかったからである。しかし,前出のパーセンテージでさえも,50%を超す国民が何らかのボランティア活動を経験しているアメリカやイギリスに比べれば低い。

　国内でもいろいろな違いが見られる。図は,2001年の日本の4都県におけるボランティア活動に関する地域的な違いを示したものである。上述したように,日本人のコミュニティーサービス(地域社会での活動)への総参加率は28.9%であった。その年の(参加)率に関しては,兵庫県が日本における典型的な例を示していた。トップは鹿児島県で,人口の40%より多くが何らかのボランティアの経験を持っていた。山梨県の率も鹿児島県と同じくらいだったが,ボランティア活動の種類となると,好む活動が違っていた。鹿児島の7.4%に比べ,10%強が地域の安全を主体としていたのだ。

　東京都民は,ボランティア活動への参加が国民全体から見れば少ないようだ。実際,総合的な参加率は,日本の全都道府県中で下から2番目であった。さらに,この日本の首都では地域振興率が最も低かった。大都市の住民たちは,自分を地域社会の一員としてではなく,個人と見ているのだろ

う。あるいはまったく，隣人のことを考える時間がないのかもしれない。

　日本政府は，ボランティア活動を促進するためのシステム作りに努力してきた。事実，国連が 2001 年を「ボランティア国際年」に制定した際，日本はその陰の原動力であった。国家間でもまた国内でも，今後もいろいろな格差は続くことであろうが，このような重要な活動への政府支援を通して，より多くの人々が，隣人や地域社会への援助にかかわりを持つことが奨励されるように望まれているのである。

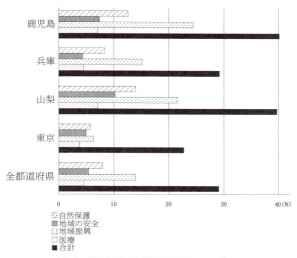

（データ：総務省「社会生活基本調査報告，2001」）

語句　第1パラグラフ
- ▶ **be famíliar with** 〜　　熟「〜を知っている」
- ▶ **contáin** 〜　　他「〜を含む」
- ▶ **the fact remáins that** S V　　熟「S が V するという事実に変わりない」
- ▶ **cítizen**　　名「国民／市民」
- ▶ S **suggést that** S' V'　　熟「S は S' V' を示唆している」
- ▶ **attráctive**　　形「魅力的な」
- ▶ **súrvey**　　名「調査」
- ▶ **have some expérience with** 〜　　熟「〜に関する経験がある程度ある」

第2パラグラフ
- ▶ **as well**　　熟「同様に」

▶ régional variátions 　名「地域によるばらつき」

▶ with[in] respéct to ～ 　熟「～にかかわる」
　　＊　直訳は「～の側面に／～のほうを見ると」

▶ préfecture 　名「(日本の1つの) 都道府県」

▶ as méntioned abóve 　熟「上で述べたように」

▶ the óverall rate of ～ 　熟「～の全体の割合」

▶ participátion of ～ in ... 　熟「～が…に参加すること」
　　＊　participate in ～「～に参加する」

▶ appéar to (V) 　熟「V するように思える」

▶ be týpical of ～ 　熟「～に関して典型的である」
　　＊　typical の / i / の発音にも注意

▶ leading 　形「トップの」

▶ be símilar to ～ 　熟「～に似ている」

▶ when it comes to ～ 　熟「～ということになれば」

▶ fócus on ～ 　熟「～に焦点を置く／～を重要視する」

▶ compáred with ～ 　熟「～と比べれば」

第3パラグラフ

▶ those (V)ing 　熟「V している人々」

▶ be invólved in ～ 　熟「～に関与している」
　　＊　直訳は「～の中に巻き込まれている」

▶ 名詞＋ as a whole 　熟「～全体」
　　＊　「全体として見た場合には」というニュアンス

▶ the sécond ＋最上級 　熟「2番目に～」

▶ fúrthermore 　副「さらに」

▶ see O as C 　熟「O を C として見ている」

▶ A and not B 　熟「B でなくて A」
　　＊　not B but A の変形。and が省略されることもある

▶ a mémber of a commúnity 　名「ある1つの地域社会の一員」

▶ símply not ～ 　熟「まったく～ない」

第4パラグラフ

▶ estáblish ～ 　他「～を確立する」

▶ promóte ～ 　他「～を促進する」

▶ dríving force 　名「原動力／推進力」

▶ will líkely (V) 　熟「おそらく V する」
　　＊　この likely は副詞

チャレンジ問題 2

標準 **12分**

第2章 図表読解

次の文章は，同一の状況について 2 人の人物がそれぞれの観点から述べたものである。文章を読み，問 1 ～ 5 の □□□□ に入れるのに最も適当なものを，それぞれ下の ① ～ ④ のうちから一つずつ選べ。

Flight Attendant: On every flight, there is always one passenger that stands out. It was an international flight, almost fully-booked, and there was a young girl I noticed immediately. She was the last to board, carrying a huge stuffed animal — it disturbed passengers on both sides of the aisle. She had a window seat near the front of her section. After the meal, she wanted to buy some perfume, and it took her ages to choose — other passengers were waiting. Then her entertainment system didn't work. I found her a new seat in the back of the section in front of her. Once she started to play the games, she was very noisy. Then she tried to use her cellular phone, and I had to warn her. I was getting tired of dealing with her. But she saved the day later. When everyone was trying to sleep, there was a baby crying at the front of her section. The parents tried everything, but nothing worked. Other passengers complained. Then the girl took her stuffed animal and played with the baby. He stopped crying and went to sleep. Everyone was relieved — some even thanked her. You never know which passenger is going to surprise you.

Passenger: My first international flight was really confusing. First we ate, then I bought perfume for my aunt. There were so many brands — it was difficult to decide which one was the best for her. The flight attendant wasn't very nice to me. He seemed to be in a hurry. The entertainment system at my seat didn't work, so I had to ask for help. He wasn't nice about that either. But, he moved me to another seat. Unfortunately, it was an aisle seat, but the games were fantastic. Later, I tried to email a friend, but the flight attendant stopped me. Then there was a baby crying and he wasn't nice with the parents either. I took the pink koala I thought for my nephew over to the baby and played with them. After a few minutes, he went to sleep. Before I knew it, the flight was over. It was strange — when I got off the plane, the flight attendant

図表読解　195

smiled at me warmly.

問1　When the girl was buying perfume, the flight attendant seemed worried about ☐ .

　① not having enough perfume for everyone

　② not knowing the age of the aunt

　③ those passengers who wanted to buy something

　④ whether the girl would choose a good perfume

問2　After the flight, the flight attendant concluded that ☐ .

　① he can predict who will get tired on the flight

　② he knows which passengers won't need help

　③ people may do what you least expect them to do

　④ people rarely appreciate favors done for them

問3　When the girl was buying perfume, she was worried about ☐ .

　① another passenger who wanted to buy perfume too

　② choosing a good perfume for her aunt

　③ how much perfume to buy

　④ the fact that her aunt was old

問4　The most enjoyable part of the flight for the girl was ☐ .

　① being able to shop on the airplane

　② having meals on the airplane

　③ sending emails from the airplane

　④ using the entertainment system on the airplane

問5 Which of the following illustrations most accurately shows the seating before and after the young girl was moved? ▢

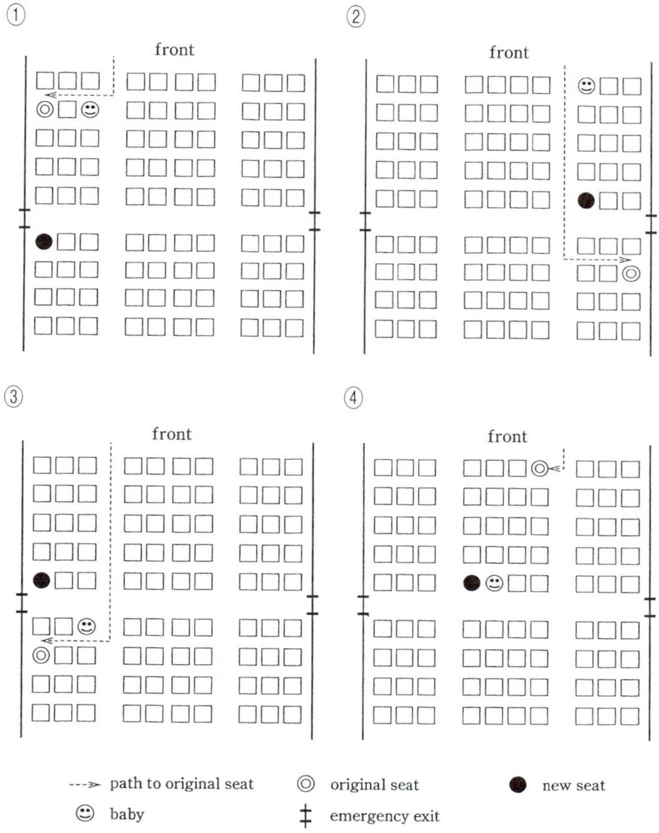

① ②

front　　　　　　　　　　　　　　　front

③ ④

front　　　　　　　　　　　　　　　front

---▶ path to original seat　　◎ original seat　　● new seat

☺ baby　　　‡ emergency exit

[追試]

解説 問1 「少女が香水を買っていたとき，その客室乗務員は ▢ について心配していた」

① 「全員に行き渡るのに十分な香水がないこと」

② 「叔母さんの年齢がわからないこと」

③ 「何かを買いたがっている乗客たち」

④ 「その子がよい香水を選ぶかどうか」

客室乗務員の証言には ①・②・④ の記述はない。

よって ③ を正解とする。

問2 「フライトのあと，その客室乗務員は ⬚ と結論づけた」

　① 「フライトでだれが疲れるか予測できる」，② 「どの乗客が助けを必要としないかわかっている」は明らかに本文にないので不可。

　③ 「人は最も予測していないことをするかもしれない」は客室乗務員の証言の最後の文に合致。

　④ 「人はしてもらった行為に対して感謝することはまれである」。この内容をうかがわせる記述は客室乗務員の証言には存在する。しかし問題文は「～と結論づけた」とあるから ④ では不適切となる。④ にした人が 15％ に及ぶ。

　差がついたのはこの問いで，正答率はおよそ 70％。

問3 「その女の子が香水を買おうとしていたとき，その女の子は ⬚ を心配していた」

　① 「自分と同様に香水を買いたいと思っている他の乗客」は乗客の証言にはないので不可。

　② 「叔母さんのためによい香水を選ぶこと」は乗客の証言に合致。

　③ 「どれくらい香水を買うべきかということ」。これも乗客の証言にはないので不可。

　④ 「彼女の叔母さんが年老いているという事実」もまったく記述がないので不可。

問4 「女の子にとってフライトの中で一番楽しかったのは ⬚ 」

　① 「機内で買い物ができること」

　② 「機内で食事をとること」

　③ 「飛行機からメールが送れること」

　これらすべて乗客の証言にはないので不可。

　④ 「機内で娯楽用機器を使うこと」。乗客の証言に合致。

問5 「次のイラストのうち，その女の子が席を移る前とあとの座席を最も正確に示しているのはどれか」

---➤ 元の席への進路	◎ 元の席	● 新しい席
☺ 赤ん坊	‡ 非常口	

　客室乗務員の証言に「先ほどの女の子の座席ゾーンの前方で赤ん坊が泣いていました」だけから，② が正解だとわかる。なお，これに気がつかない場合は，以下の手順を踏んで正解に至ることになる。客室

乗務員の証言の第4文に「その子の席はその子が属する座席ゾーンの前方窓側でした」から，席の前方に◎（元の席）が存在しない④は不可。客室乗務員の証言の第7文に「彼女の席の前のゾーンの後方に，新たな席を用意しました」とあるので，●（新しい席）が◎の前のゾーンにない①も消える。さらに乗客の証言の第9文に「残念なことにその席は通路側でしたが」とあるので，●が通路側ではない③が消える。

　よって②が正解となる。③にした人が約30%，①にした人が20%ぐらい。

解答 問1　③　　　問2　③　　　問3　②　　　問4　④　　　問5　②

訳　**客室乗務員**：フライトのたびに目立つお客様が必ず1人いらっしゃいます。それはほぼ満席の国際線のフライトでのことでした。すぐに私の目についた若い女の子がいました。その子は最後に搭乗してきて大きな動物のぬいぐるみを持っていました。そのため通路の両側のお客様たちに迷惑がかかりました。その子の席はその子が属する座席ゾーンの前方窓側でした。食事のあと，その子は香水を買いたがっていました。そしてなかなか決められませんでした——他のお客様がお待ちなのに。次に，その子の娯楽用機器が故障していました。彼女の席の前のゾーンの後方に，新たな席を用意しました。いったんゲームを始めると，とても賑やかにしていました。次には携帯電話を使おうとしたので警告しなければなりませんでした。その子の相手をすることに疲れてきました。でも，あとでその子が窮地を救うことになったのです。だれもが寝ようとしていたとき，先ほどの女の子の座席ゾーンの前方で赤ん坊が泣いていました。ご両親はあらゆることを試していましたが，何ひとつうまくいきませんでした。他のお客様から苦情が出ました。すると，その女の子はぬいぐるみを持っていって，その赤ん坊と遊びました。赤ん坊は泣きやみ，寝てくれました。だれもがほっとし，なかにはその女の子に感謝する人さえいました。どの乗客が驚かせてくれるかはわからないものです。

乗　　客：私の最初の国際線のフライトは本当に大変でした。最初にご飯を食べ，叔母のために香水を買いました。いろんなブランドがあったので，どれが叔母に最適か決めるのは大変でした。客室乗務員の人は私にあまりよくしてくれませんでした。その男の客室乗務員さんは急いでいるようでした。私の席の娯楽用機器は故障していました。だからどうにかして

図表読解　199

くれるように頼まなければなりませんでした。そのことに関してもその乗務員さんはいい顔をしませんでした。でも，別の席に案内してくれました。残念なことにその席は通路側でしたが，ゲームはとても楽しかったです。あとで友達に e メールをしようとしましたが，先ほどの乗務員さんに止められました。その後，泣いている赤ん坊がいて，その乗務員さんはその赤ん坊の親に対してもいい顔をしませんでした。私は甥のためにと思っていたピンクのコアラを赤ん坊のところに持っていき，いっしょに遊びました。数分でその赤ん坊は寝つきました。気がつけばフライトは終わっていました。奇妙だったのは飛行機を降りるとき，先ほどの乗務員さんが私にニッコリほほえんでくれたことでした。

語句　第 1 パラグラフ

▶ **pássenger**	名	「乗客」	
▶ **stand out**	熟	「目立つ」	
▶ **fúlly-bóoked**	形	「予約でいっぱいの」	
▶ **immédiately**	副	「すぐに」	
▶ **board**	自	「搭乗する」	
▶ **stúffed ánimal**	名	「ぬいぐるみの動物」	
▶ **distúrb** 〜	他	「〜の邪魔をする」	
▶ **áisle**	名	「通路」	＊ / aíl / の発音
▶ **pérfume**	名	「香水」	
▶ **take** O **ages to** (V)	熟	「O が V するのに時間がかかる」	
▶ **work**	自	「作動する」	
▶ **once** S V	接	「いったん S V すれば」	
▶ **warn** 〜	他	「〜に警告する」	
▶ **deal with** 〜	熟	「〜を扱う」	
▶ **save the day**	熟	「窮地を救う」	
▶ **compláin**	自	「不平を言う」	

第 2 パラグラフ

▶ **confúsing**	形	「混乱させる」
▶ **in a húrry**	熟	「急いでいる」
▶ **not** 〜 **éither**	熟	「も〜ない」
▶ **áisle seat**	名	「通路側の席」
▶ **néphew**	名	「甥」
▶ **befóre** S **know it**	熟	「S の知らぬ間に」

チャレンジ問題 3

次の文章と図を読み，問1・2に答えよ。なお，1～4はパラグラフの番号を表す。

1 Tourism is an important part of international trade today, and business activities connected with transportation, hotels, services, and entertainment for tourists are essential sources of income for many countries. The figure below shows the amounts of money earned from and spent on international travel in 2000 by six countries: China, Germany, Japan, Mexico, Spain, and the United States of America (USA).

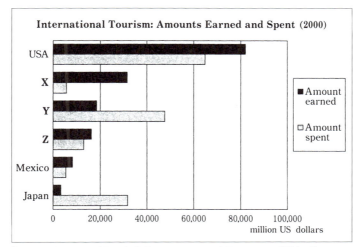

(Data: Ministry of Land, Infrastructure and Transport, *White Paper on Tourism*, 2003)

2 While the figure shows that the USA led other countries in both earning and spending, we can also see that nations receiving large sums of money from tourism do not always spend equally great amounts overseas. For example, the amount of money spent by Spanish travelers abroad was less than 20 percent of that earned from foreign travelers to Spain. China also earned more from international tourism than it spent. The opposite pattern was shown by Germany and Japan, where the amounts spent abroad by their citizens, 47,785 million

dollars and 31,886 million dollars, respectively, were far greater than the amounts earned, 18,483 million dollars and 3,373 million dollars.

3 According to the World Tourism Organization, there is a growing tendency for tourists to seek out places where they have never been. Europe, which received almost 60 percent of all international tourists in 2000, is expected to see its share fall to 46 percent by 2020. On the other hand, by that time the East Asia and Pacific region will have replaced North and South America as the second most popular tourist destination. Of course, tourists choose a destination not only on the basis of how fresh it is or whether an international event such as the Olympics is being held there, but also by the level of safety and the ease of getting around.

4 Many foreigners have the idea that Japan is too far away and too expensive, and its language and culture too hard to understand. However, distance and language alone cannot explain Japan's lack of appeal to tourists from North America and Europe: in 2000, China received more visitors from these areas than Japan did. Despite its negative image among some tourists, many who do make the trip to Japan are pleasantly surprised by the friendliness of its people and the efficiency of its public transportation. Moreover, not every foreign visitor finds Japan so expensive these days. With its safe society and excellent travel facilities — not to mention its history, culture, and natural beauty — there is no reason why Japan should not become one of Asia's major tourist destinations. The amount spent by foreigners in Japan may one day be more than that spent by Japanese overseas.

問1　グラフの X, Y, Z に対応する国名の組み合わせが，その順に示されている。正しいものを，次の ① ～ ⑥ のうちから一つ選べ。

① China	——— Germany	——— Spain
② China	——— Spain	——— Germany
③ Germany	——— China	——— Spain
④ Germany	——— Spain	——— China
⑤ Spain	——— China	——— Germany
⑥ Spain	——— Germany	——— China

問2 次の問い(1)～(4)の □ に入れるのに最も適当なものを，それぞれ下の①～④のうちから一つずつ選べ。

(1) Japanese travelers spent almost □ times as much money abroad as Japan received from foreign travelers in 2000.
① four   ② seven   ③ ten   ④ thirteen

(2) In this analysis of tourism, opposite earning and spending patterns were found between □ .
① Germany and Japan   ② the USA and China
③ China and Mexico   ④ Spain and Japan

(3) The author mentions that in recent years tourists have been likely to choose a destination if □ .
① the language spoken there is fascinating
② the location is new to them
③ the people living there are rich
④ the culture is interesting

(4) According to the passage, □ .
① Japan earned far less from international tourism than the USA, but more than Mexico
② Europe will still attract more tourists than any other area in 2020
③ China became a new destination for Europeans mainly because of its international events
④ Spanish travelers abroad spend 20 percent less than tourists from other countries

[本試]

正答率が非常に悪いのは問2の(4)。また，問2の(2)，(3)も50%を下回っている。けっして難問ではなく，冷静に考えればなんでもないが，焦ると間違えてしまう。

解説 **問1** まず図を見て，XとZは「**収入＞支出**」となっていることをつかむ。次に，第2パラグラフ第2文に「スペイン人が海外旅行で使ったお金は，スペインに来た旅行者から得たお金の20%にも満たなかった」=「**収入＞支出**」の関係をつかむ。よってスペインはXかZだが，支出が収入の20%にも満たないとあるから，Zではおかしい。よってXだとわかる。

次に，同じパラグラフの第3文に「中国もまた，海外旅行で得た収入は海外旅行での支出を上回っていた」=「**収入＞支出**」とあるから，Zが中国。あとは消去法で，Yがドイツだとわかる。答えは⑥。

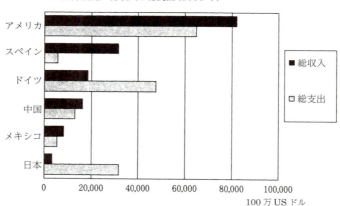

問2 (1)「**2000年において，日本人の旅行者が海外で使ったお金は，日本が日本に来た外国人から得たお金の□倍である**」

まず図だけでは正確なことを知るのは難しいので，本文に根拠を求める。第2パラグラフの最終文に，ドイツと日本の記述がある。

ポイントとなる単語は respectively「各々」である。「**ドイツと日本の各々**」であるから，それぞれの **2番目の数字が日本の数字**だとわかる。すると，支出 = 31,886 million dollars で，収入 = 3,373 million dollars である。

よって 31,886 ÷ 3,373 = 約 9.5 だから ③ が正解となる。

(2)「**この観光業の分析によると，□のあいだでは収入と支出の関係が正反対になっていた**」

設問文を読んでも「何が言いたいのか」よくわからない。だが，こ

れはセンター試験の「情報取得問題」の特徴であり、焦ることはない。
まず、それぞれの国の収支の関係を確認すると、

> **収入＞支出**　：アメリカ／スペイン／中国／メキシコ
> **収入＜支出**　：ドイツ／日本

　もし①「ドイツと日本」が正解なら同じ収支関係の国を選ぶこと
になるが、それなら②「アメリカと中国」、③「中国とメキシコ」
も正解となり不可。これから設問文の意味は、「収支関係が正反対
の国のペアを選べ」だとわかり、④「スペインと日本」が正解と
なる。

(3) 「**筆者によると、近年観光客が目的地を選ぶ際の条件は　　　　　であるらしい**」

　第3パラグラフの第1文に「旅行者は行ったことのない所に行き
たがる傾向が強くなってきている」とあるので②「その場所が自分た
ちにとって目新しいこと」が正解となる。ただ、同じパラグラフの最
終文に「その国の目新しさやオリンピックなどの国際的な行事が行わ
れているかどうかが判断基準になる」「その国の安全性と交通の便が
基準となっている」とあるからこれも正解になり得るが、これに**対応
する選択肢**はない。

　念のため残りの選択肢を吟味しておく。

　①「そこで話されている言語が魅力的であること」。本文には記述
がない。

　③「そこに住んでいる人々が金持ちであること」。これも記述がな
い。

　④「その文化が興味深いこと」。やはり記述がない。

(4) 「**この文によると、　　　　　**」

　選択肢を順番に吟味していく。

　①「日本が国際的観光業で得る収入はアメリカに比べはるかに少な
いが、メキシコよりは多い」。図より「メキシコよりは多い」が間違い。

　②「ヨーロッパは2020年になっても他の国より多くの観光客を集
めるだろう」。第3パラグラフ第2文「ヨーロッパは、2020年までに
はその割合が46％にまで落ち込むと予測されている」を読むと、こ
の**選択肢は間違いに見える**。しかし、その後の記述「2020年までに、
東アジアと太平洋沿岸地域が、南北アメリカ大陸を上回り、**世界第2**

図表読解　205

の**海外旅行の目的地**となっていると予想されている」とあり，**世界第1の海外旅行の目的地はやはりヨーロッパ**であると示唆されている。いったん**保留**しよう。

　③「中国がヨーロッパ人にとっての新たな目的地になった主な原因は，その国際的な行事である」。第4パラグラフ第2文に「2000年，中国は，この同じ地域（北アメリカやヨーロッパ）からの観光客の数で日本を上回った」とあるが，**その理由については言及されていない**。これが「**ワナ**」。

　④「スペインの海外旅行者が使うお金は，他の国からスペインに来た旅行者より20%少ない」。図より明らかに間違い。

　以上より，②が正解となる。

解答　問1　⑥　　問2　(1) ③　(2) ④　(3) ②　(4) ②

訳　**1**　観光業は今日の国際貿易における重要な一分野になっていて，観光者のための交通，ホテル，各種サービスや娯楽などに関連する経済活動は，多くの国の大切な収入源となっている。下の図は，2000年に，中国，ドイツ，日本，メキシコ，スペイン，アメリカの6か国が，海外旅行によって得た金額と使った金額を示している。

2　図によるとアメリカが収入面でも支出面でも他の国々より上回っていることがわかるが，観光業で大きな収入を得ている国が必ずしも同じだけの金額を海外で使っていないこともわかる。たとえば，スペイン人が海外旅行で使った金額は，スペインに来た旅行者から得た収入の20%にも満たなかった。中国もまた，海外からの旅行者から得た収入は中国人が海外で使った金額を上回っていた。正反対だったのがドイツと日本であり，この2つの国では，国民が海外で使った金額はそれぞれ477億8500万ドルと318億8600万ドルであるが，これは，両国が得た184億8300万ドルと33億7300万ドルをはるかに上回っていた。

3　世界観光機関によると，旅行者は行ったことのない所に行きたがる傾向が強くなってきている，とのことだ。ヨーロッパは2000年にはすべての海外旅行者のおよそ60%を受け入れたが，2020年までにはその割合は46%にまで落ち込むと予測されている。それに対して，同じ2020年までに，東アジアと太平洋沿岸地域が，南北アメリカ大陸を上回り，世界第2の海外旅行の目的地になっていると予想されている。旅行者が目的地を選ぶときには，もちろん，その国の目新しさやオリンピックなどの国際的な行事が行われているかどうかが判断基準になるが，それと同時にその国の安全性と交通の便が基準となっている。

4 多くの外国人は，日本はあまりにも遠くてまた物価が高すぎ，さらには
その言語や文化が難しすぎて理解しがたいと感じている。しかし，日本が
北アメリカやヨーロッパからの観光客に魅力を欠く理由は，距離や言語だ
けではない。2000年，中国は，この同じ地域からの観光客の数で日本を
上回った。一部の旅行者は日本に対してよくないイメージを抱いてはいる
が，実際日本に来た旅行者の多くは，日本人が友好的であることや公共
交通機関がすぐれていることに驚き，好印象を持っている。さらに，近ご
ろは必ずしもすべての旅行者が日本の物価をそれほど高いとは感じていな
い。歴史，文化，自然美は言うまでもなく，治安のよい社会とすぐれた交
通施設がある以上，日本がアジアを代表する旅行先にならない理由などな
い。日本で外国人が使う金額は，いつか，日本人が海外で使う金額を上回
るであろう。

お役立ちコラム
後置修飾に気をつけよう

　現在分詞や過去分詞が名詞のあとに置かれて，その名詞を修飾すること
を「後置修飾」という。この本文では以下のように，後置修飾が多数使わ
れている。

第1パラグラフ

❶　the amount of money（earned from and spent on ～）

第2パラグラフ

❷　nations（receiving large sums of ～）

❸　the amount of money（spent by Spanish ～）

❹　the amounts（spent abroad by their citizens, ～）

第4パラグラフ

❺　The amount（spent by foreigners in Japan ～）

❻　that（＝ the amount）（spent by Japanese ～）

図表読解　207

チャレンジ問題 4

次の文章と図を読み，問1～3に答えよ。なお，1～4はパラグラフの番号を示す。

1 In the 1970s, with ever-increasing international travel and tourism, the United States Department of Transportation decided to design a set of symbols for airports, stations, and public facilities. The aim was to create symbols that would be clear to people in a hurry and to those who cannot read English. Accordingly, the set of symbols shown below was created. Then the designers planned an experiment with an international sample of 8-year-old children from Sweden, Japan, France, Canada, and Britain. The purpose of the experiment was to determine how clear the symbols would be to the children, who were not experienced international travelers.

2 The children were shown the set of sample symbols, and were then asked to explain to the experimenters what the symbols meant. The researchers thought that if the international sample of children could understand them, then adult travelers would probably also recognize their meanings. The graph on the next page shows the percentages of correctly explained symbols.

3 The experimenters discovered that most of the children could easily understand the *telephone receiver* and *cigarette* symbols. However, there were some interesting differences in their responses to the other four symbols. The Japanese children most easily understood the symbol representing "coffee shop." The experimenters thought that this fact showed children in Japan are more familiar with such shops than children in Sweden and Canada. The Japanese, French, and Canadian children all equally recognized the idea of "information" represented by the *question mark*. Interestingly, the French and Canadian children understood the symbol referring to "campground" better than the other

children. Again, the researchers thought that recognition of a symbol shows how common the activity is in a country.

4 One particularly difficult symbol was that of the *umbrella & glove* used for "lost and found," which was correctly explained by less than 50% of the children in four of the five countries. On the basis of this finding, the experimenters decided to add a question mark to make this symbol easier to understand.

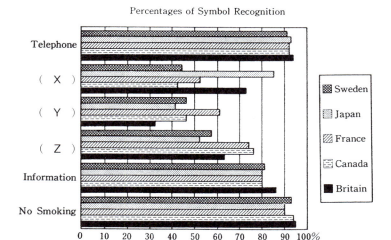

問1　図中の（ X ），（ Y ），（ Z ）に入れる三つの語または語句が，順不同で，次のA～Cに示されている。（ X ），（ Y ），（ Z ）の順に図を完成させるのに最も適当な配列を，下の①～④のうちから一つ選べ。

　　A．Campground　　B．Coffee Shop　　C．Lost and Found
　　① A－B－C　　② B－A－C
　　③ B－C－A　　④ C－B－A

問2　次の(1)～(3)の 　　　　 に入れるのに最も適当なものを，それぞれ下の①～④のうちから一つずつ選べ。
　(1)　The goal of the experiment was 　　　　 .
　　① to examine the attractiveness of the symbols
　　② to find the clearest symbols for travelers and tourists

③ to see how the children's cultures used the symbols
④ to test how international the children were

(2) If we compare the Japanese and French children's understanding of the *question mark* and *cigarette* symbols, then we can find a difference of ☐ between these symbols.
① 0%   ② 10%   ③ 80%   ④ 90%

(3) The ☐ symbol was the most difficult for the Japanese children to understand.
① *cup*   ② *question mark*
③ *tent*   ④ *umbrella & glove*

問3　本文または図の内容と合っているものを，次の①〜④のうちから1つ選べ。
① The experimenters thought Japanese children drink coffee.
② The most difficult symbol was changed to make it clearer.
③ The *question mark* symbol is the least difficult in all five countries.
④ The researchers thought the children would know as much as adults.
［本試］

図表読解問題特有の，第1パラグラフ：実験の［目的］；第2パラグラフ：実験の［方法］；第3・4パラグラフ：実験の［結果］という流れをつかめば簡単。差がついたのは問2の(2)。問題文をしっかり読もう。

解説　問1　実験の［結果］を述べているのは第3・4パラグラフである。そのパラグラフからわかることは，以下のこと。
▶ *Campground*　：フランスやカナダの子どもの識別率が一番高かった。
▶ *Coffee Shop*　：日本の子どもの識別率が一番高かった。
▶ *Lost and Found*　：一番難しかった。
あとは，これらの内容に対応する図を見つけておしまい。

問2 (1) 「実験の目的は □□□□ であった」

　調査の [**目的**] は，第 1 パラグラフ第 2 文 **The aim was** ～．「急いでいる人や英語が読めない人にもわかりやすい標示を作り出すことがその目的であった」，さらに同パラグラフ最終文 **The purpose of** ～．「実験の目的は，海外旅行の経験のない子どもたちにとって標示がどれほどわかりやすいかを確かめることであった」に述べられている。これらをもとに考えればよい。

　① 「標示の魅力を調べること」。attractiveness の意味が不鮮明だから，保留。

　② 「**旅人や観光客に最もわかりやすい標示を見つけること**」。正解のような気がする。

　③ 「子どもの文化がいかに標示を用いているかを調べること」。論外。

　④ 「子どもがいかに国際的であるかを調べること」。本文全体の主旨から大きく外れているので不可。

　以上から，結局「**傷のない**」②を選ぶことになる。①の選択肢中にある **attractiveness は文字どおり「魅力」的**だが，安易に飛びついてはならない。

(2) 「**日本人の子どもとフランス人の子どもの *question mark* の理解度と *cigarette* の理解度を比較すると，両者の標示のあいだには □□□□ の差が見られる**」

　正答率が 50％を切った問題。問題文をしっかり読むこと。

　compare *A* and *B* は「A と B を比較する」であるが，**問題文には *A* and *B* が 2 組あるのでややこしい**。つまり，

　❶ 「日本人」と「フランス人」の識別率を比較するのか

　❷ *question mark* と *cigarette* の識別率を比較するのか

がわかりにくい。

　ここで早合点して❶だと思った受験生は，①の「0％」を選んでしまう。問題文を最後まで読むと a difference of □□□□ between **these symbols** とあるから，***question mark* と *cigarette* の識別率の違いを，フランス人と日本人の識別率から見ればよい**ことがわかる。

　もちろん，「**日本人」と「フランス人」の識別率が異なれば，この問題は成立しない**。つまり，この問題の狡猾なところは，「日本人の子どもとフランス人の子どもで識別率が同じもののうちで」という一節を抜かしている点である。

図表読解　211

結局，「日本人」と「フランス人」の識別率だけで判断すればよいことになる。すると，question mark = "Information" は80％で，cigarette = "No Smoking" は90％。以上より，90％ − 80％ ＝ 10％とわかる。よって正解は ②。図表読解問題というより，**and の前後で何が比較されているか**を問う，英文解釈の問題。

(3) 「　　　　　　」という標示は，日本人の子どもにとって理解するのが最も困難であった」

平均点を底上げするための問題。図を見れば，（ Y ）は *Lost and Found*，これは ④ *umbrella & glove* の表示であるとわかる。

問3　③「*question mark* が5つの国すべてにおいて**最も簡単であった**」の *question mark* は "Information" を指し，図より明らかに間違い。あとの文も，1文ずつ本文か図と突き合わせていけば解けるが，そんなことをするまでもなく，「**わかりやすい標示を作る**」という［**目的**］がわかっていれば，①「調査の担当者は，日本人の子どもはコーヒーを飲むと思った」だとか，④「担当者は，子どもは大人と同じぐらい知っていると思った」などは論外中の論外だとわかる。

答えは ②「**最も難しい標示が，もっと明快になるように変更された**」。この選択肢は，まさに**この調査の**［**目的**］**が達成された**ことを示している。もちろん，本文第4パラグラフの最終文の内容に一致するから正解としてもよい。

解答　問1　③　　問2　(1) ②　(2) ②　(3) ④　　問3　②

訳　**1**　1970年代，海外への旅行や観光が増加したことに伴い，合衆国運輸省では，空港，駅，および公共施設で使用する標示を作ることにした。急いでいる人や英語が読めない人にもわかりやすい標示を作り出すことがその目的であった。これに伴い，下に示されているような一連の標示が作られた。その後，図案の考案者たちは，スウェーデン，日本，フランス，カナダ，イギリスの8歳の子どもたちをモニターとする国際的な実験を準備した。実験の目的は，海外旅行の経験がない子どもたちにとって標示がどれほどわかりやすいかを確かめることであった。
2　子どもたちは，この一連の標示の見本を示され，それが何を表しているかを説明するように求められた。調査の担当者は，もし複数の国から集められた子どもたちが理解できるのなら，おそらく大人の旅行者でも意味がわかるだろうと考えたのである。次ページの図は，どの標示がどれほど正

しく説明されたかをパーセンテージで示している。

3 「受話器」と「たばこ」の標示の意味は，ほとんどの子どもがすぐに理解できることが確認された。しかし，他の4つについては，子どもたちの回答に興味深い違いがいくつか見られた。日本の子どもの正解率が最も高かったのは「喫茶店」を表す標示で，これは，日本の子どもがスウェーデンやカナダの子どもより，そのような店になじみがあることを示していると考えられた。日本，フランス，カナダの子どもで，「疑問符」が「案内所」を表すことを認識できた者は同数であった。興味深いことに，フランスやカナダの子どもは，他の国の子どもより「キャンプ場」を表す標示の識別率が高かった。ここでもまた，識別率によって，その標示にかかわる活動がその国でどれほど一般的かがわかる，と考えられた。

4 とくに識別率の悪かった標示は「遺失物取扱所」を表すのに使われた「傘と手袋」で，5か国中4か国で正解率が50％を下回った。その結果をもとに，この標示をもっとわかりやすいものにするため，「疑問符」が付け加えられることになった。

標示認識の割合

語句			
▶ sýmbol	名	「標示」
▶ facílity	名	「施設」
▶ accórdingly	副	「これに伴い」
▶ detérmine ~	他	「～を決定する」
▶ récognize ~	他	「～を認識する」
▶ represént ~	他	「～を表す」
▶ refér to ~	熟	「～を示す」

チャレンジ問題 5

標準 **13分**

次の文章と表を読み，問1～3に答えよ。なお，**1**～**4**はパラグラフの番号を示す。

1 What do hikers look at while they are walking in the mountains? Research was done to find out which things most attract the attention of hikers in the mountains. Twenty hikers were each given a camera and a small cassette tape player, which was to be kept on during the hike. Whenever they heard a voice on the tape say "Take a picture now!", they had to take a picture of whatever they were looking at. Then, using the scale 1 (not at all) to 7 (very *or* very much), they had to respond to the following questions: (a) "How beautiful do you feel the view is?" and (b) "How satisfied are you with the view?" The instruction to take a picture was repeated several times during the hike.

2 The researchers later divided the photographs into five groups according to the main object in the picture. They then judged the distance of that object from the hiker and divided the photos accordingly. The results, together with the averages of the hikers' responses to questions (a) and (b), are shown in the table below.

Type of Object Photographed	Number of Photos According to Distance			Average of Responses	
	Less than 15 m	15-1,000 m	More than 1,000 m	Question (a)	Question (b)
Water	9	12	3	5.5	6.4
(X)	45	5	0	3.2	6.2
(Y)	31	3	1	3.9	5.5
(Z)	0	9	32	5.0	6.6
Other Objects	25	4	1	3.4	5.8
Total	110	33	37	—	—

214

3 From this table it can be seen that, within the range 0-15 meters, the type of object most often photographed was *Ground*, followed by *Plants*. But *Ground* was felt to be the least beautiful of the five groups of objects. *Mountains and Valleys* gave the greatest satisfaction to the hikers.

4 Interestingly, it was also found that male hikers were more likely to be viewing objects classed as *Ground* or *Mountains and Valleys*. On the other hand, female hikers were more likely to be looking at *Other Objects*, such as signs, the sky, and people around them. Another finding was that there was a connection between hikers' previous visits to this area and the distance of the object viewed. Hikers visiting the area for the first time tended to be viewing objects which were far away from them, while those who had visited the area before tended to look at objects which were closer.

問 1　表の中の空欄 （　X　）, （　Y　）, （　Z　） に入れるべき三つの語または語句が, 順不同で, 次の A ～ C に示されている。（　X　）, （　Y　）, （　Z　） がそれぞれ何を表すか, 下の ① ～ ④ の組み合わせのうちから一つ選べ。

　　A.　*Ground*
　　B.　*Mountains and Valleys*
　　C.　*Plants*
　　　① 　A－B－C　　　② 　A－C－B
　　　③ 　C－A－B　　　④ 　C－B－A

問 2　次の (1) ～ (3) の 　　　　　 に入れるのに最も適当なものを, それぞれ下の ① ～ ④ のうちから一つずつ選べ。

　　(1)　The hikers were told to take a picture of whatever 　　　　　 .
　　　① 　they thought was most beautiful
　　　② 　they thought was most satisfying
　　　③ 　they were looking at
　　　④ 　they were talking about

(2) About [ ] as many photographs were taken of objects at a distance of 0-15 meters as of objects over 1,000 meters away.
   ① a third   ② half   ③ three times   ④ twice

(3) The object that gave the hikers the most satisfaction comes [ ] on the beauty scale.
   ① first   ② last   ③ second   ④ third

問3　本文の内容と合っているものを，次の①～④のうちから一つ選べ。
   ① Each of the hikers was allowed to take a picture of any object once during the hike.
   ② The distance to the object in the photograph was measured by the hikers themselves.
   ③ Male and female hikers tended to view objects which were about the same distance away.
   ④ Hikers viewed objects that were closer or more distant depending on their familiarity with the area.　　　　　　　　　　　［本試］

問2の(3)で戸惑った受験生が多かったようであるが，よく見れば難しくない。

解説　問1　実験の［**結果**］を述べている箇所は第3パラグラフ。0～15（表では，Less than 15 m「15メートル未満」）の近さの被写体のうち，

▶ *Ground* ：最も多く写真に撮られた。また，美しさという点では最低であった。

▶ *Plants* ：*Ground* の次に多く写真に撮られた。

　これらの記述と Question (a) の数値より，（ X ）には *Ground* が，（ Y ）には *Plants* が入ることがわかり，残る *Mountains and Valleys* が（ Z ）に入ることがわかる。よって正解は②。

問2　(1)「ハイカーたちは，[ ]なものは何でも写真に撮るように言われた」

　実験の［**手順**］を答えさせる問題。第1パラグラフ第4文に they had to take a picture of whatever they were looking at「自分が見ているものが何であろうと，その写真を撮らなければならなかった」とあ

るから，何も考えずに ③ を選べばよい。**本文そのままの表現を正解にしている**ということは，平均点を底上げするための問題であろうと思われる。

(2) 「0 〜 15 メートルの距離にある物は，1000 メートル以上の距離にある物より約 ［　　　］ 倍写真に撮られた」

「0 〜 15 メートルの距離」は，表では「Less than 15m」と表示されていることに注意。問題文に特定の被写体の指定はないから，「Total（合計）」の値で判断すればよい。要は，「110 は 37 の約何倍か」という問いと同じ。$110 ÷ 37 ≒ 2.97$。

よって，③ の **three times** が正解。比較表現がわかっていないと，① a third（3 分の 1）にしてしまうおそれがある。

参考　選択肢の英文の構造について

　as 〜 as … の比較表現であるこの文は，以下の 2 文を結びつけたものである。

　❶　Many photographs were taken **of objects at** 〜 .

　❷　Many photographs were taken **of objects over** … .

　この 2 つの文の太字部分を比較するために，2 文が接続詞の **as** でつながれ，さらに，副詞の **as** が❶の Many photographs の前につけられることによって

　　　As many photographs were taken **of objects at** 〜 **as** many photographs were taken **of objects over** … .

となり，共通部分である波線部が消去された形がこの質問文である。〈前置詞＋名詞₁〉と〈前置詞＋名詞₂〉が比較される形に慣れていないと戸惑う（また，take a photograph of 〜 「〜を写真に撮る」の受動態も気づきにくい）。

　　例　The country imports about three times **as** many cars *from Japan* **as** *from the U.S.*
　　　　「その国の日本からの車の輸入台数は，アメリカからの輸入台数の約 3 倍である」

---

(3) 「ハイカーたちに最も満足を与えた物は，『美しさ』の目盛りでは ［　　　］ 番目である」

　第 3 パラグラフ最終文に *Mountains and Valleys* gave the greatest satisfaction to the hikers. とあり，これが最高値だとわかる。問題文中

の on the beauty scale は難解だが，この表からすると「美しく感じられたかどうか」を示す Question (a) のことを指しているとしか考えられない。ここで，*Mountains and Valleys* の Question (a) の値を見ると 5.0 となっており，これは，*Water* の 5.5 に次ぐ**2 番目**の値だとわかる。③ が正解。

問3 ①「ハイカーたちはそれぞれ，ハイキング中に 1 度だけどんな対象物でもよいから写真を 1 枚撮ってよいと言われた」。「1 度だけ」なら，この実験は成立しないので不可。

② 「写真の被写体までの距離はハイカー自身が測定した」。**いったいどうやって？」と思わず笑ってしまう**。第 2 パラグラフ第 2 文に They then judged the distance of that object from the hiker 〜 .「それから彼ら（= 調査担当者）は，その被写体とハイカーからの距離を判断した」とあることから，**測定したのは調査の担当者**であるとわかる。

③ 「男性のハイカーと女性のハイカーでは，だいたい同じ距離にあるものを見る傾向にあった」。第 4 パラグラフに it was also found that 〜 . On the other hand, female hikers were more likely to 〜 .「男性は，『地面』あるいは『山と谷』を見る傾向があり，女性は標識や空などの『他のもの』を見る傾向にある」とあるので，不可。

④ **「ハイカーが近くのものを見るか遠くのものを見るかは，その地域をどれほど知っているかで決まる**」。この選択肢を直訳すると，「ハイカーたちは，自分たちのその地域に対する親密度に応じて，より近いもの，あるいはより遠いものを見た」となる。第 4 パラグラフ最終文 Hikers visiting the area for the first time tended to be viewing 〜 , while those who had visited the area before tended to look at ... .「初めてその場所を訪れたハイカーには，自分たちから遠くにあるものを見る傾向があり，それに対して，以前にその場所を訪れたことのあるハイカーは，自分により近いものを見る傾向があった」の**見事な言い換え**。この**美しさに感動しよう**。

解答 問1 ②　 問2 (1) ③ (2) ③ (3) ③　 問3 ④

訳 1　ハイカーは山の中を歩いているときに何に目を向けるのであろうか。ハイカーが山中で何に最も注意をひきつけられるかを調べるために研究が行われた。まず，20 人のハイカー 1 人 1 人に，カメラと，ハイキングのあいだスイッチを入れたままにする小型のテーププレーヤーが手渡された。テープに録音された声が「今，写真を撮りなさい」と言うのを聞くたびに，

ハイカーは自分が見ているものが何であろうと，その写真を撮らなければならなかった。それから，1（まったくそうは思わない）から7（非常に，または本当にそう思う）までの段階を使って，(a)「その景色がどれくらいきれいだと思うか？」，(b)「その景色にどれくらい満足しているか？」という2つの質問に答えることになった。「写真を撮りなさい」という指示はハイキング中に数回繰り返された。

2　調査担当者はその後，ハイカーが撮った写真を，その主となる被写体によって5つのグループに分類した。それから彼らは，その被写体とハイカーからの距離を判断し，それに従ってさらに写真を分類した。下の表に示されているのは，その結果と，質問(a)，(b)に対するハイカーの回答の平均値である。

被写体の	被写体との距離			回答の平均値	
タイプ	15 m 未満	15-1,000 m	1,000 m 以上	質問 (a)	質問 (b)
水	9	12	3	5.5	6.4
地面	45	5	0	3.2	6.2
植物	31	3	1	3.9	5.5
山と谷	0	9	32	5.0	6.6
その他	25	4	1	3.4	5.8
合計	110	33	37	—	—

3　この表からわかることは，0～15メートルの範囲内で，最も数多く被写体となったのは「地面」であり，その次が「植物」であるということだ。しかし，「地面」は5つの被写体のグループのうち，美しいと感じられた度合いは一番低かった。ハイカーを一番満足させたのは「山と谷」であった。

4　興味深いことに，男性のハイカーのほうが，「地面」や「山と谷」に分類されたものを見る傾向が強く，逆に，女性のハイカーのほうが標識や空，それに周囲の人など，「その他のもの」を見る傾向が強かった。もう1つわかったことは，ハイカーが以前にその場所に来ていたかどうかと，どれくらいの距離のものを見ているかとのあいだに一定の関係があるということである。初めてその場所を訪れたハイカーには，自分たちから遠くにあるものを見る傾向があり，それに対して，以前にその場所を訪れたことのあるハイカーは，自分により近いものを見る傾向があった。

語句　第1パラグラフ

▶ in the móuntains　熟「山の中を」
　　＊　the は何かを指すわけではない

▶ attráct the atténtion of ～　熟「～の注意を引く」

▶ Twenty hikers were each ～ .
　　＊　Twenty hikers と each が同格の関係

図表読解　219

▶ ~, **which was to be kept on** 「(公式の予定・行事・運命など
　　　　　　　　　　　　　　　　　により) ~することになって
　　　　　　　　　　　　　　　　　いる」

　　＊　which は直前の a ~ player を指す関係代名詞。was to be
　　　kept on は, いわゆる〈be + to 不定詞〉。be kept on ~ は「~
　　　をオンの状態に保つ」の keep ~ on の受動態

第2パラグラフ

▶ **divíde ~ accórding to ...** 「…に応じて~を分ける」
▶ **dístance** 　　　　　　名「距離」
▶ **óbject** 　　　　　　　　名「もの」
▶ **togéther with ~** 　　　熟「~といっしょに」

第3パラグラフ

▶ **phótograph ~** 　　　　他「~を写真に撮る」
▶ **fóllowed by ~** 　　　　熟「次に~」
▶ **least ~** 　　　　　　　副「最も~ない」

第4パラグラフ

▶ **classed as ~** 「~と分類された」
▶ S_1 V_1 **~ , while** S_2 V_2 **... .** 「S_1は V_1 するが, 一方, S_2は V_2 する」
　　＊　while の原義は「同時」ということ。よって, 矛盾した2つの
　　　事柄が「同時」に成立するとき, [対比・逆接] のように感じら
　　　れる。これは日本語についても言えること

220

チャレンジ問題 6　　標準 12分

第2章　図表読解

次の会話について，問1〜4に答えよ。

Elementary school students are taking a Saturday morning tour of a TV station.

Mr. Wright： Welcome, boys and girls, to WXRP Channel 19. I'm Dan Wright. Today you'll tour the station to find out how we broadcast the programs you watch on TV.

Bobby： Mr. Wright, it's ten o'clock, and I'm usually watching the *Mailman Jack Show* right now. Is Mailman Jack here? Can we see him?

Mr. Wright： ___1___ , Bobby, our studio is too small for us to do the show here. Instead, Mailman Jack makes a videotape of the show at a bigger studio in Peyton City and sends it to us. We're playing the tape right now, and that's how people can watch it at home. But while that tape is playing, we're getting ready for a live local weather report. Let's go into the studio to watch how we do it.

The students go into the studio and see a woman in front of a blue screen.

Mr. Wright： In 30 minutes, Ms. Cole here will be pointing to different parts of the blue screen behind her and talking about the weather. All you see now is that empty blue screen, but if you look at the TV screen over here, you see something else. Take a look.

Carla： Wow, it's a weather map, and Ms. Cole's standing in front of it !

Ms. Cole： ___2___ , Carla. This is what people actually see on their TV at home. The map you see now is of our part of the state at eight this morning. Here we are in Jonestown. Here's Lake Axelrod south of us and the Blue Hills to the northwest. Peyton City is northeast.

Carla： What is that letter in the circle next to Peyton City,

図表読解　221

and that line with black triangles between Jonestown and Peyton City?

Ms. Cole： The line is called a "cold front," and the "R" in the circle stands for rain. It was raining in Peyton City this morning.

Carla： I see. Then a "C" in the circle would mean cloudy, right?

Ms. Cole： That's a good guess, Carla, but no. I'll get to that later.

Bobby： Is it going to rain here?

Ms. Cole： 　3　, because the wind is from the northeast, and it's likely that the cold front will move past Lake Axelrod by this evening. Even if it doesn't rain, it's going to get cooler in Jonestown.

Bobby： What about that circle above Jonestown?

Ms. Cole： That's a symbol for a sunny sky. When you came in this morning, the sky was clear, right? If it had been cloudy, Carla, the symbol would have been filled in and look like a big black ball. Now, that cold front is still moving toward us, and we can expect a cloudy sky — maybe even rain — in a few hours.

問1 　1　～　3　に入れる三つの表現が，順不同でA～Cに示されている。意味の通る会話にするのに最も適当な配列のものを，下の①～⑥のうちから一つ選べ。

A. Maybe
B. That's right
C. Actually

① A－B－C 　　② A－C－B 　　③ B－A－C
④ B－C－A 　　⑤ C－A－B 　　⑥ C－B－A

問2 WXRP の天気予報で使われている「曇り」を表す記号はどれか。正しいものを下の①～⑥のうちから一つ選べ。

問3 Ms. Cole が説明している天気図はどれか。正しいものを次の①～⑥のうちから一つ選べ。

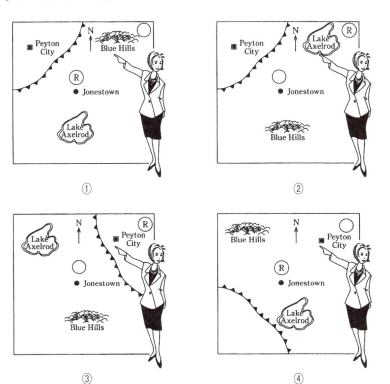

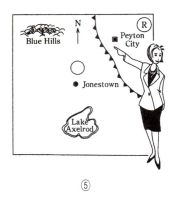
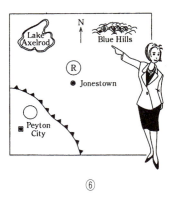

⑤　　　　　　　　　　　　⑥

問4　会話の内容と合っているものを，次の①～⑥のうちから二つ選べ。ただし解答の順序は問わない。

① When the students entered the station, they talked to Ms. Cole.
② Ms. Cole reports the local weather using the blue screen in the TV studio.
③ Channel 19 videotapes the local weather report in Peyton City.
④ Ms. Cole said that it would begin to rain in Jonestown in a few hours.
⑤ The weather in Jonestown was sunny at ten o'clock in the morning.
⑥ Bobby and Carla were shown into the studio to watch the *Mailman Jack Show*.

[本試]

解説　問1　まず，各選択肢の意味は，A「たぶん」，B「あなたの言うことは正しい」，C「実際（のところは）／じつは」。

　　1　の前には，「彼に会えますか」とあり，　1　の後ろには**彼に会えない理由**が述べられている。よって，　1　には「いいえ／無理です」などが入るはず。AとBは「はい」に近い内容で，不可。よって，Cが正解。

　　2　の前には「コールさんが天気図の前に立っている」とあり，　2　の後ろには「各家庭ではこんなふうに見えるのよ」とあるので，A「たぶん」では筋が通らない。Bが正解。

　　3　は消去法からAが正解。以上より⑥が正しい。

問2 コールさんの最後の発言の中に「もし曇りなら記号は塗りつぶされ黒い大きな丸のようになる」とあるので ④ が正解。〈if S had + **過去分詞**，S would have + **過去分詞**〉の形の**仮定法の知識**を確認するための問題である。

問3 コールさんの最初の発言の中に「これはジョーンズタウンで，南にはアクセルロッド湖」とあるので，湖が北に描かれた ②・③・⑥ は消える。さらに「北西にはブルーヒルズ」とあるので，ブルーヒルズが北東に描かれた ① も消える。また「ペイトン市は北東」という発言からも ① は不可となる。さらに，カーラの発言中に「ジョーンズタウンとペイトン市のあいだにある黒い三角形のついた線」とあることから ④ が消える。以上より答えは ⑤ 。

　素直な問題だが，地図の東西南北がわかっていない受験生は間違えたようだ。

問4 差がついた問題である。ここまでの問題に「**ワナ**」がなかったことを考慮し，「**そろそろワナがくるぞ！**」と思いながら解かなければならない。

　選択肢を順に確認していく。

　① 「生徒が放送局に入ったときに話しかけた人はコールさんである」。生徒たちを出迎えたのはライトさんなので，誤り。

　② 「**コールさんはテレビのスタジオで青い画面を用いて地元の天気について述べている**」。ライトさんの 3 番めの発言に合致している。

　③ 「チャンネル 19 はペイトン市でこの領域の天気予報をビデオに収録している」。ライトさんの 2 番めの発言の第 4 文に a live local weather report「地元の天気予報の生放送」とあるので，誤り。

　④ 「コールさんは数時間後にジョーンズタウンに雨が降り出すと言った」。この選択肢に用いられている will の過去形の would に注意しよう。この選択肢に対応するコールさんの最後の発言を見ると，「曇りが予想され，ひょっとすると雨かも」とある。ここには may から作られた maybe「ひょっとすると」が用いられている。**may は，will より可能性が低いことを表す**ので，この選択肢を正解にするのはつらい。**保留する。**

　⑤ 「**ジョーンズタウンの天気は，午前 10 時の段階では晴れていた**」。コールさんの最後の発言中に「きみたちが今朝入って来たとき，晴れ

図表読解　225

ていたよね」という箇所があり，生徒が放送局に入ってきた直後のボビーの発言に「今 10 時だ」とある。よって正解。

⑥「ボビーとカーラは『郵便配達員ジャック』を見るためにスタジオに入った」。『郵便配達員ジャック』が「天気予報」の間違い。

以上より ④ は不可となり，正解は ② と ⑤ であるが，④ を選んだ受験生がかなりいたようである。

解答 問 1　⑥　　問 2　④　　問 3　⑤　　問 4　②・⑤

訳　小学生たちがテレビ局の土曜日午前の見学会に参加している。

ライト：皆さん，WXRP チャンネル 19 にようこそ。私はダン・ライトです。今日は，この放送局を案内し，皆さんがテレビで見ている番組がどのようにして放送されているかを紹介します。

ボビー：ライトさん，今は 10 時ですね。僕は普段この時間は『郵便配達員ジャック』を見ています。郵便配達員ジャックはここにいるのですか？　会えるのですか？

ライト：<u>じつはね</u>，ボビー，このスタジオはとても狭いのでその番組の収録はここではできないんだ。その代わりに，『郵便配達員ジャック』はペイトン市のもっと大きなスタジオでショーを収録して，それを私たちに送ってくるんだ。ちょうど今，そのビデオテープを流しているところだよ。こんなふうにしてその番組を家で見ることができるんだ。だけど，そのビデオを流しているあいだに，地元の天気予報の生放送の準備をしているんだよ。スタジオに入って，準備のようすを見ることにしよう。

生徒たちがスタジオに入ると，青いスクリーンの前にひとりの女性がいる。

ライト：あと 30 分すると，ここにいるコールさんが後ろにある青のスクリーンのいろいろなところを指し示して天気の話をするよ。今皆さんに見えているのは，あの何も書かれていない青のスクリーンだけだけど，こちらのテレビ画面を見れば，違ったものが見えるよ。では見てみよう。

カーラ：すごい。天気図だわ。コールさんがその前に立っている！

コール：<u>そのとおりよ</u>，カーラ。実際，家のテレビではこんなふうに見えるのよ。今みんなが見ている天気図は，このあたりの今朝 8 時の状態なの。これは私たちのいるジョーンズタウンで，これは，南にあるアクセルロッド湖，北西にはブルーヒルズがあるわね。ペ

226

イトン市は北東ね。
カーラ：ペイトン市の隣の丸で囲った文字や，ジョーンズタウンとペイトン市のあいだにある黒い三角形のついた線は何ですか？
コール：その線は「寒冷前線」と呼ばれていて，丸で囲った "R" は「雨」を表すのよ。今朝，ペイトン市では雨が降っていたということなの。
カーラ：わかりました。ということは，丸で囲った "C" は「曇り」でしょう？
コール：惜しいけど違うわ，カーラ。それについてはあとで説明するわ。
ボビー：この地域は雨になるのですか？
コール：ひょっとするとね。風は北東から吹いていて，寒冷前線が今日の夕方までにはアクセルロッド湖を通りすぎる模様なの。ジョーンズタウンは，雨にならなくても寒くなるでしょうね。
ボビー：ジョーンズタウンの上にある丸は何ですか？
コール：それは「晴れ」の記号。今朝，皆さんが局に来たとき晴れていたでしょう？　カーラ，もし曇りだったら，記号は中が塗りつぶされて黒い大きな丸のようになっていたはずね。さて，さっきの寒冷前線は今もこちらのほうに向かって移動しているから，数時間後には曇り空になり，ひょっとすると雨になるかもしれないわね。

語句
▶ bróadcast 〜　　　他「〜を放送する」
▶ that's how S V　　熟「そのようにして S V」
▶ lócal　　　　　　形「地元の」
▶ point to 〜　　　 熟「〜を指す」

次からの問題には，「図表読解」の総仕上げとして取り組んでほしい。あふれる気合いと情熱があれば，容易に攻略できるはずだ。がんばれよ！

チャレンジ問題 7　　標準 8分

次の文章と図を読み，問1～3の □□□□ に入れるのに最も適当なものを，それぞれ下の ① ～ ④ のうちから一つずつ選べ。

There are Japanese communities in many countries in the world now. According to the Ministry of Foreign Affairs, almost half a million Japanese citizens were living outside Japan in 1980, as shown in the graph below. This does not include tourists, but only people living overseas for more than three months. Surprisingly, in 1990, the country with the largest resident Japanese population was Brazil, followed by the U.S.A.

In 2006, the picture was quite different. While the number of Japanese in the U.S.A. had tripled since 1980, giving it the largest population of Japanese citizens, □□□□ had risen dramatically into second place and the number of Japanese in Brazil had gone down. Australia and the United Kingdom had almost as many resident Japanese as Brazil.

The reasons for these changes are quite varied. The decline in the number of Japanese citizens in Brazil, for example, does not mean that there are fewer Japanese-Brazilians, but that many of them no longer have Japanese nationality. China has experienced rapid economic development and many Japanese companies have sent workers there. Thailand, which has also seen a large increase in the number of Japanese residents, has made an effort to attract Japanese people who have retired. Australia, which once had a policy of accepting only white immigrants, has become more welcoming to Asians and now has a larger Japanese immigrant population than any other Asian country except China. Australia, the United Kingdom, the U.S.A., and Canada (the English-speaking countries shown in the graph) attract large numbers of Japanese residents, probably because most Japanese people have at least some understanding of English and so do not need to learn a new language when they go there.

The various possible reasons for population increases and decreases make it rather difficult to use this data to predict future trends. What we can say for sure is that as globalization continues, more and more people are likely to live outside the country of their nationality — even those from an island country like Japan.

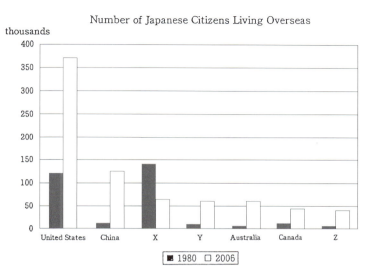

Number of Japanese Citizens Living Overseas

(Data : Keizai Koho Center, 2007)

問1　Which of the following countries is the most appropriate for ☐ in the passage?
① Australia
② China
③ Thailand
④ the U.S.A.

問2　In the graph, which countries do X, Y and Z stand for? ☐
① X = Brazil　　Y = Thailand　　Z = U.K.
② X = Brazil　　Y = U.K.　　　　Z = Thailand
③ X = U.K.　　　Y = Brazil　　　Z = Thailand
④ X = U.K.　　　Y = Thailand　　Z = Brazil

問3　What is the author's main conclusion? ☐
① Immigration is likely to continue along with globalization.
② It is necessary to learn English before moving abroad.
③ People from island countries are likely to move to Japan.
④ The data can be used to predict future population trends reliably.

［追試］

問3で差がついた問題。筆者の主張をよく考えてみること。

解説 問1 「本文中の ▢ に入れるのに最も適切な国は次のうちどれか」

図の2006年の部分（白抜きの棒グラフ）が2番目に多い国を選ぶとそれは②「中国」しかない。間違えた人は④にしたようである。

問2 「図中で、XとYとZが表している国はどれか」

1980年に比べて2006年のほうが日本人の数が少ないところは、第2パラグラフ第2文よりブラジルしかないとわかる。よってXはブラジルである。また、第2パラグラフの第3文で2006年の日本人居住者の数がブラジルとほぼ同じなのがオーストラリアとイギリス、とある。よってグラフよりYがイギリスだとわかる。以上より答えは②。

問3 「筆者の主な結論は何か」

①「国から国への移住は国際化とともに継続するだろう」。第4パラグラフ最終文と一致。

②「海外に移動する前には英語を習得する必要がある」。英語に関する記述は第3パラグラフ最終文にあるが、この選択肢の内容とは無関係で不可。

③「島国出身の人は日本に移住するであろう」。本文に記述がないので不可。

④「そのデータは将来の人口の動向を信憑性を持って予測するために使うことができる」。第4パラグラフ第1文の内容と矛盾。

以上より①が正解だとわかる。

解答 問1 ②　　問2 ②　　問3 ①

訳　今世界の多くの国に日本人社会が存在する。外務省によると下の図に示されているように、1980年にはおよそ50万人の日本人が日本以外の国で暮らしていた。この中に旅行者は含まれておらず、海外滞在期間が3か月を超えるもののみ含まれている。驚いたことに1980年では最も多くの日本人が住んでいる国はブラジルで、それにアメリカが続いている。

2006年には状況はかなり異なっていた。アメリカに住む日本人の数が

1980年以来3倍になり，アメリカが日本人が1番多く住む国になったが，②中国に住む日本人の数が劇的に増加し，第2位になった。ブラジルに住む日本人の数は減少した。オーストラリアとイギリスにはブラジルとほぼ同数の日本人が住んでいた。

このような変化の理由はじつにさまざまである。たとえば，ブラジルに住む日本人の数が減ったからといって，日系ブラジル人の数が減ったというわけではなく，その多くがもはや日本国籍ではなくなったことを意味する。中国は経済が急速に成長し，多くの日本企業がそこに労働者を派遣した。同様にタイは日本人居住者が大きく増えたが，これは定年を迎えた日本人を引きつけようと努力したことが原因である。オーストラリアはかつて白人の移民しか受け入れないという政策をとっていたが，今ではアジアの人々も受け入れるようになり，中国を除く他のどのアジアの国よりも日本人移民の数は多い。オーストラリア，イギリス，アメリカ，カナダ（図で示されている英語圏の国々）は数多くの日本人を引きつけている。おそらくその理由はたいていの日本人が少なくともある程度の英語が理解でき，その国に行ったとき新たな言語を習得する必要がないからであろう。

日本人居住者の人口増加と減少には考え得るさまざまな理由があるため，このデータを使って将来どうなるかを予測することはかなり困難である。確実に言えることは，国際化が進むにつれ，国籍を有する国以外の国に住む人の数が——たとえ日本のような島国であろうとも——増えるであろうということだ。

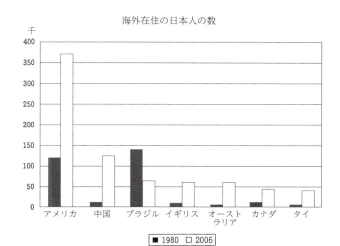

（データ：経済広報センター，2007）

語句

第1パラグラフ
- **cítizen** 名「市民／国民」
- **résident** 名「住民」

第2パラグラフ
- **tríple** 自「3倍になる」

第3パラグラフ
- **declíne in ～** 熟「～における減少」
- **nationálity** 名「国籍」
- **attráct ～** 他「～を引きつける」
- **retíre** 自「引退する」
- **pólicy** 名「政策」
- **ímmigrant** 名「(入国) 移民」
- **at least** 熟「少なくとも」

第4パラグラフ
- **predíct ～** 他「～を予言する」
- **trend** 名「(時代などの) 動き」
- **globalizátion** 名「グローバル化」

チャレンジ問題 8

標準 10分

第2章 図表読解

次の文章と図を読み、問1〜3の ▢ に入れるのに最も適当なものを、それぞれ下の ① 〜 ④ のうちから一つずつ選べ。

Wood used in the construction of homes must be stable. That is, it must not change size too much. But wood from a tree that has just been cut down will shrink considerably over time. This shrinkage is caused by moisture (water) within the wood escaping into the atmosphere. The drying process of wood is known as "seasoning." There are actually two ways to season wood. One way is to allow the natural drying process to occur. The other is to put it in a special oven called a kiln. Kiln drying is much faster than the natural method.

During the seasoning process, water is removed from the wood until the moisture content of the wood is approximately equal to the humidity of the air around it. These changes in size due to shrinkage are not uniform because changes depend on the kinds of trees, the way trees are cut, and the surrounding conditions.

It is also important to note that even after seasoning, there will always be some small changes in size due to changes in the humidity of the surrounding air. For example, last year, I used a 230 mm wide piece of eastern white pine wood to make a cabinet door. It changed in width across the grain (*Figure 1*), shrinking by 2 mm from the original in the winter and expanding by 3 mm from the original in the summer.

The moisture content of wood changes according to the seasons even when it is kept indoors. Wood is often painted to prevent sharp changes in moisture content, which cause expansion and shrinkage. However, no paint can completely block the passage of moisture. Paint only acts to slow down the transfer of moisture to or from the wood. As illustrated in the graph (*Figure 2*), the moisture content of unpainted wood inside a house may change according to the seasons from 4% to about 14%, while the moisture content of a painted piece of kiln-dried wood in the same house will only vary around the 8% line. Wood that has been naturally dried to around 13% moisture content and then painted will continue to dry gradually until it reaches about the same percentage of moisture as painted kiln-dried wood.

図表読解 233

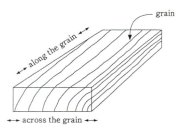

Figure 1 The eastern white pine wood used in the cabinet door

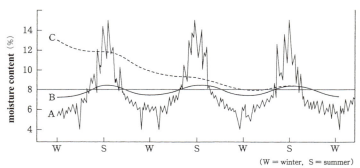

(W = winter, S = summer)

Figure 2 Seasonal changes in the moisture content of interior wood
(Location: Northern United States)
Understanding Wood: A Craftsman's Guide to Wood Technology
R.B. Hoadley (2000) を参考に作成

問1　Between the winter and summer, what was the difference in width across the grain of the wood used in the cabinet door? ☐
　① 2 mm　　② 3 mm　　③ 5 mm　　④ 8 mm

問2　Which of the lines in the graph (*Figure 2*) represent painted wood? ☐
　① A and B　　　　② A and C
　③ A, B, and C　　④ B and C

問3　Which of the following statements is true? ☐
　① Kiln-dried wood does not later change size due to the humidity in the air.

② Oven-dried and naturally dried wood are both influenced by the surrounding air.
③ The moisture content of painted wood does not change.
④ Wood can be "seasoned" by painting it.

[本試]

 一瞬わけのわからない図に見えるが，よく考えれば簡単。

解説 問1 「戸棚の戸に使われた材木の木目と垂直方向の幅は，冬と夏のあいだでどれくらい違ったか」

　本文の第3パラグラフに「それは木目とは垂直の方向に変化し，冬は元の大きさから2ミリ縮み，夏は元の大きさから3ミリ膨張した」とある。ここで大切なことは shrink by ～，expand by ～ の by。この by は「差」を示す役割をする。それさえわかれば，この問題は簡単。答えは2＋3＝5で③。

問2 「図内のラインのうちどれが塗装された材木を表しているか」

　図2は，横軸が時間を示していて，縦軸が水分含有量である。本文第4パラグラフには「塗装されていない材木の含水率は季節に応じて4％からおよそ14％まで変化する」とあるので，図からこれがAだとわかる。さらに「同じ家の中に置かれたキルンで乾燥させ塗装された材木の含水率は8％前後しか変化しない」から，キルンで乾燥され塗装された材木がBだとわかる。よって，残りが，自然乾燥され塗装された材木だとわかる。以上から塗装された材木はBとC，つまり④が正解。

問3 「次の記述のうちで正しいものはどれか」

　④「材木は塗装することによって『乾燥』させることができる」は，まったくのデタラメで不可。

　①「キルンで乾燥された材木は，乾燥後に空気中の湿度のため大きさが変わることはない」，③「塗装された材木の水分量に変化はない」は図より不可。A，B，Cのどのラインも時間とともに変化しており「変化はない」という記述はあてはまらない。

よって消去法により，答えは② 「キルン乾燥や自然乾燥の材木はどちらも周りの空気によって影響を受ける」 だとわかる。

なお，第3パラグラフに 「乾燥させたあとでさえも，周りの空気の湿度の変化のために，大きさはつねに微妙に変化する」 とあることからも正解だとわかる。

図を無視して解こうとした人はいたずらに時間を浪費したようだ。

解答 問1 ③ 問2 ④ 問3 ②

訳 家屋の建築に使われる材木は安定したものでなければならない。つまり，大きさが著しく変化してはならないのだ。しかし，伐採したばかりの木から取った材木は時間の経過とともにかなり縮む。この縮みは，材木の中にある大気中へ逃げようとする水分（水）によって引き起こされる。材木を乾かす過程は 「枯らし（seasoning）」 と呼ばれている。材木を乾燥させるにはじつは2つのやり方がある。1つは自然に乾燥させることである。もう1つは 「キルン（炉）」 と呼ばれる特別な窯に入れることである。キルンによる乾燥のほうが，自然乾燥よりかなり速い。

枯らしが行われているあいだ，水分が材木から取り除かれ，最終的には材木の含水率がその周りの空気の湿度とだいたい同じになる。縮みによるこうした大きさの変化は一定ではない。なぜなら，変化の仕方は，木の種類や木の切り方，周りの状況によって決まるからである。

枯らしのあとでも，周りの空気の湿度の変化のために，大きさはつねに微妙に変化する。たとえば，昨年私は幅230ミリのイースタン・ホワイト・パイン材を使って戸棚の扉を作った。それは木目とは垂直の方向に変化し，冬は元の大きさから2ミリ縮み，夏は元の大きさから3ミリ膨張した（図1）。

材木の含水率は，たとえ屋内に置かれていたとしても季節によって変化する。材木は，膨張と収縮の原因となる含水率の急激な変化を防ぐために塗装されることが多い。しかし，どのように塗装したとしても，水分の出入りを完全に防ぐことはできない。塗料は，水分が材木を出入りするのを遅らせる働きをするにすぎない。図2に見られるように，屋内に置かれた塗装されていない材木の含水率は季節に応じて4％からおよそ14％まで変化する。一方，同じ家の中に置かれたキルンで乾燥させ塗装された材木の含水率は8％前後しか変化しない。含水率がおよそ13％になるまで自然乾燥されて，その後塗装された材木は徐々に乾燥していき，最終的にはキルンで乾燥され塗装された材木とだいたい同じ含水率になる。

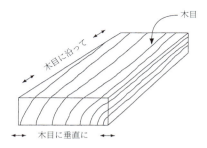

図1　戸棚に使われているイースタン・ホワイト・パイン材

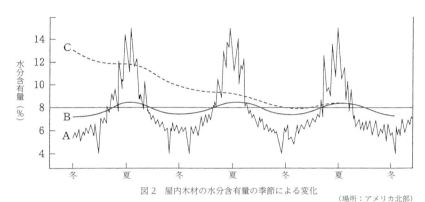

図2　屋内木材の水分含有量の季節による変化

(場所：アメリカ北部)

「材木を理解する：職人のための材木技術のガイドブック」R・B・ホードリー (2000) を参考に作成

| 語句 | 第1パラグラフ |

- constrúction　名「建設」
- stáble　形「安定した」
- that is　熟「つまり」
- shrink　自「縮む」
- consíderably　副「かなり」
- móisture　名「湿気／水分」
- séason 〜　他「〜を乾燥させる」
- méthod　名「方法」

第2パラグラフ

- remóve 〜　他「〜を取り除く」
- humídity　名「湿度」
- due to 〜　熟「〜が原因で」

| ▶ úniform | 形「一定の」 |

第3パラグラフ
▶ cábinet	名「戸棚」
▶ grain	名「木目」
▶ expánd	自「膨張する」

第4パラグラフ
| ▶ pássage | 名「通ること」 |
| ▶ tránsfer | 名「移動」 |

「(材木の)枯らし(seasoning)」の話に目をつけるなんて、本当にすごいね。未知のものに対してどの程度対処できるかという、君たちの「学力」を測定するために、問題作成部会が必死で良問を考えているのがわかる。脱帽だ。

竹岡の一言

　高校生が突然変化する姿にはすばらしいものがあります。何かロケットエンジンが点火した感じでしょうか。「私にもできるかも！」と思った瞬間に，さまざまな化学反応が一気に進み，まさに「目の色を変えて」勉強し出すという感じですね。そのような生徒との出会いは，この三十数年でおびただしい数になります。

　ある福岡の男子生徒は，センター試験の英語の点数が200点満点で50点もない状態で浪人しました。なかば自暴自棄になっていましたが，アクセントに原則性があることを知ったときぐらいから，突然エンジンが点火されました。結局，9か月後のセンター試験では，188点をたたき出していました。

　また，「チャゴ」という芸名で仕事をされていた芸能人（本名・真砂武史さん）を，テレビ番組の企画で教えたことがあります。彼は芸能人としてほぼ無名なため，「このテレビ企画で頑張らないと明日はないのです」と言っていました。1年後，予備校の東京大学の模擬試験の文科Ⅲ類で全国1位になりました。すごいですね。現在では，学習塾 NEVER TOO LATE で英語教育のために尽力されています。

　中学受験に失敗した生徒とは塾で出会いました。語源に興味を持ってくれ，気がつけば京都大学の模擬試験で英語全国1位になっていました。

　東京大学に現役，浪人と2回も落とされた佐賀県の女の子がいました。浪人したときに，講師部屋で号泣していたのを覚えています。それでへこむことなくエンジンが入りました。4年後，ハーバードの大学院に奨学金つきで合格しました。すごいですね。

　みなさんも，失敗しても腐ることなく，再度挑戦してください！「なにくそ！　負けるものか！」

3 論理展開把握問題

1st step 傾向チェック編

1 論理展開に重点を置いた読解問題のねらい

「パラグラフ・リーディング」を主体とした問題。つまり，「結局何が言いたいのか」を，論理の流れに注目して読み解くための問題である。その読み方のベースとなるのは「1 パラグラフ・1 アイデア（1 つの段落には，筆者の言いたいことは 1 つしかないということ）」（⇒原則❶）であり，その脇を固めるのが，**however / nevertheless / therefore** などのディスコースマーカーである。

そして，このような読解に際して重要となるのは，次の3点である。

---

❶ **but / however** などの前後では論理の流れが逆転することを意識する。

❷ 一般に抽象的表現から具体的表現への流れになることを意識する。

❸ **this / these / such** などの代名詞および指示詞は，それらが指示する内容を意識する。

上記の 3 点の重要性は，何も共通テストにとどまらない。論理的な英文を読む際の基本中の基本である。以下，何点か補足しておく。

▶❶の補足：**but / however** の後ろには「**パラグラフの主張**」がくる。よって，[**主張**] ➡ [**譲歩**] ➡ [**主張再現**] という流れのパラグラフの場合には，[[**主張再現**] の前に **but** や **however** が置かれる。[**主張**] ➡ [**譲歩**] では論理が逆転するが，[**譲歩**] では，主張部分とは異なるので，その前に **but / however** が置かれることはない。

▶❷の補足：日本人は，しばしば [**具体例**] から話を始めて最後に「まとめ」をすることが多い。つまり英語とは逆の [**具体**（的表現）] ▶ [**抽象**（的表現）] に慣れているので注意が必要である。

▶❸の補足：なんでもないことだが，**this / these / such** などが「何を指し

ているのか」と考えることは重要。これを意識せずに読んでいる人は多い。

2 出題形式について

　このような読解力を測るため，過去の共通一次およびセンター試験では，読解問題がさまざまな形式で出題されてきた。

　「さまざまな形式で」にはそれなりの理由がある。英語の模範的な論理展開のパターンには限りがあるため，どうしても問題が類似したものになってしまう。そのため，何年かに1度，問題形式自体を変更して，新しさをアピールするしかないのである。今後もさまざまな形式の問題が出てくるだろうが，表面的な形式が変わっても，本質は変わらないはずだ。

　古くは4つのパラグラフからなる「評論文」が出題されていたが，設問は私立大入試によく見られるタイプの単なる内容一致問題ではなく，「各パラグラフの要旨が答えになる」ような工夫がなされていた。パラグラフ・リーディングに適した素材であったが，本文を抽象化したものが答えになるため，正確に本文の主旨をつかんだうえで答える必要があり，正解率は相当低かった。

　この問題が姿を消したあとに現れたのが「文整序問題」であった。これも，先に述べた ❶ 〜 ❸ を駆使して英文の要旨を把握させる問題であった。当初は4つの文を並べ替える問題であったが，その後，3つの文を並べ替える問題に移行した。さらに3〜4パラグラフからなる文に空所を設け，前後の論理からそこに入る適切な文を選ばせる問題も登場した。この問題はまだまだ進化していくと思われる。

　therefore / nevertheless などのディスコースマーカーを入れさせる問題も登場した。ただ，使用頻度の高いディスコースマーカーは数に限りがあるため，それを空所補充させる問題はすぐに底をついてしまう。つねに「新しい」問題を出すためには使用頻度の低いものを使うしかないが，それは「重箱の隅をつつくような問題」になるおそれがあり，問題作成部会としては避けたいはずだ。よって，過去に出題したものと同じものが答えになる問題になるか，問題形式を変えるかのどちらかになるに違いない。

　次に登場したのが「キーワードに配した難語から要旨を推測させる問題」。これも結局は「論理を踏まえたうえで要旨を答えさせる問題」にすぎない。新傾向といえば新傾向だが，本質的には変わっていない。

　つまり，形式が多少変わろうと，英文の流れという本質的な部分に差違はないわけだから，結局，先に挙げた ❶ 〜 ❸ の基本さえ忘れなければ解けるのである。

論理展開把握問題　241

本書では以上のことを踏まえ，そのような読解力を鍛えるための訓練として必要と思われる問題を掲載することにした。そのため，現行の問題形式と異なるものも入っているが，いわゆる「出題傾向」に左右されない力を読者に培ってほしいという願いゆえであることをご理解いただきたい。

過去問を使って，真の英語力を身につけよう！

竹岡の一言

　受験生の多くが「長文を読んでいると頭が混乱してしまう」「長文なんか大嫌いだ」と言う。そのためか，市場には「長文問題集」「パラグラフ・リーディングの入門書」「速読トレーニング」というような本があふれかえっている。だが，あやしげな本をやるぐらいなら，センター試験で過去に出題された「論理展開把握問題」をやるほうが，よほど気が利いている。

2nd step 原則マスター編

第**3**章 論理展開把握問題

原則❶ 「1パラグラフ・1アイデア」がパラグラフ構成の基本

❶ 1つのパラグラフ（段落）には，1つのアイデア（主張）しかない

まず，この基本を徹底的に体にしみこませること。試験では，パラグラフの各文を，構成パターンである［主張］，［譲歩］，［具体化］，［具体例］に分ける作業がポイントとなる。

❷ 1つのパラグラフを構成する文を大別すると，次の4つになる

- (1) ［主　張］：最も「イイタイコト」を述べる。
- (2) ［譲　歩］：予想される反論をあらかじめ述べる。
- (3) ［具体化］：［主張］［譲歩］を具体的な表現を用いて説明する。
- (4) ［具体例］：［主張］［譲歩］をさらにわかりやすくするため，身近な例で説明する。

▶一番大切なことは［譲歩］と［主張］とでは，それぞれの「イイタイコト」の方向性が正反対になっているということだ。よって，［譲歩］を含む文では，文全体を2色に色分けする作業を行う。

例 ［たしかに共通テストは難しい］⇒ **But** ［訓練すれば得点できる］
［譲歩］ ［主張］

▶ここでは，［主張］を「**プラス**」と考えると，［譲歩］が「**マイナス**」になることがわかればよい。そして，たとえば「共通テストでは思うように点がとれないと嘆く学生が多い」という文はどこに入るか？　とたずねられたら，その文が「マイナス」であることから，少なくとも But の前にくるとわかる。

❸ 1つのパラグラフ内の文の流れは，次の3パターンに分類できる

- (1) ［主張］
- (2) ［譲歩］⇒　**But**［主張］
- (3) ［主張］⇒［譲歩］⇒ **But**［主張］
  - 注意　それぞれの［主張］［譲歩］には［具体化］［具体例］が付随。

論理展開把握問題　243

例題 1 標準 2分

次の文章を読み，問の [___] に入れるのに最も適当なものを，下の①〜④のうちから一つ選べ。

The decline in the number of trips between 2002 and 2010 can be partly accounted for by falls in shopping and visiting friends at their homes. On average, people made only 193 shopping trips per year in 2010, as opposed to 214 in 2002. Trips to visit friends at private homes declined from 123 to 103 per person per year during this period, whereas the number of trips to meet friends at places other than their homes remained almost constant, at 48 in 2002 and 46 in 2010. The fewer trips for shopping and visiting friends at home may, in turn, be explained by certain changes in society that took place over the period surveyed.

(UK Department for Transport (2011) *National Travel Survey 2010* を参考に作成)

問 This passage would most likely be followed by a paragraph which [___].

① compares the numbers of shopping trips and visits to friends' homes made in 2002 and 2010 by people in Britain
② explains how the society in Britain now demands that people travel more for business
③ explores social trends in Britain impacting the number of shopping trips and visits to friends' homes
④ lists reasons why one can expect people in Britain to travel more often using public transportation

[追試・改題]

これは，センター試験の第4問のグラフ問題の中の出題。共通テストやセンター試験全般に言えることだが，「第3問はこのやり方，第4問はこのやり方でやる」と固定するのは危険。「漠然から具体」というのは，どんな英文でも起こり得ることだからである。

解説「この文のあとには □□□□□ パラグラフが続く可能性が最も高い」

　本文最終文の「社会の中のある変化によって説明できるかもしれない」という箇所を読んで，「いったいどのような変化だ？」と思えばよい。答えは「社会の中のある変化」について述べたものになるはずだ。つまり「買い物や友人宅の家を訪れるために移動することが減った原因となる変化」が書かれているものを選べばよい。

　選択肢を見ると，①「英国の人々が 2002 年と 2010 年に行った，買い物のための移動と友人宅への訪問の回数を比較する」，②「人々が仕事のためにもっと移動することを，英国の社会が今いかにして要求しているかを説明する」，④「英国の人々が公共交通機関を利用して移動するのがより多くなると考えられる理由を挙げる」は，そのような理由とは無関係の記述である。よって，③「買い物のための移動や友人宅への訪問の回数に影響を与えている英国の社会的な風潮を探る」を選ぶことになる。

解答 ③

訳
　2002 年から 2010 年にかけての移動回数減少の要因の 1 つとして，買い物や友人宅への訪問などの減少が挙げられる。2002 年には買い物は平均して年に 214 回だったのに対して，2010 年には年に 193 回しか行われていない。友人宅への訪問のための移動はこの期間，1 年で 1 人当たり 123 回から 103 回に減少している。その一方で，家以外の場所で友人と会う回数は 2002 年が 48 回，2010 年が 46 回とほぼ一定している。次に，買い物をしたり友人宅を訪れたりするための移動が減少したことは，調査された期間において生じた，社会の中のある変化によって説明できるかもしれない。

語句
▶ declíne　　　　　　　　名 自「減少（する）」
▶ accóunt for ～　　　　 熟「～を説明する」
▶ as oppósed to ～　　　熟「～に対して」
▶ ～, whereás　　　　　　接「～だが一方」
▶ óther than ～　　　　　熟「～以外の」
▶ in turn　　　　　　　　熟「今度は」

第3章 論理展開把握問題

論理展開把握問題　245

例 題 2

標準 6分

次の文章を読み, [　A　] ~ [　C　] に入れるのに最も適当なものを, それぞれ下の ① ~ ④ のうちから一つずつ選べ。

Do you like eating "mixed nuts" while watching TV and movies at home? Since both almonds and peanuts can be found in the mixed nuts sold at grocery stores in Japan, you might assume that they are similar types of food. Indeed, [　A　]. For instance, they are both nutritious as sources of minerals and vitamins. At the same time, however, some people can have allergic reactions to them. According to recent research, many children suffer from peanut and almond allergies.

Despite these similarities, however, almonds and peanuts are quite different. First, although they are both called nuts, they are classified differently in plant science. The almond is considered a drupe. This kind of plant bears fruit, inside of which is a hard shell with a seed. Other examples of drupes are peaches and plums, but with almonds, the seed is the part we eat. In contrast, the peanut is classified as a legume, a type of bean. The peanut grows underground, while the almond grows on trees. Moreover, each peanut shell contains from one to three peanuts as seeds, while the almond fruit has only one seed.

Second, almonds and peanuts [　B　]. Almonds came from the Middle East. Gradually, they spread to northern Africa and southern Europe along the shores of the Mediterranean, and later to other parts of the world. Peanuts, however, were first grown in South America, and later they were introduced to other parts of the world.

In conclusion, the product that we know as mixed nuts actually [　C　]. Almonds and peanuts are plants which differ greatly, despite their notable similarities.

[　A　]

① it may be difficult to find some similarities between them

② many consumers know about differences between them

③ there is a wide variety in each package of mixed nuts

④ they share some interesting characteristics with each other

B
① are produced in different countries today
② are similar in that both are grown as crops
③ differ in terms of their place of origin
④ originated in the same part of Africa

C
① consists of foods with distinct characteristics
② contains foods having several similar qualities
③ includes different foods that may harm human health
④ offers good examples of plants defined as true nuts　　　［本試］

ひたすら「漠然から具体」を意識せよ。上位層では3問とも正答率は90％を超えるが，下位層ではAが50％，Bが80％，Cが70％前後の正答率しかない。ここをクリアすることが上位層の条件。

解説　A

空所のすぐ後ろに「たとえば（for instance）」とあるから，ここからあとの記述を抽象化したものが空所に入るとわかる。あとの内容は「アーモンドもピーナッツもともにプラス面（栄養）とマイナス面（アレルギー）を持っている」ということ。つまり「類似している」ということがわかればよい。選択肢を見る。

①「両者の類似点を探すのは難しいかもしれない」。これは「異なる」ことを暗示しているので逆。

②「両者の相違を知っている消費者は多い」。これも「異なる」ので逆。

③「ミックスナッツのそれぞれの袋には幅広い種類のナッツが入っている」。これは「アーモンド」と「ピーナッツ」を「幅広い」と見なせるか確証がないので保留。

以上から④「両者は興味深い特徴を共有している」が正解。similarやsameという単語を使わずに「似ている」ということを示すためにshareが使われていることに注意したい。

| B |

　空所の後ろの記述をざっと見ると，固有名詞が目につく。つまり，具体例だとわかる。よって，空所には，あとの具体例を抽象化したものが入るとわかる。空所の後ろでは「アーモンドとピーナッツが初めて栽培された場所が異なる」ことが示されている。

　①「今日さまざまな国で作られている」は無関係。

　②「両者は作物として栽培されているという点で似ている」はまったく無関係。

　③「起源となる場所の観点から異なる」は保留。

　④「起源がアフリカの同じ場所である」は本文の内容と異なる。

　以上から③が正解だとわかる。

| C |

　空所の後ろには，「アーモンドとピーナッツは著しい類似点があるにもかかわらず，かなり異なる植物なのである」とあり，「異なる」に重点があるとわかる。

　①「まったく異なる特徴を持つ食品からできている」は保留。

　②「いくつかの類似した特性を持つ食品を含有している」は逆。

　③「人間の健康に害を及ぼすかもしれないさまざまな食品を含んでいる」は「人間の健康に害を及ぼすかもしれない」がまったくの無関係。

　④「本当のナッツとして定義されている植物の好例を提供してくれる」は無関係。

　以上から①を選ぶことになる。

解答　A　④　　B　③　　C　①

訳　　家でテレビや映画を見ながら「ミックスナッツ」を食べるのはお好みだろうか？　日本の食料雑貨店で売られているミックスナッツの中には，アーモンドとピーナッツの両方が含まれているので，両者は似た食品だと思うかもしれない。実際，④両者は興味深い特徴を共有している。たとえば，ミネラルやビタミンの源としてどちらも栄養が豊富だ。しかし同時に，それらにアレルギー反応を起こしてしまう人もいる。最近の調査によると，ピーナッツアレルギーやアーモンドアレルギーの子どもが多いということだ。

　しかし，こうした類似点にもかかわらず，アーモンドとピーナッツはか

なり異なる。まず最初に，両者はともにナッツと呼ばれているが，植物学の観点からすれば異なる種類に分類されている。アーモンドは核果類に分類される。この種類に属する植物は実をつけ，その中には種を持つ硬い殻ができる。核果類に属するものには，他にも桃やプラムがある。しかし，アーモンドに関しては，種の部分を私たちは食べている。それとは対照的に，ピーナッツはマメの種類である豆果類に分類されている。ピーナッツは土の中で大きくなるが，アーモンドは木に実る。おまけに，ピーナッツの殻はそれぞれが，種として１つから３つのピーナッツを含んでいるが，アーモンドの実には１つの種しか含まれていない。

　２番目として，アーモンドとピーナッツは③起源となる場所の観点から異なる。アーモンドは中東で生まれ，地中海沿岸を徐々に北アフリカと南ヨーロッパへと広がり，のちに世界のその他の地域へと広がった。しかし，ピーナッツは最初南アメリカで栽培され，のちに世界各地へと広がった。

　結論的に言えば，私たちがミックスナッツとして知っている製品はじつは，①まったく異なる特徴を持つ食品からできている。アーモンドとピーナッツは著しい類似点があるにもかかわらず，かなり異なる植物なのである。

第**3**章　論理展開把握問題

語句
▶ assúme that S V	熟	「S V と思い込む」
▶ for ínstance	熟	「たとえば」
▶ nutrítious	形	「栄養がある」
▶ résearch	名	「研究」
▶ despíte ～	前	「～にもかかわらず」
▶ clássify ～	他	「～を分類する」
▶ bear fruit	熟	「実をつける」
▶ seed	名	「種」
▶ in cóntrast	熟	「対照的に」
▶ moreóver	副	「おまけに」
▶ contáin ～	他	「～を含有する」
▶ grádually	副	「徐々に」
▶ in conclúsion	熟	「結論的に」
▶ nótable	形	「著しい」

論理展開把握問題　249

原則② But は，その後ろの文が［主張］であること を示すマーカー

❶ "［譲歩］⇨ But［主張］"の関係を頭にたたき込め！

例　A century ago, the rivers and ponds of China's Anhui Province **were full of crocodiles**. **But** pollution and hunters had diminished their number to fewer than 500 by 1981.
「100 年前，中国のアンフェイ地方の川や池にはワニが数多くいた。しかし，汚染と猟師のせいで 1981 年までにはその数が 500 頭を下回るほどに減ってしまった」
＊ "「プラス」⇒ But「マイナス」" に注意

❷ ［論理の逆転］を示すマーカーを暗記せよ

Ｓ Ｖ . ⇒ But Ｓ Ｖ .
Ｓ Ｖ . ⇒ S, however, V.　＊ However, S V. の語順でも可
Ｓ Ｖ . ⇒ S V, though.　＊ この though は副詞の働きをする
Ｓ Ｖ . ⇒ Still［Yet］S V.　＊「それでもまだ」の感覚

▶ but と「しかし」は異なる。but / however / though を使った文では，"「A だ」but「B ではない」"という論理の明確な対立が見られるが，「しかし」は必ずしもそうではない。よって but などを見つけたら，ただ「訳す」のではなく，前後の Ｓ Ｖ の論理を慎重に考えること。

▶ とくに "But ⇒〈副詞節〉⇒ S V." のときには，いったん副詞節の部分を無視して，主文の Ｓ Ｖ だけに注目して読むことが重要。副詞節は受験生を惑わせる「煙幕」として用いられる。

❸ ［相関関係］の表現にも慣れておくこと

(1) S may［might］V. ⇒ But S V. 「Ｓ Ｖ かもしれないが，〜」
(2) It is said［People believe］that S V. ⇒ But S V.
「Ｓ Ｖ だと言われている［人々は信じている］が，〜」
(3) Of course［Indeed／It's true／Certainly］S V ⇒ But S V.
「なるほど［実際のところ／本当に／たしかに］Ｓ Ｖ 〜」

例題 3 　易　3分

次の文章の ＿＿＿＿ に入れる三つの文が，順不同で A ～ C に示されている。意味の通る文章にするのに最も適当な配列を答えよ。

One aspect of sports is winning or losing. Athletes, coaches, and spectators all agree that no one likes to lose. ＿＿＿＿ Recognizing these differences in attitudes will help us when talking to athletes who have lost.

A　Studies show that female athletes tend to say failure is caused by their lack of skill or effort.
B　Male athletes, on the other hand, tend to point to factors such as luck or the strength of the opponents.
C　Researchers, however, have found differences in the ways male and female athletes respond to losing.　　　　　　　　　　　　　　［本試］

these を「ワナ」に仕立てた問題。

解説　まずは［主張］のマーカー **however** を含んだ C に着目する。「男性の競技者と女性の競技者で負けることに対して反応の違いがある」とある。however の前後で論理は逆転するから，この文の前にくると予測できるのは「男女で差がない」である。A，B はそれぞれ男性あるいは女性の特徴について述べているので，C の［主張］と同じく，「男女の違い」に関する記述だと判断できる。よって，A と B は C の［具体化］として，C の後ろにくる。

さらに，B の **on the other hand**「一方」という［対比］を示す副詞に着目すれば，A ⇒ B であることはすぐわかるはず。

C の「男性の競技者と女性の競技者で負けることに対して反応の違いがある」が［漠然］とした記述だから，「では**どんな**違い？」と反応してほしい。そうすれば A，B が［具体化］であるとわかるはずだ。

解答　C ⇒ A ⇒ B

訳 　勝ち負けはスポーツの一面である。競技者，コーチ，観客の中で負けることが好きな者はだれひとりいない。C しかし，負けることに対する反応には男女の競技者で差があることを研究者は発見した。A 研究によると，女性の競技者が負けた場合には，その原因にみずからの技術や努力が不足していたことを挙げる傾向にあり，B 一方，男性の競技者が負けた場合には，運とか，相手の力量などの要因を指摘する傾向にあるということだ。このような反応の違いを認識しておくことは，敗者と話すときに役に立つだろう。

確認❶ 　**文整序の脇役** ＊**原則❶** ～ **原則❷** の補助的役割を果たす

❶ ［**追加**］を示すマーカー
(1) ☑ S **also** V ～ . / S V **as well**.「同様に」
(2) ☑ **besides** / **moreover** / **furthermore**
☑ **additionally** / **what is more**「さらに」
☑ **in addition**（to *A*）「（*A*に）加えて」

❷ ［**結論**］を示すマーカー
☑ **thus**「このようにして」
☑ **therefore**「それゆえ」
☑ **as a result** / **consequently**「結果として」
☑ **in conclusion**「結論として」

❸ ［**換言**］を示すマーカー
☑ **in other words** / **that is**（to say）「すなわち」

❹ ［**対比**］を示すマーカー
☑ **on the other hand**「一方」
☑ **in contrast**「対照的に」
☑ **unlike this**「これと違って」
＊ とくに，［**対比**］を示すマーカーと，**but** / **however** などの［**主張**］を示すマーカーとの区別が大切。ともに前後で［論理の逆転］が起きるが，［主張］を示すマーカーの前後では**後ろの文に重大な情報がある**のに対し，［対比］を示すマーカーの前後の文は**情報の重みが対等な関係にある**

❺ ［**漠然**］⇒［**具体**］を示すマーカー
☑ **for example** / **for instance**「たとえば」
＊ 抽象的な記述の次には具体的な記述がくると予想して読み進めることが大切。［**漠然**］のあとには［**具体**］がくると意識せよ。

例 題 4

易 12分

第3章 論理展開把握問題

次の文章は，学校新聞に載った，服装規定についての記事である。3人の生徒の意見の要約（ [A] ～ [C] ）として最も適当なものを，それぞれ下の ① ～ ④ のうちから一つずつ選べ。

The topic for this week's "Speak Out" column is whether there should be a mandatory dress code in our school. The first opinion selected was sent in by Monica Molina, a tenth grader. She writes:

There needs to be some limitation to what students can wear to school. Without a dress code students could wear clothing that is offensive, inappropriate, distracting, or threatening. Clothing with offensive slogans and pictures that promote drugs, alcohol and smoking should not be allowed. Pictures and slogans which are offensive to race and gender should not be allowed, either. Clothing with distracting pictures or writing could take students' attention away from studying, which is why students are here. Clothing with messages, writing or pictures that are threatening to students or teachers shouldn't be worn. Being in a school with no dress code would be very bad. A dress code should be made, taking into consideration everyone who studies and works in the school.

A

① A lot of students wear clothing that is threatening to others.
② Clothing that has writing which encourages smoking is not so bad.
③ Dress rules should protect everyone in school from being offended.
④ Most students don't wear appropriate clothing to school.

Our next opinion was submitted by Kishan Santha, an eleventh grader, who says:

Students should be free to choose what they want to wear to school. Granted, there are some shirts that have offensive writing on them but the majority of messages are not offensive. Most messages do not

論理展開把握問題　253

negatively affect our learning and attention in class. If we have a dress code at all, it should state that students cannot wear clothes with insulting words on them. But, that is it. I'm sure that whether there is a dress code or not, my friends will wear what they know is fine and appropriate in school. Teachers should trust us to be able to determine whether or not the clothes we decide to wear are appropriate.

B

① A dress code cannot prevent students from wearing clothing with offensive messages.

② In most cases, students can determine what clothing is acceptable to wear to school.

③ Teachers can be trusted to make a dress code that students will accept.

④ Students should be encouraged to make a school dress code for themselves.

The third opinion selected was written by Kim Higgins, a twelfth grader. She says:

I believe that students can express themselves with their clothing. However, there should be some kind of dress code at school. It should not be a strict code, but a realistic one that everyone can follow. A rule that I find reasonable is that a shirt or blouse should not be so short that part of the person's body can be seen. It particularly bothers some people when they can see someone else's bare stomach. Also, we should not have to see other people's underwear. This offends some people and can be considered insulting. If we don't have school dress rules, with today's fashion, things could get out of control.

C

① Clothing is not a good way for students to show their feelings.

② Current dress styles don't require a specific school dress code.

③ Showing one's stomach is fashionable and not so offensive.

④ Some guidance is needed to help students dress with moderation.

We would like to thank Monica, Kishan and Kim for submitting their opinions to "Speak Out." They have given us a number of important points that we must consider seriously before everyone votes on this policy.　　　　　　　　　　　　　　　　　　　　　　　　　　　[本試]

全体の［主張］は，「服装規定に**賛成**」「服装規定に**反対**」「服装規定に**条件付きで賛成**」という非常に明確なもの。このような［主張］をつかんでから選択肢を見れば，簡単。

解説　　A

　パラグラフの中には［逆接］を示すものは存在せず，文の流れは単純明快。

> 第1文：［主張］⇒ 第2文から最後の文：［具体化］

　［主張］は，第1文「生徒が学校に着ていくことができる服装には，なんらかの制限が必要である」に明示されている。

　まず論外は，②「喫煙を奨励する言葉が書かれた服はそれほど悪くない」。①「多くの生徒が，他人に対して威嚇（いかく）するような服を着ている」と④「大半の生徒は学校に適切な服を着てこない」の2つはどちらも同じ意味だから，それだけの理由だけでも消去できる。そもそも①と④は［主張］ではなくて［事実］であることに注意したい。

　日本人は，「事実・状況」を述べることによって「主張」としてしまうことがある。

　たとえば「先生，プリントが足りません」は「事実」にすぎず，私がこの発言を無視してもなんら問題はない。ところが，この発言をしている学生は，単に**「事実」を述べたいのではなく**，「だからプリントを回してください」という「主張」を暗にほのめかしているのである。英語の論理では①・④は不可。①・④それぞれの記述にある「『多くの』『大半の』が間違っているから不可」という答え方ではなくて，「事実を主張にすり替えているから不可」と答えられるようにしておきたい。

　以上から，答えは③「**服装規定は，学校のだれもが不快感を持たないように皆を守るべきだ**」。

B

パラグラフの流れは，| A |よりは少し複雑。

> 第1文：[**主張**] ⇒ 第2文：[**譲歩** ⇒ **主張**] ⇒ 第3文：[**具体化**]
> ⇒ 第4文：[**譲歩**] ⇒ 第5文：[**主張再現**] ⇒ 第6文：[**具体化**]
> ⇒ 第7文：[**主張の具体化**]

[**主張**] は，第1文「生徒には，学校に着ていきたい服を選択する自由があるべきだ」から明確。つまり，「生徒の意志を尊重せよ」ということである。よって，② 「大半の場合には，どんな服が学校に着ていくのにふさわしいかを生徒は決めることができる」が正解。

① 「服装の規定によって，生徒が不快なメッセージの書かれた服を着るのをやめさせることはできない」は，そもそも本文の [**主張**] とまったく関係ない記述だが，もしこれが正解だとすると「生徒にはモラルがない」となってしまい，[**主張**] とは逆方向の内容になるので不可。

③ 「生徒が受け入れる服装の規定を，先生に任せておけば作ってくれる」は，主張とまったくの逆方向の内容なので，不可。

④ 「生徒が自分自身のために，学校の服装の規定を作るように促すべきである」は，「服装の規定を作る」が不可。

C

第2文に however があり，流れは明確。

> 第1文：[**譲歩**] ⇒ 第2文：[**主張**]
> ⇒ 第3文から最後の文：[**具体化**]

[**主張**] は第2文「学校ではなんらかのたぐいの服装の規定があるべきだ」ということ。後ろにある [**具体化**] から「現実的な規定なら OK」ということが読み取れればよい。

① 「服装は生徒が感情を表すためのよい方法ではない」は，[**主張**] とはまったく無関係。

② 「今の服装のスタイルは，学校の服装の明確な規定を必要としない」は，[**主張**] と逆方向なので，不可。

③ 「お腹を見せることは，今風で，それほど不快なことではない」

も，逆方向なので，不可。この内容は，そもそも ［**具体例**］の一部にすぎない。

　よって，④「生徒が節度を守った服を着るのを手助けするために，多少の指導が必要とされている」が正解。選択肢に「服装規定」とは書いていないところが，センター試験らしい「**言い換え**」の妙。

解答　Ａ　③　　Ｂ　②　　Ｃ　④

訳

　今週の "Speak Out" 欄の題目は，私たちの学校に，強制的な服装の規定があるべきかどうかだ。最初に取り上げる意見は，10 年生のモニカ・モリナから送られてきたものだ。彼女は次のように書いている。

　生徒が学校に着ていくことができる服装には，なんらかの制限が必要である。服装の規定がなければ，生徒は，不快な，ふさわしくない，気を散らす，あるいは威嚇的な服を着ることがあるかもしれない。麻薬，酒，喫煙を奨励する不快なスローガンや絵が書いてある服を認めるべきではない。人種や性に関する不快な絵やスローガンもまた認めるべきではない。生徒は勉強するために学校に来ているというのに，気が散る絵や言葉が書かれた服は，生徒の注意を勉強からそらすかもしれない。生徒，あるいは教師に対して威嚇的なメッセージ，言葉，あるいは絵が書かれた服を着るべきではない。服装規定のない学校にいることは，とてもひどいことになるだろう。学校で学び，働くすべての人を考慮すれば，服装の規定を作るべきである。

　次の意見は 11 年生のキシャン・サンタによるものだ。彼は次のように述べている。

　生徒には，学校に着ていきたい服を選択する自由があるべきだ。たしかに，不快な言葉が書かれたシャツもあるが，しかし，メッセージの大部分は不快なものではない。大半のメッセージは，授業中の私たちの学習や注意に悪い影響を与えない。仮にも私たちに服装の規定があるとしたら，生徒は侮辱的な言葉が書かれた服を着ることはできないと，それは言明するはずだ。しかし，そこが問題なのだ。服装の規定があろうとなかろうと，友人たちは，学校で差しつかえなく適切であるとわかっている服を着ると，私は確信している。先生たちは，私たちが，自分が着ることにした服が適切かどうかを決めることができると信じるべきだ。

3番目に取り上げる意見は，12年生のキム・ヒギンズが書いたものだ。彼女は次のように述べている。

　生徒は服装によって自分自身を表現することができると，私は信じている。しかしながら，学校ではなんらかのたぐいの服装の規定があるべきだ。それは，厳しい規定ではなくて，だれもが従うことができる現実的なものであるべきだ。道理にかなっていると私が思う規則は，シャツあるいはブラウスは，その人の体の一部分が見えるほど短くてはいけないというものだ。とくに，他人のむき出しのお腹が見えると困惑する人もいる。さらに，わざわざ他人の下着を見なくてもいいはずだ。これによって感情を害する人々もいるし，また，これは侮辱的であるとも考えられる。もしも，今日のファッションにおいて，学校の服装に規定がなければ，事態は収拾のつかないものになるかもしれない。

　私たちは，モニカ，キシャン，キムに，"Speak Out" に意見を述べてくれたことを感謝したい。皆さんがこの件に関して投票する前に，私たちが真剣に考えなければならない，いくつもの重要なことを，彼らは私たちに指摘してくれた。

（語句）　第1・2パラグラフ

▶ mándatory	形	「義務的な」
▶ dress code	名	「服装規定」
▶ limitátion	名	「制限」
▶ offénsive	形	「不快にさせる」
▶ inapprópriate	形	「不適切な」
▶ distrácting	形	「気を散らす」
▶ thréatening	形	「威嚇的な」
▶ race	名	「人種」
▶ génder	名	「(社会的役割としての) 性」

第3・4パラグラフ

▶ submít ～	他	「～を提出する」
▶ be free to (v)	熟	「自由に V する」
▶ gránted	副	「たしかに」
▶ majórity	名	「大半」
▶ négatively	副	「否定的に」
▶ state ～	他	「～と述べる」

- ▶ insúlting 　形「侮蔑的な」
- ▶ that is it 　熟 ❶「そこが問題なんだ」
  　　　　　　　　❷「それで十分だ」
  ＊　本文では❶の意味で使われている

第5・6パラグラフ
- ▶ strict 　形「(教師，規則などが) 厳しい」
- ▶ realístic 　形「現実的な」
- ▶ réasonable 　形「理にかなった」
- ▶ offénd 〜 　他「〜を不快にさせる」
- ▶ get out of contról 　熟「制御ができなくなる」

第7パラグラフ
- ▶ a númber of 〜 　熟「いくつもの〜」

本文中に出てくる a dress code「服装規定」は何も学校に限ったことではない。初めて行く一流のレストランなどを予約するとき，"Do you have a dress code?" あるいは "What is your dress code?" とたずねてみよう。"We require you to wear a jacket and tie." 「上着とネクタイを着用していただく必要があります」という返事が返ってくるかもしれない。

例題 5

標準 3分

次の文章の _____ に入れる三つの文が，順不同で A ～ C に示されている。意味の通る文章にするのに最も適当な配列を答えよ。

The smile may no longer be an effective way to mask one's true feelings. _____ If the psychologists' claim is proven to be true, perhaps people will worry less about what they say and more about which muscles to use when they smile.

A For example, in the true smile, the muscles surrounding the eyes tighten, while the cheek muscles pull the corners of the lips upward.

B On the other hand, in the false smile, the muscles between the eyebrows move slightly, while the muscles around the mouth pull the corners of the lips downward.

C Some psychologists have claimed that true smiles and false smiles use different muscles.

[追試]

解説　　B に［対比］を示すマーカーの On the other hand「一方」がある。ここから，A「本当のほほえみにおける筋肉の動かし方」⇒ B On the other hand, ～「偽のほほえみにおける筋肉の動かし方」を決定するのは簡単だ。次に，C を見ると「本当のほほえみと偽のほほえみでは違った筋肉を使う」とあるから「ではどのように違うのかな？」と考える必要がある。つまり C が［**漠然**］**とした記述**であると気がつけば，その具体化が A ⇒ B だとわかる。

　　この問題のねらいは 1 点。［漠然］⇒［具体］である。

解答　　C ⇒ A ⇒ B

訳　　ほほえみはもはや本音を隠すための効果的な手段ではなくなるかもしれない。C 本当のほほみと偽のほほえみでは使う筋肉が異なると主張する心理学者がいる。A たとえば，本当のほほえみでは目のまわりの筋肉が緊張し，ほおの筋肉は唇の端を引き上げる。B 一方，偽のほほえみのときには，眉毛のあいだの筋肉はかすかに動くが，口のまわりの筋肉が唇の端を下げる。もしこの心理学者の主張が正しいと証明されたら，人は自分の言うことではなく，ほほえむときにどの筋肉を用いるかを気にするようになるかもしれない。

例題 6　標準 8分

次の文章を読み， A ～ C に入れるのに最も適当なものを，それぞれ下の ① ～ ④ のうちから一つずつ選べ。

Indonesia is well-known all over the world for a special kind of cloth that is made in a very long and complex production process. It is produced by applying wax to some parts of the surface of a piece of cotton cloth and then dyeing it. When the cloth is put into the dye, the parts under the wax do not absorb the color; they resist the dye. This cloth is called *batik*.

  A   Fine, smooth cotton cloth must first be washed and treated before the *batik* maker can begin to draw the designs on the cloth with a small pot of hot wax. Care must be taken to control the temperature of the wax and not to make a mistake in the design. If it is too hot, it will flow too easily, but if it is too cool, it will not flow at all. Both sides of the cloth are covered with designs in wax; then the cloth is dipped into a large container of dye. After the dyeing, the cloth is soaked in cold water, and the wax is removed with a knife. The same process is repeated for each color of the design.

The preparation of *batik* requires great skill.   B   Therefore, *batik* makers perform certain rituals to make sure they will be successful in waxing and dyeing the cloth. In some local areas, they even stay up all night for ceremonies before beginning the work.

The complex production process   C . The unique patterns drawn in wax and the soft colors all combine to make this a special product. Although modern manufacturing methods can mass-produce cloth that looks like *batik*, for those who truly love *batik*, a genuine piece created by a skilled maker is a treasured work of art.

 A

① *Batik* is used to make both modern and traditional clothes.

② *Batik* makers need permission to carry out the special process.

③ Many methods for decorating cloth exist in Indonesia.

④ There are many steps involved in the production of *batik*.

B

① However, that process is not so difficult.
② Many things can go wrong during the process.
③ Moreover, there is a faster and more efficient process.
④ The *batik* making process can be found in several other countries.

C

① is not always needed to make true Indonesian *batik*
② is not the only reason Indonesian *batik* is famous
③ makes it difficult for Indonesian *batik* to be famous
④ may be crucial for making the price reasonable [本試]

「バティク」という耳慣れないものの説明文だから，一見難しく見える。しかし，「学生がおおよその流れをつかむ」ために，問題作成部会があえてそのような文を採用しているにすぎない。「少々わからない箇所があっても，読み進む力」を測ることがねらい。もちろん「漠然から具体」を意識することが何よりも重要。上位層と下位層では，2つ目と3つ目の問題で差がついた。

解説　A

「漠然から具体」をたずねる問題。空所の後ろの内容をざっと眺めてみると「洗浄処理しなければならない」，「温度管理に注意しなければならない」，「～を浸す」などの記述が目に入る。そこで「batikの製法」であることがわかる。よって**「漠然から具体」を意識して，空所には「製法」に関する記述があるものを選ぶ**。選択肢を見る。

①「バティクは現代的および伝統的な服を作るのに使われる」はまったくの見当違い。

②「バティクの製造業者は特別な過程を実行するための許可を必要とする」。「特別な過程」の部分にはひかれるが，「許可」というのは本文と無関係。これがワナ。

③「インドネシアには布を装飾する多くの方法が存在する」。本文は「バティクを作る際のさまざまな工程」が述べられているが，バティク以外の方法については言及がないので不可。

④「バティクの製造には多くの工程がある」。これが正解。

B

空所の後ろの「バティクがうまくいくのは困難なので儀式まで行われる」という内容がつかめればよい。ritual「儀式」という単語がわからずとも **stay up all night**「**徹夜する**」**などから**「**困難**」**というイメージをとらえられればよい。**

① 「しかし，その過程はそれほど難しくない」は真逆。

② 「**その過程のあいだに，多くのことがうまくいかない可能性がある**」は，マイナスの記述なので OK だがとりあえず保留。

③ 「おまけに，より速く能率的な過程がある」は，「困難」とはほど遠いので不可。

④ 「バティクの製造過程は他のいくつかの国々でも見いだせる」は，空所の後ろの記述とまったくの無関係。

以上から ② が正解だとわかる。選択肢の方向性さえわかれば簡単だ。

C

「**漠然から具体**」**をたずねる問題**。空所の後ろには「バティクがなぜ特別なのか」という内容が書かれている。

① 「(その複雑な製造工程は) 本当のインドネシアのバティクを作るために必ずしも必要ではない」は無関係。

② 「(**その複雑な製造工程は**) **インドネシアのバティクを有名にした唯一の理由ではない**」は，いったん保留。

③ 「(その複雑な製造工程は) インドネシアのバティクが有名になるのを困難にしている」はまったくのデタラメ。

④ 「(その複雑な製造工程は) その価格を妥当なものにするには不可欠かもしれない」も何の関係もない。crucial という難しい単語に惑わされて，この選択肢を選んでしまった人が多い。

以上から消去法で ② を選ぶことになる。

解答 A ④   B ②   C ②

訳 インドネシアは，非常に時間がかかり複雑な製造過程を経て作られる特別な種類の布地で世界的に有名である。その布地は綿布の表面の一部に蝋を塗り，その後染織することで製造される。布地が染料に浸されると，蝋付けされた部分には色がつかない。その部分は染料をはじくからだ。この

布地はバティクと呼ばれている。

④バティクの製造には多くの工程がある。バティクの製造業者は，きめ細かい，滑らかな綿布をまず洗浄処理したあとで，小さなポットに入った熱い蝋で布の上に文様を描く作業に取りかかる。細心の注意を払って蝋の温度を調節して，文様の描き間違いがないようにしなければならない。蝋の温度が高すぎると，すぐに流れ落ちてしまうし，もし低すぎると，まったく流れなくなってしまう。布の表も裏も蝋を使った文様で覆われ，その後，布地は大きな容器に入った染料に浸される。色付けが終わると，布地は冷水に浸けられ，蝋がナイフで削り取られる。文様のそれぞれの色に対して，これと同じ工程が繰り返されるのである。

バティクの製造工程にはたいへんな技術が要求される。②その過程のあいだに，多くのことがうまくいかない可能性がある。したがって，バティクの製造業者は，布地の蝋付けと染色が必ずうまくいくようにある儀式を執り行う。作業に取りかかる前に，儀式のために一晩中寝ないで起きているようなことさえあるような地域も存在する。

複雑な製造工程は，②インドネシアのバティクを有名にした唯一の理由ではない。蝋によって描かれた他に類を見ない模様と落ち着いた色彩がすべて組み合わされ，この布地を特別な製品にしているのである。近代的な製法によって，バティクに似た布地を大量生産することは可能だが，バティクを心から愛する人たちにとっては，熟練した職人が作り出す本物の一品が貴重な芸術作品なのである。

語句

第1パラグラフ

- **compléx** 形「複雑な」
- **applý ～** 他「～を塗りつける」
- **wax** 名「蝋」
- **dye ～** 他「～を染める」
- **absórb ～** 他「～を吸収する」
- **resíst ～** 他「～に抵抗する」

第2パラグラフ

- **témperature** 名「温度」
- **flow** 自「流れる」
- **dip ～** 他「～をちょっと浸ける」
- **soak ～** 他「～を浸す」
- **remóve ～** 他「～を取り除く」

第3パラグラフ
- require ~ 　他「～を要求する」
- ritual 　名「儀式」
- make sure (that) S V 　熟「必ずSVするようにする」

第4パラグラフ
- pattern 　名「模様」
- combine to (V) 　熟「組み合わさってVする」
- mass-produce ~ 　他「～を大量生産する」
- genuine 　形「本物の」
- skilled 　形「熟練した」

> 選択肢にある crucial「とても大事な」は難しい語だが，元は cross「十字架」からできた語。「十字架を背負うほど大事な」と覚えておこう。ちなみに，the Crusade は「十字軍」という意味。cross / Crusade / crucial と口にすれば，記憶に定着するだろう。

例題 7

次の A ～ C の各文を入れるのに最も適当な場所を，下の文章中の ① ～ ⑥ のうちからそれぞれ一つずつ選べ。ただし，各パラグラフに1文ずつ入れよ。

A They may be too committed to a particular position to be able to change their opinions.
B This approach, however, can take a long time, which may lead to delays in solving problems.
C This knowledge can help us build smoother relations between people with different approaches to problem-solving.

Have you ever noticed the different approaches people use to deal with problems? Some people, "individualists", generally try to work through problems on their own. Other people, "cooperators", tend to approach problem-solving as a group matter. Each approach has positive and negative points.

Individualists may often be the quickest to find an answer to a problem, and they tend to be willing to take responsibility. ① However, this approach is not perfect. ② In this way, the individualists' approach may result in difficulties later. ③

Cooperators are valued as team members — in sports or school or work. ④ They tend to be flexible enough to recognize the importance of other points of view when problems arise. ⑤
Such difficulties sometimes cannot be avoided with the cooperators' approach.

We should learn to recognize the different approaches to dealing with problems. ⑥

［本試・改題］

「各パラグラフに1文ずつ入れよ」という指示を無視すると，非常に難しい問題になってしまう。

解説 まず文全体の流れをとらえると，

次に，選択肢のだいたいの方向性を探る。

A：too 〜 to ...「〜すぎて…できない」⇒「マイナス」面と判断。

B：take a long time「時間がかかる」から「マイナス」面だと判断。ただし，**however** があることから "「プラス」面 ⇒「マイナス」面" の［**論理の逆転**］と判断。

C：different approaches より，individualists と cooperators それぞれの問題解決法に対する言及だと判断。

まず，**B** の候補としては，その前後で「プラス」から「マイナス」への **[論理の逆転]** が見られる ①・⑤ があげられるが，① の直後には However が用いられているので，その前に **B** が入るのはおかしい。よって，① ではなく，⑤ だと決定できる。

　次に，**A** の候補としては，individualists の「マイナス」面を述べていると考えられる ②・③ があげられる。② の直前に，not perfect「完璧ではない」という **[漠然]** とした表現があるから，それを **[具体化]** したものが後ろにくる必要がある。ところが，② の後ろの In this way から始まる文は，具体的な「マイナス」面に言及していないから，**A** は ② に入るとわかる。

　C は ⑥ しか考えられない。

解答　**A** ②　　**B** ⑤　　**C** ⑥

訳　　人が問題に対処するのにさまざまな方法を用いることに気がついたことがあるだろうか？　「個人を重んじる人」は，一般に自分の力だけで問題を処理しようとする。「協力を重んじる人」は，集団の問題として問題解決に対処する傾向がある。どちらの方法にもプラス面とマイナス面がある。

　「個人を重んじる人」は，たしかに問題に対する答えを見つけるのが最も早く，責任をとることをいとわない傾向がある。しかしながら，このやり方は完璧とは言えない。**A** このたぐいの人は，ある１つの立場にこだわるあまり，意見を変えることができないということがある。このような点で，「個人を重んじるやり方」ではのちのち問題が生じることもあるかもしれない。

　「協力を重んじる人」はスポーツや学校や仕事の中でチームの一員として重んじられる。考え方が柔軟なので，問題が生じたときに，自分以外の考え方の重要性を認識できる。**B** しかし，このやり方では時間がかかるおそれがあり，結果として問題解決も遅くなる可能性がある。そのような問題は，「協力を重んじるやり方」では避けられないときがある。

　問題に対処するにはさまざまなやり方があることを認識できるようにならないといけない。**C** これを知っておけば，問題解決に対して異なったやり方をする人々と，より円滑な関係を築くのに役立ち得る。

語句　▶ be committed to ～　　熟 「～に専念する／こだわる」
　　　　▶ appróach　　名 「取り組み方」

例題 8

次の A ～ C の各文を入れるのに最も適当な場所を，下の文章中の ① ～ ⑥ のうちからそれぞれ一つずつ選べ。ただし，各パラグラフに1文ずつ入れよ。

A New information is constantly added, past files are re-written, and news reports are broadcast as they come in.

B This suggests that technological changes in the methods of getting information may limit the opportunities for learning.

C You may accidentally find something interesting in the entry just next to the one you have been looking for.

What would you do if you wanted to learn about something? A traditional way is to go to your bookshelf, pick up a dictionary or encyclopedia, and start turning pages. Now, however, you can turn on your computer, connect it to the Internet and start its search program. You just type in the keyword(s), click "search", and soon you will have what you are looking for.

It seems as if anything you want to know can be found on the Internet. ① The range of information you can find on the Net varies from gossip, to news, to the most advanced technological findings. Furthermore, the information is always fresh. ② It seems we do not need to "know" or "remember" anything except how to get information from the Net. Or at least, there is no longer any need for the shelf space to hold those volumes of encyclopedias.

What is being lost, though, is the joy of discovery. In many ways an Internet search is like a package tour, on which you generally know where you are going and see only what the tour organizer has selected. Similarly, what you find in the Internet search is controlled by the site's owner or is the result of a computer program. ③ On the other hand, turning the pages of an encyclopedia, as you look up an entry, is more like wandering through a forest. ④ This may stir up a new interest, which will eventually lead you into a totally different topic.

The word "encyclopedia" originally meant "general or well-rounded education". ⑤　　　　With a traditional encyclopedia, this well-roundedness may be achieved by the discoveries readers make by turning the pages. In comparison, heading straight to the target word through a series of clicks on a computer is rather linear.　⑥　　　　　　　　［本試］

解説　まず文全体の流れをとらえると，

第1パラグラフ
情報収集には2種類ある
- ❶ 辞書，百科事典など
- ❷ インターネット

第2パラグラフ
インターネットのプラス面
- ❶ 情報の幅が広い　　　　　　　　　　①
  Furthermore「さらに」
- ❷ 情報が新鮮　　　　　　　　　　　　②

第3パラグラフ
インターネットのマイナス面
⇒ 発見の喜びの消失　　　　　　　　　　③
　　On the other hand「一方」
辞書，百科事典のプラス面　　　　　　　④
⇒ 新たなものを発見する喜び

第4パラグラフ
辞書，百科事典のプラス面　　　　　　　⑤
　　In comparison「これに比べて」
インターネットのマイナス面　　　　　　⑥

第3パラグラフ第1文に挿入されている逆接の副詞**though**「だけど」に気がつけば，第2パラグラフと第3パラグラフで方向性の逆転があると気がつくはず。また第3パラグラフ後半の**On the other hand**「一方」や第4パラグラフの**In comparison**「これに対して」という対比を示すマーカーがあることも重要なポイント。

選択肢のだいたいの方向性は，

> A「新しい情報が加わる」　　　⇒ インターネットの「プラス」面
> B「学ぶ機会が制限される」　　⇒ インターネットの「マイナス」面
> C「面白いものを偶然見つける」⇒ 辞書，百科事典の「プラス」面

　まず A は，前ページの分析により第 2 パラグラフに入ることは明らかである。第 2 パラグラフでは ❶「情報の幅」，❷「情報の新鮮さ」の 2 つが述べられているが，A は「新しい情報」についてだから ❷ に属する。また ② の直前の文の「情報はつねに新鮮」が［漠然］に見えれば，その［具体化］が A であるとわかるはずだ。

　B は選択肢の中で唯一の「マイナス」イメージである。よって前ページの表から ③ か ⑥ に入るとわかればよい。そしてそれぞれの直前の文を見てみると，③ は「インターネット検索で発見するものは，サイトのオーナーが管理しているものか，またはコンピュータプログラムの結果にすぎない」とあり，⑥ は「コンピュータ画面を何度かクリックすることで目標とする単語にまっすぐ到達するのはかなり直線的である」とある。ポイントは **linear**「**直線的**」という見慣れない単語である。「いったい何のこと？」という疑問がわけば勝負あり。つまり，ここでも［漠然］を見せて，「**具体的記述が必要だよね**」と言っているのである。よって B は ⑥ に入る。

　最後に C だが，残ったのは第 3 パラグラフのみ。なおかつ「**プラス**」イメージであることを考えれば ④ しか残らない。

　このような文の流れを無視して「**ひたすら訳す**」方法をとった者は，③ のあとの記述 **wandering through a forest** を「**森の中をさまよう**」と訳してしまい，**本来プラスイメージの箇所をマイナスに感じて**混乱したようである。

　このタイプの問題では「**文全体の流れを意識すること**」が要求されていることを再確認しておきたい。

解答　A ②　　B ⑥　　C ④

訳　もし何かについて学びたいならば，どうするか？　昔からの方法は，本棚に行き，辞書または百科事典を手にとり，ページをめくることである。しかし，今では，コンピュータの電源を入れ，インターネットに接続して，

検索プログラムをスタートさせるだけ。ただ，キーワードを入力し，「検索」をクリックすれば，すぐ，探しているものが手に入る。

　インターネット上では知りたいものが何でも見つけられるように思える。ネットで見つけることができる情報の範囲は，ゴシップからニュース，さらにきわめて高度な技術的な発見にまで至る。さらに，情報はいつも新鮮である。A 新しい情報がつねに追加されて，古いファイルは書き換えられ，ニュース報道は届くと同時に流される。ネットから情報を得る方法を知っておく必要があるが，それを除けば何も「知る」必要も「覚えておく」必要もないように思われる。あるいはまた，少なくとも，何巻もの百科事典を収納する本棚のスペースを確保する必要はなくなったのである。

　しかし，失われつつあるものは，発見の喜びだ。多くの点で，インターネット検索はパック旅行に似ている。パック旅行では，一般に，どこに行くかは知っているものの，旅行の主催者が選んだものだけを見ることになる。同様に，インターネット検索で発見するものは，サイトのオーナーが管理しているものか，またはコンピュータプログラムの結果にすぎない。一方，見出しを調べながら百科事典のページをめくることは，森の中をあちこち歩き回ることのほうによく似ている。C 探している見出しのすぐ隣の見出しの中に何か興味深いものを偶然発見するかもしれない。これによって新たな興味をかき立てられ，結局，まったく違う話題に行き着くかもしれないのだ。

　「百科事典」という言葉は，元は「全般的あるいは幅の広い教育」を意味していた。従来からある百科事典を用いれば，この幅の広さは，読者がページをめくり何かを発見することで実現されるかもしれない。これに比べて，コンピュータ画面を何度かクリックすることで目標とする単語にまっすぐ到達するのはかなり直線的である。B これが示唆するのは，情報を得る手段の技術的変化が，学ぶための機会を制限してしまうかもしれないということである。

（語句）
- ▶ encyclopédia　　　　名「百科事典」
- ▶ ránge of ～　　　　　熟「～の幅／範囲」
- ▶ fínding　　　　　　　名「発見」
- ▶ éntry　　　　　　　　名「見出し」
- ▶ well-róundedness　　名「幅の広さ」

例題 9

やや難 12分

第3章 論理展開把握問題

次の文章を読み，　A　～　C　に入れるのに最も適当なものを，それぞれ下の ① ～ ④ のうちから一つずつ選べ。

It has been said that nine out of ten people like chocolate and the tenth one is lying, but did you ever think about who gets the money you pay for your favorite chocolate? In fact, the farmer who grows the cocoa beans and the farmer whose cows give the milk get very little of the money you pay. Most of it goes to the companies which transport the raw materials, turn them into chocolate, then package, advertise and distribute it to stores. As a result, the cocoa and milk producers often live in very poor conditions.　A

Garstang, near Lancaster in England, is a town which encourages stores to sell "Fairtrade" goods; in fact, it calls itself "The World's First Fairtrade Town." If you buy goods with the "Fairtrade" label, you can be sure that a reasonable part of the money you pay will go to the farmer who grows the raw materials from which your goods are made. For example, money paid for "Fairtrade" chocolate goes to cocoa farmers in Africa. People in Garstang became interested in "Fairtrade" when they began to look for a way to help these farmers. The farmers complained that big chocolate companies were interested only in buying cocoa beans inexpensively, and not in whether the farmers had enough money to live. One group in Garstang decided to　B　, making sure the farmers could keep as much of the profit as possible.

The chocolate sold in stores in Garstang with a special "Fairtrade" logo on it was more expensive than ordinary chocolate, but 82% of local people said they were willing to pay extra if they knew the money was being used to help people in a poor country. Gradually, other goods came to be traded in this way.

The next thing that happened was that local dairy farmers demonstrated in the center of Garstang. They wanted　C　. They pointed out that, like the cocoa farmers in Africa, they also felt disadvantaged by an unfair trading system. They wanted more money for the milk their cows produced. As a result, Garstang has become

論理展開把握問題　273

a center not only for fair trade with poorer countries, but also for promoting locally produced goods.

A
① Farmers in England have started to grow their own cocoa.
② One small town in England is trying to change this situation.
③ People take action in their local community to reduce the price of chocolate.
④ There is very little that can be done to improve things.

B
① buy cocoa directly from the farmers and make it into chocolate
② give money to poor African farmers who grow cocoa beans
③ return the chocolate to the cocoa farmers in Africa
④ supply cocoa beans to African farmers

C
① to become involved in the "Fairtrade" movement
② to be paid more for the cocoa they produced
③ to encourage chocolate consumption
④ to reduce the price of their chocolate bars

［本試］

「フェアトレード」という概念は，新しく面白い。興味のある人は，インターネットで検索してみよう。

解説　A

　正解の手がかりは，このパラグラフを読んだだけではつかめない。そこで第2パラグラフに目を移すと，そこには具体的な都市名が記載されており，この第2パラグラフが［**具体化**］であることがわかる。よって，空所は「［**漠然**］とした記述」（＝抽象的な記述）であり，第2パラグラフがその［**具体化**］だとわかる。第2パラグラフの内容は，「『フェアトレード商品』を売ることで，生産農家ができるだけ収益を上げられるようにした」ということである。だから，これが**抽象化**されている表現を探せばOK。

　①「イングランドの農家は，自分たちのカカオを栽培し始めた」⇒

まったくのデタラメ。イングランドはカカオの産地ではない。

②「**イングランドの小さな町がこの状況を変えようと試みている**」⇒ これが正解だと思われるが，念のため他の選択肢も見ておく。

③「人々は，チョコレートの価格を下げるために地域社会で行動を起こす」⇒ これが「**ワナ**」。「チョコレートの価格を下げるため」がダメ。そんなことをしたら，生産農家は救済できない。

④「状況を改善するためにできることは，ほとんどない」⇒ これも「**ワナ**」。第2パラグラフに述べられているのは，生産農家を救済するための方法の1つである。これだけでも「立派な方法」なのに，「ごくわずかしかない」と否定的に断定しているのがまずい。また，things「状況」に冠詞がないことから，「どのような状況」であるかも不明。

以上より，②が正解。

| B |

　文末に置かれた分詞構文は，前文の［具体化］・［補足］に使われることが多い。よって，これも［漠然］⇒［具体］の理解を試している問題だと考えられる。空所の後ろにある分詞構文の部分を見ると「農家が可能な限り収益を確実に上げられるようにした」とある。これを可能にするものを選べばよい。

①「**農家から直接カカオを買いつけ，それをチョコレートに加工する**」⇒ はっきりしないので保留。

②「カカオ豆を栽培するアフリカの貧しい農家にお金を与える」⇒ 彼らが自力で「収益を上げる」ことを助けようとしているのに，「寄付」したのでは意味をなさない。

③「アフリカのカカオ豆の農家にチョコレートを返却する」⇒ 最悪の選択肢。

④「カカオ豆をアフリカの農家に供給する」⇒ これもギャグ。

以上，消去法から①が正解となる。

| C |

　これも［漠然］⇒［具体］の理解を試す問題。直後を読むと，「アフリカのカカオ豆農家たちのように，自分たち（＝地元の酪農家）もまた不公平な取り引きのしくみによって不利益を被っていると感じると指摘した」とある。さらに，「その結果，ガースタングは，貧しい国々

論理展開把握問題　275

との公平な取り引きだけではなく，地産商品の促進の中心地になったのである」とある。以上から，地元の酪農家も「フェアトレード」の恩恵にあずかろうとしたことがわかる。

① 「『フェアトレード』の運動に参入すること」⇒ これが正解であるような気がする。

② 「自分たちが生産するカカオ豆の値段を引き上げること」⇒ こうすれば一時的には収益は上がるかもしれないが，「地産商品の促進」につながるとは言いがたい。

③ 「チョコレートの消費を助成すること」⇒ これは，ここでの記述内容としては無関係。

④ 「板チョコの値段を下げること」⇒ これも無関係。

以上から，① が正解と決定。

解答　Ａ　②　　Ｂ　①　　Ｃ　①

訳　10人のうち9人までがチョコレートが好きで，10番目の人はうそをついていると言われてきたが，好きなチョコレートに支払うお金をだれが手にしているか考えたことがあるだろうか？　じつは，カカオ豆を栽培している農家にも，牛を飼って牛乳を提供している農家にも，そうしたお金はほとんど入らない。そのお金の大半は，原料を運び，それをチョコレートに加工し，包装し，宣伝し，店に配送する会社に流れていく。その結果，カカオや牛乳の生産者の生活は多くの場合，非常に貧しい。② イギリスの小さな町がこの状況を変えようと試みている。

イングランドのランカスター近郊にあるガースタングは，商店に「フェアトレード」商品を売ることを奨励している町の1つである。実際，ガースタングは「世界初のフェアトレードの町」と自称している。「フェアトレード」というラベルのついた商品を買うと，代金として支払ったお金のある程度の額が，商品の原料を作っている農家のもとに確実に行くことになる。たとえば，「フェアトレード」のチョコレートに支払われた代金は，アフリカのカカオ豆の農家に行くことになる。ガースタングの人々は，こうした農家を助ける方法を模索し始めたとき「フェアトレード」に興味を持った。チョコレートの大手会社はカカオ豆を安く買い上げることのみに興味があり，農家が生きていくのに十分なお金を持っているかには興味がない，と農家の人々はこぼした。ガースタングのあるグループは① 農家から直接カカオを買いつけ，それをチョコレートに加工することにし，農家が可能な限り収益を確実に上げられるようにした。

ガースタングの店で売られている「フェアトレード」の特別ロゴの入ったチョコレートは，普通のチョコレートより高いが，チョコレートの代金が貧困国の人々を助けるために使われているのがわかれば余計に払うことをいとわないと，地元住民の82％が述べた。他の商品も徐々に，この方法で取り引きされるようになった。

　その次に起きたのは，地元の酪農家による，ガースタングの中心部でのデモであった。酪農家たちは，①「フェアトレード」の運動に参入することを望んだ。彼らは，アフリカのカカオ豆農家たちのように，自分たちもまた不公平な取り引きのしくみによって不利益を被っていると感じると指摘した。彼らは，飼っている牛が出す牛乳によってさらに多くのお金を得たいと思っていた。その結果，ガースタングは，貧しい国々との公平な取り引きだけではなく，地産商品の促進の中心地にもなったのである。

（語句）第1パラグラフ

▶ **nine out of ten people like chocolate and the tenth one is lying**
　　＊　文の意味するところは，「人は10人いれば10人ともチョコレートが好きである」ということ

▶ **transpórt** ～　　　　　　他「～を輸送する」
▶ **the raw matérial**　　　名「原料」
▶ **distríbute** ～　　　　　他「～を配送する」
▶ **then package, ádvertise and distríbute it to stores**
　　＊　この it（＝chocolate）は，package, advertise, distribute の共通の目的語

第2パラグラフ

▶ **Garstang**　　　　　　　名「ガースタング」
　　＊　ガースタングは，イギリスのイングランド北西部にあるランカシャー州の都市。2000年5月に世界初の「フェアトレード・タウン」を宣言した。以来，5年間のうちにイギリス内ではフェアトレード・タウン運動がまたたく間に広がり，現在では600都市以上が認定を受けるに至っている

▶ **Fairtrade**
　　＊　あえて訳せば「公平な貿易／公正な貿易」。アジア，アフリカ，中南米の国々の人々が作ったものを長期的に適正な価格で買い，その人々の生活や生産を支援しようとするビジネスモデル，消費者運動のこと

論理展開把握問題　277

▶ money paid for "Fairtrade" chocolate goes to cocoa farmers in Africa

* money に冠詞がないことから,「『フェアトレード』のチョコレートに支払われた代金の一部がアフリカのカカオ豆の生産農家にわたった」という意味

［具体］［抽象］は，これから何度も出てくる考え方だよ！

お役立ちコラム
「漠然から具体」について

　日本人は「具体から漠然」という流れが本当に好きだ。しかし，英語を読んだり書いたりするうえでは，これは相当不利なことになる。英語は「抽象的な表現から具体的な表現」というのが定番だからである。問題作成部会が，この「漠然から具体」を執拗に出してきたのもうなずける。問題作成部会は，原則的には「同じ手は使わない」。ところが，この「漠然から具体」を用いたパターンが長年にわたって設問として登場してきているのである。

　英作文でも「漠然から具体」という流れが書けない日本人がほとんど。「自由英作文」は本当に流れが悪い。とにかく「オチは最後に」というのが身についているから，周辺的な事項をまず述べて，徐々に本論に入ろうとする。これは小学生からの癖だと思われる。たとえば，「人生の中で苦しかった経験について述べよ」というと，最初に結論を書く生徒などほとんどいない。本来ならば，「私は中学生の部活で忘れられない悲哀を味わった」ぐらいの抽象的な表現で始めるべきである。ところが，ほとんどの学生の作文は「私は中学生のころテニス部に入っていました。毎日放課後，練習にあけくれていました」などの，本論とは無関係な「情景描写」が続く。いつまでたっても結論が出てこないから本当にいらいらする。

　なんとしてでも，「漠然から具体」という流れが日本の高校生に定着することを願ってやまない。作成部会もそうであろう。

原則❸ 空所の後ろの代名詞に注意せよ

「**空所の後ろ**」に**注意すべき問題**が多い。

もし，選択肢に **He** や **It** がある場合には，だれでもすぐに気がつく。ところが，**空所の後ろに代名詞がある場合**には意外に気がつきにくいものである。そこまで注意深く見ていないからだ。「空所の後ろ」にヒントが隠されている場合があるから，もし答えが決まらないと思ったときは，「空所の後ろ」に代名詞がないかどうか注意して見てみること。

例題 10

次の文章の ☐ に入れるべき三つの文が，順不同で A ～ C に示されている。意味の通る文にするのに最も適当な配列を答えよ。

The color purple has often been regarded as a symbol of wealth and power, but the dye used to produce it did not have an elegant beginning. An ancient people living along the coast of the Mediterranean Sea first discovered how to make the dye from Murex snails, small sea animals with hard shells. ☐ Let us hope we cannot smell them.

A From this liquid the people produced the purple dye.
B If we visit the places where the dye was produced, we might still be able to see the shells of Murex snails.
C Unlike other snails, Murex snails give off a strong-smelling liquid that changes color when it comes into contact with air and light.

［本試］

「真の力」があれば，どのような問題形式でもひるむことなく正解に至ることができる。さまざまなタイプの問題を通して「真の力」を身につけよう。

本番の試験では「ケアレスミステイクで失点した」という声をよく聞く。本人たちはわかっていないのだが，それは「ケアレスミステイク」ではない。
本番では模擬試験では出てこないような「ワナ」が仕掛けてあり，そこに見事に引っかかっているにすぎない。「ワナ」には要注意！

解説　選択肢の A に this liquid とあるので liquid を探す。すると C に a strong-smelling liquid とあることから C ⇒ A であることは容易にわかる。

あとは B ⇒ C ⇒ A かそれとも C ⇒ A ⇒ B かである。空所の後ろを見ると「**それらの臭いを嗅がなくて済むことを願いたい**」とあるから，them の指すものを考える。もし B ⇒ C ⇒ A だと考えると，them の指す複数名詞は A の中にあることになる。すると the people になってしまうが，「その人々の臭いを嗅ぐ？？？」では意味不明。

よって，C ⇒ A ⇒ B だと決定できる。そうすれば them が指すのは B の中にある the shells of Murex snails となり，つじつまが合う。

解答　C ⇒ A ⇒ B

訳　紫色は多くの場合，富と権力の象徴であるとみなされてきた。しかし，その色を作り出すのに用いられる染料の起源は上品と言えるものではなかった。地中海沿岸に住んでいた古代の民族が，アクキ貝という硬い殻を持つ小さな海の生物から染料をどのように作ればよいかを初めて発見した。C 他の巻き貝と違って，アクキ貝は空気や光に触れると色を変える臭いの強い液体を出す。A この液体から人々は紫色の染料を作り出した。B 染料が作られていた場所を訪れれば，今でもアクキ貝の殻を見ることができるかもしれない。その臭いを嗅がなくても済むことを願いたい。

「ケアレスミステイク」で済ますのではなく，"実力がないから間違った" という謙虚さが大切だ！

例 題 11

標準 14分

第3章 論理展開把握問題

次の文章を読み，問1～3の　　　　に入れるのに最も適当なものを，それぞれ下の ① ～ ④ のうちから一つずつ選べ。なお，**1** ～ **6** はパラグラフの番号である。

You are the editor of your school newspaper. You have been asked to provide comments on an article about origami written by an American student named Mary.

Origami

1 Many people in Japan have childhood memories of origami, where square sheets of paper are transformed into beautiful shapes such as animals and flowers. Origami has been enjoyed widely by people of all ages for centuries.

2 A recent event reminded us that origami is viewed as a traditional Japanese art form overseas. When President Barack Obama visited Hiroshima in 2016, he made four origami paper cranes neatly. He then presented them to Hiroshima City. This was seen as a symbol of his commitment to friendship between the two countries and to world peace.

3 Two positive influences of origami can be seen in care for the elderly and rehabilitation. Origami requires the precise coordination of fingers as well as intense concentration to fold the paper into certain shapes. It is thought to slow the progression of memory loss associated with such medical problems as Alzheimer's disease. It is also believed that origami helps keep motor skills and increases brain activity, which aid a person recovering from injuries. For these reasons, both inside and outside Japan, there are many elderly care and rehabilitation programs in which origami is used.

4 Children also benefit from origami. It fosters creativity and artistic sense while allowing them to have fun. This has resulted in a large number of associations — both domestic and international — regularly holding events for young children such as origami competitions and exhibits. Isn't it surprising that many organizations that are active in

論理展開把握問題　281

these areas can be found overseas?

5   A   Furthermore, origami paper folding technology has promising applications in medicine.   B   In 2016, an international team of researchers developed a tiny paper-thin robot that can be used for medical treatment. The robot, made of material from pigs, is folded like origami paper and covered with a capsule made of ice. When the capsule is swallowed by a patient and reaches the patient's stomach, the capsule melts, and the robot unfolds as it absorbs water from the surrounding area.   C   After this, the robot is controlled from outside of the body to perform an operation. When the task is complete, the robot moves out of the body naturally.   D

6   As seen in the examples above, origami is no longer merely a traditional Japanese art form that many of us experienced as a leisure activity in childhood. In fact, it is a powerful agent that can bring positive change to the lives of all generations worldwide. While the appreciation of its beauty is likely to continue for generations to come, nowadays origami has come to influence various other aspects of our lives.

問 1   Mary's article mainly discusses ⬚ .
    ①   the greater importance of origami in medicine than in other fields
    ②   the invention of new types of origami in many foreign countries
    ③   the major role origami plays in promoting world peace and cooperation
    ④   the use of origami for cultural, medical, and educational purposes

問 2   Mary's intention in Paragraphs 3 and 4 is probably to ⬚ .
    ①   describe the history of origami's development outside Japan
    ②   discuss the difficulties of using origami for treating diseases
    ③   express concerns about using origami for rehabilitation, elderly care, and education
    ④   introduce some contributions of origami to the lives of people of different ages

問3 You found additional information related to this topic and want to suggest that Mary add the sentence below to her article. Where would the sentence best fit among the four locations marked ┃ A ┃, ┃ B ┃, ┃ C ┃, and ┃ D ┃ in Paragraph 5?
┃　　　┃

The developers of the robot say that this technology can be used, for instance, to remove a small battery from the stomach of a child who has accidentally swallowed it.

① ┃　A　┃
② ┃　B　┃
③ ┃　C　┃
④ ┃　D　┃

［第 1 回試行調査　第 5 問］

解説　各パラグラフの役割と要旨

第 1 パラグラフ：折り紙は日本人に古くから親しまれてきた
第 2 パラグラフ：日本の伝統的な芸術形態だと海外でも知られている
第 3 パラグラフ：高齢者のケアやリハビリでも有効な手段だ
第 4 パラグラフ：子どもにもよい影響を及ぼす
第 5 パラグラフ：医療分野での活用の具体例
第 6 パラグラフ：まとめ

問 1　「メアリーの記事は主に ┃　　　　┃ について論じられている」
　記事全体を読めば，「折り紙がもたらす好ましい影響」が主題だとわかる。①「他分野よりも医療における折り紙の重要性」は「医療」に特化しているので不可。②「多くの諸外国での新しい種類の折り紙の考案」は，本文にはそのような記述がないので不可。③「世界平和と協力を促進する際に折り紙が果たす主な役割」，これも第 2 パラグラフの一部の記述にすぎないので不可。④「**文化，医学，教育目的の折り紙の利用**」，これが正解。**問 1** から**全体像を見据えて解かせる良問**である。

論理展開把握問題　283

問2 「メアリーの第3・4パラグラフでの主な主張はおそらく
　　　[　　　　]ことである」
　第3パラグラフでは「折り紙が高齢者のケアやリハビリでも有効な
手段であること」，第4パラグラフでは「折り紙は子どもにもよい影
響を及ぼすこと」が述べられている。①「日本国外での折り紙の発達
の歴史について描写する」は不適切。②「病気の治療のための折り紙
を使うことの難しさについて議論する」も不可。③「リハビリ，高齢
者のケア，教育に折り紙を利用することの懸念を表明する」は，少な
くとも「懸念」だけで不可だと言える。④「異なる年代の人々の生活
への折り紙の貢献を紹介する」が正解。見事な言い換えになっている
ことを確認してほしい。

問3 「あなたはこの話題に関連した追加の情報を見つけ，メアリー
　　　に彼女の記事に下の文を付け加えるよう提案したいと思ってい
　　　る。第5パラグラフの[　A　][　B　][　C　][　D　]の4
　　　つの位置のうち，いずれに入れるのが最も適切か」
　挿入すべき文意は「そのロボットの開発者は，この技術は，たとえ
ば，誤って小さな電池を飲み込んでしまった子どもの胃からそれを取
り除くのに使うことができると述べている」である。この文中の the
robot「そのロボット」，this technology「この技術」に注目すると，
「そのロボットにかかわる何らかの動作」の説明がなされたあとの文
であることがわかる。第5パラグラフの中の該当部分は，第2～6
文である。よって，この第6文のあとに入れるのが適切だから，④の
[　D　]が正解となる。

解答 問1 ④　　問2 ④　　問3 ④

訳
　あなたは学校新聞の編集者である。あなたはメアリーという名前のアメ
リカ人生徒によって書かれた折り紙についての記事にコメントを求められ
た。

折り紙

1　多くの日本人は子どものころの折り紙の記憶があり，それは正方形の紙
　を，たとえば動物や花などの美しい形に変えるものだ。折り紙は何世紀も
　のあいだ，あらゆる世代の人々に広く親しまれてきた。
2　近年のある出来事が，折り紙は海外から日本の伝統的な芸術の形態であ

284

るとみなされていることを私たちに思い出させてくれた。2016年にバラク・オバマ大統領が広島を訪れたとき，彼は4羽の折り鶴をきれいに折った。そして彼はそれを広島市に贈った。このことは，2国間の友好と世界平和への大統領の強い関心の象徴であると受け止められた。

3 　折り紙には，高齢者向けのケアやリハビリにおいて2つのよい影響が見られる。折り紙で，紙をある特定の形に折るためには，高い集中力に加え，正確に指の動きを調整することが必要とされる。そのことは，アルツハイマー病のような疾患と関連した記憶障害の進行を遅らせると考えられている。また折り紙は，運動技能の維持と脳の活動の向上を促すため，ケガから回復しつつある人の助けになると信じられている。これらの理由から，日本国内および国外の両方において，折り紙を使った高齢者ケアとリハビリテーションプログラムが数多く存在するのである。

4 　子どもたちもまた折り紙からよい影響を受ける。子どもたちが楽しみながら創造性や芸術的な感覚を高めるからだ。だから，(国内および海外の)多くの団体が，折り紙の大会や展示会などの幼児向けの催しを定期的に開催することになった。これらの分野で積極的に活動している団体が海外でも数多く見られるというのは驚くべきことではないだろうか？

5 　さらに，折り紙を折る技術には，医療での応用が見込まれている。2016年，ある国際研究チームが，治療に利用できる非常に小さくて紙のように薄いロボットを開発した。そのロボットはブタ由来の物質から作られており，折り紙のように折りたたまれ，氷のカプセルに包まれる。患者がカプセルを飲み込み，胃に届くと，カプセルが溶け，ロボットは周囲から水を吸収して広がる。このあと，ロボットは体外から手術を行うよう操作される。任務が完了すると，ロボットは自然に体外に排出される。 D そのロボットの開発者は，この技術は，たとえば，誤って小さな電池を飲み込んでしまった子どもの胃からそれを取り除くのに使うことができると述べている。

6 　上の例で見てもらったとおり，折り紙はもはや，私たちの多くが子どものころに娯楽として体験した，日本の伝統的な芸術形態であるだけではない。実際には，世界中のすべての世代の生活によい変化をもたらすことのできる力強い媒体なのだ。その美しさは世代を超えて認められ続ける可能性が高く，今日では，折り紙は私たちの生活の他のさまざまな側面に影響を与えるようになっている。

語句
▶ éditor 　　　　　名「編集者」
▶ províde 〜 　　　他「〜を提供する」
▶ árticle 　　　　　名「記事」

第1パラグラフ

▶ **chíldhood mémories**	名	「子どものころの思い出」
▶ **squáre**	名	「正方形」
▶ **transfórm** *A* **into** *B*	熟	「A を B に変える」

第2パラグラフ

▶ **remínd** O (**that**) S V	熟	「O に S V を思い出させる」
▶ **view** *A* **as** *B*	熟	「A を B とみなす」
▶ **crane**	名	「ツル」
▶ **presént** *A* **to** *B*	熟	「A を B に贈る」
▶ **commítment to** ～	熟	「～への専心」

第3パラグラフ

▶ **pósitive**	形	「プラスの」
▶ **ínfluence**	名	「影響」
▶ **care for** ～	熟	「～に対するケア」
▶ **precíse**	形	「精密な」
▶ **coordinátion**	名	「調整」
▶ **inténse**	形	「強い」
▶ **concentrátion**	名	「集中」
▶ **fold** *A* **into** *B*	熟	「A を折って B にする」
▶ **slow** ～	他	「～を遅らせる」
▶ **progréssion**	名	「進行」
▶ **assóciated with** ～	熟	「～と関連した」
▶ **help** (**to**) (V)	熟	「V するのに役立つ」
▶ **aid** ～	他	「～に役立つ」
▶ **for these réasons**	熟	「こうした理由で」

第4パラグラフ

▶ **bénefit from** ～	熟	「～から恩恵を受ける」
▶ **fóster** ～	他	「～を促進する」
▶ **allów** O **to** (V)	熟	「O が V するのを可能にする」
▶ *A* **resúlt in** S' (V')**ing**	熟	「A の結果，S' は V' する」
▶ **associátion**	名	「協会／団体」
▶ **competítion**	名	「大会」
▶ **exhíbit**	名	「展示会」

第5パラグラフ

▶ fúrthermore 　　　副「さらに」
▶ prómising 　　　形「将来有望な」
▶ applicátion 　　　名「応用」
▶ médicine 　　　名「医学」
▶ tíny 　　　形「とても小さい」
▶ swállow ～ 　　　他「～を飲み込む」
▶ pátient 　　　名「患者」
▶ melt 　　　自「溶ける」
▶ unfóld 　　　自「広がる」
▶ absórb ～ 　　　他「～を吸収する」

第6パラグラフ

▶ léisure actívity 　　　名「娯楽」
▶ ágent 　　　名「媒体」
▶ generátion to come 　　　熟「来たるべき世代」
▶ áspect 　　　名「面」

次の英語を日本語にしてみよう。

1 chick	2 crow	3 cúckoo	4 dove
5 éagle	6 goose	7 hawk	8 hen
9 owl	10 párrot	11 péacock	12 pígeon
13 séagull	14 spárrow	15 swállow	16 túrkey

解答	1 ヒヨコ	2 カラス	3 カッコー	4 （小型の）ハト
	5 ワシ	6 ガチョウ	7 タカ	8 メンドリ
	9 フクロウ	10 オウム	11 クジャク	12 ハト
	13 カモメ	14 スズメ	15 ツバメ	16 シチメンチョウ

例題 12　やや難 4分

次の文章の ［　　　　］ に入れる三つの文が，順不同で A ～ C に示されている。意味の通る文にするのに最も適当な配列を答えよ。

People in mild climates in the northern hemisphere sometimes experience periods of very hot and humid weather. ［　　　　］ Another reason for the name may be their belief that dogs became mad because of some mysterious powers at that time.

A　They believed that Sirius, the Dog Star, which rises with the sun during this time, added its heat to the sun's and caused the hot weather.

B　This expression comes from Latin, the language used by the ancient Romans.

C　These periods, which occur in July, August, and early September, are called "dog days" in English.　　　　　　　　　　［本試］

解説　まず A の **They** の候補は，❶ 空所の前にある **People**「人々」と，❷ B にある **the ancient Romans**「古代ローマ人」である。

A の中心となる動詞が believed と**過去時制**で書かれていることに注意すれば，同じく過去の内容である B の the ancient Romans が適切である。まずは B ⇒ A が決まる。次に B の **This expression** に注目すると，これが指すものは C の "**dog days**" だと考えられる。これから，C ⇒ B が決まる。

解答　C ⇒ B ⇒ A

訳　北半球の温暖な気候のもとにいる人々は，非常に暑くて湿気が多い季節を経験することがある。C こうした期間は，7月，8月，および9月初旬に起きるが，これは英語では "dog days（盛夏）" と呼ばれている。B この表現は，古代ローマ人により使われたラテン語に由来している。A 彼らは，この時期太陽とともに昇るシリウス，つまり the Dog Star（天狼星）が太陽の熱に自分の熱を加え，暑さを引き起こすのだと信じていた。名前のもう1つの理由は，その時期に何か神秘的な力のために犬がおかしくなったという古代ローマ人の考え方かもしれない。

288

例題 13

やや難 4分

次の文章の ☐ に入れる三つの文が，順不同で A ～ C に示されている。意味の通る文にするのに最も適当な配列を答えよ。

Did you know that things as small as leaves can delay trains? When leaves fall onto the tracks, they can cause wheels to slip and then the brakes may not work properly. ☐ They claim that it could blast leaves away easily and quickly.

A Some scientists suggest that a laser device fitted onto the front of a train might solve the problem.

B In spite of such efforts, trains are sometimes delayed for long periods of time.

C In some areas, those leaves have to be removed by an army of cleaners.

[本試]

解説　まず B に **such efforts**「そのような努力」とあるから，それが指すものを探す。A は，suggest「提案する」だから努力とはいえない。よって C の「**それらの葉っぱは数多くの清掃人によって取り除かれなければならない**」が「努力」の内容だとわかる。まずは C ⇒ B が決まる。よって A ⇒ C ⇒ B か C ⇒ B ⇒ A だ。

さらに，空所の後ろに They claim that ～.「彼らは～と主張する」とある。この They が「人」であることは明らかだから，「人」を含まない B が最後にくる可能性は低いとわかる。

一方，A には「科学者」がある。以上から答えは C ⇒ B ⇒ A だ。

解答　C ⇒ B ⇒ A

訳　葉っぱのような小さなものでも列車を遅らせることがあるのを知っているだろうか？　葉っぱが線路の上に落ちると，車輪をスリップさせブレーキがうまくきかなくなる可能性がある。

C 地域によっては，それらの葉っぱを数多くの人によって掃除し取り除く必要がでてくる。B そのような努力にもかかわらず，列車は時には長時間遅れてしまうことがある。A 列車の前にレーザー装置を取りつければその問題は解決できるかもしれないと言う科学者もいる。彼らによるとそれによって葉っぱは簡単にすばやく吹き飛ばせる可能性があるということだ。

例題 14

次の A ～ C の各文を入れるのに最も適した場所を，下の文章中の ① ～ ⑥ の中からそれぞれ一つずつ選べ。ただし，各パラグラフに1文ずつ入れよ。

A These are just a few of the things you can do immediately, anywhere, and without any equipment.

B This is perhaps because lifestyle changes are easier to stick with than exercise programs for which you must set aside time.

C However, forget the common belief that you have to suffer in order to make progress.

These days many people are trying to lose weight. Dieting will help, but there is some evidence that cutting calories alone is not the best way to become, and stay, slimmer.

Studies show that a weight-loss program that relies only on dieting is less effective than a plan that includes physical exercise. One expert claims that people who cut 250 calories through dieting can double that number by combining it with exercise and other physical activities. ① Exercise need not be uncomfortable. For people who favor an aerobic program, cycling and swimming are good activities. Dancing can also slim you down. ②

Some researchers have suggested that part of the added physical activity should be in the form of weight training. Their study involved two groups of women. Both were dieting, but one group also lifted weights while the other did not. The women in both groups lost 13 pounds on average, but the weight-training women lost *only* fat. The woman who did not lift weights lost not only fat but also muscle. ③ Yet another study, however, found that overweight people on low-fat diets who increased or changed their regular daily activities — by choosing the stairs over the elevator, for example — were better able to maintain weight loss than those in a tough physical program. ④

How can you put these findings to use right now? There are a lot of ways to do so. Stand up, walk, stretch ... . ⑤ So go for a walk during your coffee break! You'll feel better and be healthier as a result. ⑥

[本試]

ポイントは第3パラグラフの途中にある「**逆接**」のマーカー。それに選択肢の中にある **However** も見落とすな！ 英文全体が「**本格的運動**」と「**軽い運動**」の2つに分かれていることに気がつけばよい。
予想正答率は，A，Bが50％弱。Cが25％ぐらい。

解説　まず文全体の流れをとらえると，

選択肢のだいたいの方向性は，

A「これらはどこでもできること」　　⇒「軽い運動」の方向
B「これは生活スタイルの変化のほうが維持が楽だから」
　　　　　　　　　　　　　　　　　⇒「軽い運動」の方向
C「しかし，苦しむ必要はない」　　　⇒「軽い運動」の方向

　選択肢がすべて「**軽い運動**」に関する言及であることに注意する。まず，C の However を含む選択肢に注目する。これは「**本格的な運動**」⇒ However「**軽い運動**」になっているはず。直前に「本格的な運動」

に関する記述があるのは ① と ③ であるが，③ の後ろには however が
あり，「本格的な運動」⇒ However「軽い運動」⇒ however「軽い運動」
となってしまい矛盾する。よって C は ① に入る。

　次に A は These で，B が This になっていることに注目する。こ
れらはすべて「軽い運動」の方向性だから，第 3 パラグラフなら ④
に入る。ところが，④ の前に These に対応する「モノ」は存在しない。
よって ④ には B が入る。

　あとは，A が第 4 パラグラフに入るが，These に対応するものは，
⑤ の直前の Stand up, walk, stretch しかない。

解答　A ⑤　　B ④　　C ①

訳　　最近は，多くの人々が体重を減らそうとしている。ダイエットは有効だ
が，ただカロリーを減らすことだけが，スリムな体になり，その体型を保
つための一番よい方法とは言えないという証拠がある。

　研究により，ダイエットにだけ依存した減量プログラムは，ダイエット
の他に運動も追加したプログラムと比べて効果が少ないことがわかってい
る。ある専門家の意見によると，ダイエットによって 250 カロリーを減ら
す人々は，運動および他の体を使った活動をあわせて行うことで，その数
字を 2 倍にできる，ということである。C ただ，苦しまなければ進歩はな
いという常識を忘れなければならない。運動が不快である必要などない。
有酸素運動を取り入れたプログラムを好む人にとって，サイクリングと水
泳は，適した活動である。ダンスをすることでもスリムな体になり得る。

　研究者の中には，ダイエットに体を使う活動を追加する場合，その一部
はウエイトトレーニングの形が望ましいと言う者もいる。この研究者たち
の調査には，2 つのグループに分けられた女性たちが参加した。どちらの
グループの女性もダイエットをしていたが，1 つのグループはウエイトリ
フティングも行い，もう片方のグループは行わなかった。どちらのグルー
プの女性も平均 13 ポンドの減量に成功したが，ウエイトリフティングをし
た女性は脂肪だけを減らすことに成功し，ウエイトリフティングをしなかっ
た女性は，脂肪だけでなく，筋肉も落としてしまった。しかし，さらに他
の研究によると，毎日の定期的な活動を増やしたり変えたりして，たとえ
ばエレベーターをやめて階段を利用するなどしながら，低脂肪ダイエット
に取り組んでいる太り気味の人のほうが，きつい運動プログラムをこなし
ている人より体重を減らすことに成功したということがわかった。B これ
はおそらく，生活習慣を変えることのほうが，わざわざ時間を作って行う

292

運動プログラムよりも定着しやすいからであろう。

　さて今，これらの発見をどのように利用できるだろうか？　活用するための方法はたくさんある。立ち上がること，歩くこと，ストレッチをすることなど。A こうしたことは，どこでも何の器具も使わないですぐできることのほんの一例にすぎない。だから休憩のあいだに散歩に出かけよう！気分がよくなり，結果としてより健康になるだろう。

語句

第1パラグラフ
- ▶ évidence　　　　　　　名 「証拠」
- ▶ slim　　　　　　　　　形 「ほっそりした」

第2パラグラフ
- ▶ relý on ～　　　　　　熟 「～に依存する」
- ▶ efféctive　　　　　　　形 「効果的な」
- ▶ claim that S V　　　　熟 「S V と主張する」
- ▶ combíne A with B　　熟 「A を B と組み合わせる」
- ▶ slim ～ down／down ～　熟 「～を細くする」

第3パラグラフ
- ▶ invólve ～　　　　　　他 「～を含む」
- ▶ fat　　　　　　　　　　名 「脂肪」
- ▶ yet anóther ～　　　　熟 「さらに他の～」

問題作成部会のねらいは不変であり普遍だよ。
つまり，「**あなたは本当に英文が読めていますか？**」ということをたずねているんだ。出題傾向の変化に振り回されることなく，英語の実力を着実に身につけていこう！

例 題 15

標準 12分

次の文章の　A　～　C　に入れるのに最も適当なものを，それぞれ下の ① ～ ④ のうちから一つずつ選べ。

A role model is an ideal person whom we admire. Role models may have various backgrounds and ways of looking at things. However, they all inspire others through their actions. I would like to introduce two people I admire.

Mr. Chico Mendes is one of my role models. He was born in the Amazon region in 1944 to a poor Brazilian family that had farmed rubber from rubber trees for many generations. They loved the rainforest and　A　. However, mining companies and cattle ranchers started destroying the Amazon rainforest which is more than 180 million years old. They burned and cut down hundreds of thousands of trees, endangering the living environment of the people there. Chico began a movement that organized ordinary workers to oppose those harmful practices. The movement　B　, as Chico's efforts led people in other countries to protect the earth's forests and the forests' native inhabitants. Mr. Chico Mendes is a role model for me because of his courage, dedication and self-sacrificing work to protect not only the Amazon rainforest, but the natural environment of the entire planet.

Dr. Mae Jemison, the first Afro-American female astronaut to travel into space, is my other role model. Mae was born into a middle-class American family. She entered university at the age of 16, and went on to receive degrees in Chemical Engineering, African-American Studies and Medicine. She became a fluent speaker of Japanese, Russian and Swahili. In 1992, she was the science mission specialist on the space shuttle Endeavour, on a cooperative mission between the U.S. and Japan.　C　, Dr. Jemison has used her education to improve the lives of others by providing primary medical care to poor people. She has helped countless people through various educational and medical projects.

The main characteristics of my two role models are that they sympathize with other people's distress and are committed to improving the world by helping others. They are caring people who use their

294

potential to benefit the world, making it a better place.

A

① did not tell outsiders the location of their trees
② did not want strangers living anywhere near them
③ protected the indigenous tribes from being killed
④ used its resources in a way that did not destroy it

B

① eventually spread to other parts of the world
② remained basically a problem for Brazilian people
③ was especially concerned with global warming
④ was focused mainly on the Amazon rubber trees

C

① A compassionate person
② Because she loved traveling
③ In order to gain experience
④ Wanting an adventure

[本試]

［漠然］⇒ ［具体］，［代名詞］をポイントに，非常に巧妙に作られた問題。**compassionate**「哀れみの情のある」は相当な難語なので，普段から「**消去法**」を使うことに慣れていないと正解に至ることは難しい。

解説　A

　空所の後ろに **However** があることから［**逆接**］だとわかる。However の後ろには「熱帯雨林を破壊し始めた」とあるから，空所には「熱帯雨林を守る」という方向性の記述が入るとわかる。
　①「彼らの木の場所を部外者には教えなかった」の方向性は OK。
　②「見知らぬ人に彼らの近くのどこにも住んでほしくなかった」も OK。
　③「現地の部族が殺されないように守った」⇒ これは「**ワナ**」。protected だけ見て選ぶ受験生がいたかもしれない。

④「熱帯雨林を破壊しない方法でその資源を利用した」⇒ これも方向性は OK。

①・②・④ の選択肢に**代名詞**が入っていることに注意し，**原則❸**を用いる。rainforest「熱帯雨林」は単数形だが，①・② の代名詞は複数形 (their / them) になっていて不可だとわかる。よって，答えは④「**熱帯雨林を破壊しない方法でその資源を利用した**」。切れ味のある良問。

B

空所の後ろに文があるから，[**漠然**] ⇒ [**具体**] だとわかる。空所の後ろには「シコの努力によって，他の国の人々が地球の森林や森林の先住民を守るようになった」とあるので，空所には「森林を守るための運動の広がり」という主旨の記述が入るはず。

① 「**結局は，世界の他の地域に広がった**」は OK。

②「基本的に，ブラジルの人々の問題のままであった」は「広がり」とは逆の設定となっている選択肢なので，不可。

③「とくに地球温暖化に関係していた」は本文の記述とはまったく無関係なので，不可。

④「主にアマゾンのゴムの木に焦点が置かれていた」も，② と同様，「広がり」とは逆の設定となっている選択肢なので，不可。

以上から，① が正解。

C

文全体の主旨は「**賞賛すべき模範となる人物について**」であり，第3パラグラフでは 2 人目の [**具体例**] が示してある。これも空所の後ろに文が続いているから，[**漠然**] ⇒ [**具体**] の認識をたずねた問題だとわかる。

空所の後ろを見ると「ジェミソン博士は，知識を使って，貧しい人々に初期医療を施すことによって，他人の生活を改善した。彼女は，さまざまな教育や医療の計画を通して，数えきれないほどの人々を救った」とあり，要するに「よい人」だとわかる。

① 「**思いやりのある人であったので**」

②「彼女は旅行することを愛していたので」

③「経験を積むために」

④「冒険を望み」

の選択肢のうち，②・③・④ は「**プラス**」とも「**マイナス**」ともとれ

るので，不可。

　よって，**消去法**により ① を選ぶ。

　選択肢に「マイナス」の内容が入っていれば正答率はかなり高くなるだろうが，そのようなわかりやすい選択肢ではないので，難しく感じるのはしかたない。**選択肢がこのように巧妙に作られていることをぜひ実感してほしい。**なお，A compassionate person は分詞構文で文頭の Being が省かれた形。

解答　　A ④　　B ①　　C ①

訳　　模範となる人物とは，私たちが賞賛する理想的な人である。模範となる人物は，さまざまな経歴やものの見方を持っているかもしれない。しかし，彼らは皆その行動を通して，他人の気持ちを奮い立たせる。私が賞賛する2 人の人物を紹介したい。

　シコ・メンデス氏は，私の模範とする人物の 1 人だ。彼は，1944 年に，アマゾン地域で何世代にもわたってゴムの木からゴムをとってきた貧しいブラジル人の家族に生まれた。彼らは熱帯雨林を愛していたし，また ④ 熱帯雨林を破壊しないようにその資源を利用した。しかし，炭鉱会社と牛の牧場経営者らが 1 億 8 千万年以上の歴史があるアマゾンの熱帯雨林を破壊し始めた。彼らは何十万本もの木を燃やし，切り倒し，そこに住む人々の生活環境を危険にさらした。シコは，それらの有害な行為に反対するために，普通の労働者を組織する運動を始めた。その運動は ① やがて世界の他の地域にまで広がった。シコの努力によって，他の国の人々が地球の森林や森林の先住民を守るようになった。アマゾンの熱帯雨林だけではなく，地球全体の自然環境をも守るための，彼の勇気，献身，自己犠牲的な仕事を理由として，シコ・メンデス氏は私の模範とする人物だ。

　宇宙へ旅立った初めてのアフリカ系アメリカ人女性宇宙飛行士であるメイ・ジェミソン博士が，私のもう 1 人の模範とする人物だ。メイは，アメリカの中流家庭に生まれた。16 歳のときに大学に入学し，そして続けて，化学工学，アフリカ系アメリカ人研究，医学の学位を取った。メイは日本語，ロシア語，スワヒリ語を流ちょうに話せるようになった。1992 年，メイは日米共同計画でスペースシャトル，エンデバー号の科学任務担当の専門家になった。① 思いやりのある人であったので，ジェミソン博士は，知識を使って，貧しい人々に初期医療を施すことによって，他人の生活を改善した。彼女は，さまざまな教育や医療の計画を通して，数えきれないほどの人々を救った。

私の模範とする 2 人の人物の主な特徴は，彼らは他人の苦悩に共鳴し，他人を助けることによって，世界をよくすることに専念しているということだ。彼らは，自分の能力を使って，世界に貢献し，世界をよりよい場所にしようとする思いやりのある人々なのである。

語句　第 1 パラグラフ

▶ **role módel**　名「(成功, 実績などにより) 模範となる人」

▶ **admíre** 〜　他「〜を賞賛する」

▶ **inspíre** 〜　他「(〜の気持ち) を鼓舞する」

第 2 パラグラフ

▶ **farm** 〜　他「(作物など) をとる」

▶ **míning cómpany**　名「炭鉱会社」

▶ **cáttle ráncher**　名「牛の牧場経営者」

▶ **endánger** 〜　他「〜を危険にさらす」

▶ **oppóse** 〜　他「〜に反対する」

▶ **inhábitant**　名「住人」

▶ **cóurage**　名「勇気」

▶ **dedicátion**　名「献身」

▶ **self-sácrificing**　形「自己犠牲的な」

第 3 パラグラフ

▶ **ástronaut**　名「宇宙飛行士」

▶ **degrée**　名「学位」

第 4 パラグラフ

▶ **sýmpathize with** 〜　熟「〜に共感する」

▶ **distréss**　名「苦悩」

▶ **cáring**　形「思いやりのある」

▶ **poténtial**　名「潜在能力」

▶ **bénefit** 〜　他「〜に利益を与える」

原則❹ 空所補充タイプの問題では，まず品詞・代名詞などをチェックせよ

❶ 選択肢の品詞をチェックする

副詞や接続詞（マーカー）を空所に補充する問題は，**文整序問題の前段階**と位置づけできる。その際にまず「意味」から入るのではなく，**選択肢の品詞を確認する**作業を忘れてはならない。

各選択肢の品詞が異なる（接続詞と副詞が混在しているなど）のであれば，空所を含む文の**文構造をチェック**することになる。

また，すべての選択肢が同じ品詞ならば，「意味」から考えればよい。そして「意味」から考える場合にも，文整序問題と同様なアプローチをすればよいだけのことである。

❷ 「つなぎ語」の役割を理解する

このタイプの問題に出てくる副詞や接続詞には，当然ながら高校の教科書の範囲を逸脱しているものはない。しかし，だからといって，"on the contrary＝「逆に」" といった**雑な学習ではいけない**。　**確認❶**（p.252）に挙げたもの以外を暗記する際には，次のようなものが要注意である。

例1　"**on the contrary** ＝「**逆に**」" ではない！
- ▶ on the contrary ⇒ [主張] を強める働き
- ▶ Tom is not poor at math; **on the contrary**, he's a genius.
「トムは数学が苦手なんかじゃない。それどころか天才だよ」

例2　"**after all** ＝「**結局**」" ではない！
- ▶ after all ⇒（主に文頭にて）補足的な理由を示す働き
- ▶ You should study English harder; **after all** you're an English teacher.
「もっと英語の勉強をしないと。だって，英語の教師なんだろ」

例3　"**despite** ＝「**～にもかかわらず**」" だけでは**不十分**！
- ▶ 〈despite ＋ 名詞〉⇒ [逆接] の働き
- ▶ **Despite** the doctor's effort, the patient died.
「医者は努力したが，患者は亡くなった」

例題 16 やや難 4分

次の各文章の ☐ に入れるのに最も適当なものを，それぞれ下の ① ～ ④ のうちから一つずつ選べ。

問 1　After many years of war, the country has lost much of its power. ☐ , its influence should not be underestimated.
① Even so　　　　　　② Even though
③ So　　　　　　　　④ Thus　　　　　　　[本試]

問 2　It's too late to go out now. ☐ , it's starting to rain.
① All the same　　　　② At least
③ Besides　　　　　　④ Therefore　　　　　[本試]

問 3　My uncle broke his promise to take us to the beach. ☐ my sister was disappointed, her face didn't show it.
① Even　　　　　　　② However
③ If　　　　　　　　④ Then　　　　　　　[本試]

問1の問題は旧・センター試験の第2問の文法，語法で出題されたもの。正解率は20%を割っていて，約半数の受験生が②を選んでしまった。

解説　問1　「長年にわたる戦争ののち，その国は国力の多くを喪失した。☐ その影響力は過小評価すべきではない」

選択肢を見ると，①副詞：「それでも」，②接続詞：「～にもかかわらず」，③接続詞：「だから」，④副詞：「このように，したがって」。

この文の前半は「国力の大半を失った」でマイナス。後半は「影響力を過小評価すべきではない」でプラス。よって，空所には逆接が入るとわかる。まず，③と④が消える。②の Even though は，Even though his legs were quaking, he spoke boldly.「足は震えていたが，彼は大胆な発言をした」というように，Even though S V, S' V'. の形で用いる。よって，空所の後ろにコンマがある以上②は無理。以上より①が正解となる。品詞を意識した勉強をしていれば簡単な問題。

問２ 「もう遅すぎるから外出は無理だ。 [_____] 雨が降り始めたよ」

　選択肢を見ると，① 副詞：「すべて同じ ⇒（矛盾したことが同時に起きても）それでも」，② 副詞：「少なくとも」，③ 副詞：「おまけに」，④ 副詞：「それゆえ」。以上より，品詞による解法は無理であるから，意味から考える。

　「もう遅いから外出は無理だ。 雨が降り始めた」。文意をよく考えると，「外出は無理」の理由として，❶「もう遅い」／❷「雨が降り始めた」の２つが挙げられているとわかる。

　よって，［**追加**］を示す ③ が正解となる。

問３ 「おじさんは海に連れて行ってくれるという約束を破った。妹は失望していた [_____]，顔には出さなかった」

　選択肢を見ると，① 副詞：「～さえも」，② 副詞：「しかしながら」，③ 接続詞：❶「もし～」／❷「たとえ～でも」，④ 副詞：「次に」となっている。

　また問題文は，" [_____] **文**₁，**文**₂." となっていることから，空所には接続詞が入る。答えは ③ しかない。

　この問題の正答率は定かではないが，授業の経験から言うと，10%ぐらいだと思われる。受験生の品詞に対する意識の低さがわかる問題である。

> **注　意**　however を接続詞のように用いるのは，〈**however** ＋ **形容詞（あるいは副詞**）〉の形がほとんどである。
>
> **例**　However difficult this problem is, you should try to solve it.
> 「どんなにこの問題が難しくとも，解く努力をすべきだ」

解答　問１　①　　問２　③　　問３　③

語句　▶ underéstimate ～　　他「～を過小評価する」
　　　　▶ disappóinted　　　　形「失望した」

例題 17

やや難　3分

次の文章を読み，　**A**　と　**B**　に入れるのに最も適当なものを，それぞれ下の①〜④のうちから一つずつ選べ。

Most Japanese houses still have traditional tatami mats in at least one of the rooms. At first, tatami mats could be folded or rolled like a carpet when they were not in use. From the 14th century on, ____**A**____ , tatami mats have had an approximately six-centimeter thick straw base with a fine soft covering. This thicker type of mat spread throughout Japan in various sizes. Today, in the Kyoto area standard tatami mats measure 1.91 by 0.95 meters, ____**B**____ in the Nagoya and Tokyo areas they are a little smaller.

A	① however	② thus	③ in short	④ for this reason
B	① because	② while	③ so	④ unless　[本試]

解説　　　**A**　　選択肢はすべて副詞なので意味で判断する。まず，空所の前の **At first** に注目する。これは，「最初は〜だったけれど，あとで…に変わった」という [譲歩] の文を導く。よって，空所には「**逆接**」の①が適切。なお他の選択肢は，②「(結論を示して) このように」，③「(換言を示して) つまり」，④「この理由で」。

　　　B　　選択肢はすべて接続詞なので意味で判断する。空所の前後は地域による対比だから，②「**〜だが一方**」が適切。なお，①は「(理由) 〜なので」，③は「(結果) 〜だから」，④「〜の場合を除いて」。

解答　Ａ　①　　Ｂ　②

訳　　　今でもほとんどの日本の家では，少なくとも1つは伝統的なタタミ敷きの部屋がある。タタミは，初期のころは，使わないときには絨毯のように折りたたんだり，丸めたりしておくことが可能であった。①しかし 14 世紀以降は，麦わらを原料とし，きめが細かくやわらかいカバーをかけた厚さ約6センチのものになった。この厚手のタタミはさまざまなサイズで日本中に広がった。今日，京都地域では，標準的なタタミは，長さ 1.91 メートル，幅 0.95 メートルのものが用いられ，②一方，名古屋と東京地域では，それより少し小さいものが使われている。

例題 18

標準 7分

第3章 論理展開把握問題

次の文章を読み，ⓐ A ⓑ ～ ⓐ D ⓑ に入れるのに最も適当なものを，それぞれ下の①～④のうちから一つずつ選べ。

In a study aimed at finding ways to encourage children to use computers, some differences were found in the attitudes of boys and girls. While many of the boys said they enjoyed the use of the computer itself, the girls tended to value the computer for how it could help them do something. ⓐ A ⓑ, computers were often a means for the girls, but an end for the boys. The study ⓐ B ⓑ found that the boys were more likely than the girls to have and use a home computer. However, further studies are necessary to confirm these results.

A
① In spite of this ② In contrast
③ In the beginning ④ In other words

B
① also ② namely ③ seldom ④ surely

[本試]

Fainting, the condition of a brief loss of consciousness, occurs from lack of oxygen (O_2) in the brain. Tension on blood vessels can lead to this condition. For example, a quick turn of the head can reduce blood flow to the brain, which naturally reduces the oxygen in the brain. ⓐ C ⓑ, wearing neckties or shirts with tight collars can put pressure on the vessels. ⓐ D ⓑ, the brain, lacking enough oxygen, fails to work properly.

C
① Additionally ② Anyway ③ Finally ④ Instead

D
① As a result ② At least ③ In contrast ④ What is more

[本試]

論理展開把握問題　303

解説 | A |

　選択肢はすべて**副詞**だから意味だけで解く。まず，空所の前後の文の方向性を確認する。空所の前の部分は，「男の子＝コンピュータは娯楽／女の子＝コンピュータは実用」の意味。

　空所の後ろは，「男の子＝コンピュータは目的／女の子＝コンピュータは手段」。これは「**換言**」であるから，答えは ④ の **In other words**「**言い換えれば**」が適切。

　なおそれ以外の選択肢の意味は ①「（逆接を示して）これにもかかわらず」，②「（対比を示して）対照的に」，③「（順序を示して）初めは」である。

| B |

　選択肢はすべて**副詞**なので意味で判断する。空所の後ろの文は，「コンピュータの所有の有無についての男女の違い」。よって「男女の相違」という点からは前の文と同じ。ただ，「コンピュータを何のために持つのか」と「コンピュータを持っているかどうか」は**違う話**。よって「換言」を示す ②「すなわち」は消える。

　また，④の surely は ❶「（前文を言い換えて）たしかに」，❷「（譲歩の節を導いて）たしかに」で用いるが，ここでは不適切。さらに，もし ③「めったに〜ない」とすると，「男の子のほうが女の子よりコンピュータを持つ確率は低い」となる。しかし，これは前文の「女の子は用途があればコンピュータに価値を置く（＝用途がなければ使わない）」と**矛盾**。結局 ①の「（**追加を示して**）**また**」が正解。

文の流れ

	[**譲歩：漠然**]　コンピュータに対する男女の差がある
	[**譲歩：具体化₁**]　　男：遊び　／　女：実用
A	男：目的　／　女：手段
B	[**譲歩：具体化₂**] 男の所有率のほうが女より高い
	[**主張**] さらに詳しい研究をしなければ何ともいえない

| C |

　選択肢はすべて**副詞**なので意味で判断する。まず空所の前は，「失神」の具体的な原因として「**首を急に曲げること**」を挙げている。空所の後ろでは，別の原因として「**ネクタイをしたり，襟のきついシャツを着たりすること**」を挙げている。よって，［**追加**］のマーカーで

304

ある ① 「**さらに**」が適切といえる。

　なお残りの選択肢の意味は ② 「(譲歩 ⇒ 主張を示して) いずれにしても」，③ 「(順序を示して) 最後に」，④ 「その代わり」である。

　　　D

　選択肢はすべて**副詞**なので意味で判断する。空所の後ろの文は，第1文の主張「酸素不足になると脳はうまく機能せず失神する」をもう一度繰り返した箇所である。

　選択肢を見ると，① 「(結果を示して) **結果として**」，② 「少なくとも」，③ 「(対比を示して) 対照的に」，④ 「(追加を示して) さらに」。以上からまず ③ と ④ は消える。② では意味が合わない。よって ① が正解となる。

文の流れ

	[主張]	失神は脳内の酸素不足が原因だ
	[具体的原因₁]	首を急に曲げる
C	[具体的原因₂]	首が締まるようなものを身につける
D	[主張再現]	酸素が不足すると脳はうまく働かない

解答　**A** ④　　**B** ①　　**C** ①　　**D** ①

訳　　子どもたちがコンピュータを使うように促すための方法を見つけ出すことを目的とした研究の中で，男の子と女の子の考え方にいくつかの違いが見られることがわかった。男の子の多くは，コンピュータを使うことそのものが楽しいと言ったが，女の子のほうは，コンピュータが自分たちにどのように役立つかという点で，コンピュータに価値を置く傾向があった。④ 言い換えれば，コンピュータは女の子にとって手段であることが多く，男の子にとってはそれが目的になっていたのである。① さらに，その研究によると，家にコンピュータを所有し使用しているのは女の子より男の子のほうが多かった。しかし，これらの結果を裏づけるには，よりいっそうの研究が必要である。

　失神，つまり短いあいだ意識を失うことは，脳内の酸素不足から起こる。この状態は血管の緊張により引き起こされることがある。たとえば，首を急に曲げると，脳への血流が減少するため，当然脳内の酸素が減少する。① さらに，ネクタイを締めたり，襟がきついシャツを着たりすると，血管に圧力が加わる。① その結果，脳は酸素不足となり，働きが悪くなる。

論理展開把握問題　305

3rd step ▶ 問題チャレンジ編

チャレンジ問題 1　　　　　　易　12分

　次の会話は、アメリカのある高校でカリキュラムを見直すにあたり,教師たちが外国語教育について議論している場面の一部である。　A　～　C　に入れるのに最も適当なものを, それぞれ下の ① ～ ④ のうちから一つずつ選べ。

Ted ：　For the past 20 years our school has been offering French and Spanish. However, times have changed and perhaps we should reevaluate the needs of our students. I've heard some suggest that native English speakers don't need to study a foreign language because English has become a global language. I'd like to get your views on this.

Jennifer ：　Well, with the globalization of many businesses, knowing a foreign language has become increasingly useful in the workplace. In business situations, when you're negotiating with people from other countries, it's obviously a disadvantage if they know your language but you don't know theirs. Also, by studying a foreign language, students can learn about various customs and cultural values of people from different parts of the world. This can smooth business relationships.

Ted ：　So, Jennifer, I guess you're saying that　A　.

A

①　English is the most common language in the business world

②　it's a disadvantage to use a foreign language in business

③　knowing a foreign language can have a practical, career-related benefit

④　studying business skills contributes to foreign language learning

David ：　I agree with Jennifer, and I suggest that we offer Chinese classes. China is a fast-growing economy and in the future it will become the world's biggest. Also, I believe there are more

306

native speakers of Chinese than of any other language. Perhaps along with French and Spanish, we should offer Chinese.

Maria： I understand what you're saying, but in order to be well-informed about China, one should be able to read Chinese, which would involve years of study to learn at least 3,000 to 4,000 characters. I think continuing to offer French and Spanish is still more practical. Because these languages are somehow related to English, there are many words that have the same origin, and this makes the language learning process less difficult.

Ted： So, Maria, your idea is that 　　B　　.

B

① a native English speaker may find it easier to learn French and Spanish

② Chinese would be most useful because China is a fast-growing economy

③ it would be useful to learn Chinese because China has the greatest number of people

④ knowing French or Spanish could make it easier to learn other European languages

Leslie： Well, I'm not sure which foreign language would be most valuable to our students. However, studying a foreign language can help students become aware of their own language and culture. Most of us use our native language without thinking deeply, and we make many cultural assumptions. But most importantly, through learning a foreign language, we're better able to look at something from various perspectives.

Ted： Leslie, that's a very interesting point. You're saying the biggest advantage of foreign language study is that it can increase students' 　　C　　.

C

① ability to consider things from different points of view

② desire to understand their own language and culture

論理展開把握問題　307

③ knowledge of other language structures and cultures
④ opportunities to be successful in global business

Ted： I appreciate getting all your ideas. Perhaps we should prepare a questionnaire for our students and try to get a sense of their interests and future goals.　　　　　　　　　　　　　　　　[本試]

解説　|　A　|

　ジェニファーの発言の要旨は「外国語を習得することは，ビジネスで有用なだけでなく，外国の習慣，文化を知ることを可能にする」ということ。選択肢を見ると，①「英語はビジネスの世界では最も広く使われている言語だ」，②「ビジネスで外国語を使うのは不利になる」は間違いだとすぐわかる。③「外国語を知っていることは，実用的かつ仕事にかかわる恩恵を得ることもできる」は正解のように思えるが，いったん保留する。④「ビジネス上のスキルを勉強することが外国語学習に役立つ」。これは原因と結果が逆転していて不可。以上から③が正解となる。

|　B　|

　マリアの発言の要旨は，「中国語を読めるようになるのは困難だから，英語と似たフランス語やスペイン語のクラスを設置するほうが現実的である」ということ。

　選択肢を見ると，①「英語を母語とする話者は，フランス語とスペイン語の学習のほうが容易だと感じるかもしれない」。これが正解。念のため他の選択肢も確認しておく。②「中国は急速に発展を遂げている経済大国なので，中国語は最も役立つであろう」，③「中国の人口は世界最大なので中国語を学ぶことは役立つだろう」は，マリアと真逆の意見で不可。④「フランス語かスペイン語を知っていれば，他のヨーロッパ言語の習得はもっと容易になるかもしれない」は，マリアの発言とは無関係。以上から正解は①。ど真ん中直球勝負の問題。

|　C　|

　レスリーの発言の要旨は，「どの外国語を学習するかは別にして，外国語学習は自国の言語や文化をさまざまな視点で見るのに役立つ」ということ。選択肢を見ると①「さまざまな視点から物事を考えられ

る能力」で，これが正解。他の選択肢は ②「自国の言語や文化を理解したいという希望」がワナ。こうした希望を増大させることがレスリーの言いたいことではない。③「他の言語の構造や文化に対する知識」，④「世界規模のビジネスで成功する機会」などはまったくの見当違い。以上から ① が正解。

解答 Ａ ③　　Ｂ ①　　Ｃ ①

訳

テッド　　　　：ここ 20 年のあいだ，本校ではフランス語とスペイン語のクラスを提供してきました。しかし，時代は変化し，学生のニーズを再評価したほうがよいかもしれません。英語は国際言語になったので，英語を母語とする話者は外国語を勉強する必要などないのではというお考えの方もおられると聞いています。この点について皆さんのご意見をお伺いしたいと思います。

ジェニファー　：そうですね。多くの企業で国際化が進む中で，外国語の知識は職場ではますます有用になってきました。ビジネスシーンでは，外国人と交渉するとき，相手側がこちらの言葉を知っているのに，こちらが相手側の言葉を知らないとすると，不利なのは明らかです。また，学生は外国語を勉強することで，世界のさまざまな地域出身の人たちのいろいろな習慣や文化的価値観について学ぶことができます。これによってビジネス上の関係が円滑なものになるでしょう。

テッド　　　　：ということは，ジェニファー，あなたが言っているのは，③ 外国語を知っていることは，実用的かつ仕事にかかわる恩恵を得ることもできる，ということですね。

デイビッド　　：私はジェニファーに賛成ですし，さらに中国語のクラスを設置したらどうかなと思います。中国は急速に成長を遂げている経済国だし，将来は世界最大の経済大国になるでしょう。また，中国語を母国語として話す人たちは他のどんな言語より多いと思います。フランス語とスペイン語に加えて，中国語のクラスを作ったほうがよいでしょう。

マリア　　　　：あなたの言っていることは理解できますが，中国の事情に精通するためには，中国語が読めないといけません。それには何年も学習しなければならず，3,000 から 4,000 の文字を学ぶ必要があるでしょう。従来どおりフランス語とス

論理展開把握問題　309

ペイン語のクラスを設置することのほうがずっと現実的だと思います。この2つの言語は何らかの点で英語と関連があるので，語源が同じ単語も数多くあるため，学習の過程が中国語ほど難しいものにはなりません。

テッド　　　：マリア，それではあなたの考えは①英語を母語とする話者は，フランス語とスペイン語の学習のほうが容易だと感じるかもしれない，ということですね。

レスリー　　：そうですね。どの外国語がうちの学生にとって最も価値があるかはわかりません。しかし，外国語の学習が，学生に自国の言語や文化を意識させることに役立つということはあり得ます。私たちの大半は，母国語を深く考えないで使っていて，また文化に関して勝手な思い込みも数多くしています。けれど，最も重要なことは，外国語の学習を通じていろいろな視点から物事を見る力が向上することです。

テッド　　　：レスリー，それは非常に興味深い指摘ですね。あなたの意見では，外国語学習の最大の利点は，それによって学生の①さまざまな視点から物事を考える能力を伸ばせるということですね。

テッド　　　：皆さん方からさまざまな意見を頂戴しありがとうございました。学生向けのアンケートを用意し，彼らの興味や将来の目的について探ってみようと思います。

(語句)
▶ óffer ～　　　　　　　他「～を提供する」
▶ reeváluate ～　　　　他「～を再評価する」
▶ globalizátion　　　　名「グローバル化」
▶ incréasingly　　　　　副「ますます」
▶ wórkplace　　　　　　名「職場」
▶ negótiate with ～　　熟「～と交渉する」
▶ óbviously　　　　　　副「明らかに」
▶ disadvántage　　　　名「不利な点」
▶ cústom　　　　　　　名「習慣」
▶ válues　　　　　　　　名「価値観」
▶ smooth ～　　　　　　他「～を円滑にする」
▶ relátionship　　　　　名「関係」
▶ guess ～　　　　　　　他「～を推測する」
▶ práctical　　　　　　　形「現実的な」

- ▶ bénefit 　　　　　　　　　名「恩恵」
- ▶ contríbute to ~ 　　　　　熟「~に貢献する」
- ▶ suggést ~ 　　　　　　　　他「~を提案する」
- ▶ alóng with ~ 　　　　　　熟「~に加えて」
- ▶ well-infórmed 　　　　　　形「よくわかっている」
- ▶ A invólve B 　　　　　熟「AにはBが必要だ」
- ▶ at least 　　　　　　　　　熟「少なくとも」
- ▶ cháracter 　　　　　　　　名「文字」
    - ＊ Chinese character 「漢字」
- ▶ sómehow 　　　　　　　　副「何らかの形で」
- ▶ be reláted to ~ 　　　　　熟「~に関連している」
- ▶ órigin 　　　　　　　　　　名「起源」
- ▶ becóme awáre of ~ 　　　熟「~を意識する」
- ▶ assúmption 　　　　　　　名「仮説」
- ▶ perspéctive 　　　　　　　名「(全体を見る) 視点」
- ▶ from a ~ point of view 　熟「~の視点から」
- ▶ strúcture 　　　　　　　　名「構造」
- ▶ opportúnity 　　　　　　　名「(よい) 機会」
- ▶ appréciate ~ 　　　　　　他「~のよさがわかる／~をありがたく思う」
- ▶ prepáre ~ 　　　　　　　　他「~を準備する」
- ▶ questionnáire 　　　　　　名「アンケート」
- ▶ get a sense of ~ 　　　　熟「~をとらえる」

第3章 論理展開把握問題

論理展開をたえず意識して読もう！

チャレンジ問題 2

やや難 4分

次の文章の □ に入れる三つの文が、順不同で A ～ C に示されている。意味の通る文にするのに最も適当な配列を答えよ。

When Burton and Speke explored Lake Tanganyika in East Africa in 1858, they were not the first outsiders to do so. □ They were wrong. The 650-kilometer-long lake flows in fact westward into the Atlantic.

A　Arab traders had already developed ivory and slave trades there 50 years earlier.
B　The explorers had hoped to prove that Lake Tanganyika was the source of the Nile.
C　Indeed they provided the British explorers with food and equipment, as well as guidance.　　　　　　　　　　［本試・改題］

"the British explorers" ⇒ "The explorers" の流れに気づけば速い。

解説　空所の前の文に、「バートンとスピークは最初の外国人ではなかった」とあるから「では**だれだ**？」と考える。A の **had already** や、**50 years earlier**「それよりも 50 年前に」に着目すれば、この文が空所の最初にくることが予測される。

次に空所の後ろを見ると、「彼らは**間違っていた**」とある。その前にくるのは B か C か？　B「～を証明したいと思っていた」、C「～を提供した」だから、B がくると考えられる。

以上から A ⇒ C ⇒ B とわかる。

別の例で B の The explorers と、C の the British explorers の順序を考えてみる。「僕は○×高校に通っているんだ」という発言に対して、「**その**高校どこにあるの？」のように、わざわざ「○×高校」と言わなくても十分に通じるはずである。

これと同様に、"the British explorers ⇒ **The** explorers" の流れ（わ

312

ざわざ British という語を使っていない) になることがわかればよい。
よって C ⇒ B となる。

確認② ［詳しい表現］ ⇒ ［簡略化された表現］

the beautiful high school ⇒ **the** school という流れは，
センター試験では頻出だったので，注意しておくこと。

解答 A ⇒ C ⇒ B

訳 1858 年にバートンとスピークが，東アフリカにあるタンガニーカ湖を探検したとき，彼らはそこを探検した最初の外国人というわけではなかった。A アラブの貿易商たちが，それよりも 50 年前にすでにそこで象牙と奴隷の取り引きを行っていたのである。C じつは，その貿易商たちはイギリスから来た探検家たちを案内しただけでなく，食料や装備も提供していたのである。B その探検家たちは，タンガニーカ湖がナイル川の水源であるということを証明したいと思っていた。彼らは間違っていた。最長 650 キロメートルのその湖は，実際には西へ流れて大西洋に流れ込んでいたのである。

語句

▶ **explóre ～**　　　　　　他 「～を探検する」
　　＊ ex- は「外」を表す接頭辞

▶ **outsíder**　　　　　　名 「外国人」
　　＊ 文字どおり，outside にいる人

▶ **50 years earlier**「(それよりも) 50年前に」
　　＊ 一般に，〈数字 + 比較級〉では，「数字」が「差」を表すことに注意

▶ **equípment**　　　　　　名 「装備」
　　＊「こまごまとした備品」を指す。カメラの equipment なら，カメラ本体以外の三脚や望遠レンズなどのこと。不可算名詞であることにも注意

▶ *A* **as well as** *B*　　　　熟 「B のみならず A も」
　　＊ 重点が「A」にあるということが大切

▶ **had hoped to** (V)　　　熟 「V することを望んでいた」
　　＊ 過去完了になっていることに注意。had hoped to V は「失敗したこと (= 過去)」を前提として「(それより以前に) 希望を持っていた」ということを表す場合に用いられる

論理展開把握問題　313

チャレンジ問題 3　やや難　4分

次の文章の [　　] に入れる四つの文が，順不同で A～D に示されている。意味の通る文にするのに最も適当な配列を答えよ。

In most supermarkets, foods which people buy regularly may be located in different parts of the store on purpose. [　　] Here, they have a further chance to buy something else.

A　In doing so, they pass many other things which they hadn't planned to buy.
B　Then, when they see these additional items, they may decide to buy some of them.
C　To get to these everyday necessities, customers must walk round the store.
D　Several small products are also displayed at the counter where customers pay.

[本試]

空所の後ろの Here や，B の these に着目する。

解説　**原則❹** より，空所の後ろにある **Here** に着目すると，"「ここで」とはどこで？" という問いが立つ。まず各選択肢に [**場所**] **を示す副詞句**がないかどうか確認する。すると，C round the store「店のあちこちに」と D at the counter where customers pay「客が支払いをするカウンターで」の 2 つが見つかる。最後の文には「さらに何か他のものを買う機会がある」とあるから，pay ⇒ buy とつながる D が最後の文の前にくる。

次に B，C のそれぞれの **these** を検証すると，B には these additional items「この副次的な商品」とあり，C には these everyday necessities「この日々の必需品」とある。ここで，B，C のそれぞれの these が何を指しているかを考える。すると，B「この副次的な商品」は A の many other things which they hadn't planned to buy「買う計画をしていなかった他の多くのもの」を指し，また，C「この日々の必需品」は第 1 文の foods which people buy regularly「人々がいつも買う食品」を指しているとわかる。

よって，第 1 文 ⇒ C ⇒ A ⇒ B というつながりがわかれば，D が文章の末尾にくるので，C ⇒ A ⇒ B ⇒ D とつながることがわかる。

別の方法で，A の In doing so「そうする際に」に注目してみる。この後ろに they pass many other things「彼らは他の多くのものの横を通り過ぎる」とあるから，doing so の主語 they は人間だとわかる。選択肢の中で「そうする際に通りすぎる」の「そうする」に適したものは C の walk しかない。よって C ⇒ A が決まる。

解答　C ⇒ A ⇒ B ⇒ D

訳　たいていのスーパーマーケットでは，人々が日常買う食品は店のあちこちに意図的に置かれていることがある。C 客がこのような毎日の生活の必需品の売り場に行くためには，店の中をぐるっと歩かなければならなくなる。A そのようにするときに，買う計画などなかった他の多くのものの横を通る。B 次に，この副次的な商品を見たときに，そのいくつかを買うことにするかもしれない。D 客が支払いをするカウンターにもいくつかのちょっとした商品が置かれている。ここで客は他のものを買う，さらなる機会を得るのである。

語句

▶ **on púrpose**　　　　　熟「故意に」
　　＊「目的にもとづいて」が直訳

▶ **necéssities**　　　　　名「必需品」
　　＊ necessary の名詞形。通例複数形で用いられる

▶ **then**　　　　　　　　副「次に」
　　＊ 現在時制で使われる then は「順序」を示すため，上記のような意味になる

▶ **addítional ítems**　　名「追加的な商品」
　　＊ additional は addition「追加」の形容詞形

▶ **displáy** ～　　　　　他「～を展示する」

▶ **fúrther chance**　　　名「さらなる可能性」
　　＊ further は「程度」を表す形容詞 far の比較級

論理展開把握問題　315

チャレンジ問題 4

標準 10分

次の会話は，3人の俳優による座談会での議論の一部である。 [A] ～ [C] に入れるのに最も適当なものを，それぞれ下の ① ～ ④ のうちから一つずつ選べ。

Moderator: Today, we welcome three actors, Fernando Costa, Nina Pavlova, and Manuel Dupond, to our round-table talk. Today's topic is playing different kinds of roles. Would you start, Fernando?

Fernando: Sure. As an actor, I like being a different person on stage. I'm basically a happy person. I always enjoy talking with friends and telling jokes. But when I act, I like playing tragic roles. A playwright creates a situation which draws the audience into another world, and I can also enter that world. For example, I take pleasure in playing Hamlet or Othello, who both experience great misfortune. I can't easily imagine such drama in my daily life, so I prefer performing serious roles like that.

Nina: I like to play tragic roles, too, but for somewhat different reasons from yours, Fernando. You seem to like to act out what [A], don't you?

[A]

① the audience expects you to do on stage
② writers themselves don't want to do on stage
③ you don't usually experience in real life
④ you have experienced in your daily life

Fernando: Yes, exactly.

Nina: Personally, it's difficult to imagine how characters who are different from me would feel and behave. I'm not an optimistic person and I tend to take things very seriously. I can't even imagine myself telling a joke. So I'm not good at playing comic roles.

Moderator: Thank you, Nina. Your point is that you [B].

316

B

① are disappointed when you are assigned a serious role
② can tell jokes on stage without practice
③ can understand how someone else feels in a happy situation
④ feel more comfortable with serious roles

Nina： Yes, that's right.
Moderator： OK. How about you, Manuel?
Manuel： Like Nina, I think that if your personality is similar to that of the character you play, it helps your performance and makes the character you play more believable. For me, it's sometimes impossible to express what I don't usually think and feel. I'm very outgoing and I feel happy when people laugh at my jokes. So it's difficult for me to play very serious roles. Of course I can think of the person I'm playing and put myself in that person's shoes, but I'm most comfortable playing someone whose personality is close to mine, I mean, playing comic roles.
Moderator： It seems that what matters most to you is whether C or not.

C

① the audience likes your acting
② the role fits your true personality
③ you can accept the challenge of serious roles
④ you can stretch yourself to fit the role

Manuel： That's right.

[本試]

解説 A

　　フェルナンドの意見は，第 2 文に明記されているとおり「**舞台では普段の自分とは異なる役を演じたい**」である。それ以降の内容は，その主張を裏づけるためのもの。まさに「漠然から具体」の流れであることがわかれば簡単。選択肢を見る。
　　①「観客が舞台でやるのを期待している」，②「作家自身が舞台で

はやりたくない」は無関係。

③「**実生活では普通，経験できない**」は適切。

④「日常生活で経験した」はまったくの逆。

なお，彼の発言中に出てくる「ハムレット（Hamlet）」と「オセロ（Othello）」は，「シェークスピア（Shakespeare）」の「四大悲劇（four great tragedies）」の中の 2 つ。他の 2 つは「リア王（King Lear）」，「マクベス（Macbeth）」。

B

ニーナの意見は，「**自分は冗談ひとつ言えない真面目な性格だから，喜劇などを演じるのは無理だ**」ということ。フェルナンドとは正反対の意見であることがわかる。選択肢を見る。

①「深刻な役を割り当てられるとがっかりする」

②「練習しないで舞台上で冗談が言える」

③「幸福な状況で他の人がどう感じるのかを理解できる」

これらはいずれもニーナの発言の真逆。

④「**深刻な役のほうがやりやすく感じる**」が正解。

なおニーナという名前は，英語の Anna のロシア語形。

C

マニュエルの発言は，「**社交的で楽観的な性質だから，真面目な役を演じるのは苦手だ**」ということ。選択肢を見る。

①「観客が演技を好む」は無関係。

②「**その役柄が本当の自分の性格に合っている**」が適切。

③「深刻な役柄という難題を受け入れることができる」は真逆。

④「その役柄に適するように全力を出すことができる」は無関係。

以上から ② が正解。

解答 A ③ B ④ C ②

訳 司会者　：本日は私たちのテーブルを囲んでの会談にフェルナンド・コスタさん，ニーナ・パブロアさん，それにマニュエル・デュポンさんの 3 人の俳優さんをお迎えしています。今日のテーマはさまざまな種類の役を演じるということについてです。フェルナンドさん，まずお話をお伺いできますか？

フェルナンド：わかりました。私は俳優として，舞台では自分とは違う人間になるのが好きですね。私は基本的には明るい人間です。いつも友達と話をしたり冗談を言ったりして楽しんでいます。しかし，演じるときは悲劇的な役が好きですね。劇作家は聴衆を別世界へ引き込んでいくような状況を創り出しますが，私もその世界に入っていけるのです。たとえば，ハムレットやオセロは，ともに大変な不幸を経験する人物ですが，これらを演じるのは楽しいですね。自分の日常生活でそのような劇的な状況を容易には想像できないので，そういった深刻な役を演じるのが好きなわけです。

ニーナ　　　：私も悲劇的な役を演じるのが好きですが，理由はちょっと違います，フェルナンド。フェルナンドは③実生活では普通，経験できないことを演じるのが好きみたいね。

フェルナンド：ええ，まさにそのとおり。

ニーナ　　　：私としては，自分とは異なる登場人物がどのように感じ，どのように振る舞うのかを想像するのは難しい。私は楽天的なたちではないし，物事をとても深刻に受け止めがち。自分が冗談を言っているのは想像さえできない。だから喜劇的な役を演じるのが得意ではありません。

司会者　　　：ありがとう，ニーナ。あなたの言いたいことは④深刻な役のほうがやりやすく感じるということですね。

ニーナ　　　：うん，そのとおり。

司会者　　　：わかりました。マニュエルさん，あなたはどうですか？

マニュエル　：ニーナと同じように，もし演じる人物の個性が自分の個性に似ているなら，演技にも役立つし，演じる人物をもっと現実味のあるものにできると思います。私にとって，普段考えたり感じたりしないことを表現するのは，時に無理なこともあります。私はとても外向的な性格で，自分の冗談が受けるとうれしいと思います。だから，私が非常に深刻な役柄を演じるのは難しいですね。もちろん，自分が演じている人物のことを考え，その人物の身になってみることはできます。でも，自分の性格と似た性格の人物を演じる，つまり喜劇的な役割を演じるのが一番やりやすいですね。

司会者　　　：あなたにとって一番大切なのは②その役柄が自分の本当の性格に合っているかどうかということのようですね。

マニュエル　：そのとおりです。

語句

- **róund-table** 形「円卓の」
- **role** 名「役柄／役割」
- **básically** 副「基本的には」
- **trágic** 形「悲劇的な」
- **pláywright** 名「脚本家」
- **draw** *A* **ínto** *B* 熟「A を B に引き込む」
- **take pléasure in ~** 熟「~に喜びを見いだす」
- **misfórtune** 名「不幸」
- **prefér ~** 他「~のほうを好む」
- **sómewhat** 副「いくぶん」
- **act ~ out ／ out ~** 熟「(物語など) を実際に演じる」
- **cháracter** 名「登場人物」
- **optimístic** 形「楽観的な」
- **take ~ sériously** 熟「~を真剣に受け止める」
- **disappóinted** 形「失望している」
- **assígn ~** 他「~を割り当てる」
- **sérious** 形「深刻な」
- **be símilar to ~** 熟「~に似ている」
- **that of ~** = **the personálity of ~**
- **make ~ belíevable** 熟「~を信じられるものにする」
- **outgóing** 形「社交的な」
- **put** *oneself* **in** *one's* **shoes** 熟「~の立場になってみる」
- **mátter** 自「重要である」
- **chállenge** 名「(やりがいのある) 難題」
- **stretch** *oneself* 熟「(才能などを) 最大限に発揮する」

チャレンジ問題 5

次の A〜C の各文を入れるのに最も適当な場所を，下の文章中の ① 〜 ⑥ の中からそれぞれ一つずつ選べ。ただし，各パラグラフに1文ずつ入れよ。

A　Similarly, air does not conduct heat as well as water.
B　They, too, are poor conductors of heat and so a very good protection against cold.
C　This can be easily proved.

Some people wear a fur coat for warmth in winter, but few realize that the fur in itself is not really warm at all. In fact, it has the same temperature as its environment. It does not warm us but keeps us warm. The source of heat is our body, not the fur. Fur is specially suited to preserving body heat by preventing it from flowing off into the cold surroundings. In other words, fur does not let heat pass through it easily: it is a poor conductor of heat.

Different materials conduct heat differently. A frying pan with an iron handle soon gets too hot to be touched. This is because iron allows heat to pass through it very quickly. We prefer our frying pans to have wooden handles since wood is a poor heat conductor.　①　We would find a room of 22°C quite comfortable even if we wore just a swimsuit, while bath water of the same temperature is unpleasantly cool.　②　The water takes heat from our warm body much more quickly than the air does.

Different parts of our body conduct heat differently.　③　An object that is too hot to be touched for more than a second with our hands or lips can be in contact with a fingernail for some time. That is because a fingernail is a poor conductor of heat and the heat only reaches the sensitive layer under the nail gradually.　④

Hair and feathers consist of materials similar to nails.　⑤　In addition to this feature, they keep a layer of air underneath. So geese, hares, and even bears in Siberia do not need special winter coats. They have been given warm coats by Nature.　⑥　Humans, having only a very small amount of natural hair, have hunted birds and animals for their feathers and fur since ancient times, and we still use feather bedcovers and wool blankets. 　　　　　　　　　　　　　　　　[本試]

各選択肢の英文の長さが短いことに注意！　これから，選択肢が「漠然」とした記述であることがわかればよい。

解説　まず文全体の流れをとらえると，

第1パラグラフ
　毛皮は熱伝導率が低い

⬇

第2パラグラフ
　熱伝導率は**物質**によってさまざま
　例1　鉄の熱伝導率は高い：木は低い　　　　　①
　例2　空気の熱伝導率は低い：水は高い　　　　②

⬇

第3パラグラフ
　熱伝導率は**身体の部位**によってさまざま　　③
　例1　手や唇の熱伝導率は高いが，爪は低い　　④

⬇

第4パラグラフ
　例2　髪の毛や羽毛も爪と似ている　　　　　　⑤
　　　　髪の毛や羽毛も熱伝導率は低い
　　　　髪の毛や羽毛は空気の層も作る　　　　　⑥

選択肢のだいたいの意味は，

　A　「同様に，空気は水ほど熱伝導率がよくない」
　B　「それらもまた熱伝導率が低い」
　C　「これは容易に証明できる」

選択肢の B と C はあいまいな表現であるから，保留する。
　まず，A から決める。A は「空気と水」の話だから，物質の熱伝導率について述べた第2パラグラフに入る。さらに，「空気と水」を

322

例に挙げている　例 2　の前，つまり① に入ることがわかる。

　次に，B を考えてみる。これは，第 3 パラグラフか第 4 パラグラフに入ることになるが，too「〜もまた」に注目すれば，「身体の部位の熱伝導」が初めて話題となる第 3 パラグラフでは不適切だとわかる。よって第 4 パラグラフに入ることになる。そして⑤ の前の記述が「髪の毛と羽毛も爪と似た物質でできている」とあるから，「どのように似ているの？」と考えることができれば，ここには B が妥当であることがわかる。

　最後に，C が残る。C は③ か④ に入ることになる。「容易に証明できる」とあるから「どのように？」と考えれば，このあとにはその[**具体例**]が展開されるはず。

　ところが④ ではパラグラフが終わってしまい不適。さらに，第 4 パラグラフは「手や唇」の話にはなっていないので不適とわかる。

　③ の直後を見ると，「手や唇では 1 秒以上は触っていられないぐらい熱いものも，指の爪ならしばらく触ることができる」「これは，指の爪の熱伝導率が低く，熱が爪の下の敏感な層に達するのがゆっくりだからである」とある。これは C の[**具体化**]として適切な記述である。

解答　A ①　　B ⑤　　C ③

訳　　冬に身体を暖かく保つために毛皮のコートを着ている人がいるが，毛皮自体はまったく暖かくないことに気がついている人はほとんどいない。実際，毛皮の温度は，そのまわりの温度と同じである。毛皮によって暖かくなるのではなく，熱が逃げないのである。熱源は人間の身体であって毛皮ではない。毛皮が体温を保つのにとくに適しているのは，体温が冷たい外気に流れ出てしまうことを食い止めてくれるからである。言い換えれば，毛皮は熱が伝わりにくく，熱伝導率が低い。

　熱伝導率は物質によってさまざまである。鉄の取っ手がついたフライパンは，すぐに触れなくなるほど熱くなる。これは，鉄が熱を急速に伝えるからである。木の取っ手のフライパンのほうが好まれるのは，木の熱伝導率が低いからである。A 同様に，空気は水ほどには熱を伝えない。室温が摂氏 22 度なら，たとえ水着しか着ていないときでも，かなり心地よく感じるが，お風呂の温度がそれと同じなら不快なほど冷たく感じる。水は空気よりはるかに速く，温かい身体から熱を奪ってしまうのである。

　熱伝導率は身体の部位によってもさまざまである。C これは容易に証明

できる。手や唇では1秒以上は触っていられないぐらい熱いものも，指の爪ならしばらく触ることができる。これは，指の爪の熱伝導率が低く，熱が爪の下の敏感な層に達するのがゆっくりだからである。

　髪の毛と羽毛も爪と似た物質でできている。B それらもやはり熱伝導率が低く，防寒にもとても適している。このような性質に加え，髪の毛や羽毛はその下に空気の層ができる。したがって，ガチョウや野ウサギ，さらにはシベリアのクマでさえ，特別な冬のコートがいらないのである。そうした動物は，自然から暖かいコートを与えられているのである。人間は，生まれつきほんのわずかの体毛しか持たないため，大昔から，羽毛や毛皮を得るために，鳥や動物を狩ってきたし，今でも羽毛のベッドカバーやウールの毛布を使っている。

語句

- ▶ **fur** 　名「毛皮」
- ▶ **the same ～ as ...** 　熟「…と同じ～」
- ▶ **the source of heat** 　名「熱源」
- ▶ **be suited to ～** 　熟「～に適している」
- ▶ **presérve ～** 　他「～を保つ」
  - ＊「現状維持」の感じ
- ▶ **prevént O from (V)ing** 　熟「OがVするのを妨げる」
- ▶ **flow off into ～** 　熟「～に流れ出る」
- ▶ **let heat pass**　「熱が通るのを許す」
  - ＊〈let + 目的語 + 原形動詞〉に注意
- ▶ **poor condúctor of heat**　「熱伝導率が低い」
  - ＊ I'm a poor cook.「料理が下手である」と同様の構文
- ▶ **Different ～ V differently.**　「Vするのは～によってさまざまだ」
- ▶ **fíngernail** 　名「爪」
- ▶ **consíst of ～** 　熟「～から成る」
- ▶ **in addítion to ～** 　熟「～に加えて」

チャレンジ問題 6

次の文章を読み，　A　～　C　に入れるのに最も適当なものを，それぞれ下の①～④のうちから一つずつ選べ。

The term LOHAS, which stands for "Lifestyles of Health and Sustainability," was first introduced in Japan in 2002, when Dr. Paul Ray and Frank Lampe were invited to speak at a symposium to discuss designing a sustainable society. A sustainable society is one in which people use natural resources carefully, always thinking about how to replace them. Since then, the term LOHAS has 　A　 and ultimately has led to many exclusive department stores promoting LOHAS. In the year 2005, there were at least five LOHAS fashion events in the nation's major department stores in Tokyo, Nagoya and Osaka.

Improving health and achieving global sustainability are familiar issues in Japan. In July 2005, a study performed by a major Japanese advertising agency showed that 22 percent of the Japanese population over the age of 15 recognized the term LOHAS. Another study in 2005 also showed that almost a third (29.3%) of all Japanese adults can be classified as LOHAS consumers. Analysts agree the statistics are 　B　 given the country's lack of natural resources, emphasis on energy efficiency, and 99 percent literacy rate.

Although the concept of LOHAS has spread in Japan, the danger of "LOHAS-washing" has occurred. "LOHAS-washing" means using the word LOHAS simply as an advertising trick, without thinking about the basic concept of LOHAS. Some businesses may use the term purely to make money. We should examine carefully whether products really have the good points they advertise or only 　C　.

　A　

① expanded its market
② gained popularity
③ increased efficiency
④ raised health standards

```
  B
    ① not familiar
    ② not popular
    ③ not reliable
    ④ not surprising

  C
    ① carry such a famous brand name
    ② have the LOHAS name in order to increase sales
    ③ promote the growth and popularity of its concept
    ④ strengthen the power of LOHAS-washing          [追試]
```

LOHAS「健康と環境を志向するライフスタイル」や **sustainability**「持続可能性」という,はやりの言葉が使われている。追試験だけに,本試験ほど簡単には解けない。

解説　A

空所の後ろに文が展開しているので,[漠然]⇒[具体]を考慮して,それを手がかりとする。空所の後ろを見ると「ついには多くの高級デパートが LOHAS を促進するようになった」とある。つまり「LOHAS が広がりを見せた」という内容になるものを選べばよい。

①「市場を拡大した」,②「**人気が出た**」は,ともに方向性はOK。③「能率を上げた」,④「健康の基準を上げた」は不可。

①か②の選択が難しい。第3パラグラフで「LOHAS をお金もうけに使おうとしている輩(やから)がいる」というような内容があり,LOHAS はお金もうけが目的ではないとわかる。よって,①は文全体の主張とは合わないので,不可となる。**全体を見通さないと解けない**難問である。

B

第2パラグラフの第1文に「健康を向上させ,地球規模の持続可能性を達成するというのは,日本では**なじみのある問題**である」とあり,このパラグラフには「LOHAS が日本で広がったのは当然である」という主旨のことが書かれているのがわかる。空所の後ろを見ると「日本には天然資源がなく,エネルギー効率に力点が置かれ,識字率が

99％に達することを考えれば」とある。よって「LOHAS という言葉を知っている者が成人のほぼ 3 分の 1 になる」のは ④「驚くに値しない」が正解。①「なじみがない」，②「人気がない」，③「信頼に値しない」はいずれも不可。この問題も，**パラグラフ全体の主旨を考えて解かなければならない**ので難しい。

> C

　直前の文に「LOHAS という言葉を純粋にお金もうけのためだけに使う企業もあるかもしれない」とあり，「LOHAS に便乗した商品には気をつけろ」という主旨が書かれている。空所の前には「商品が広告どおりの利点を本当に持っているのか，それとも〜」とあるから，「〜」には「お金もうけ」という内容が入るとわかる。
　①「そのような有名なブランドネームを運ぶ」は不可。
　②「売り上げを増やすために LOHAS という名前をつけている」が正解。
　③「その概念の成長と人気を促進する」は「プラス」イメージなので，不可。
　④「LOHAS による洗脳の力を強化する」も不可。

解答　Ⓐ ②　　Ⓑ ④　　Ⓒ ②

訳　　LOHAS という語は，「健康と環境を志向するライフスタイル」を表し，日本には 2002 年，ポール・レイ博士とフランク・ランプ氏が，持続可能な社会の構築を討論することを目的としたシンポジウムに招待され，そこで講演した年に初めて導入されたのである。持続可能な社会とは，人々が天然資源を大切に使い，そうした資源に取って代わる方法をつねに考えるような社会のことである。それ以来, LOHAS という言葉②に人気が集まり，ついには多くの高級デパートが LOHAS を促進するようになった。2005 年には，東京，名古屋，大阪にある日本を代表するような大きなデパートで，少なくとも 5 つのファッションイベントが行われた。
　健康を向上させ，地球規模の持続可能性を達成するというのは，日本ではなじみのある問題である。2005 年 7 月，日本の主要な広告代理店が行った調査によると，日本の人口のうち，15 歳より上の層の 22％が LOHAS という語を認識しているということである。2005 年に行われた別の調査では，日本の全成人のほぼ 3 分の 1（29.3％）が LOHAS ピープルに分類される。日本には天然資源がなく，エネルギー効率に力点が置かれ，識字率

が 99％に達することを考えれば，こうした統計値は ④ 驚くに値しないという点でアナリストたちの意見は一致している。

　日本で LOHAS という概念が広がる一方，「LOHAS による洗脳」という危険が生じている。「LOHAS による洗脳」とは，LOHAS の基本的な概念などまるでおかまいなしに，LOHAS という言葉を単に広告のための策略として用いることを意味する。LOHAS という言葉を純粋にお金もうけのためにだけ使う企業もあるかもしれない。商品が広告どおりの利点を本当に持っているのか，それとも ② 売り上げを増やすために LOHAS という名前をつけているにすぎないのかを，私たちは用心深く吟味しなければならない。

語句　第1パラグラフ

▶ **term**　　　　　　　　　　名「(1語ないしは2語以上からなる) 言葉」
▶ **LOHAS**　　　　　　　　　名「健康と環境を志向するライフスタイル」
　　＊　1998年，アメリカ合衆国の社会学者ポール・レイと心理学者のシェリー・アンダーソンが発案した概念。日本では，「健康と環境を志向するライフスタイル」と意訳され，「スローライフ」や「エコ」などの概念に続いて広まった。一般的には，健康や癒し，環境やエコに関連した商品やサービスを総称して「ロハス」と呼び，ロハス的な事物に興味を持つ人を「ロハスピープル」と呼ぶ
▶ **sustainabílity**　　　　　　名「持続可能性」
　　＊　人間活動，とくに文明の利器を用いた活動が将来にわたって持続できるかどうかを表す概念。とくに，環境問題やエネルギー問題について使用される
▶ **nátural résources**　　　　名「天然資源」
▶ **repláce** ～　　　　　　　他「～を (他のものに) 取って代える」
▶ **últimately**　　　　　　　副「ついには」
▶ **exclúsive**　　　　　　　　形「高級な」
▶ **promóte** ～　　　　　　　他「～を促進する」

第2パラグラフ

▶ **impróve** ～　　　　　　　他「～を向上させる」
▶ **íssue**　　　　　　　　　　名「(社会的な) 問題」
▶ **ádvertising ágency**　　　名「広告代理店」
　　＊　この調査は，実際には大手広告代理店の電通が行った
▶ **récognize** ～　　　　　　他「～を認識する」

▶ clássify O as C	熟	「O を C と分類する」	
▶ LOHAS consúmer	名	「ロハスピープル」（直訳は「ロハス客」）	
▶ statístics	名	「統計値／統計」	
▶ gíven ～	前	「～を考慮すれば」	
▶ émphasis	名	「力点が置かれていること」	
▶ effíciency	名	「能率／効率」	
▶ líteracy	名	「読み書きの能力」	

第3パラグラフ

▶ cóncept	名	「概念」	
▶ occúr	自	「生じる」	
▶ trick	名	「策略」	
▶ púrely	副	「純粋に」	

第**3**章

論理展開把握問題

お役立ちコラム

LOHAS の5大マーケット

頭文字をとって **SHAPE** と呼ばれている。

◦ **Sustainable Economy（持続可能な経済）**
グリーン都市計画，SRI，省エネ商品，代替エネルギー，フェアトレードなど

◦ **Healthy Lifestyle（健康的なライフスタイル）**
自然食品，サプリメント，オーガニック，マクロビオティックなど

◦ **Alternative Healthcare（代替医療）**
ホメオパシー，アーユルヴェーダ，自然治療，東洋医学，鍼治療，レイキなど

◦ **Personal Development（自己開発）**
メンタルトレーニング，スピリチュアル，ヨガ，ピラティス，瞑想法，自己啓発，アート，能力開発など

◦ **Ecological Lifestyle（エコなライフスタイル）**
リフォーム，環境配慮住宅，家庭用品，エコツーリズムなど

論理展開把握問題 329

チャレンジ問題 7

標準 12分

次の会話は，アメリカの高校の授業で友人関係について話し合われた議論の一部である。　A　～　C　に入れるのに最も適当なものを，それぞれ下の ① ～ ④ のうちから一つずつ選べ。

Teacher： Today, we're going to talk about the issue of friendship. Let me ask a question: Is it better to make friends with many people, or to have just a few good friends? In other words, which is more important, the quantity of our friendships or the quality of our friendships? Does anyone have any comments? Yes, Jordan.

Jordan： I think it's important to have a friend you can count on when you're in trouble. We all have some tough times, and we need someone to talk to at such times. No matter how many friends you have, your problems can't be solved unless you have someone you can trust. Having many friends doesn't always mean that their advice will help you solve your problems. Here at school, I have just two good friends, but I know I can rely on them for anything I need. They both help me a lot in my daily life. I think this is far better than having lots of friends. Also, you can't maintain long-term relationships with many people. The fewer friends you have, the more time you can spend with each of them. Just saying "Hi" to everybody doesn't give you a better quality of life.

Teacher： OK. Thanks a lot. Jordan says　A　.

A

① having many friends is related to people's happiness in life

② he made a decision to help friends whenever he can

③ people can be satisfied if they simply have many friends

④ quality is more important than quantity in friendships

Teacher： Any other ideas? Amy?

Amy： I think people should have a lot of friends throughout their lives. I mean, you should get on well with as many people as possible because having a lot of friends will widen and deepen your

330

understanding of life in various ways. You'll learn and experience different ways of thinking by knowing them. I like having many friends because each friend brings me new possibilities. Also, I disagree with Jordan. When you're in trouble, fewer friends will give you fewer chances to solve the problem. When I have a problem, I like to ask as many friends as possible for their advice.

Teacher： All right. Amy thinks that ☐ B ☐ .

| B |

① by observing many friends, you'll gain skills to distinguish trustworthy people from others

② friends can sometimes be mean to you, but friendships will become steady

③ many friends often confuse you, and they guide you to wrong solutions

④ the more friends you have, the more chances you'll have to solve problems

Teacher： Any other comments on this question? Maria?

Maria： Unlike Jordan and Amy, I don't think we have to choose between having "many" friends and having "good" friends. I'm one of Amy's many friends, but that doesn't necessarily mean the quality of our relationship is bad. In fact, she's always good to me, listens to my problems and offers advice, even though, as she says, she has many friends. I believe people can have both.

Teacher： Well, I think that's an excellent way to conclude, Maria.
☐ C ☐

| C |

① Having good friends is much more important than having many friends.

② We can have both quantity and quality in our friendships.

③ Your good friendship with Amy is a rare case.

④ Your idea is just a repetition of Jordan and Amy's comments.

[本試]

全体の[主張]は「友情は量より質だ」「友情は質より量だ」「友情は量も質も重要だ」という非常に明確なもの。[主張]をつかんでから選択肢を見れば簡単に解ける。

解説　　A

第1文：[主張] ⇒ 第2文から最後の文：[**具体化**]

[主張]は，第1文「困ったときに頼れる友人を1人持つことは大切だと思います」。以下はその内容の補強にすぎない。よって，「友人は少数でよい」が[主張]。

① 「多くの友人を持つことが，人生の幸福につながる」はまったく逆の内容なので，不可。

② 「ジョーダンは，可能なときはいつでも友人を助ける決心をした」は，意味不明。

③ 「人は単に多くの友人を持つだけで満足できる」も，[主張]と逆方向なので，不可。

よって④「友情においては，量より質のほうが重要である」が正解。

B

第1文：[主張] ⇒ 第2文から最後の文：[**具体化**]

これも明快。[主張]は第1文「一生を通じて多くの友人を持つべきだ」。

① 「多くの友人を観察することで，信頼できる人とそれ以外の人を見分ける術が身につく」は，本文では述べられていない。

② 「友人は時に意地悪をすることもあるかもしれないが，友情は安定したものになる」は，まったくの見当違いなので，不可。

③ 「多くの友人がいると混乱させられることが多く，誤った解決策をとってしまうことがある」は，[主張]と逆方向なので，不可。

以上から，④「友人が多いほど，問題解決の機会も多くなる」が正解。

> C

> 第 1 文：[**主張**] ⇒ 第 2 文から最後の文：[**具体化**]

これは，第 1 文が否定文になっているので， A ， B ほど明確ではないが，最後まで読めば，「友情とは質かつ量である」というのが [**主張**] だとわかる。

① 「よい友人を持つことは，多くの友人を持つことよりずっと重要だ」は，ジョーダンの意見。

② 「友情においては，量と質のどちらを得ることも可能だ」が正解。

③ 「あなたとエイミーとの友好関係は珍しいものだ」，④ 「あなたの意見は，ジョーダンやエイミーの意見の繰り返しにすぎない」はまったくの見当違いなので，不可。

解答　　A ④　　　B ④　　　C ②

教師　　　：今日は，友情の問題について話し合います。まずは私から質問します。多くの人と友人になるのと，少数の仲のよい友人を持っているのでは，どちらがよいでしょうか？　つまり，友情の量と質ではどちらのほうが重要でしょうか？　意見のある人はいますか？　はい，では，ジョーダン君。

ジョーダン：困ったときに頼れる友人を 1 人持つことは大切だと思います。だれでもつらいときはありますから，そんなときには話し相手が必要です。どんなに多くの友人がいても，信頼できる友人がいなければ問題は解決しません。多くの友人がいても，その忠告によって問題が解決するということには必ずしもなりません。この学校に私は親友が 2 人しかいませんが，必要なことなら何でも，この 2 人に頼れることがわかっています。彼らは 2 人とも日々の生活でじつによく私を助けてくれます。このほうが多くの友人を持つよりもはるかによいと思います。また，多くの人たちとは長く関係を維持することはできません。友人が少なければそれだけ，1 人ひとりの友人と過ごす時間は多くなります。どんな人にも「やあ」で済ましているようでは，人生の質を高められるとは思えません。

教師　　　：よろしい。ありがとう。ジョーダンは，④ 友情においては，量より質のほうが重要だと言っています。

論理展開把握問題　333

教師 ：他に考えは？　エイミーは？

エイミー ：私は，一生を通じて多くの友人を持つべきだと思います。つまり，できるだけ多くの人といい人間関係を保つべきだと思います。なぜなら，多くの友人を持てば，さまざまな方法で人生に対する視野が広がり，深められるからです。そうした友人と知り合うことでさまざまなものの考え方を知り，経験できます。私が友人が多いほうがよいと思うのは，1人ひとりの友人がそれぞれ私に新たな可能性をもたらしてくれるからです。また，ジョーダンの意見には反対です。困ったときに友人が少ないと，問題解決の機会も少なくなるからです。私は，問題を抱えたときには，できるだけ多くの友人に相談したいです。

教師 ：結構です。エイミーは，④友人が多いほど，問題解決の機会も多くなると考えています。

教師 ：この質問について他に意見はありますか？　マリアは？

マリア ：私は，ジョーダンやエイミーと違って，「多くの」友人を持つことと，「よい」友人を持つことのどちらかを選ぶ必要なんかないと思います。私は，エイミーの多くの友人の1人ですが，だからといって私たちの友情の質が劣っているとは思いません。実際，エイミーが言うように，彼女には多くの友人がいるけれど，彼女はいつも私に親切にしてくれ，私の問題に耳を傾けてくれ，忠告してくれます。私は，両方のタイプの友情が成立すると思っています。

教師 ：さて，今の意見は，話を締めくくるにはすばらしい意見ですね，マリア。②友情においては，量と質のどちらも得ることが可能ということですね。

(語句)
- ▶ quántity　　　　　名「量」
- ▶ quálity　　　　　名「質」
- ▶ count on ～　　　熟「～を当てにする」
- ▶ tough　　　　　　形「つらい」
- ▶ trust ～　　　　　他「～を信頼する」
- ▶ relý on ～　　　　熟「～に依存する」
- ▶ lóng-term　　　　形「長期の」
- ▶ relátionship　　　名「（人間）関係」
- ▶ get on well　　　熟「うまくやっていく」

- ▶ wíden ~ 　　　他「~を広げる」
- ▶ unlíke ~ 　　　前「~と違って」
- ▶ not necessárily ~ 　副「必ずしも~ない」
- ▶ conclúde 　　　自「話を結ぶ」

> Jordan の最後のほうの発言，The fewer friends you have, the more time you can spend with each of them. 「友人が少なければそれだけ，1人ひとりの友人と過ごす時間は多くなる」は〈The 比較級 ~, the 比較級 ....〉の構文で書かれている。これは一種の倒置構造なので，元の文に戻して考えるとよい。この文は，You have fewer friends. と You can spend more time with each of them. という2文から作られたものである。

チャレンジ問題 8

次の問1～4の A , B に入れるのに最も適当なものを、それぞれ下の①～④のうちから一つずつ選べ。

問1　Since the population of China is so large, Chinese is spoken by more people than any other language.　Second to Chinese is English. A , this is not because there are a lot of English people. B , the population of England is rather small.

① Furthermore　　② However
③ In conclusion　　④ In fact　　　　　　　　　　［本試］

問2　The universe is so large that familiar units for measuring distance, such as kilometers and miles, make little sense. A , we measure distances outside the solar system in light-years. B , a light-year does not measure time, but indicates the distance light travels in one year.

① Finally　　　　② In addition
③ Instead　　　　④ Of course　　　　　　　　　　［本試］

問3　 A words with similar meanings are called synonyms, words with opposite meanings are called antonyms.　For example, "glad" and "happy" are synonyms, and "pleasure" and "pain" are antonyms. If you learn more synonyms and antonyms, you can improve your vocabulary. B , you will be able to express yourself to others more fully and clearly.

① In comparison　　② While
③ Instead　　　　　④ As a result　　　　　　［追試・改題］

問4　The ancient Romans believed that the right side of the body was the good side, while the left side held evil spirits.　Their word for "right," *dexter*, gave us *dexterous*, which means "skillful," A their word for "left," *sinister*, means "evil" or "wicked."　This may have created negative attitudes toward left-handedness.

　　But today, left-handedness is becoming more and more

336

acceptable in society, and is even considered advantageous in some sports. B , left-handed people do not have to feel "left out" any more.

 A
① instead　　　　　② on the other hand
③ unless　　　　　　④ whereas

 B
① Because of this　　② Beginning with this
③ Nonetheless　　　　④ Unfortunately

[本試・改題]

まずは選択肢の**品詞の確定**，次に**文脈**をていねいに追いかける。いずれの問いも**原則④**の考え方がポイントになる。

 問1　選択肢を見ると，①副詞：「さらに」，②副詞：「**しかしながら**」，③副詞：「結論として」，④副詞：「**実際**」。以上より，品詞による解法は無理であるから意味から考える。

　"「英語は中国語についで多くの人に話されている」⇒ A ⇒「これはイギリス人が多いからではない」から"，明らかに[**逆接**]。答えは②。

　 B の前後の文の「イギリス人が多いからではない」「イギリスの人口はどちらかといえば少ない」は，ほぼ同じ意味。よって[**具体化**]に用いられる ④ **In fact** が入る。

問2　選択肢を見ると，①副詞：「最後に」，②副詞：「加えて」，③副詞：「**その代わり**」，④副詞：「**もちろん**」。以上より，品詞による解法は無理であるから意味から考える。

　 A には「キロメートルなどの日常的な単位の代わりに，『光年』を用いる」という主旨をとらえ，③を選ぶ。

　 B の後ろの文には **but** があり，**原則②**で述べた **Of course, S V, but S' V'**「**たしかに S は V するが，S' は V' する**」という形を想起すれば簡単。

問3　選択肢を見ると，①副詞：「比べると」，②接続詞：「**〜だが，一方／〜 のあいだに**」，③副詞：「その代わり」，④副詞：「**結果として**」。

　まずは接続詞が入る場所がないかどうか探す。 A は，後ろ

が，" **文**₁ + **コンマ** + **文**₂ " となっているので，" **文**₁ " の前には**接続詞**が必要となる。まず，　　A　　には②が入る。

次に，　　B　　は意味を考える必要がある。" 「同意語と反意語を知れば語彙が増える」⇒「自分の言いたいことをより十分に明瞭に表現すること語彙ができる」" という2文の関係は [**順接**]。よって④が正解となる。

問4　　　A　　の選択肢を見ると，①副詞：「その代わり」，②副詞：「一方」，③接続詞：「～の場合を除いて」，④接続詞：「**一方**」。

空所の前後には文が存在するから，空所には接続詞が入る。また，その2文が [**対比**] されているのは明らかなので，答えは④。

　　B　　の選択肢を見ると，①副詞：「**このために**」，②副詞：「ここから始まり」，③副詞：「にもかかわらず」，④副詞：「残念ながら」。以上より，品詞による解法は無理。

意味を考えると，空所の前後では「左利き」に対する「**プラス**」イメージが展開されている。よって，[**順接**] の副詞の①を選ぶことになる。

解答
問1　**A**　②　　　　**B**　④
問2　**A**　③　　　　**B**　④
問3　**A**　②　　　　**B**　④
問4　**A**　④　　　　**B**　①

訳

問1　中国は人口がきわめて多いから，中国語は他のどの言語より多くの人々によって話されている。次に多くの人に話されているのは英語である。②しかしながら，これはイギリス人が多いからではない。④実際，イギリスの人口はどちらかというと少ないほうである。

問2　宇宙は広大なので，キロメートルとかマイルといった，日常生活で距離を測定するのに使われる単位はほとんど意味をなさない。太陽系外の距離を測定するには，③そのような単位の代わりに「光年」という単位が用いられる。④もちろん，「光年」という単位は時間を測定するためのものではなく，光が1年間に移動する距離を示している。

問3　似た意味を持つ言葉は類義語と呼ばれ，②一方，反対の意味を持つ言葉は反意語と呼ばれている。たとえば，「うれしい」と「幸せだ」は類義語であり，「喜び」と「苦しみ」は反意語である。多くの類義語や反意語を知れば，語彙を増やすことができる。④そうすれば，自分の意見や感情を，他人により正確に，また明瞭に伝えることができるだろう。

338

問4　古代ローマ人は，体の右半分は良くて，左半分は悪霊を持っていると信じていた。ローマ人たちの「右」を表す語 dexter から，「器用な」を意味する *dexterous* という語ができた。④その一方で，彼らの「左」を表す *sinister* という語は，「悪い」とか「邪悪な」という意味を持つ。ここから「左利き」に対して否定的なイメージが生まれたのかもしれない。

　しかし，今日，左利きはますます社会で受け入れられるようになってきていて，スポーツによってはそのほうが有利であるとさえ考えられている。①このため，左利きの人々は，もはや「left out された」[無視された]と感じる必要はないのである。

語句

- ▶ since ～　　接「（常識的理由を示して）～なので」
- ▶ únit　　名「単位」
- ▶ méasure ～　　他「～を測る」
- ▶ make sense　　熟「意味をなす」
- ▶ the sólar sýstem　　名「太陽系」
- ▶ índicate ～　　他「～を示す」
- ▶ sýnonym　　名「類義語」
- ▶ ópposite　　形「反対の」
- ▶ ántonym　　名「反意語」
- ▶ impróve *one's* vocábulary　　熟「語彙を増やす」
- ▶ évil spírit　　名「悪霊」
- ▶ négative　　形「否定的な」
- ▶ léft-hándedness　　名「左利き」
- ▶ accéptable　　形「受け入れられる」

第3章 論理展開把握問題

論理展開把握問題　339

チャレンジ問題 9

次の文章を読み，　A　～　C　に入れるのに最も適当なものを，それぞれ下の①～④のうちから一つずつ選べ。

Vinegar is a very familiar household product, which has long played an extremely important part in cooking all over the world. But what exactly is vinegar and what are its uses besides cooking?

　A　 In Japan, rice is used to make vinegar, which is a necessary ingredient in making some traditional Japanese dishes. In Korea, they use another native crop, persimmons; in the U.S., apples; and in the Philippines, sugar cane. It is clear that there is a variety of vinegars worldwide.

Regarding the process of making vinegar, it is made by allowing air to react with alcohol of some type. This means that the process always begins with a raw material, such as grapes, rice, or hops, that has been converted into alcohol. 　B　 The former, allowing it to age naturally, can take weeks or months, or even in an extreme case, as long as 100 years, as in expensive Italian balsamic vinegars. The latter process can take as little as 20 hours. This is made possible by adding air and bacteria to the source liquid.

The uses of vinegar are as extensive as its source materials. Before refrigerators became common, vinegar was vitally important in preserving food in the form of pickles. Vinegar has also long been important in cleaning and for medical purposes. 　C　 to polish surfaces and reduce the pain of insect bites. Clearly, vinegar was an important discovery for ancient civilizations which remains useful even today.

　A　
① Local vinegar is an unimportant element in traditional dishes.
② People in different places make vinegar out of their local products.
③ Rice vinegar has been made and used by people for a long time.
④ The word "vinegar" is from an old French word meaning "sour wine."

B

① It takes an extremely long time to make genuine vinegar.
② Many crops and recipes are connected to vinegar.
③ There have traditionally been several ways to make vinegar.
④ Vinegar can be produced either by a slow or fast process.

C

① It could have been used
② It has been commonly used
③ It is rarely used
④ It will not be used

［本試］

酢の原料，醸造法，用途についての英文。各パラグラフのおおよその流れをつかんで，あとは「漠然から具体」などに着目して解くだけ。

解説　　A

　空所の後ろを見ると，「酢の原料は国によりさまざまである」ことがわかる。
　①「伝統料理において地元の酢は重要な要素ではない」はデタラメ。
　②「さまざまな場所の人々は，地元の産物から酢を醸造している」は適切。
　③「米酢は長いあいだ人々によって醸造されてきた」は無関係。
　④「『酢』という言葉は『酸っぱいワイン』という意味の古フランス語に由来する」。この選択肢は日本人好みである。しかし1パラグラフ1アイデアという原則にもとづいて，この選択肢が正解とするならば，後ろの記述は「酢の語源」に終始するはずである。
　以上から②が正解。

　B

　空所の後ろには，指示語 the former「前者（＝数週間〜数か月でできる酢）」と the latter「後者（＝20時間でできる酢）」がある。簡単

に言えば「**時間がかかる酢と短時間でできる酢がある**」ということ。

　①「本物の酢を醸造するにはきわめて長い時間がかかる」は短時間のほうを無視している。

　②「多くの農産物と製法が酢と関係している」はまったくの無関係。

　③「伝統的に酢を醸造する方法はいくつか存在してきた」。空所の後ろには「酢の作り方」などは書かれていないので不可。

　以上から④「**酢の醸造にはゆっくりの過程も速い過程もある**」が適切。

　　C

　空所の前では「料理以外の2つの酢の用途」が述べられている。よって，空所の後ろも「酢の用途」であろうということは推測できる。

　①「それは（実際には使われなかったが）使うことができたかもしれない」は不可。仮定法であることがわからないと消去は難しいかもしれない。

　②「**それは広く使われてきた**」は保留。

　③「それはめったに使われない」，④「それは使われないだろう」は最終文が過去と現在の両方に言及しているのに，片方しか言及していないので共に不可。

　以上から②が正解となる。

解答　Ａ　②　　Ｂ　④　　Ｃ　②

訳　　酢はどこの家庭にもあるとても馴染み深いもので，昔から世界中の料理においてきわめて重要な役割を果たしている。しかし，酢とはいったいどのようなものだろうか？　また，料理の他にどんな用途があるのだろうか？

　②酢の醸造には，それが作られる土地のものが使われる。日本では，酢を醸造するのに米が使われ，酢は一部の伝統的な日本料理を作るのに欠かせない材料である。韓国では，日本とは違う材料である柿が使われる。アメリカではリンゴが，フィリピンではサトウキビが使われている。世界のいたるところに多種多様な酢があるのは明らかだ。

　酢の製法に関して言うと，空気をある種のアルコールに反応させることによって作られる。つまり，醸造に際して最初に必ず使われるのが，ブドウや米やホップといった原料で，それをアルコールに変えたものであるということだ。④酢の醸造には時間がかかる過程と，時間がかからない過程

342

がある。自然に熟成する前者の過程では数週間または数か月かかり，イタリア産の高価なバルサミコ酢のような極端な場合は 100 年もの時間がかかることもある。後者の過程では，わずか 20 時間程度のこともある。これは空気とバクテリアを原料の液体に加えることで可能となるのである。

　酢の用途は，その原材料と同様に広範囲にわたる。冷蔵庫が普及する前，酢はピクルスという形で食料を保存するのにきわめて重要であった。加えて，酢は昔から洗浄や医療用としても重宝されてきた。

　表面を磨いたり，虫さされの痛みを軽減するために，②酢は広く使われてきた。酢が古代文明にとって重要な発見であり，今日でもそれは依然として有用なのは明らかである。

語句

▶ vínegar 　　　　　　　　名「酢」
▶ hóusehold próduct 　　名「家庭製品」
▶ extrémely 　　　　　　 副「きわめて」
▶ besídes ～ 　　　　　　前「～に加えて」
▶ ingrédient 　　　　　　名「材料」
▶ persímmon 　　　　　　名「柿」
▶ súgar cane 　　　　　　名「サトウキビ」
▶ a varíety of ～ 　　　　熟「さまざまな～」
▶ regárding ～ 　　　　　前「～に関して」
▶ matérial 　　　　　　　名「素材」
▶ convért A ínto B 　　　熟「A を B に変換する」
▶ the fórmer 　　　　　　名 形「前者（の）」
▶ age 　　　　　　　　　 自「年をとる／熟成する」
▶ as long as ＋数字 　　　熟「～ものあいだ」
▶ the látter 　　　　　　 名 形「後者（の）」
▶ add A to B 　　　　　　熟「A を B に加える」
▶ exténsive 　　　　　　 形「広範囲にわたる」
▶ vítally impórtant 　　　熟「きわめて重要な」
▶ in the form of ～ 　　　熟「～の形態として」
▶ médical 　　　　　　　形「医学にかかわる」
▶ pólish ～ 　　　　　　 他「～を磨く」
▶ ínsect bites 　　　　　 名「虫さされ」
▶ áncient 　　　　　　　 形「古代の」
▶ remáin ～ 　　　　　　他「～のままである」

第3章 論理展開把握問題

論理展開把握問題　343

4 評論・小説・エッセイ読解問題

1st step 傾向チェック編

■1 評論，小説，エッセイ読解問題のねらいについて

　いくつかのパラグラフからなる文を読んで，評論・エッセイの場合はそれぞれのパラグラフが［主張］なのか［譲歩］なのか［具体化］なのかを峻別して，文全体の［主張］を見つけることがねらいである。また，エッセイ，小説の場合は，文章全体を貫く「テーマ」（人間の成長，愛，教訓など）をとらえることがねらいである。

■2 読解力とは？

　そもそも「英文読解力」とは何だろうか？　簡単に言えば，ある程度まとまった英文を読んで，「この英文に書かれているのはこういうことです」と言える力のことである。

　従来の，とくに私立大入試で出題されてきた，いわゆる「英文読解問題」の設問については，およそ「英文読解力」を試すこととはかけ離れた設問が多いことに気がつく。設問のパターンを見てみると，たとえば，❶「下線部の語句を別の語句で言い換える問題」，❷「空所補充問題」，❸「内容一致問題」，❹「下線部和訳問題」などである。❶，❷は論外として，❹でも，「頻出構文が出ているから，あるいはちょっと難しいから」という理由だけで，［主張］とは無関係な，［譲歩］や［具体例］の部分を訳させることも多い。

　❸の「内容一致問題」でも，「英文読解力」が測れるとは言いがたい場合が多い。たとえば，間違いの選択肢には，本文の［主張］と「方向性」は合っていても，本文と表現が一部だけ異なる，という理由で×になるものが多い。「英文読解問題」というより，「絵合わせパズル」のような些末な問題なのである。そして，解説は決まって「第○パラグラフ×文に一致」というものになってしまう。本来ならば，「本文の主旨に一致しているから○」というものにすべきであろう。このような問題を数多く作ってきた大学側（とくに私立大学）にも大きな責任があるが，我々指導者側もそれに迎合してきたという点はおおいに反省すべきであろう。

　身につけるべき力とは，「本文の一部の表現」を見て解くのではなく，本文

344

の「主張・テーマ」を考えたうえで解答する力である。ただし、しばらくのあいだはすべてを「本文の主張・テーマ」に依拠して解く問題ではなく、一部は本文に該当箇所を見つけて解く問題が出題されていた。それは、読解力のない生徒にとっては救いだったかもしれない。

3 「偽装」を見抜け！

必ずしも歓迎できないのは、共通テスト型の模擬試験や「新作」問題集である。すべてというわけではないが、模擬試験や、共通テスト対策用の「新作」問題集には、多くの場合、共通テストの試験問題作成部会の意図が反映されていない。それらの問題では相変わらず、本文全体の主張とは無関係の選択肢が正解となっている。受験生がそのような模擬試験や問題集に頼る傾向にあるのを遺憾に思う。

昨今では「食品偽装」や「耐震強度偽装」などの話題が世の中を騒がせることがあるが、そのような模擬試験や「新作」問題集こそ「偽装」とみなされるべきではないだろうか。受験生は、それらの新作問題よりもセンター試験の過去問をしっかりとやりこむことを優先してほしい。

> **評論、小説、エッセイ読解問題のねらい**
> 複数のパラグラフから構成される文を読んで、各パラグラフの役割を意識して「言いたいこと」をつかむことである。

4 設問の選択肢の特徴について

センター試験の時代には見られた「巧妙なワナ」は姿を消した。つまり、以前の問題には「英文そのものは読めていても、不注意だと間違える」という選択肢が存在したが、共通テストは「英文の内容をつかめていれば必ず正解できる」出題である。よって、文全体の「主張・テーマ」に沿った選択肢を選びさえすれば間違うことはない。

表現はきついけど、竹岡が言いたいことは伝わったと思う。とにかく、共通テストの対策は、過去のセンター試験によるトレーニング以外にはあり得ないんだ！

2nd step 原則マスター編

原則❶ まず，次の手順を当たり前のこととすること

❶ パラグラフごとに，簡単でいいから要約を書く
　⇩　　　　　　　　　⇒ メモ程度でよい
❷ とにかく，文全体を読む　⇒ まずは設問はいっさい無視
　⇩
❸ 全体の[主張]を考える　⇒ 「要はこの文章は何を言おうとしているのか」を考える
　⇩
❹ 設問を解く　　　　　　⇒ 必ず「根拠」を持って解答する

　「1つのパラグラフを読むごとに1問解く」という方法は，共通テスト型の模擬試験や「新作」問題集では通用するかもしれないが，本番では用をなさない。普段の勉強でも，つねに「この英文は結局は何が言いたいのか？」と考えて読むことが肝心。そのような日々の学習の積み重ね以外に，共通テストで高得点を取るすべはない。

　次に，文章の展開例を挙げておく。
❶ [主張] ⇒ [具体化] ⇒ [具体例]

❷ ［主張］⇒ ［具体化］⇒ ［具体例］⇒ ［譲歩］⇒ ［具体化］⇒
　　［具体例］⇒ ［However + 主張再現］

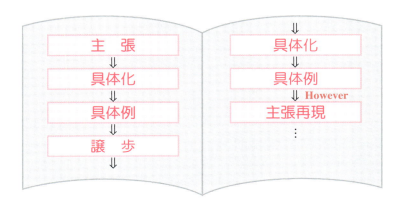

❸ ［譲歩］⇒ ［However + 主張］⇒ ［具体化］⇒ ［具体例］

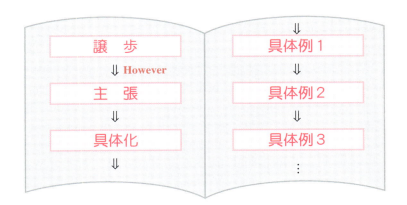

英文の流れがわかったよね。英文の構造って，こんなにワンパターンなんだよ！

例 題 1   標準 18分

次の文章を読み，問1～4の □ に入れるのに最も適当なものを，それぞれ下の ① ～ ④ のうちから一つずつ選べ。

You are preparing for a group presentation on gender and career development for your class. You have found the article below.

Can Female Pilots Solve Asia's Pilot Crisis?

[1]   With the rapid growth of airline travel in Asia, the shortage of airline pilots is becoming an issue of serious concern. Statistics show that the number of passengers flying in Asia is currently increasing by about 100,000,000 a year. If this trend continues, 226,000 new pilots will be required in this region over the next two decades. To fill all of these jobs, airlines will need to hire more women, who currently account for 3% of all pilots worldwide, and only 1% in Asian countries such as Japan and Singapore. To find so many new pilots, factors that explain such a low number of female pilots must be examined, and possible solutions have to be sought.

[2]   One potential obstacle for women to become pilots might be the stereotype that has long existed in many societies: women are not well-suited for this job. This seems to arise partly from the view that boys tend to excel in mechanics and are stronger physically than girls. A recent study showed that young women have a tendency to avoid professions in which they have little prospect of succeeding. Therefore, this gender stereotype might discourage women from even trying. It may explain why at the Malaysia Flying Academy, for instance, women often account for no more than 10% of all trainees enrolled.

[3]   Yet another issue involves safety. People may be concerned about the safety of aircraft flown by female pilots, but their concerns are not supported by data. For example, a previous analysis of large pilot databases conducted in the United States showed no meaningful difference in accident rates between male and female pilots. Instead, the study found that other factors such as a pilot's age and flight experience better predicted whether that person is likely to be involved

in an accident.

[4]   Despite the expectation that male pilots have better flight skills, it may be that male and female pilots just have skills which give them different advantages in the job. On the one hand, male pilots often have an easier time learning how to fly than do female pilots. The controls in a cockpit are often easier to reach or use for a larger person. Men tend to be larger, on average, than women. In fact, females are less likely than men to meet the minimum height requirements that most countries have. On the other hand, as noted by a Japanese female airline captain, female pilots appear to be better at facilitating communication among crew members.

[5]   When young passengers see a woman flying their plane, they come to accept female pilots as a natural phenomenon. Today's female pilots are good role models for breaking down stereotypical views and traditional practices, such as the need to stay home with their families. Offering flexible work arrangements, as has already been done by Vietnam Airlines, may help increase the number of female pilots and encourage them to stay in the profession.

[6]   It seems that men and women can work equally well as airline pilots. A strong message must be sent to younger generations about this point in order to eliminate the unfounded belief that airline pilots should be men.

問1   According to the article, the author calls the current situation in Asia a crisis because □□□□ .

①   many more male airline pilots are quitting their jobs than before

②   the accident rates are increasing among both male and female pilots

③   the number of female pilots has not changed much for the last few decades

④   the number of future pilots needed will be much larger than at present

評論・小説・エッセイ読解問題　349

問2 According to the article, there is little difference between men and women in ☐ .
① how easily they learn to operate airplanes
② how likely they are to be involved in accidents
③ how much time they can spend on work
④ how people perceive their suitability for the job

問3 In Paragraph [4], the author most likely mentions a Japanese female airline captain in order to give an example of ☐ .
① a contribution female pilots could make to the workplace
② a female pilot who has excellent skills to fly a plane
③ a problem in the current system for training airline pilots
④ an airline employee who has made rare achievements

問4 Which of the following statements best summarizes the article? ☐
① Despite negative views toward female pilots, they can be as successful as male pilots.
② Due to financial problems the percentage of female students in a pilot academy in Asia is too small.
③ In the future many countries worldwide may have to start hiring more female pilots like Asian countries.
④ There is little concern about increasing female pilots in the future because major obstacles for them have been removed.

［第2回試行調査　第6問］

各設問の解答根拠が英文全体に散らばっていることに注意しよう。「1つのパラグラフだけ読んで問いを解く」なんてやり方は通用しない。

解説　各パラグラフの役割と要旨

第1パラグラフ：飛行機のパイロットがもっと必要。女性パイロットが少ない
第2パラグラフ：女性に対する偏見のため女性パイロットが少ない
第3パラグラフ：男性パイロットのほうが安全という根拠のない考え

第4パラグラフ：男女それぞれの利点。男性は身体が大きいのでコックピットに慣れやすい。女性はクルーとの意思疎通がうまい

第5パラグラフ：今の女性パイロットが今後の模範になる

第6パラグラフ：女性も男性と同じくパイロットとして働けることを未来に伝えるべき

問1　「記事によると，　　　　　　ので，筆者はアジアの最近の状況を危機と呼んでいる」

　本文第1パラグラフ第1文に「アジアで航空機による旅行が急速な高まりを見せるのに伴って，**航空機パイロットの不足が深刻に懸念される問題になりつつある**」とあり，これに合致するのは④「将来必要となるパイロットの数が現在よりももっと多い」しかない。①「以前よりも多くの男性パイロットが離職している」は本文には記述がない。②「男性と女性の両方のパイロットの事故率が増加している」の中にある「事故率」に関しては，第3パラグラフ第3文に「たとえば，アメリカ合衆国で行われたパイロットにかかわる大規模データベースの以前の分析では，男性パイロットと女性パイロットで事故率に有意差は見いだされなかった」とあるだけで，②のような内容はどこにも書かれていない。③「女性のパイロットの数がここ2，30年のあいだほとんど変わっていない」の「女性パイロットの数」については，第1パラグラフ第4文に「女性の占める割合は現在，世界のすべてのパイロットの3％，日本やシンガポールといったアジアの国々ではたったの1％にすぎない」とあるだけで，③のような内容は書かれていない。以上から④が正解。

問2　「記事によると，男性と女性のあいだでは　　　　　　においてほとんど相違はない」

　選択肢を順に検討していく。①「飛行機の操縦の仕方をいかに簡単に学べるか」については，第4パラグラフ第2〜3文に「一方では，男性パイロットは女性パイロットに比べてどうやって操縦するかを容易に習得することが多い。コックピットの制御機器は多くの場合，大柄な人のほうが手が届きやすく使いやすくなっている」とあり，男性が有利だとわかり不適切。②「事故にどの程度巻き込まれやすいか」は第3パラグラフ第3文に「たとえば，アメリカ合衆国で行われた

パイロットにかかわる大規模データベースの以前の分析では，**男性パイロットと女性パイロットで事故率に有意差は見いだされなかった**」とあり，本文の内容に合致。③「仕事にどれくらいの時間を割けるか」は本文にはそのような記述はない。④「人々がどのように仕事への適性を考えるか」は第2パラグラフ第3文に「最近の研究から，若い女性たちは成功する見込みの少ない職業を避ける傾向があることがわかった」とあり，男女で異なることがわかり不適切。以上から②が正解。

問3　「第4パラグラフで筆者は ◻️◻️◻️◻️ の例を挙げるために，日本人女性機長について言及した可能性が最も高い」

　女性パイロットの有利な点についての言及は，第4パラグラフの第6文に「その一方で，日本人女性のある機長が指摘したように，**女性パイロットのほうが乗員間の意思伝達を円滑にするのが得意なようだ**」とあり，これに合致するのは①「女性パイロットが職場ででき得る貢献」しかない。②「飛行機を飛ばすのにすばらしい技能を持つ女性パイロット」は，同パラグラフ第2文に「一方では，男性パイロットは女性パイロットに比べてどうやって操縦するかを容易に習得することが多い」とあり，不適切だとわかる。また③「最近の飛行機のパイロット養成体系における問題」，④「めったにない業績を成し遂げた航空社員」については本文に言及がない。

問4　「以下のどの文が記事の最もよい要約か」

　本文の趣旨は「今後は，女性パイロットに対する偏見を取り払い，女性パイロットをさらに育成していくべきだ」ということ。これを念頭において各選択肢を検討していく。①「女性パイロットに対する否定的な意見に反して，彼女たちも男性パイロットと同様に成功できる」は趣旨に合致していると思われるが，いったん保留する。②「経済的な問題のせいで，アジアのパイロット養成学校における女子生徒の割合は小さすぎる」は，「経済的な問題のせいで」「アジアのパイロット養成学校の女子生徒の割合」などが本文に書かれていないので不可。③「将来世界中の多くの国でアジアの国のようにもっと女性パイロットを雇わなければならなくなるかもしれない」は，第1パラグラフ第4文に「女性の占める割合は現在，世界のすべてのパイロットの3%，日本やシンガポールといったアジアの国々ではたったの1%

にすぎない」とあるだけで，③のようなことは書かれていない。④「女性パイロットにとっての大きな障害が取り除かれてきているので，将来の女性パイロットの増加についての懸念はほとんどない」は本文とは真逆の方向の記述で不可。以上より①が正解。本文の趣旨さえつかめていれば，容易に解答することができる問題。

解答 問1 ④   問2 ②   問3 ①   問4 ①

訳
　あなたは性と職業開発についての授業でのグループ発表の準備をしている。あなたは以下の記事を見つけた。

女性パイロットはアジアのパイロット危機を救えるのか？

1　アジアで航空機による旅行が急速な高まりを見せるのに伴って，航空機パイロットの不足が深刻に懸念される問題になりつつある。統計によると，アジアの空の旅客数は現在，年間およそ1億人ずつ増えている。もしこの傾向が続けば，向こう20年で22万6千人の新しいパイロットがこの地域に必要とされる。この仕事の空きをすべて埋めるためには，航空会社はもっと女性を雇うことが必要となってくるが，女性の占める割合は現在，世界のすべてのパイロットの3％，日本やシンガポールといったアジアの国々ではたったの1％にすぎない。これだけ多くの新人パイロットを見いだすためには，女性パイロットがそのように少ない要因について検討し，可能な解決策が講じられなければならない。

2　女性がパイロットとなるのに障害となり得るものの1つは，多くの社会で長いあいだ存在している，女性はこの職業には適していないという固定観念かもしれない。これは，1つには，男子は女子よりも機械工学に強い傾向があり，身体的にも強いという見方から生まれたもののようだ。最近の研究から，若い女性たちは成功する見込みの少ない職業を避ける傾向があることがわかった。そのため，この性別における固定概念のために女性は挑戦する意欲さえなくしているのかもしれない。たとえば，マレーシア航空アカデミーに入学する全訓練生のうち，女性はわずか10％しかいないことも，それが理由なのかもしれない。

3　さらにもう1つの問題は安全にかかわるものである。人々は女性パイロットが操縦する航空機の安全性を不安に思うかもしれないが，その不安はデータに裏づけられたものではない。たとえば，アメリカ合衆国で行われたパイロットにかかわる大規模データベースの以前の分析では，男性パイロットと女性パイロットで事故率に有意差は見いだされなかった。それよりむしろ，パイロットの年齢や飛行経験などの他の要因のほうが，その

パイロットが事故に遭遇する可能性をより正しく予測することを明らかにした。

4　男性パイロットのほうが高い操縦技術を持っているという予測に反して，男性と女性のパイロットは，単に仕事において異なる強みを発揮する技能を持っているということなのかもしれない。一方では，男性パイロットは女性パイロットに比べてどうやって操縦するかを容易に習得することが多い。コックピットの制御機器は多くの場合，大柄な人のほうが手が届きやすく使いやすくなっている。男性は平均して女性よりも体格が大きい傾向にある。実際，ほとんどの国が採用している最低身長の基準をクリアできる可能性は，男性に比べ女性のほうが低い。その一方で，日本人女性のある機長が指摘したように，女性パイロットのほうが乗員間の意思伝達を円滑にするのが得意なようだ。

5　女性が飛行機を操縦しているのを見れば，若い乗客は女性パイロットを自然なものとして受け入れるようになる。今日の女性パイロットは，家族と共に家にいる必要があるというような，画一的な見方や伝統的な慣行を打ち破るよいお手本なのだ。ベトナム航空ですでに行われているように，柔軟な就労形態を提供することは，女性パイロットの数を増やし，彼女たちが在職し続けることを促進する助けとなるかもしれない。

6　男性も女性も航空パイロットとして同等にしっかりと働くことができると思われる。航空機のパイロットは男性でなければいけないという根拠のない信念を排除するため，この点について強いメッセージをより若い世代に向けて発信しなければならない。

語句

▶ **génder**　名 形 「性（の）」
▶ **fémale**　形 「女性の」
▶ **crísis**　名 「危機」

第1パラグラフ

▶ **rápid**　形 「急速な」
▶ **shórtage**　名 「不足」
▶ **íssue**　名 「（社会的な）問題」
▶ **concérn**　名 「懸念」
▶ **statístic**　名 「統計（値）」
▶ **pássenger**　名 「乗客」
▶ **cúrrently**　副 「現在」
▶ **trend**　名 「傾向」
▶ **require ～**　他 「～を必要とする」

354

▶ région	名	「地域」
▶ décade	名	「10年」
▶ hire 〜	他	「〜を雇う」
▶ accóunt for 〜	熟	「（割合）を占める」
▶ fáctor	名	「要因」
▶ expláin 〜	他	「〜を説明する」
▶ exámine 〜	他	「〜を調べる」
▶ solútion	名	「解決策」
▶ seek 〜	他	「〜を求める」（seek-sought-sought）

第2パラグラフ

▶ poténtial	形	「潜在的な」
▶ óbstacle	名	「障害」
▶ stéreotype	名	「固定観念」
▶ exíst	自	「存在する」
▶ well-súited for 〜	熟	「〜に十分適した」
▶ aríse	自	「生じる」
▶ the view that S V	熟	「S V という見方」
▶ tend to（V）	熟	「V する傾向にある」
▶ excél	自	「優れている」
▶ phýsically	副	「肉体的に」
▶ téndency	名	「傾向」
▶ avóid 〜	他	「〜を避ける」
▶ proféssion	名	「専門職」
▶ próspect	名	「見込み」
▶ discóurage 〜 from（V）ing	熟	「〜が V するのをやめさせる」
▶ no more than 〜	熟	「〜にすぎない」
▶ trainée	名	「実習生」
▶ enróll 〜	他	「（人）を登録する」

第3パラグラフ

▶ yet anóther	熟	「さらにもう1つの」
▶ invólve 〜	他	「〜を必ず含む」
▶ be concérned abóut 〜	熟	「〜を懸念する」
▶ fly 〜	他	「〜を飛ばす」（fly-flew-flown）
▶ prévious	形	「以前の」

第4章 評論・小説・エッセイ読解問題

評論・小説・エッセイ読解問題　355

▶	análysis	名	「分析」
▶	condúct ～	他	「～を行う」
▶	méaningful	形	「意味のある」
▶	instéad	副	「その代わり」
▶	expérience	名	「経験」
▶	predíct ～	他	「～を予測する」

第4パラグラフ

▶	despíte ～	前	「～にもかかわらず」
▶	skill	名	「技術」
▶	It may be that S V	熟	「S V かもしれない」

    ＊ it は「状況の it」と呼ばれるもので，訳さない

▶	advántage	名	「利点」
▶	on the one hand	熟	「一方では」
▶	on áverage	熟	「平均して」
▶	meet ～	他	「(要求など) を満たす」
▶	height	名	「高さ／身長」

    ＊ / hait /

▶	requírement	名	「必要条件」
▶	on the óther hand	熟	「他方では」
▶	note ～	他	「～を指摘する」
▶	appéar to be ～	熟	「～に思える」
▶	facílitate ～	他	「～を容易にする」

第5パラグラフ

▶	accépt ～	他	「～を受け入れる」
▶	phenómenon	名	「現象」
▶	role módel	名	「模範的な存在」
▶	stereotýpical view	熟	「画一的な見方」
▶	práctice	名	「慣行」
▶	fléxible	形	「柔軟な」
▶	arrángement	名	「取り決め」
▶	incréase ～	他	「～を増やす」
▶	encóurage ～ to (V)	他	「～に V するように元気づける」

第6パラグラフ
- **elíminate** ～　　　他「～を除去する」
- **the belíef that** S V　　　熟「S V という考え」
- **unfóunded**　　　形「根拠のない」

選択肢
- **many more** ＋複数形の名詞　　熟「さらに多くの～」
  * この many は副詞で，「差」が大きいことを示す
- **quit** ～　　　他「～をやめる」
- **óperate** ～　　　他「～を操作する」
- **spend** ～ **on** ...　　　熟「～を…に使う」
- **percéive** ～　　　他「～を認識する」
- **make a contribútion to** ～　　　熟「～に貢献する」
- **employée**　　　名「従業員」
- **négative**　　　形「否定的な」
- **remóve** ～　　　他「～を取り除く」

どれも大切な単語ばかりだから，しっかり確認しておこう。語学の力は，突き詰めれば語彙の力だ！

例題 2

次の文章を読み，A・Bに答えよ。なお，左にある(1)〜(6)は段落の番号を表している。

Catching Bees and Counting Fish: How "Citizen Science" Works

(1) It's sunny afternoon here in Texas, and my wife Barbara is at the park again, counting and recording the number of eggs laid by monarch butterflies. After collecting her data, she'll share it with the professional scientist who recruited her. In another state, our friend Antonio listens for frogs by visiting 12 different sites, four times a year. He has been submitting his findings to scientists for almost 20 years now. And on the other side of the country, our niece Emily is catching native bees, putting tiny tags on them, and handing in weekly reports to the biology department at a local university. Nobody is paying Barbara, Antonio, or Emily for their efforts, but all three consider themselves lucky to be "citizen scientists."

(2) When volunteers participate as assistants in activities like these, they are engaging in citizen science, a valuable research technique that invites the public to assist in gathering information. Some of them are science teachers or students, but most are simply amateurs who enjoy spending time in nature. They also take pride in aiding scientists and indirectly helping to protect the environment. The movement they are involved in is not a new one. In fact, its roots go back over a hundred years. One of the earliest projects of this type is the Christmas Bird Count, started by the National Audubon Society in 1900. However, citizen science projects are burgeoning more than ever: over 60 of them were mentioned at a meeting of the Ecological Society of America not long ago.

(3) In formal studies, professional scientists and other experts need to maintain the highest possible standards. For research to be accepted as valid, it must not only be thorough, but also objective and accurate. Some might argue that citizen scientists cannot maintain the necessary attention to detail, or that amateurs will misunderstand the context of

the investigation and make mistakes when collecting and organizing information. In other words, can citizen science be considered truly reliable?

(4)　Two recent studies show that it can. The first focused on volunteer knowledge and skills. In this study, a scientist asked volunteers to identify types of crabs along the Atlantic coast of the US. He found that almost all adult volunteers could perform the task and even third graders in elementary school had an 80% success rate. The second study compared professional and nonprofessional methods. Following a strict traditional procedure, a group of 12 scuba divers identified 106 species of fish in the Caribbean. Using a procedure designed by professionals to be more relaxed and enjoyable for volunteers, a second group of 12 divers spent the same amount of time in the same waters. Surprisingly, the second method was even more successful: this group identified a total of 137 species. Results like these suggest that research assisted by amateurs can be trusted when scientists organize it.

(5)　The best citizen science projects are win-win situations. On the one hand, the scientific community gains access to far more data than they would otherwise have, while spending less money. On the other hand, citizen science is good for the general public: it gets people out into the natural world and involved in scientific processes. Additionally, when people take part in a well-designed study that includes training to use equipment, collect data, and share their findings, they have the satisfaction of learning about new ideas and technologies.

(6)　I find it encouraging that the list of scientific studies using citizen scientists is quickly getting longer. Still, we're just beginning to realize the potential of citizen science. More scientists need to recognize how much volunteers can contribute to professional research. As I see it, it's time for us to expand the old, conservative view of "science *for* people" to include a more democratic one of "science *by* people."

評論・小説・エッセイ読解問題　359

A 問1～5の□□□に入れるのに最も適当なものを，それぞれ下の①
　～④のうちから一つずつ選べ。

問1　The citizen scientists in Paragraph (**1**)□□□.
　　①　compare their data with that of other volunteers
　　②　earn some money for the information they gather
　　③　monitor the life cycle of insects in laboratories
　　④　report on their results or activities to professionals

問2　The word burgeoning in Paragraph (**2**) is closest in meaning to
　　□□□.
　　①　causing arguments
　　②　increasing rapidly
　　③　losing popularity
　　④　receiving awards

問3　Why does the author emphasize an 80% success rate in
　　Paragraph (**4**)?□□□
　　①　To contrast negatively with the adults' success rate.
　　②　To demonstrate the high quality of the overall results.
　　③　To emphasize how many types of crabs there are.
　　④　To reveal the elementary students' lack of skills.

問4　What personal view is expressed in Paragraph (**6**)?□□□
　　①　Eventually, scientific knowledge will come mainly from
　　　　amateurs.
　　②　Not enough scientists appreciate the advantage of citizen
　　　　science.
　　③　The recent shift toward relying on volunteer data is
　　　　disappointing.
　　④　Too many studies using citizen science are now being
　　　　conducted.

問5　What is the author's main message in this article?□□□
　　①　Citizen science benefits volunteers, professionals, and society.
　　②　Scientific research should be left in the hands of specialists.

360

③ There is a long history of volunteers identifying fish species.
④ Traditional science has been replaced by citizen science.

B 次の表は，本文の段落構成と内容をまとめたものである。[　　]に入れるのに最も適当なものを，下の①〜④のうちから一つずつ選び，表を完成させよ。ただし，同じものを繰り返し選んではいけない。

Paragraph	Content
(1)	Introduction: Author's personal examples
(2)	
(3)	
(4)	
(5)	
(6)	Conclusion: Author's hope for the future

① Concerns: Volunteer skills and knowledge
② Evidence: Successful volunteer efforts
③ Explanation: Definition and history
④ Opinion: Merits for everyone involved　　　　　　［本試］

「市民科学者」なんて馴染みのない単語だけど，とにかく最後まで読み進もう。

解説　各パラグラフの役割と要旨

第1パラグラフ：［導入］　　：3人の市民科学者の例
第2パラグラフ：［具体化］　：市民科学の定義と歴史
第3パラグラフ：［譲歩］　　：市民科学の信頼性に対する懸念
第4パラグラフ：［主張］　　：信頼に値する市民科学者
第5パラグラフ：［具体化］　：市民科学の双方にとっての利点
第6パラグラフ：［主張再現］：筆者の将来への展望

全体の要旨　一般市民が科学研究に参加する「市民科学」が急増している。参加者は一般市民ではあるが，知識と技量は十分に信頼できる

ものである。科学界にとっても，参加者にとっても利点のある「市民科学」は，もっと普及すべきだと思われる。

A

問1 「第1パラグラフの市民科学者は _____ 」

①「他のボランティアのデータと自分のデータを比較する」は本文に記述はないし，何よりも本文の趣旨とは外れる。②「集めてきたデータでお金をもうける」も本文にはないし，そもそも「お金もうけのために科学者を援助する」などのセコい人間はセンター試験には無縁。③「実験室で，昆虫のライフサイクルを観察する」はまったくのデタラメ。以上から④「自らの結果や活動をプロに報告する」が正解。正答率は下位層でも70%を超えている。

問2 「第2パラグラフの burgeoning という単語の意味に最も近いのは _____ 」

However の直前の文は，「実際，その起源は100年以上前に遡る。この種の最も初期の活動の1つは（中略）1900年に全米オーデュボン協会で始まった」。これは，「市民科学の活動は新しいものではない」ということを意味している。逆接であることを考慮しても推測は難しいようである。burgeoning を含む文のあとを見ると「そのうちの60以上が，最近のアメリカ生態学会の会議で取り上げられた」とあり，「市民科学に注目が集まっていること」がわかる。①「議論を引き起こしている」は不可。argument は「意見の合わない者同士の言い争い」の意味で，後半に続かない。③「人気がなくなっている」，④「賞をもらっている」も後半と合わない。以上から②「急速に増えている」を選ぶ。正答率は50%未満しかなく，多くの人が①を選んでいる。

問3 「筆者は第4パラグラフで成功率が80%であることをなぜ強調しているのか」

第4パラグラフでも「市民科学者が信頼に値すること」がその主張である。選択肢を見ると，①「大人の成功率との違いを否定的に対照するため」，③「カニの種類がどれほど多いかということを強調するため」，④「小学生の技術不足を明らかにするため」はいずれも，このパラグラフの趣旨と一致していないので不可。答えは②「結果全体の質の高さを例証するため」。

上位者の正答率は90%を超えているが，下位になると50%ぐらい

しかない。これは，パラグラフごとの要旨を考えていないことが原因だと思われる。

問4 「第6パラグラフでは，どのような個人的な見解が表されているか」

第6パラグラフの趣旨は，**「市民科学の可能性をもっと認識すべきである」**ということ。なお，第6パラグラフにある science *for* people と science *by* people は，いずれもリンカーン大統領のゲティスバーグの演説の結びの部分 "the government of the people, by the people, for the people"「（アメリカ）人民の，人民による，人民のための政治」をもじったもの。選択肢を見ると①「最終的に，科学の知識は大半が素人から得られることになるだろう」は，誇張のしすぎ。② 「**市民科学のよさを認識している科学者は十分にはいない**」は，方向性は合っているので保留。③「ボランティアのデータへの依存に向かう最近の変化は失望するものだ」は本文の趣旨と真逆。④「市民科学を用いる研究が現在あまりにも多く行われている」は，too many がマイナスイメージなので不可。以上から ② を選ぶことになる。上位層の正答率は80％ぐらいだが，下位層の正答率は30％ぐらいしかない。

問5 「この記事の筆者の主な主張は何か」

選択肢を見ると①「**市民科学はボランティアや専門家や社会に恩恵を与える**」が正解。②「科学研究は専門家に委ねておくべきだ」，③「ボランティアが魚の種を特定することに関して長い歴史がある」は本文の主張から外れる。④「伝統的な科学は，市民科学に取って代わられた」という事実は述べられていない。筆者は「そうあればよい」と思っているかもしれないが，現状ではまだそうはなっていない。

B

パラグラフ	内容	答え
(1)	導入：筆者の個人的な例	
(2)	説明：定義と歴史	③
(3)	懸念：ボランティアの技術と知識	①
(4)	証拠：成功を収めているボランティアの努力	②
(5)	意見：かかわるすべての人々にとっての利点	④
(6)	結論：筆者の将来への期待	

市民科学に対してマイナスイメージのパラグラフは，第3パラグラフしかないので，①「懸念：ボランティアの技術と知識」は**(3)** に入る。ボランティアの知識と技量を証明したパラグラフは第4パラグラフなので，②「証拠：成功を収めているボランティアの努力」は**(4)** に入る。市民科学の歴史について述べたパラグラフは第2パラグラフのみなので，③「説明：定義と歴史」は**(2)** に入る。よって消去法により④「意見：かかわるすべての人々にとっての利点」は**(5)** に入る。

解答 A　問1　④　　問2　②　　問3　②　　問4　②　　問5　①
　　　　B　**(2)**　③　　**(3)**　①　　**(4)**　②　　**(5)**　④

訳　　ミツバチを捕まえ，魚の数を数える：どのように「市民科学」は機能しているのか。

(1)　ここテキサスは午後で晴れている。そして，私の妻のバーバラは再び公園に出向き，オオカバマダラが産んだ卵の数を数えて記録している。妻は，データを集めたあと，妻に仕事を紹介したプロの科学者にそのデータを報告する。また，別の州では，私たちの友人のアントニオが，カエルの鳴き声を探して，年に4回，12ものさまざまな場所を訪れる。アントニオは，今までおよそ20年間にわたり自分の発見したものを科学者に提出してきた。また，国の反対側では，私たちの姪のエミリーが在来種のミツバチを捕まえ，それに極小のタグをつけ，地元の大学の生物学科に毎週報告書を提出している。バーバラも，アントニオも，エミリーも，その努力に対してだれからもお金をもらっていないが，3人は皆，自分たちが「市民科学者」になれて幸運だと考えている。

(2)　ボランティアがこのような活動に助手として参加するとき，市民科学に従事していることになり，これは，一般人に要請して情報を集めることの手助けをしてもらう貴重な研究技術である。市民科学者の中には理科の先生や学生もいるが，大半は，単に自然の中で過ごすことを楽しんでいる素人である。こうした人々はまた，科学者の手助けをし，間接的にではあるが環境保護に役立っていることを誇りにしている。彼らがかかわっている運動は，新しいものではない。実際，その起源は100年以上前に遡る。この種の最も初期の活動の1つは，クリスマス・バード・カウント（クリスマスの野鳥数計測）で，これは1900年に全米オーデュボン協会で始まった。しかし，市民科学のプロジェクトは今まで以上に急増している。そのうちの60以上が，最近のアメリカ生態学会の会議で取り上げられた。

(3)　正規の研究では，プロの科学者とその他の専門家は，可能な限り高い

水準を維持する必要がある。研究が妥当であるとして受け入れられるためには，それが完全なものであるだけでなく，客観的で正確でないといけない。市民科学者は，詳細に至るまで必要な注意を向けていないのではとか，素人は，調査の状況を誤解し，情報を収集，整理するときにミスを犯すのではと主張する人がいるかもしれない。言い換えれば，市民科学は本当に信頼できるものであるとみなすことができるのであろうか。

（4）近ごろ行われた2つの研究によって，市民科学は信頼し得ることが示されている。1つ目の研究は，ボランティアの知識と技術に焦点を当てたものであった。この研究では，ある科学者がボランティアたちに，アメリカの大西洋岸に生息するカニの種類を特定するように要請した。ほとんど全員がその課題をクリアし，小学3年生でも80%の成功率を示すことを，その科学者は発見した。2つ目の研究では，プロの手法と素人の手法が比較された。12人のスキューバダイバーからなるグループは，伝統的な厳密な手順に従って，カリブ海の106種の魚を特定することができた。別の12人のダイバーからなるグループは，プロが考え出した，ボランティアにとってよりリラックスできる楽しい手順を使って，同じ海で同じ時間を過ごした。驚いたことに，2番目の手法はさらなる成功を収めた。このグループは全部で137もの種を特定したのである。このような結果が示唆しているのは，科学者がお膳立てをした場合，素人の手を借りた研究は信頼し得るということである。

（5）市民科学のプロジェクトの中で最もうまくいくのは，双方が得をする状況だ。一方では，科学界の側が，出費を抑えつつ，市民科学者がいない場合よりはるかに多くのデータを入手できるという状況。他方では，市民科学が一般大衆にとって有用であるという状況。つまり，それによって人々が自然の世界に入り，科学の研究過程に関与する。おまけに，人々が道具を用いて，データを集め，発見を報告するという訓練も含む，うまく計画された研究に参加すると，新しい考えや技術を知ることができるという満足感が得られるというわけだ。

（6）市民科学を用いる科学研究の数が急速に増えているというのは心強い。それでも，市民科学の可能性については，やっとわかり始めたばかりである。ボランティアが専門家の研究にどれほど貢献できるかを，より多くの科学者が認識する必要がある。見たところ，我々が，古い保守的な「人々のための科学」という考えを拡大して，「人々による科学」というもっと民主的な見方ができるようになる時期だと思う。

語句 第1パラグラフ

▶ lay an egg　　　　　　　　　熟 「卵を産む」

- ▶ mónarch bútterfly 　名「オオカバマダラ」
- ▶ recrúit ～ 　他「～を勧誘する」
- ▶ lísten for ～ 　熟「～の声を求めて耳を澄ます」
- ▶ submít ～ 　他「～を提出する」
- ▶ hand ～ in ／ in ～ 　熟「～を提出する」
- ▶ cítizen scíentist 　名「市民科学者」

第2パラグラフ

- ▶ partícipate in ～ 　熟「～に参加する」
- ▶ take pride in ～ 　熟「～を誇りに思う」
- ▶ be invólved in ～ 　熟「～にかかわる」
- ▶ the Nátional Audubon Socíety 　名「全米オーデュボン協会」
- ▶ méntion ～ 　他「～について言及する」
- ▶ the Ecológical Socíety of América 　名「アメリカ生態学会」

第3パラグラフ

- ▶ válid 　形「妥当な」
- ▶ thórough 　形「完全な」　＊ / θə:rou /
- ▶ objéctive 　形「客観的な」
- ▶ áccurate 　形「正確な」
- ▶ cóntext 　名「状況」
- ▶ investigátion 　名「調査」
- ▶ órganize ～ 　他「～をまとめる」
- ▶ relíable 　形「信頼できる」

第4パラグラフ

- ▶ idéntify ～ 　他「～を特定する」
- ▶ procédure 　名「手続き」
- ▶ spécies 　名「種（単複同形）」
- ▶ the Caríbbean 　名「カリブ海」
- ▶ desígn ～ 　他「～を設計する」
- ▶ trust ～ 　他「～を信頼する」
- ▶ órganize ～ 　他「～を計画する」

第5パラグラフ

- ▶ wín-wín 　形「双方が得をする」
- ▶ gain áccess to ～ 　熟「～を入手する」

366

- ▶ equípment　　　　名「器具／設備」

第6パラグラフ
- ▶ encóuraging　　　　形「励みになる」
- ▶ récognize ～　　　　他「～を認識する」
- ▶ contríbute to ～　　熟「～に貢献する」
- ▶ as I see it　　　　熟「見たところ」

本文に登場した地域の地図。

例題 3　　　　　　　　　標準 25分

次の文章を読み，A・Bに答えよ。なお，(1)～(6)は段落の番号を表している。

Listening Convenience and Sound Quality: Is There Another Priority?

(1)　In 1877, Thomas Edison invented the phonograph, a new device that could record and play back sound. For the first time, people could enjoy the musical performance of a full orchestra in the convenience of their own homes. A few years later, Bell Laboratories developed a new phonograph that offered better sound quality; voices and instruments sounded clearer and more true-to-life. These early products represent two major focuses in the development of audio technology —— making listening easier and improving the sound quality of the music we hear. The advances over the years have been significant in both areas, but it is important not to let the music itself get lost in all the technology.

(2)　Although the phonograph made listening to music much more convenient, it was just the beginning. The introduction of the car radio in the 1920s meant that music could be enjoyed on the road as well. Interest in portable audio really started to take off in the 1980s with the development of personal music players that allowed listeners to enjoy music through headphones while walking outside. These days, we are able to carry around hundreds of albums on small digital players and listen to them with tiny earphones.

(3)　Another factor affecting our enjoyment of music is its sound quality. In the 1950s, the term "high fidelity," or "hi-fi" for short, was commonly used by companies to advertise recordings and audio equipment providing the highest possible quality of sound reproduction. Fidelity, meaning truthfulness, refers to recording and reproducing music that is as close as possible to the original performance. Ideally, if we listen to a recorded symphony with our eyes closed, we feel as if we were in a concert hall. Technological advances since the 1950s have resulted in modern recording techniques and playback equipment that allow listeners to come very close to the goals of high fidelity.

368

(4) Walking into an electronics store today, consumers are faced with an amazing variety of audio technology. Someone looking for a portable system can choose from hundreds of different earphones, headphones, and digital players that come in a range of colors, shapes, and sizes. For audiophiles —— music fans who see high fidelity as a priority —— a different section of the store features a range of large speakers and heavy components, such as CD players and amplifiers, that often come at high prices. Faced with all this technology and so many choices, music fans often spend a great deal of time researching and making decisions about the right equipment for their listening needs.

(5) Even after the equipment is bought, the advances in audio technology sometimes continue to take consumers' attention away from the music itself. The convenience of portable systems lets people listen to music while doing something else, like jogging in the park or commuting to work. In these settings, music may be partly lost in background noise, making it hard for the listener to concentrate on it. In another case, audiophiles may spend a considerable amount of time and energy testing and adjusting their combination of components to achieve the highest standard of fidelity.

(6) With so much technology available, actually listening to music can sometimes feel like a secondary issue. We are lucky to be able to take our favorite recordings with us on the train to work, but if we listen to music while our attention is focused elsewhere, we miss much of its power. Likewise, although it is good to have access to high-quality equipment, if we worry too much about achieving perfect fidelity, technology itself comes between us and the music. Music is an amazing and powerful art form, and perhaps what is most important is to make time to sit and appreciate what we hear. Thanks to the genius of Edison and other inventors, the beauty of music is now more accessible than ever. It's up to us to stop and truly listen.

A 問1～5の 　　　　 に入れるのに最も適当なものを，それぞれ下の ①～④のうちから一つずつ選べ。

問1 According to paragraph (1), Bell Laboratories' phonograph could 　　　　 than Thomas Edison's.

評論・小説・エッセイ読解問題　369

① be built more quickly and cheaply
② be operated with less difficulty
③ play more musical instruments
④ reproduce sound more realistically

問2　In paragraph (3), the author suggests that today's best audio equipment _____ .

① almost recreates the sound quality of a live concert
② is used to play live music in the best concert halls
③ makes recordings sound better than original performances
④ reproduces great performances from the 1950s

問3　According to paragraph (4), audiophiles are people who _____ .

① care deeply about the quality of music reproduction
② perform in symphonies in good concert halls
③ prefer live concerts to recorded performances
④ work at shops that sell the best audio equipment

問4　Based on paragraph (5), which of the following is true? _____

① Background noise often helps people concentrate on music.
② Portable audio systems tend to create background noise.
③ Setting up a hi-fi system can take a great amount of effort.
④ The busier people are, the more they appreciate music.

問5　The author's main point in paragraph (6) is that _____ .

① audiophiles tend to enjoy listening to music on portable devices
② convenience is an important factor in buying audio equipment
③ music is the primary consideration, regardless of technology
④ portable equipment will likely replace high-fidelity equipment

B　次の表は，本文の段落と内容をまとめたものである。 _____ に入れるのに最も適当なものを，下の ① ～ ④ のうちから一つずつ選べ。ただし，同じものを繰り返し選んではいけない。

370

Paragraph	Content
(1)	Two goals of audio technology
(2)	
(3)	The idea of high fidelity
(4)	
(5)	
(6)	

① Advances in music listening convenience
② Concerns about the focus of music listeners
③ The value of giving music your full attention
④ The wide selection of audio products for sale　　　　［本試］

中位者以上で差がついたのは，Ａの問４，問５，Ｂである。パラグラフごとにメモをとり，全体で何が言いたいのかを考えてから設問を見るとミスが減る。

解説　各パラグラフの役割と要旨　　パラグラフごとのメモをとる ⇒ 原則❶-①

第1パラグラフ：［主張］：オーディオは，簡単に聴ける，音質を向上
　　　　　　　　　　させることを重視して開発されてきたが，本末転
　　　　　　　　　　倒してはいけないということ
第2パラグラフ：［譲歩］：現在までのオーディオの発展の歴史
第3パラグラフ：［譲歩：具体化１］：すぐれた音質のオーディオの登場
第4パラグラフ：［譲歩：具体化２］：さまざまな種類のオーディオの
　　　　　　　　　　登場
第5パラグラフ：［主張の再現］：オーディオ機器の進歩による弊害
第6パラグラフ：［主張の再現：具体化］：音楽を楽しむことの大切さ
　全体の要旨　すぐれた音質や多種多様な音響機器が出現したが，そうしたものに気をとられるあまり，音楽を聴いて楽しむことをおろそかにしてしまっている人がいる。音楽はじっくりと味わうものである。

A

問1 「第1パラグラフによると，ベル研究所の蓄音機はトーマス・エジソンのものより □□□□□ ことができた」

「歴史とともに音質が向上した」が第1パラグラフの趣旨。

① 「より早く安く組み立てる」，② 「より簡単に操作される」，③ 「より多くの楽器を演奏する」はすべて趣旨から外れるし，本文に記述もない。よって ④ 「より原音に近い音を再現する」 が正解。**細かいところを読まなくてもパラグラフ全体の趣旨，あるいは文全体の趣旨がわかっていれば簡単に解ける。**

問2 「第3パラグラフにおいて，筆者は今日の最高の音響機器は □□□□□ と示唆している」

第3パラグラフでは「すぐれた音質のオーディオの登場」について述べられている。それを念頭に置いて選択肢を見る。① 「ライブ・コンサートの音質をほぼ再現する」 は，このパラグラフの趣旨に合致しているが，念のため他の選択肢も確認。② 「最高のコンサートホールでライブ音楽を演奏するのに用いられる」。音響機器でライブ音楽を演奏⁉ これは見た瞬間に消える。③ 「録音したものを元の演奏よりよい音に聴こえさせる」は，さすがにそれはナイ！と笑いながら不可としたい。④ 「1950年代からの名演奏を再現する」。原音に近づけることはできても，100％の再現はできない。また「1950年代からの名演奏」も本文とは無関係。間違えた人の多くは ④ を選んでしまったようだ。

問3 「第4パラグラフによると，オーディオファイルとは □□□□□ 人々である」

本文の直後に「ハイ・フィデリティを優先事項と考える音楽ファン」と説明が書かれているが，その部分がわからなくても「オーディオマニア」であることは，本文の他の記述部分から推測できるはずである。

① 「音楽再生の質に深く注意を払う」 は，まさに正解だが，念のため他の選択肢もチェックする。② 「よいコンサートホールの中で，交響楽団で演奏をする」，③ 「録音された演奏よりもライブのコンサートを好む」，④ 「最高の音響機器を売る店で働く」は，すべて本文の趣旨とはズレる。

本文に戻っていちいちチェックせずとも，パラグラフの方向性をつ

かめば，**正解を得られるように作問されている**。良問である。中位層は④にした人が多かったようだ。

問4 **「第5パラグラフにもとづけば，次の中で正しいものはどれか」**

第5パラグラフは，「オーディオ機器の進歩による弊害」について述べられている。中位層のこの問の正答率は50％を切っている。

①「背景音は人々が音楽に集中するのに役立つことが多い」は，プラスイメージで不可。②「ポータブル音響システムは背景音を作り出す傾向がある」は，意味がよくわからない選択肢。しかし，「iPodが背景音を作り出す」なんて，変な話だなと思えるはずだ。もちろん不可。中位層では25％を超える人がこの選択肢を選んでいる。③「**ハイファイ・システムの構築には多大な労力を要することがある**」は本文のマイナスイメージとも一致していて正解。④「人は忙しくなればなるほど，音楽を味わい楽しむ」は，プラスイメージで不可。

問5 **「第6パラグラフにおいて筆者の主な主張は ☐☐☐☐ ということである」**

第6パラグラフでは「音楽を楽しむことの大切さ」が述べられている。中位層の正答率は6割ぐらい。

①「オーディオファイルはポータブル機器で音楽を楽しむ傾向がある」は，デタラメで不可。②「利便性は音響機器を購入する際の重要な要因だ」は不可。「利便性」を追求するがあまりに音楽を楽しめなくなっている，というのが本文の趣旨。③「**技術と無関係に，音楽こそが主として考慮するべきことだ**」は本文の主張の方向に一致。④「おそらくポータブル機器がハイファイ機器に取って代わるだろう」は，本文の主張と無関係。

B

パラグラフ	内容	答え
(1)	音響技術の2つの目標	
(2)	音楽鑑賞の利便性の向上	①
(3)	ハイ・フィデリティという考え方	
(4)	販売されている音響製品の幅広い品揃え	④
(5)	音楽鑑賞者が置く重点に関する懸念	②
(6)	音楽に集中することの価値	③

一番簡単なのは④「販売されている音響製品の幅広い品揃え」。これは第4パラグラフの主張と合致している。次に，マイナスの内容のパラグラフは第5パラグラフのみなので，②「音楽鑑賞者が置く重点に関する懸念」が決まる。あとは①「音楽鑑賞の利便性の向上」と③「音楽に集中することの価値」を比べて検討すれば，①が第2パラグラフだとわかる。**消去法を効果的に使うことが大切**。上位層の正答率は70％前後，中位層の正答率は45％。差がついた問題。

解答 A　問1　④　　　問2　①　　　問3　①　　　問4　③　　　問5　③
B　**(2)**　①　　**(4)**　④　　**(5)**　②　　**(6)**　③

訳　**聴くための利便性と音質。他に優先すべきものはないのだろうか。**

(1)　1877年，トマス・エジソンは，蓄音機，つまり音を記録して再生できる新しい装置を発明した。歴史上初めて，人々はフルオーケストラの演奏を，自宅という都合のいい場所で楽しむことができたのである。数年後，ベル研究所は，よりよい音質を提供する新しい蓄音機を開発した。よって，声や楽器はより鮮明かつ現実に近い音として聞こえるようになった。これらの初期の製品は，音響技術の発達において重視された2つの点を表している。すなわち，聴くのをより容易にすることと，聴く音楽の質を高めることである。どちらの分野においても，長年にわたり大きく進歩してきているが，これらのあらゆる技術の中に，音楽自体を埋没させないようにすることが大切だ。

(2)　蓄音機によって音楽鑑賞ははるかに便利なものになったが，それは始まりにすぎなかった。1920年代にカーラジオが導入され，音楽は路上でも楽しめるものになった。携帯型オーディオに対する関心が高まり始めたのは，聴く人が外を歩きながらヘッドフォンで音楽を楽しむことを可能にしたパーソナル音楽プレーヤーが開発された1980年代である。今日では，何百ものアルバムを小型のデジタルプレーヤーに入れて携帯し，小さなイヤフォンで聴くことができる。

(3)　音楽鑑賞に影響を与えるもう1つの要因は音質である。1950年代に「ハイ・フィデリティ」，略して「ハイファイ」という用語が，可能な限り最高の音響再生の品質を提供するレコーディングや音響機器を宣伝するために，いろいろな会社によって広く使われた。フィデリティは，「真実」を意味し，元々の演奏にできるだけ近い音楽の録音や再生のことをいう。理想的には，録音された交響曲を目を閉じて聴く場合，コンサートホールにいるかのような感覚になることだ。1950年代から始まった技術進歩の結果，聴く人をハイ・フィデリティという目標に非常に近づ

けるような現代的な録音技術と再生機器が生まれた。

(4) 今日，電気店に入ってみると，消費者の目の前には驚くほどさまざまな音響技術が現れる。ポータブルシステムを探している人は，さまざまな色，形，大きさをした何百ものいろいろなイヤフォン，ヘッドフォン，デジタルプレーヤーの中から選ぶことができる。オーディオファイル（ハイ・フィデリティを優先事項と考える音楽ファン）のために，しばしば高い値段がつけられているさまざまな大型スピーカー，CD プレーヤー，アンプなどの重厚なコンポを目玉とする別のコーナーも店にはある。このようなすべての技術と，そしてかくも多くの種類がそろっているのを目の当たりにすると，音楽ファンはしばしば非常に多くの時間をかけて調べ，自分の音楽鑑賞のニーズにぴったり合う機器を決めようとする。

(5) 音響技術の進歩のために，消費者は機器の購入のあとでさえ，音楽自体に注意を向けないという状況が続くことがある。ポータブルシステムの利便性のため，公園でのジョギングや通勤途中などといった，他のことをしながら音楽を聴くことができる。このような状況では，音楽はその一部が背景音にかき消され，聴く人が音楽に集中するのが難しくなるかもしれない。また別の場合には，オーディオファイルはフィデリティを最高の水準まで上げるため，相当な時間と労力を費やし自分のコンポの組み合わせをあれこれいじることがあるかもしれない。

(6) これほど多くの技術が利用できる状況では，実際に音楽を聴くことは二の次になるように感じられることがある。私たちは幸運にも，好きな音楽を録音したものを持って通勤電車に乗ることができるが，注意を他のところに向けているときに音楽を聴くと，音楽の持つ力の多くを聴き逃してしまうことになる。同様に，高級な機器の入手が容易になるのはよいことだが，完全なフィデリティを目指すことを気にしすぎるならば，技術自体が私たちと音楽の仲を引き裂くことになってしまう。音楽は驚嘆すべき強力な芸術形態であり，きわめて大切なのは，聞こえてくるものをじっくりと味わい楽しむ時間を作ることであろう。エジソンという天才や他の発明家たちのおかげで，今では美しい音楽がかつてないほど簡単に手に入る。私たちがなすべきことは，立ち止まって心から耳を傾けることである。

語句　第1パラグラフ

▶ **phónograph**	名 「蓄音機」
▶ **devíce**	名 「装置」
▶ **perfórmance**	名 「演奏」
▶ **láboratory**	名 「研究室」

▶ true-to-life 　　　　　形「現実に近い」

▶ represént ～ 　　　　他「～を表す」

▶ advánce 　　　　　　名「進歩」

▶ signíficant 　　　　　形「著しい」

▶ get lost in ～ 　　　　熟「～に埋没する」

第2パラグラフ

▶ as well 　　　　　　熟「同様に」

▶ take off 　　　　　　熟「離陸する／始まる」

▶ cárry ～ aróund ／ aróund ～ 　熟「～を持ち運ぶ」

第3パラグラフ

▶ afféct ～ 　　　　　他「～に影響する」

▶ term 　　　　　　　名「用語」

▶ fidélity 　　　　　　名「信頼性」

▶ for short 　　　　　熟「短縮して言えば」

▶ equípment 　　　　名「装置」

▶ reprodúction 　　　名「再生」

▶ refér to ～ 　　　　熟「～を指す」

▶ oríginal 　　　　　形「元々の」

▶ idéally 　　　　　　副「理想的には」

▶ feel as if ～ 　　　　熟「～のように感じる」

▶ A resúlt in B 　　　熟「A の結果 B となる」

第4パラグラフ

▶ consúmer 　　　　名「消費者」

▶ be faced with ～ 　熟「～に直面する」

▶ come in ～ 　　　　熟「～の種類がある」

▶ áudiophile 　　　　名「オーディオ愛好家」

▶ see O as C 　　　　熟「O を C と見る」

▶ prióriy 　　　　　　名「優先事項」

▶ féature ～ 　　　　他「～を特集する」

▶ ámplifier 　　　　　名「アンプ／増幅器」

▶ spend O (V)ing 　　他「O を V することに費やす」

▶ a great deal of ～ 　熟「多量の～」

第5パラグラフ
- take ~ awáy 熟「~を引き離す」
- séttings 名「状況」
- pártly 副「一部には」
- cóncentrate on ~ 熟「~に集中する」
- consíderable 形「かなりの」

第6パラグラフ
- aváilable 形「手に入る」
- sécondary 形「副次的な」
- íssue 名「(社会的)問題」
- líkewise 副「同様に」
- appréciate ~ 他「~を鑑賞する」

お役立ちコラム
語源で覚えよう

audiophile の -phile は「愛する」という意味。

philosophy「哲学」は，philo-「愛する」＋ sophy「知恵」が原義。最初に philosophy を訳した哲学者の西周(にしあまね)は「希哲学」とした。この「哲」は「知恵」の意味。ところがあとで「希」を取って「哲学」としてしまったんだ。

ちなみに phil- の反意語は -phobia「恐怖症」。claustrophobia と言えば「閉所恐怖症」のことだ。

原則❷ 本文の「主張・テーマ」を考え，方向性から選択肢を吟味しよう。解答は本文の要約になっているから，「本文には直接該当箇所がない表現」が多用されている。よって，まずは消去法により選択肢を絞ろう

　正解の選択肢は，全体のテーマを踏まえたうえで作られている。よって，正解の選択肢は，本文のある1文を「言い換えた」というレベルではなく，「全体のテーマの方向性」を考えて作られている。「本文を読んで，該当箇所を探す」というやり方は通用しないので，避けること。

例題 4

　「デジタルカメラのために，被写体が『特別なもの』から『日常的なもの』に変化した」という主張の英文に合致しているものを，①～④のうちから一つ選べ。

問　The main idea of the passage is that _____ .
① digital photography is changing the way we keep track of our lives
② people have become more careless about taking photos than they were in the past
③ the digital camera is one of the most important inventions in human history
④ we should carry digital photography to help us remember important events
〔追試・改題〕

解説　問 「この文の主なテーマは_____ということである」
　実際には「主張・テーマ」がわかれば正解できたに等しい。このような形式で出題されれば簡単に感じるかもしれない。この設問は，あくまでも選択肢を吟味するための方法論を試す問題だと考えてほしい。

まず，②「人々は昔に比べて写真を撮ることに無頓着になった」，④「重要な出来事を覚えておくのに役立つからデジタルカメラを携帯すべきである」は論外。「主張・テーマ」にかすりもしていない。

「ワナ」は，③「デジタルカメラは人間の歴史上最も重要な発明品の１つである」。この文は「デジタルカメラの出現に伴う変容」について述べているのであるから，これはまったくの無関係の選択肢だと言える。また，これは常識的に考えても問題がある。デジタルカメラはたしかに便利だし重要かもしれないが，「人類史上最も重要なものの１つ」などと言い切ることは速断だろう。以上から，答えは①「デジタル写真は生活をたどる方法を変えつつある」。

この選択肢の中にある **keep track of ~**「（事態の成り行きなど）**を見失わないようにたどる**」「（犯人など）**の行方を見失わないようにする**」は難しい。①の keep track of our lives の意味は，「我々の生活を見失わないようにする方法」⇒「我々の生活を写真に収めるやり方」⇒「カメラの被写体の変化」となっている。この選択肢だけを見て「正解だ！」と見抜くことはかなり難しい。だからこそ，「②・③・④が明らかに間違っているから①が正解となる」という**消去法**を使うことが解答の決め手となる。

なお，このような「**切れ味のある言い換え**」には，過去問を解くことによってのみ慣れ親しむことができる。「（形式だけは合致しているが，選択肢の作り方に切れのない）新作問題」よりも，「（形式は合致していないが，選択肢の作り方に切れのある）過去問」を訓練に使うことを優先させてほしい。

解答 ①

語句
- **pássage** 名「（文章，演説などの）一節」
- **photógraphy** 名「（集合的に）写真」
- **keep track of ~** 熟「～を見失わないようにする」
- **invéntion** 名「発明（品）」

評論・小説・エッセイ読解問題　379

例題 5

次の文章を読み，<u>　A　</u>～<u>　H　</u>に入れるのに最も適当なものを，それぞれの選択肢のうちから一つずつ選べ。

Your group is preparing a poster presentation entitled "The Person Who Revolutionized American Journalism," using information from the magazine article below.

1 Benjamin Day, a printer from New England, changed American journalism forever when he started a New York City newspaper, *The Sun*. Benjamin Day was born in Springfield, Massachusetts, on April 10, 1810. He worked for a printer as a teenager, and at the age of 20 he began working in print shops and newspaper offices in New York. In 1831, when he had saved enough money, he started his own printing business, which began to struggle when the city was hit by a cholera epidemic the following year. In an attempt to prevent his business from going under, Day decided to start a newspaper.

2 In 1833, there were 650 weekly and 65 daily American newspapers, with average sales of around 1,200. Although there were cheap newspapers in other parts of the country, in New York a newspaper usually cost as much as six cents. Day believed that many working-class people were able to read newspapers, but chose not to buy them because they did not address their interests and were too expensive. On September 3, 1833, Day launched *The Sun* with a copy costing just one cent. The introduction of the "penny press," as cheap newspapers became known, was an important milestone in American journalism history.

3 Day's newspaper articles were different from those of other newspapers at the time. Instead of reporting on politics and reviews of books or the theater, *The Sun* focused on people's everyday lives. It was the first newspaper to report personal events and crimes. It led to a paradigm shift in American journalism, with newspapers becoming an important part of the community and the lives of the readers. Day also came up with another novel idea: newsboys selling the newspaper on street

corners. People wouldn't even have to step into a shop to buy a paper.

4   The combination of a newspaper that was cheap as well as being easily available was successful, and soon Day was making a good living publishing *The Sun*. Within six months, *The Sun*'s circulation reached 5,000, and after a year, it had risen to 10,000. By 1835, sales of *The Sun* had reached 19,000, more than any of the other daily papers at that time. Over the next few years, about a dozen new penny papers were established, beginning a new era of newspaper competition. The success of *The Sun* encouraged other journalists to publish newspapers at a lower price. By the time of the Civil War, the standard price of a New York City newspaper had fallen to just two cents.

5   Despite his success, after about five years of operating *The Sun*, Day lost interest in the daily work of publishing a newspaper. In 1838, he sold *The Sun* to his brother-in-law, Moses Yale Beach, for $40,000, and the newspaper continued to publish for many years. After selling the paper, Day moved into other business areas, including the publication of magazines, but by the 1860s he was basically retired. He lived quietly until his death on December 21, 1889. Although he had been involved in the American newspaper business for a relatively short time, Day is remembered as a revolutionary figure who showed that newspapers could appeal to a mass audience.

The Person Who Revolutionized American Journalism

■ **The Life of Benjamin Day**

Period	Events
1810s	Day spent his childhood in Springfield
1820s	A
1830s and beyond	B ⇓ C ⇓ D ⇓ E

Benjamin Day

■ **About *The Sun***

▶ Day launched *The Sun* on September 3, 1833.
▶ This newspaper was highly successful for the following reasons:
　　[F]

■ A Shift in U.S. Journalism: A New Model

▶ The motto of *The Sun* was "[G]."
▶ *The Sun* changed American journalism and society in a number of ways: [H]

問1　Members of your group listed important events in Day's life.　Put the events into the boxes [A] ～ [E] in the order that they happened.

① Day created other publications

② Day established a printing company

③ Day gained experience as a printer in his local area

④ Day started a newspaper business

⑤ Day's business was threatened by a deadly disease

問2　Choose the best statement(s) to complete the poster.　(**You may choose more than one option**.)　[F]

① Day focused on improving the literacy levels of the working class.

② Day introduced a new way of distributing newspapers.

③ Day realized the potential demand for an affordable newspaper.

④ Day reported political affairs in a way that was easy to understand.

⑤ Day supplied a large number of newspapers to every household.

⑥ Day understood what kind of articles would attract readers.

問3　Which of the following was most likely to have been *The Sun*'s motto?　[G]

① Nothing is more valuable than politics

② The daily diary of the American Dream

③ *The Sun*: It shines for all

④ Top people take *The Sun*

382

問4　Choose the best statement(s) to complete the poster. (**You may choose more than one option**.)　　H

① Information became widely available to ordinary people.
② Journalists became more conscious of political concerns.
③ Journalists started to write more on topics of interest to the community.
④ Newspapers became less popular with middle-class readers.
⑤ Newspapers replaced schools in providing literacy education.
⑥ The role of newspapers became much more important than before.

［第2回試行調査　第5問］

解説　各パラグラフの役割と要旨

第1パラグラフ：デイ：さまざまな出来事を経て新聞社を始める決意
第2パラグラフ：大衆のため安くする
第3パラグラフ：内容を日常的なものにする。新聞少年を考案
第4パラグラフ：成功し，他の新聞社も追随
第5パラグラフ：新聞を大衆に売り込んだ革命児

問1　**「あなたのグループのメンバーはデイの人生における重大な出来事を挙げた。　A　から　E　にそれらが起こった順番に入れよ」**

　本文に出てくる順に選択肢を検討する。第1パラグラフ第3文に「彼は10代のときは印刷工として働いた」とあり，③「デイは地元の印刷屋で経験を積んだ」に一致。同パラグラフの第4文に「1831年に彼は十分なお金を蓄え，自分自身で印刷会社を立ち上げたが，その次の年に町がコレラの流行に襲われると，彼の事業は窮地に陥り始めた」とあり，②「デイは出版社を立ち上げた」⇒ ⑤「デイの事業は死に至る病により脅威にさらされた」に一致。また，第2パラグラフの第4文に「1833年9月3日，デイは1部たった1セントで『ザ・サン』を刊行した」とあり，④「デイは新聞業を始めた」と一致。さらに，第5パラグラフの第3文に「新聞を売ったあと，デイは雑誌の発行を含めた他のビジネス分野を手がけた」とあり，①「デイは他の出版物を作った」に一致。以上から③ ⇒ ② ⇒ ⑤ ⇒ ④ ⇒ ①が正解。
英文全体を把握しておかないと解けない問題。

評論・小説・エッセイ読解問題　383

**問2 「ポスターを完成させるのに最もよい文を選べ。（答えは1つ
　　　とは限らない）」**

　選択肢を順に検討する。①「デイは労働者階級の識字率の向上に焦
点を当てた」は本文に記述がない。②「デイは新聞の流通の新しい方
法を導入した」は第3パラグラフ第5文の「デイはまた，もう1つ
の斬新な考えも思いついた。それは街角で新聞売りの少年に新聞を売
らせることだった」に一致。③「デイは手ごろな価格の新聞には秘め
られた需要があることに気がついた」は第2パラグラフ第3～4文「デ
イは，多くの労働者階級の人々は新聞を読むことはできるが，新聞に
は彼らの関心があることが書かれておらず，高すぎるために買おうと
しないのだと考えた。1833年9月3日，デイは1部たった1セント
で『ザ・サン』を刊行した」に一致。選択肢の affordable は「手ごろ
な（価格の）」の意味の形容詞。④「デイはわかりやすい方法で政治
的な出来事を伝えた」は第3パラグラフ第2文「『ザ・サン』は，政
治レポートや，書評・演劇評ではなく，人々の日々の生活に焦点を当
てた」に不一致。⑤「デイはすべての家庭に多くの新聞を供給した」
は本文に記述がない。⑥「デイはどんな種類の記事が読者をひきつけ
るかわかっていた」は，さきほどの第2パラグラフ第3～4文と一致。
以上から②・③・⑥が正解となる。**本文に記述がない選択肢があるた
め，やはり全体を読んでからでないと解けないように作ってあること
に注意。**

問3 「以下のどれが『ザ・サン』のモットーに最も近いか」

　選択肢を順に検討する。第3パラグラフ第2文「『ザ・サン』は政
治レポートや，書評・演劇評ではなく，人々の日々の生活に焦点を当
てた」より，『ザ・サン』は政治よりも日々の生活に焦点を当ててい
ることがわかる。よって①「政治より価値のあるものはない」は不適
切。同じ箇所より，『ザ・サン』が扱った話題は，人々の日々の生活
からかけ離れたアメリカンドリームではないことがわかる。よって
②「アメリカンドリームの毎日の日記」も不適切。さらに同じ箇所よ
り③「『ザ・サン』はすべてのために輝く」は，意味がよくわからな
いので，いったん保留。また同じ箇所より，『ザ・サン』がターゲッ
トにしたのは一般庶民であって上位の人ではないことがわかる。よっ
て，④「上位の人は『ザ・サン』を購読する」は不可。以上から③が
正解だとわかる。この選択肢の「すべてのため」とは「庶民も含めた

すべての人々」の意味だと推察できる。なお，第5パラグラフ最終文の「アメリカの新聞業界に彼が携わったのは比較的短いあいだだったが，デイは新聞が大衆の心に訴えかけることを示した革命的な人物として記憶されている」も③の根拠になるだろう。**正解の選択肢を選ぶより不正解の選択肢を消去したほうが確実に解ける。**

問4 「ポスターを完成させるのに最もよい文を選べ。（答えは1つとは限らない）」

　第2パラグラフ第3〜4文に「デイは，多くの労働者階級の人々は新聞を読むことはできるが，新聞には彼らの関心があることが書かれておらず，また高すぎるために買おうとしないのだと考えた。1833年9月3日，デイは1部たった1セントで『ザ・サン』を刊行した」とあり，さらに第3パラグラフ第2文「『ザ・サン』は政治レポートや，書評・演劇評ではなく，人々の日々の生活に焦点を当てた」とある。以上から①「情報は普通の人にも広く手に入れられるようになった」は正しい。②「ジャーナリストは政治的問題をより意識するようになった」は，上に述べた本文の内容と，第4パラグラフ第5文「『ザ・サン』の成功に後押しされ，他のジャーナリストたちも低価格で新聞を発行した」から，他の新聞社も『ザ・サン』に倣ったことが推察されるので，間違いだとわかる。本文の同じ箇所より，③「ジャーナリストは共同体にとって興味深い話題についてより多く書くようになった」は適切で，④「新聞は中間層の読者のあいだで人気が落ちた」は不適切だとわかる。⑤「新聞は識字教育を提供する場としての学校の代わりを果たした」は本文に記述がないし，そもそもこの英文のテーマからもずれる。⑥「新聞の役割は以前よりもずっと重要なものになった」は，本文に直接対応する箇所はないが，本文の前に書かれた「アメリカのジャーナリズムに革新をもたらした人物」や，本文全体の趣旨「新聞が庶民にとって身近なものになった」から正しいと判断できる。

解答　問1　A　③　　　B　②　　　C　⑤　　　D　④　　　E　①
　　　　問2　②，③，⑥　　　問3　③　　　問4　①，③，⑥

訳　あなたのグループは以下の雑誌記事の情報を用いて「アメリカのジャーナリズムに変革をもたらした人物」という題名のポスタープレゼンテーションの準備をしている。

1　ニューイングランド出身の印刷工ベンジャミン・デイが，ニューヨーク市の新聞である『ザ・サン』を創刊したとき，その後のジャーナリズムを決定的に変えた。ベンジャミン・デイは1810年4月10日，マサチューセッツ州のスプリングフィールドで生まれた。彼は10代のときは印刷工として働き，20歳のとき，ニューヨークの印刷所や新聞販売店で働き始めた。1831年，彼は十分なお金を蓄え，自分自身で印刷会社を立ち上げたが，その次の年にニューヨークの町がコレラの流行に襲われると，彼の事業は窮地に陥り始めた。デイは倒産を防ごうと，新聞を刊行することに決めた。

2　1833年，アメリカには650の週刊紙と65の日刊紙があり，平均の販売数は1,200部程度であった。アメリカの他の場所では安い新聞もあったが，ニューヨーク市では新聞はたいてい6セントもした。デイは，多くの労働者階級の人々は新聞を読むことはできるが，新聞には彼らの関心があることが書かれておらず，また高すぎるために買おうとしないのだと考えた。1833年9月3日，デイは1部たった1セントで，『ザ・サン』を刊行した。安価な新聞として知られるようになった「ペニー・プレス」の登場は，アメリカのジャーナリズムの歴史における重要で画期的な出来事であった。

3　デイの新聞記事は当時の他の新聞記事とは異なったものだった。『ザ・サン』は政治レポートや，書評・演劇評ではなく，人々の日々の生活に焦点を当てた。それは個人的な出来事や犯罪事件を報じた最初の新聞だった。これがアメリカのジャーナリズムにパラダイムシフトをもたらし，新聞は共同体や読者の生活の重大な部分を占めるようになった。デイはまた，もう1つの斬新な考えも思いついた。それは街角で新聞売りの少年に新聞を売らせるということだった。人々は新聞を買うのに販売所に立ち寄る必要さえなくなったのである。

4　安価でしかも簡単に手に入るという2つの組み合わせで成功し，まもなくデイは『ザ・サン』の刊行で豊かな生活をするようになった。半年のあいだに『ザ・サン』の発行部数は5千部に達し，1年後には1万部に増えた。1835年までに『ザ・サン』の売り上げは1万9千部に到達して，それは当時の他のいかなる日刊紙よりも多い部数であった。その後数年間にわたり，10紙余りの新しいペニー新聞が発行され，新聞競合の新たな時代の幕開けとなった。『ザ・サン』の成功に後押しされ，他のジャーナリストたちも低価格で新聞を発行した。南北戦争の時代までに，ニューヨーク市の新聞の標準価格はたった2セントにまで下がったのである。

5　デイは成功したにもかかわらず，『ザ・サン』を運営して約5年で，新聞を発行するという日常業務への関心を失ってしまった。1838年に彼は

『ザ・サン』を義理の弟のモーゼ・イエール・ビーチに4万ドルで売却したが，この新聞は何年にもわたって発行され続けた。新聞を売ったあと，デイは雑誌の発行を含めた他のビジネス分野を手がけたが，1860年代までに彼は実質的には一線を退いた。彼は静かな余生を過ごし，1889年12月21日に亡くなった。アメリカの新聞業界に彼が携わったのは比較的短いあいだだったが，デイは新聞が大衆の心に訴えかけることを示した革命的な人物として記憶されている。

アメリカのジャーナリズムに変革をもたらした人物

■ ベンジャミン・デイの人生

時代	出来事
1810年代	デイはスプリングフィールドで子ども時代を過ごした
1820年代	デイは地元の印刷屋で経験を積んだ
1830年代とその後	デイは出版社を立ち上げた ⇓ デイの事業は死に至る病により脅威にさらされた ⇓ デイは新聞業を始めた ⇓ デイは他の出版物を作った

■ 『ザ・サン』について

▶デイは1833年9月3日に『ザ・サン』を刊行した。

▶この新聞は以下の理由で大きな成功を収めた。

　　デイは新聞の流通の新しい方法を導入した。／デイは手ごろな価格の新聞には秘められた需要があることに気がついた。／デイはどんな種類の記事が読者をひきつけるかわかっていた。

■ アメリカのジャーナリズムの変遷：新しい形式

▶『ザ・サン』のモットーは「『ザ・サン』はすべてのために輝く」であった。

▶『ザ・サン』は多くの点でアメリカのジャーナリズムと社会を変えた：情報は普通の人にも広く手に入れられるようになった。／ジャーナリストは共同体にとって興味深い話題についてより多く書くようになった。／新聞の役割は以前よりもずっと重要なものになった。

評論・小説・エッセイ読解問題　387

語句

第1パラグラフ

▶ prínter	名	「印刷工」
▶ print shop	名	「印刷所」
▶ néwspaper óffice	名	「新聞販売所」
▶ strúggle	自	「苦労する」
▶ hit ～	他	「～を襲う」
▶ epidémic	名	「流行」
▶ in an attémpt to (V)	熟	「V するために」
▶ prevént ～ from (V)ing	熟	「～が V するのを防ぐ」
▶ go únder	熟	「倒産する」

第2パラグラフ

▶ as much as ＋数字	熟	「～も」
▶ wórking-class	形	「労働者階級の」
▶ addréss ～	他	「～を扱う」
▶ launch ～	他	「～を始める」
▶ mílestone	名	「画期的な出来事」

第3パラグラフ

▶ those = the árticles		
▶ instéad of ～	熟	「～の代わりに」
▶ revíew	名	「評」
▶ fócus on ～	熟	「～に焦点を当てる」
▶ crime	名	「犯罪」
▶ A lead to B	熟	「A の結果 B となる」
▶ páradigm shift	名	「パラダイムシフト（理論的枠組みの転換）」
▶ come up with ～	熟	「～を思いつく」
▶ nóvel	形	「斬新な」
▶ step ínto ～	熟	「～に立ち寄る」

第4パラグラフ

▶ combinátion	名	「組み合わせ」
▶ A as well as B	熟	= both A and B
▶ aváilable	形	「手に入る」
▶ make a good líving	熟	「豊かな暮らしをする」

▶ circulátion	名	「発行部数」
▶ rise	自	「増加する」
▶ estáblish ～	他	「～を設立する」
▶ éra	名	「時代」
▶ competítion	名	「競争」
▶ the Cívil War	名	「南北戦争」
▶ fall to ～	熟	「～まで落ちる」

第5パラグラフ

▶ despíte ～	前	「～にもかかわらず」
▶ óperate ～	他	「～を運営する」
▶ bróther-in-law	名	「義理の兄弟」
▶ inclúding	前	「～を含めた」
▶ básically	副	「基本的に」
▶ rélatively	副	「比較的」
▶ revolútionary	形	「革命的な」
▶ fígure	名	「人物」
▶ appéal to ～	熟	「～に訴えかける」

お 役 立 ち コ ラ ム
語源で覚えよう

epidemic は，epi-「上」＋ -dem-「民衆」からできた単語。「民衆の上に降ってくるもの」が原義となっている。epicenter は「震源地（←中心の上）」，episode は「挿話（←上にふれること)」のこと。-dem- は democracy「民主主義」で見られる。

評論・小説・エッセイ読解問題

例題 **6**　　　　　　　　　　　　　　　　　　標準 **10分**

次の文章を読み，問１～３の ▭ に入れるのに最も適当なものを，
それぞれの選択肢のうちから一つずつ選べ。

You found the following story in a study-abroad magazine.

Flowers and Their Hidden Meanings

Naoko Maeyama（Teaching Assistant）

1　Giving flowers is definitely a nice thing to do. However, when you are
in a foreign country, you should be aware of cultural differences.

2　Deborah, who was at our school in Japan for a three-week language
program, was nervous at first because there were no students from
Canada, her home country. But she soon made many friends and was
having a great time inside and outside the classroom. One day she
heard that her Japanese teacher, Mr. Hayashi, was in the hospital after
falling down some stairs at the station. She was really surprised and
upset, and wanted to see him as soon as possible. Deborah decided to
go to the hospital with her classmates and brought a red begonia in a
flower pot to make her teacher happy. When they entered the hospital
room, he welcomed them with a big smile. However, his expression
suddenly changed when Deborah gave the red flower to him. Deborah
was a little puzzled, but she didn't ask the reason because she didn't
want to trouble him.

3　Later, in her elementary Japanese and with the help of a dictionary,
Deborah told me about her visit to the hospital, and how her teacher's
expression changed when she gave him the begonia. Deborah said, "It's
my favorite flower because red is the color of passion. I thought my
teacher, who was always passionate about teaching, would surely love
it, too."

4　Unfortunately, flowers growing in a pot are something we shouldn't
take to a hospital in Japan. This is because a plant in a pot has roots,
and so it cannot be moved easily. In Japanese culture some people
associate these facts with remaining in the hospital. Soon after

Deborah heard the hidden meaning of the potted begonia, she visited Mr. Hayashi again to apologize.

問1　According to the story, Deborah's feelings changed in the following order: _____ .
① nervous ⇒ confused ⇒ happy ⇒ shocked ⇒ sorry
② nervous ⇒ confused ⇒ sorry ⇒ shocked ⇒ happy
③ nervous ⇒ happy ⇒ shocked ⇒ confused ⇒ sorry
④ nervous ⇒ happy ⇒ sorry ⇒ shocked ⇒ confused
⑤ nervous ⇒ shocked ⇒ happy ⇒ sorry ⇒ confused
⑥ nervous ⇒ sorry ⇒ confused ⇒ happy ⇒ shocked

問2　The gift Deborah chose was not appropriate in Japan because it may imply _____ .
① a long stay
② congratulations
③ growing anger
④ passion for living

問3　From this story, you learned that Deborah _____ .
① chose a begonia for her teacher because she learned the meanings of several flowers in her class
② not only practiced her Japanese but also learned about Japanese culture because of a begonia
③ visited the hospital with her teaching assistant to see her teacher and enjoyed chatting
④ was given an explanation about the begonia by Mr. Hayashi and learned its hidden meaning

［第2回試行調査　第3問］

「共通テストでは時系列をたずねるものが出る！」なんて勇ましい問題集が多いが，小説やエッセイを読むときには「時系列を気にする」なんて当たり前だよね（笑）。

解説 各パラグラフの役割と要旨

第1パラグラフ：外国では文化の差に注意

第2パラグラフ：デボラは先生のお見舞いに鉢植えの花を持って行く。先生が困惑

第3パラグラフ：デボラの説明。先生は情熱的だから赤が好きなはず

第4パラグラフ：デボラはお見舞いに関する日本文化を知って，入院中の先生に再度謝りに行く

問1 「話によると，デボラの感情は次の □□□□ の順番で変化した」

この英文は「**最初は混乱したが，文化の違いに気がついて申し訳なく思った**」**というオチ**だから，それだけでも，①「緊張している ⇒ 混乱している ⇒ 幸せだ ⇒ 衝撃を受けている ⇒ 申し訳ない」と，③「緊張している ⇒ 幸せだ ⇒ 衝撃を受けている ⇒ 混乱している ⇒ 申し訳ない」に絞られる。第2パラグラフ第1文に「デボラは最初は緊張していた」とある。次の文には「でも彼女はすばらしい時間を過ごしていた」とある。同パラグラフ第4文には「彼女は本当に驚き，動揺した」とある。さらに同パラグラフの最終文に「デボラは少し困惑した」とある。ここまでで③が正解だとわかるが，③の最後の「申し訳ない（sorry）」は，本文に直接的な記述がない。**最終パラグラフの最終文に「デボラは鉢植えのベゴニアに隠された意味を聞くなり，林先生のもとを謝罪のために再び訪れた」とあるので，「申し訳ない」という気持ちを表していると考えてもよいだろう。**よって③が正解となる。他の選択肢の訳は省略する。

問2 「デボラの選んだ贈り物は日本では □□□□ を意味するかもしれないので適切ではなかった」

第4パラグラフの第1～3文に「鉢植えの花を病院のお見舞いに持って行ってはいけない理由」が書かれている。「残念ながら，日本では，鉢植えの花は病院に持って行くべきものではない。それは鉢植えの中の植物は根を張っていて，簡単には動かせないからだ。**日本の文化では，このことを病院にずっと入院していることと結びつける人がいる**」。これから正解は①「**長期滞在**」だとわかる。この文中にある This is because S V. は「これは S V が理由だ」の意味。②「お祝い」，③「怒りを増長すること」，④「生きる情熱」はすべて間違い。

392

問3 「この話から，デボラは _____ ということがわかった」

まず，第1パラグラフの第2文に when you are in a foreign country, you should be aware of cultural differences「海外にいるときには文化の違いに気をつけるべきだ」と，この文の主題が書かれている。デボラの一連の出来事は，これの具体例の1つと考えればよい。選択肢を順に検討していく。①「彼女は授業で複数の花の意味について学んだので，彼女の先生のためにベゴニアを選んだ」は because 以下の記述が本文と合致しない。デボラが鉢植えの花の隠れた意味を知ったのは，病院に鉢植えのベゴニアを持って行ったあとである。②「日本語の練習をしただけでなく，ベゴニアのおかげで日本文化についても学んだ」は本文の内容と合致している。③「彼女の補助教員とともに病院を訪れ，彼女の先生に会いおしゃべりを楽しんだ」は，少なくとも「おしゃべりを楽しんだ」という記述は本文にはない。むしろ先生の気分を害したはずである。さらに「補助教員」は，この文を書いたナオコ・マエヤマのこと。よって不可。④「ベゴニアについての説明を林先生にしてもらい，その隠された意味を学んだ」は，最終パラグラフ最終文に「デボラは鉢植えのベゴニアに隠された意味を聞くなり，林先生のもとを謝罪のために再び訪れた」とあり，林先生以外のだれかから鉢植えのベゴニアの隠れた意味を知ったと推測できる。よって不可。以上より②が正解だとわかる。

解答　問1　③　　問2　①　　問3　②

訳

あなたは次の話を海外留学誌で見つけました。

花とそれに隠された意味
ナオコ・マエヤマ（教員助手）

1　花を贈るということは間違いなくすてきなことだ。しかし，海外にいるときには文化の違いを知っておくべきである。
2　デボラは，3週間の言語プログラムで日本にある私たちの学校に来ていて，最初は彼女の母国であるカナダからの留学生がだれもおらず緊張していた。しかしすぐに彼女は多くの友達を作り，教室の内外を問わずすばらしい時間を過ごしていた。ある日，彼女は，彼女の日本語の先生である林先生が駅の階段で転んで入院していると聞いた。彼女は本当に驚き，動揺

し，そしてできる限り早くお見舞いがしたいと思った。デボラは同級生たちと共に病院にいくことにし，先生を喜ばせようと，鉢植えの赤いベゴニアを持って行った。彼女たちが病室に入ったとき，彼は満面の笑みでもって彼女たちを歓迎した。しかしながら，先生の表情はデボラが彼に赤い花を渡したとき，突然変わった。デボラは少し困惑したが，先生を困らせたくなかったので理由はたずねなかった。

3　あとで，デボラは初歩的な日本語で，辞書の助けを借りながら，私に病院へお見舞いに行ったこと，彼女の先生の表情が，彼女がベゴニアを渡したときどのように変わったかについて話してくれた。デボラは，「赤は情熱の色だから，それは私のお気に入りの花なんです。私は，先生はいつも情熱を持って教えてくださるから，きっと気に入ってくださるだろうと思っていました」と言った。

4　残念ながら，日本では，鉢植えの花は病院に持って行くべきものではない。それは鉢植えの中の植物は根を張っていて，簡単には動かせないからだ。日本の文化では，このことを病院にずっと入院していることと結びつける人がいる。デボラは鉢植えのベゴニアに隠された意味を聞くなり，林先生のもとを謝罪のために再び訪れた。

語句

第1パラグラフ

▶ **définitely**　　　　　副「間違いなく」

▶ **be awáre of** ～　　熟「～を知っている」

第2パラグラフ

▶ **nérvous**　　　　　　形「緊張して」

▶ **at first**　　　　　　熟「最初は」

▶ **be in the hóspital**　熟「入院している」

▶ **fall down the stairs**　熟「階段でこける」

▶ **upsét**　　　　　　　形「動揺して」

▶ **flówer pot**　　　　　名「植木鉢」

▶ **énter** ～　　　　　　他「～に入る」

▶ **wélcome** ～　　　　他「～を歓迎する」

▶ **expréssion**　　　　　名「表情」

▶ **púzzled**　　　　　　形「困惑して」

▶ **tróuble** ～　　　　　他「～を困らせる」

第3パラグラフ

▶ **eleméntary**　　　　　形「初歩的な」

394

▶ with the help of 〜	熟	「〜の助けを借りて」
▶ *one's* fávorite	形	「〜が一番好きな」
▶ pássion	名	「情熱」
▶ pássionate	形	「情熱的な」

第4パラグラフ

▶ unfórtunately	副	「残念ながら」
▶ plant	名	「植物」
▶ assóciate *A* with *B*	熟	「A を B と結びつける」
▶ méaning	名	「意味」
▶ apólogize	自	「謝る」

第**4**章　評論・小説・エッセイ読解問題

お役立ちコラム

「コンマ＋関係代名詞」について

　日本語では，「非制限用法」と「制限用法」に形態上の差はない。たとえば，❶「太平洋にあるハワイ」，❷「太平洋にある島」は，❶が非制限用法で，❷が「制限用法」。つまり，❶は単なる追加説明だが，❷は「世界にいくつもある島々のうち，太平洋にある島」というように「制限」しているわけだ。

　ところが英語では，❶の場合，関係代名詞の前にコンマをつけるという決まりがある。本文の第2パラグラフ第1文の Deborah, who 〜や，第3パラグラフ第3文の my teacher, who 〜がこれにあたる。

評論・小説・エッセイ読解問題　395

例題 7

やや難 3分

次の文章は，社会人が比較的容易に参加できる「インターネット大学」についての一節である。問の □ に入れるのに最も適当なものを，下の ①〜④ のうちから一つ選べ。

In the course on business management, the professor encouraged students to contribute their thoughts and experiences to an online forum that could be read by other students. For this task, my uncle was able to draw on his own experience in the department store; his postings described some of the problems that managers face when marketing products and dealing with customers. His online classmates who also worked in business often gave him feedback, and told him that they were learning a lot from the cases he described. For his part, Peter felt that the ideas he picked up from the online exchanges helped him become more effective on the job.

問　This paragraph implies that □ .
① department store managers should spend less time on the Internet
② having a job can be an advantage for an online student
③ one should avoid discussing information obtained at work
④ online exchanges can be the basis of a new business

［追試・改題］

選択肢を見る前に，この文の要旨を簡潔にメモしてみよう。

解説　問　このパラグラフの主張は「オンライン大学のインターネットフォーラムでは，社会人としての実務経験が役に立った」ということ。文全体も，「インターネット大学がいかに社会人に適しているか」ということが主張だから，それに沿った内容だと言える。選択肢を見ていく。

①「デパートの管理職はインターネットで過ごす時間を減らさなければならない」は，インターネットをマイナスにとらえているだけで

も，本文の主張からずれる。

②「仕事を持っていることはオンラインの学生にとって有利になり得る」は，いったん保留する。

③「仕事で得た情報を論じるのは避けるべきだ」も不可。「オンライン大学が社会人にとっていかに有利か」がテーマだから，テーマからずれていることがわかる。もちろん書かれていないと言えば簡単だが，それ以前に「これは×だよな！」と直感でわかってほしい。

④「オンラインでのやりとりは新たなビジネスの基盤になり得る」にある「新たなビジネス」は，違う部署に移ったり，転職することを意味するが，そのような記述はまったくない。そもそも，「現在の仕事を続けながら学ぶ」からこそオンライン大学の価値があるわけだから，まったくの見当違いである。

以上，消去法で傷のない②を正解とする。正答率が30％前後しかない問題。半数以上の者が④を選んでしまった。

解答 ②

訳　経営管理学の講座では，教授は学生たちに自分の考えや経験を，他の学生が読むことのできるオンライン・フォーラムに積極的に投稿するように言った。この課題に対して，叔父はデパートでの自分自身の経験を利用することができた。叔父の投稿は，製品を市場に出し顧客に対処する際に，管理する立場の人間が直面する問題の一部を述べたものであった。同じような実務経験のある叔父のオンラインのクラスメートは，しょっちゅうその投稿に対する感想を述べ，叔父が挙げた事例によってずいぶんと勉強になっていると言ってくれた。叔父のピーターも，オンラインでのやりとりから得たアイデアのおかげで，より実りある仕事ができるようになったと思った。

語句
- ▶ **encóurage O to (V)**　熟「OにVするよう奨励する」
- ▶ **contríbute ～ to ...**　熟「～を…へ投稿する／寄贈する」
- ▶ **draw on ～／on ～**　熟「～を利用する」
- ▶ **pósting**　名「投稿」
- ▶ **efféctive**　形「効果的な」

評論・小説・エッセイ読解問題　397

例題 8

次の文章は「専門家の言うことを鵜呑みにすべきではない」という主旨の一節である。問に対する答えとして最も適当なものを，下の①〜④のうちから一つ選べ。

(1) Two years later, and after seeing four doctors, I was still being told it was nothing.　(2) To the fifth doctor, I said almost in despair, "But I live in this body.　I *know* something's different."

(3) "If you don't believe me, I'll take an X-ray and prove it to you," he said.

(4) Well, there it was, of course, a tumor as big as a golf ball.　(5) After the operation, a young doctor stopped by my bed.　(6) "It's a good thing you're so smart," he said.　(7) "Most patients die of these tumors because we don't know they're there until it is too late."

  * tumor「腫瘍」

問　How did the writer find out that she had a tumor?
  ①　It was discovered during the operation she had.
  ②　She managed to get the fifth doctor to take an X-ray.
  ③　The fifth doctor recommended that she have an X-ray taken.
  ④　The young doctor took an X-ray and found it.

[追試・改題]

解説　問　「**筆者はどのようにして，腫瘍があることがわかったか**」

　まず①，④は論外。とくに①「手術中にそれ（腫瘍）があるとわかった」なんて，「どんな手術やってるの？」と思わず笑ってしまう。手術は，腫瘍があるとわかっているからこそ行うものである。④「若い医者がレントゲンを撮り，腫瘍を発見した」は，本文を注意深く読めば，レントゲンを撮ったのは若い医者ではなく，5人目の医者であることがわかるので，不正解。

　さて，問題は②と③である。

　②「**彼女（＝筆者）は5番目の医者になんとかレントゲンを撮ってもらった**」，③「5番目の医者は彼女にレントゲンを撮ることを勧め

た」。該当箇所は，(3) の文「私の言うことがが信じられないのなら，レントゲンを撮って証明してあげましょう」である。ここだけ読んでも，②か③かの**確証は得られない**。

そこで，**この問題文全体のテーマ**を念頭に置くと，②では病気を発見した功労者は筆者であるが，③での功労者は医者であることから，本文のテーマである「**専門家はあてにならないことがある**」に合致するのは②であるとわかる。

この問題の正答率は，公式発表によると，**約36％**。**差がついた問題**と言える。「こっちのほうがよさそうかな」などと，答えを適当に選んでいるような受験生には，**高得点を出すことは絶対にできない**。

解答 ②

訳 (1) 2年間で，4人の医者にみてもらったが，「何でもない」と言われ続けた。(2) 5番目の医者に対して，私は半ばやけっぱちになって，「だけど，この身体で生きているのは私なんです。私にはどこかがおかしいと『わかって』いるのです」と言った。

(3)「私の言うことが信じられないのなら，レントゲンを撮って証明してあげましょう」と彼は言った。

(4) やはり，そこには異物があった。ゴルフボールぐらいの大きさの腫瘍であった。(5) 手術のあと，若い医者がベッドのかたわらに立ち止まった。(6)「あなたが頭のいい人でよかった」と言った。(7)「たいていの患者さんは，手遅れになるまで医者が気づかずにこの手の腫瘍で死んでしまうのです」

語句
▶ in despáir 熟「絶望して」
▶ operátion 名「手術」

「評論・小説・エッセイ読解問題」では，文法・構文などの知識はもちろん，「この文は全体として何を言おうとしているのか？（＝テーマ）」を意識するというマクロな視点も必要になるんだよ！

例題 **9**

標準 **3**分

次の文章は「少年が成長する過程を描いた物語」の一節である。**問**に対する答えとして最も適当なものを，下の①～④のうちから一つ選べ。

(1) Going to the shore on the first morning of the vacation, Jerry stopped and looked at a wild and rocky bay, and then over to the crowded beach he knew so well from other years. (2) His mother looked back at him.

(3) "Are you tired of the usual beach, Jerry?"

(4) "Oh, no!" he said quickly, but then said, "I'd like to look at those rocks down there."

(5) "Of course, if you like."

(6) Jerry watched his mother go, then ran straight into the water and began swimming. (7) He was a good swimmer. (8) He swam out over the gleaming sand and then he was in the real sea.

問 Why did Jerry want to go to the rocky bay?

① He wanted to make friends with the local boys.

② He was tired and wanted to rest on the rock.

③ His mother suggested that it would be fun to go there.

④ The beach appeared less attractive than before.

[本試・改題]

解説 問 「ジェリーはなぜ岩場へ行きたかったのか」

全体の主旨から考えれば，"**「少年の成長」⇒「母離れ」**" という単純な図式が成立する。

また，「**混み合った浜辺**（= **乳くさい**少年のための場所）」⇔「**本物の海**（= **自立**した青年のための場所）」という見事な**対立関係**も見られる。

① 「地元の少年たちと友達になりたかった」。このパラグラフの後ろを読んでもそんなことは書かれていない。

② 「疲れて，岩場で休みたかった」。これは「**ワナ**」。(3) の "Are you tired of ～ ?" の **be tired of** ～ は「～に飽きて」であり，「～に疲

400

れて」ではない。

　③「そこへ行くのは楽しいかもしれないと母親が言った」。これも「ワナ」。(5)の文しか見ず，全体のテーマを考えない受験生が選んでしまう。「母に言われて」行ったのでは「**自立**」とは言えない。

　④「浜辺が以前ほど魅力的でなくなった」。**全体のテーマを見事に表した表現**。しかし，本文で直接言及された箇所がないため，これを選べなかった受験生は多い。

　なお第1文は，

　　　　　　　｜at a wild and rocky bay
　　Looked　｜　　，and then
　　　　　　　｜over to the crowded beach（which）he ～

の構造になっている。

解答　④

訳　(1) 休暇の最初の朝，浜へ向かっているときに，ジェリーは立ち止まって荒々しい岩だらけの入り江に目をやった。それから，人でいっぱいの向こうの浜辺を見た。そこは，これまで何年も来ているので，よく知っているところだった。(2) ジェリーの母親が振り返って言った。

　(3)「いつもの浜辺に飽きたの，ジェリー？」

　(4)「いや，そんなことはないよ」ジェリーはあわてて答えたが，その後，「向こうの岩場へ行ってみたいな」と言った。

　(5)「いいわよ，好きにしたら」

　(6) ジェリーは，母親が行ってしまうのを見守り，一目散に海まで駆けて行き，泳ぎ始めた。(7) 泳ぎはうまかった。(8) キラキラ光る砂を水面下に見て沖へ泳いでいき，やがて，本物の海に出た。

読解問題の選択肢はよくできているんだ。この練りに練られた選択肢から正解を絞り込むためには，「**全体のテーマに合っているか**」「**英文の具体例が凝縮されているか**」という，2つの視点が必要になるよ。
さあ，次に進もう！

原則❸　巧妙な「言い換え」に注意！

　共通テストは「カン」だけで答えが出ないように工夫されている。よって，英文を読む ⇒ 趣旨を理解する ⇒ 選択肢を見る ⇒ 正解を得る，という流れに沿って解く人には何ら問題ないが，英文を眺める ⇒ 何となく選択肢を見る ⇒ 本文と照らし合わせる ⇒ 似た表現を探す，という流れで解いている人はまずい。偶然正解に至ることを排除するために，答えはできるだけ言い換えられている。この言い換えられた選択肢をパッと「正解だ！」とわかるのは困難だから，ぜひ，消去法を実行してほしい。

例題 10　

　次の文章は，「子ども」という概念の発達について述べた文の一節である。問の ▭ に入れるのに最も適当なものを，下の①〜④のうちから一つ選べ。

　The increasing numbers of students receiving education brought about another important change of attitude. Eighteen-century thinkers like Jean-Jacques Rousseau believed children should be allowed to develop according to their individual abilities and not be overly disciplined. Followers of Rousseau, like Johann Heinrich Pestalozzi, stressed the need for play if children were to grow into healthy adults. This emphasis on the needs of children led in turn to further changes. By the middle of the nineteenth century, industrial societies began passing laws to end child labor.

問　In this paragraph, the writer implies that Rousseau's ideas eventually led to laws which ▭ .
　① allowed young people to study at home
　② made government offer medical care to children
　③ made the employment of children illegal
　④ required all students to attend school

［本試・改題］

正答率は 50% を切っている問題。結局何が言いたいのかよく考えてから選択肢を見ること。

解説

問「このパラグラフでは，筆者は，ルソーの考えは結局 [　　　] という法律を生み出したと示唆している」

この文章全体で言いたいことは「子どもには遊びが必要という認識から，児童労働が禁止になった」ということ。選択肢を見ていく。

① 「若者が家で勉強することを可能にする」は，「遊び」の逆で不可。

② 「政府が医療を子どもに提供することを強制する」は本文とは無関係で不可。

③ 「子どもの雇用を不法とする」。illegal が難しい。いったん保留。

④ 「すべての子どもが学校に通うことを要求した」は「遊び」の逆で不可。

以上，消去法から ③ を選ぶことになる。① を選んだ人がおよそ 10%。④ を選んだ人が 30% を超えている。とにかく，「選択肢を可とするのではなく，不可とする」という姿勢が重要である。

解答
③

訳

教育を受ける生徒の数の増加に伴い，（子どもの教育に対する）姿勢における別の重要な変化が生まれた。ジャン・ジャック・ルソーのような 18 世紀の思想家は，子どもは個々の能力に従って伸ばしてやるべきであり，過度に鍛えるものではないと考えていた。ルソーの信奉者であるヨハン・ハインリッヒ・ペスタロッチらは，子どもを健全な大人に成長させるには遊びが必要であることを力説した。子どもが必要とするものがこのように強調されたことで，今度は，さらなる変化が生まれた。19 世紀中ごろまでには，工業中心の社会では児童の労働を終わらせる法律が可決され始めた。

語句

- ▶ bring 〜 abóut／abóut 〜　熟「〜を引き起こす」
- ▶ áttitude　名「態度／姿勢」
- ▶ accórding to 〜　熟「〜に応じて」
- ▶ indivídual　形「個々の」
- ▶ díscipline 〜　他「〜を鍛える／しつける」
- ▶ stress 〜　他「〜を力説する」
- ▶ in turn　熟「（連鎖反応を示唆して）今度は」

例題 11

問に対する答えとして最も適当なものを，①～④のうちから一つ選べ。

(1) A performance, of course, was the peak toward which all the students worked. (2) At the end of my first year at music school, I gave my first public performance and I approached it with all the calmness of inexperience. (3) When it was time to play, I felt such joy that I knew nothing could go wrong. (4) I seemed not to be playing but listening to the music as it poured out of my fingers. (5) It was a happy moment.

* 本文中の "I" は Eva という女の子である。

問 Why did Eva's first public performance go smoothly?
① Her time to practice for the concert had been limited.
② She played only parts of easy pieces.
③ Her inexperience prevented her from worrying.
④ She played for her fellow students.　　　　　　［本試・改題］

解説　問 「エバの最初の演奏会がうまくいったのはなぜか」

まず，①「コンサートの練習時間が限られていた」，②「簡単な作品の一部しか演奏しなかった」，④「友達のために演奏した」は，すべて本文に書かれていないので論外。

答えは，(2)，(3) の文に書かれている，「経験がないために恐怖を感じなかった」ということである。よって，③「**未経験のため心配しなかった**」が正解となる。選択肢の **prevented her from worrying** の部分が本文の**見事な言い換え**となっている。本文そのままの形で inexperience とあれば通例は「正解かどうかあやしい」のだが，この問題では，この inexperience を含むものが正解になっている。

解答　③

訳
(1) もちろん，発表会は生徒みんなの目標であった。(2) 音楽学校での最初の 1 年が終わったとき，私は初めてみんなの前で演奏したが，そのときは，経験がなかったこともあって冷静に対処できた。(3) 演奏の時間になったとき，私はうれしくて，失敗するなんて考えてもみなかった。(4) そのと

きは演奏しているというのではなくて，自分の指からあふれ出てくる音楽に耳を傾けているというような気がした。⑸それは幸せな瞬間であった。

お役立ちコラム
「名詞限定の as」について

「評論・小説・エッセイ読解問題」を詳細に読んでいると，もし下線部和訳として出題されたら受験生にとって厳しいと思われる箇所が見つかる場合が多々ある。この英文にも，そのような箇所がある。前のページの⑷の文である。

難しいのは as 以下である。この as は「名詞を限定する as ～」と呼ばれることがあるもので，その働きは以下のとおりである。

たとえば，industry の「説明文」として we know it という文を付加する場合，英語では次の2種類の方法がある。

❶ 説明文中の代名詞を関係代名詞に変換し，必要ならば倒置する

例 industry + we know which ⇒ industry which we know
「産業」＋「それを私たちが知っている」
⇒「私たちが知っている産業」

❷ 説明文の前に as をつける

例 industry + as + we know it ⇒ industry as we know it
「産業」＋ as ＋「私たちはそれを知っている」
⇒「私たちが知っている（ような／みたいな）産業」

よって，本文の意味は，"「音楽」+ as +「それが私の指からあふれ出てきた」"から，「私の指からあふれ出てくる（ような）音楽」となるのである。

＊ as は本来 A as B で「A と B がだいたい等しい」ことを意味する「適当なつなぎ語」である。しっかりした意味を持たないため，辞書ではさまざまに分類されている。しかし，そもそも as の品詞を知らなくとも，意味がとれる場合が多い

例題 12

次の文章は「難聴のグレン少年と，彼に温かい眼差しを向けるルーシーとの対話」の一節である。問に対する答えとして最も適当なものを，下の①～④のうちから一つ選べ。

(1) "Have you noticed all the flags for the Captain Cook celebrations?" Glen said as they neared the end of the shopping center. (2) "Yes," said Lucy. "But Captain Cook doesn't interest me." (3) "But just think how lonely he must have been," Glen went on dreamily. (4) "All those years at sea. He was all by himself, in charge. (5) If you're captain, you can't go round chatting to the crew." (6) "I never thought of that," admitted Lucy. (7) "Lots of great people must have been lonely," said Glen. "I suppose they were used to it. Anyway, I must be off."

問　What did Captain Cook probably mean to Glen?
① He was a person Australians were not interested in.
② He was a person Glen felt he could relate to.
③ He was a person who wanted more power.
④ Like Glen, he was a person no one would help.

［追試・改題］

解説　問　「キャプテン・クックはグレンにとってどういう意味を持っていたか」

①「彼はオーストラリア人が興味を示さない人物だ」。これは論外。③「もっと力を必要としている人物」，④「グレンのようにだれにも助けてもらえない人物」。これらはどちらも**ワナ**。

(3)の文の，「キャプテン・クックは孤独だったに違いない」という内容だけ見た受験生は，③と④で迷ったあげくに"「孤独」＝「だれも助けない」"と勝手な論理を組み立て，④を選んでしまったようである。しかし，そのような瑣末な部分は無視し，**「クックとはグレンにとってどういう人物か」**をまずは考える。

(3)の文に「グレンは夢心地で続けた」とあり，さらにはグレンの発言中に He was all by himself, in charge.「責任を１人で背負った」，

Lots of great people must have been lonely「偉大なる人の多くは孤独だったに違いない」とあることから，クックはグレンの憧れの人物であること，少なくとも**クックは「プラス」イメージの人物**として描かれていることを把握しなければならない。つまり，**身体に障害を持ったグレンが，勇気と希望の象徴としてクックに憧れている**，という本文の全体像をとらえていれば，②「グレンが自分と結びつけられると感じることのできる人物」が正解であるとわかるはずである。

　この意味からも，③，④のようにクックを「**マイナス**」イメージとしてとらえた選択肢は論外だとわかるであろう。

解答　②

訳
　(1)「どの旗もキャプテン・クックのお祝いだと気づいた？」ショッピングセンターが終わりかけたところで，グレンは言った。(2)「うん，だけど，キャプテン・クックには興味はないわ」とルーシーは答えた。(3)「けど，クックがどれほど孤独だったか考えてみろよ」グレンは夢心地で続けた。(4)「クックは航海に出ているあいだずっと1人で責任を背負っていたんだぜ。(5) もしキャプテンになったら，あちこち移動して他の船員たちと話したりはできないんだ」(6)「そんなこと，考えてもみなかった」とルーシーは認めた。(7) グレンは言った。「偉人の多くは孤独だったに決まってる。そして，そんな孤独に慣れていたんだよ。いずれにしても，もう行かないと」

語句
- ▶ near 〜　　他「〜に近づく」
- ▶ all by *oneself*　　熟「ひとりぼっちで」
  * all は強調の副詞
- ▶ be in charge　　熟「責任を背負う」
- ▶ reláte to 〜　　熟「〜の気持ちがわかる」
  * relate *oneself* to 〜で「自分を〜と関連づける」

ナットクできたかな？

例題 13

標準 20分

次の文章を読み，問1〜5の _____ に入れるのに最も適当なものを，それぞれ下の ① 〜 ④ のうちから一つずつ選べ。

1 My brother, Kimo, is calling my name, "Keilani! Keilani!" as we stand outside the dark cave, but I'm not really listening. I'm focused on the very old wooden box in the mud at my feet. For a moment, I imagine running to my grandfather's house to show him this incredible discovery. But then I remember that he passed away just last month. I feel sad as I realize he missed the chance to achieve his lifelong goal of finding the lost treasure of Captain James.

2 Grandfather was a genuinely kind and extremely charming person. He loved spending time outdoors, reading books, and telling stories. He would often take us on hikes around the enormous volcano at the center of our island and teach us about the different kinds of plants and animals we would see. However, more than anything else, he loved telling us stories about the adventures of Captain James, the legendary British explorer.

3 Grandfather's favorite story was the one about how Captain James found an amazing treasure on his last journey. He buried it on an unknown island to hide it from pirates, but died without telling anyone the exact location. However, there was an old, well-known sailor's song that supposedly contained clues to its location: a large volcano and a lion that held the treasure deep in its mouth. Most people didn't believe the story, but Grandfather thought the treasure was real and buried on our island. In a quest for the treasure, he spent much of his life exploring the jungle, rocks, and caves that covered the volcano.

4 I could not understand why he was so interested in those old legends. Lost treasure, pirates, and hidden clues? How could someone who knew so much about the natural world believe such silly stories? I always politely listened when he talked about these things but could never let him know what I really thought.

5 Things changed when the largest storm in 200 years hit our island. Heavy rain poured for five straight days, causing landslides down the

408

slopes of the volcano. When the weather cleared, the volcano looked very different. Many parts of it that had been hidden by the jungle were revealed, including an area of large, strangely-shaped rocks that, from a distance, did indeed look like the shapes of a lion. For the first time, I thought that maybe my grandfather's story was true.

6 Although there was still the risk of more landslides, Kimo and I decided to go this morning and look closely at the lion-shaped rock formation. It took us four hours to reach the lion's head, where we found an opening to a cave. When covered by the jungle, no one would have ever known it was there. Using my flashlight, I was able to find a large wooden box covered in mud at the back of the cave. Together, Kimo and I were able to drag the heavy box outside and into the light.

7 I'm still staring at the box when Kimo yells again, "Keilani, look!" and this time I hear him. Far above us, I can see the start of a landslide bringing down rocks and mud. Kimo grabs my arm and pulls me into the cave. I look back and see the wooden box, sitting in the sun. A moment later it's gone. With a thunderous sound, the landslide crashes down past the cave entrance taking everything with it —— trees, rocks, and the wooden box.

8 When the rocks have finally stopped falling, we crawl out of the cave. Whatever is left of the box and its secret contents are buried deep underneath rocks and mud somewhere down below us and will be very difficult to find. Strangely, I'm not frustrated. Instead, a feeling of determination builds inside me. I know the legend is true. I know that my grandfather was right all along. And I know I will never stop searching until I find the lost treasure of Captain James.

問1　Keilani briefly forgot that her grandfather had died because she was ☐☐☐☐ .

① listening to Kimo call her name
② so excited to find the lost treasure
③ trying to help Captain James
④ worried about the falling rocks

問2 What did Grandfather most enjoy doing with Keilani and Kimo?
① Collecting interesting rocks and plants.
② Listening to the history of English pirates.
③ Studying rainstorms and landslides.
④ Telling stories about a well-known explorer.

問3 What did Keilani hesitate to tell her grandfather?
① She felt bored hearing about plants and animals.
② She knew more about nature than he did.
③ The legend of the treasure was not true.
④ The pirates in his story were too scary.

問4 What is most likely true about the time Captain James visited the island?
① He did not have any secret treasure.
② He met Grandfather for the first time.
③ The island's volcano had not yet formed.
④ The lion-shaped rock formation was visible.

問5 Which statement expresses a change in Keilani by the end of the story?
① She came to have the same goal as her grandfather.
② She decided to sell the treasure to make a lot of money.
③ She learned that the treasure did not exist.
④ She no longer cared about finding the treasure.

[追試]

時系列に乱れがある。第1パラグラフは，本来は第7パラグラフの前に置かれていたもの。
また，随所に「歴史的現在（過去のことでも，生き生きと描写するために用いられる現在時制）」が登場する。
登場するジェームズ船長とは，おそらく，実在したイギリスの海軍士官，海洋探検家，海図製作者であるジェームズ・クック（James Cook，1728年10月27日～1779年2月14日）で通称キャプテン・クック（Captain Cook）であろう。

解説 各パラグラフの役割と要旨　パラグラフごとのメモをとる ⇒ 原則❶-①

第 1 パラグラフ：祖父の話していた宝箱を発見

第 2 パラグラフ：祖父のこと（探検家のジェームズ船長が好き）

第 3 パラグラフ：祖父の言う宝の伝説（自分の住む島に宝はある）

第 4 パラグラフ：私は信じなかった

第 5 パラグラフ：地滑りで伝説のライオン岩が出現

第 6 パラグラフ：宝箱を発見

第 7 パラグラフ：2 回目の地滑りで宝箱が埋まる

第 8 パラグラフ：掘り出す決意を固める

全体の要旨　祖父から聞いていた伝説の宝箱に関して半信半疑であったが，大嵐のためにその実物を目にした。そして今後もその宝箱を追い求めようと決意した。

問1　「ケイラニは，□□□□□ という理由で祖父が亡くなっていたことを少しのあいだ忘れていた」

　「宝箱を見つけて興奮した」からである。①「キモが自分の名前を呼ぶのを聴いていた」は不可。第 7 パラグラフに「今回は兄の声が聞こえた」とあることからもわかるように，最初，名前を呼ばれたときは，その兄の声に気がつかなかったのである。②「失われた宝を見つけて興奮していた」が正解。③「ジェームズ船長を助けようとしていた」，④「落ちてくる岩のことを案じていた」は明らかに不可。① にした人が 2 割ほどいた問題。

問2　「祖父がケイラニとキモといっしょにいるときに，最も楽しんだことは何か」

　この話全体にかかわる問題。「ジェームズ船長の隠した宝箱」という内容のものを選ぶ。

　①「興味深い岩と植物を集めること」，②「イギリスの海賊の歴史について聞くこと」，③「嵐と地滑りについて研究すること」は，いずれも本題からほど遠いので不可。正解は ④「よく知られた探検家についての話をすること」。正答率は 90％ を超えている。

問3　「ケイラニが祖父に伝えるのをためらったのは何か」

　最初，ケイラニは，祖父の宝箱の話を信じていなかったが，そのことを直接祖父に伝えてはいない。①「動植物についての話を聞くのに

評論・小説・エッセイ読解問題　411

飽きたということ」，②「自然のことなら祖父よりよく知っているということ」は，話の展開を考えれば，このような選択肢が正解になるわけないことなどわかるはず。③「**宝物の伝説は本当ではない**」は，「宝物の伝説は本当ではない<u>と思っている</u>」となっていれば正解。④「祖父の話の中の海賊は怖すぎる」は，まったくのデタラメ。以上から，③ を選ぶしかない。

問4 「ジェームズ船長がその島を訪れた時期に関して，最も本当らしいのはどれか」

第3パラグラフの船乗りの歌に登場する「火山とライオンが存在する」というのを選ぶ。①「秘密の宝物を持っていなかった」が正解なら，この話は成立しない。②「船長が初めて祖父に出会った」なら，伝説の人物にはなり得ない。③「島の火山はまだできていなかった」は不可。④「**ライオンの形をした岩の層が見えた**」が正解。③ にしてしまった人が 30％ぐらいいるようだ。

問5 「物語の最後までにケイラニは変化したが，そのことを表したものはどれか」

最終パラグラフに「宝物を探そう！」と決意したとある。①「**祖父と同じ目的を持つようになった**」が正解。②「たくさんのお金をもうけるために宝物を売る決意をした」は，共通テストの登場人物にはあり得ない行動。もちろん，本文にはそのような記述はない。③「その宝物が存在していないと知った」はまったくのデタラメ。④「宝物を探すことにもはや興味はなかった」もデタラメ。以上から ① が正解。

解答 問1 ②　　問2 ④　　問3 ③　　問4 ④　　問5 ①

訳 1　私たちは暗い洞窟の外にいて，兄のキモは「ケイラニ，ケイラニ！」と私の名前を呼んでいた。しかし，じつはその声は私の耳には届いていなかった。私の注意は，足下の泥の中にあるとても古い木製の箱に注がれていた。祖父の家まで走っていって，この信じられない発見を祖父に教えてあげようかなと，ほんの一瞬，考えた。だがその次の瞬間，祖父は先月亡くなったばかりであることを思い出した。失われたキャプテン・ジェームズの宝物を見つけるという，生涯の目標を達成する機会を祖父が逃してしまったことを知り，悲しくなった。

2　祖父は本当に優しくきわめて魅力溢れる人だった。外で過ごしたり，本を読んだり，話をするのが好きだった。私たちの住む島の中央にある巨大な火山の付近まで，よく私たちをハイキングに連れ出し，目についたさまざまな動植物について教えてくれた。しかし，他の何よりも祖父が好きなのは，イギリスの伝説の探検家，ジェームズ船長の冒険についての話をすることだった。

3　祖父の好きな話はジェームズ船長が最後の旅の途中にどのようにして驚くべき宝物を見つけたかというものだった。船長は宝物が海賊に見つからないように，名も知らぬ島にそれを埋めたが，だれにも正確な場所を伝えることなく死んでしまった。しかし，その場所の手がかりを含むと思われる昔からよく知られた船乗りの歌があり，それによると，その場所には大きな火山とライオンが存在して，そのライオンの口の深い所に宝物があるということだった。たいていの人はこの話を信じなかったが，祖父はその宝物は本物で，私たちの島に埋められていると思っていた。その宝物を求めて，祖父はその人生のずいぶんと長い時間を割いて，火山を覆うジャングル，岩，洞窟を探検していた。

4　祖父がその古い伝説に，なぜあれほどの興味を持っていたのかは私にはわからない。失われた財宝，海賊，そして隠された手がかり？　自然世界のことを十分に知っている人が，どうしてそんな馬鹿げた話を信じられるというのか？　祖父がそうしたことについて話し出すと，私はいつもきちんとその話に耳を傾けたが，私の本当の心のうちを祖父に知らせることはけっしてなかった。

5　200年ぶりの大嵐が島を襲ったとき，状況が変わった。5日ものあいだ毎日激しい雨が降り続き，火山の斜面に地滑りが起きた。嵐が収まると，火山のようすは一変していた。ジャングルによって隠されていた火山の多くの部分が露わになった。そして，その中には大きな変わった形の岩がある所があり，それを少し離れて見ると本当にライオンのように見えた。祖父の話は，もしかすると本当かもしれないと，そのとき初めて思った。

6　さらに地滑りが起きる危険性はまだあったが，キモと私は，今朝，ライオンの形をした岩場に行き，間近に見ることにした。ライオンの頭の所まで4時間かかり，そこには洞窟の入り口がぽっかり開いていた。ジャングルに覆われていたとき，だれもその洞窟がそこにあることなど知らなかったのである。懐中電灯を用いて覗いてみると，洞窟の奥に泥で覆われた大きな木製の箱が見つかった。キモと私はいっしょに，その重い箱を外の明るい所まで引きずりながら運び出した。

7　私がまだじっとその箱を見ていると，キモが「ケイラニ，見て！」と再

び叫んだ。今度はキモの声が聞こえた。私たちのはるか上の方で，地滑り
が始まり，岩や泥を押し流しているのが見えた。キモは私の腕をつかんで
洞窟の中へ私を引っ張り込んだ。振り返ると，木の箱が日の光に照らされ
ている所にあるのが見えた。次の瞬間にそれはなくなった。地響きがして，
地滑りによる土砂が洞窟の入り口の前を通り過ぎ，それとともにすべての
ものが奪われた。木に岩に，そしてあの木の箱までが。

8 　地滑りがやっと収まったとき，私たちは洞窟から這い出た。残っていた
例の箱とその中の秘密の宝は，私たちの下の岩と泥のどこかに深く埋まっ
てしまい，見つけるのはとても困難になってしまった。不思議なことに，
私はイライラすることはなかった。その代わり，ある決意が私の中でふつ
ふつと湧き上がった。伝説が本当であることはもうわかっている。祖父は
初めからずっと正しかったこともわかっている。そして，私がジェームズ
船長の失われた宝を見つけるまでは，探すのをやめないこともわかってい
る。

語句

第1パラグラフ

- ▶ **cave** 　名「洞窟」
- ▶ **incrédible** 　形「信じられない」
- ▶ **pass awáy** 　熟「亡くなる」
- ▶ **lífelong** 　形「生涯の」

第2パラグラフ

- ▶ **génuinely** 　副「本当に」
- ▶ **enórmous** 　形「巨大な」
- ▶ **volcáno** 　名「火山」
- ▶ **légendary** 　形「伝説の」

第3パラグラフ

- ▶ **amázing** 　形「驚くべき」
- ▶ **búry ～** 　他「～を埋める」
  - ＊［beri］と発音する
- ▶ **pírate** 　名「海賊」
- ▶ **locátion** 　名「場所／位置」
- ▶ **suppósedly** 　副「～と思われている」
- ▶ **clue to ～** 　熟「～の手がかり」
- ▶ **quest for ～** 　熟「～の探求」
- ▶ **explóre ～** 　他「～を探検する」

第４パラグラフ

▶ sílly 形「馬鹿な」

第５パラグラフ

▶ things 名「状況／事態」
▶ pour 自「注ぐ」
▶ lándslide 名「地滑り」
▶ from a dístance 熟「少し離れた所から見ると」

第６パラグラフ

▶ rock formátion 名「岩の層」
▶ fláshlight 名「懐中電灯」
▶ drag 〜 他「〜を引きずる」

第７パラグラフ

▶ stare at 〜 熟「〜をじっと見る」
▶ thúnderous 形「雷のような」

第８パラグラフ

▶ crawl out of 〜 熟「〜から這い出る」
▶ undernéath 〜 前「〜の下に」
▶ frústrated 形「イライラして」
▶ determinátion 名「決意」
▶ all alóng 熟「最初から」

評論・小説・エッセイ読解問題　415

原則❹ 正解の選択肢に本文の具体例が入るときには，すべての例が凝縮された表現になっている

「評論・小説・エッセイ読解問題」の選択肢には，本文に挙げられている**具体例が可能な限りすべて凝縮される**。「本文第何行めに一致」という出題は少なく，**パラグラフ全体の内容**を答えさせるものになっている。

例題 14　　　　　　　　　　　　　　　　標準　2分

次の文章は「人はやるべきことをなぜ後回しにするのか」ということについて論じた一節である。問の ☐☐☐ に入れるのに最も適当なものを，下の①～④のうちから一つ選べ。

　The first factor is how pleasant or unpleasant people find a task. Research shows that people will put off tasks they find unpleasant. Many high school students may delay cleaning their rooms or doing their homework. However, many might not delay doing such tasks as responding to a friend's email. It is important to remember that whether or not a task is pleasant depends on the individual. For example, someone who loves bicycles might not delay fixing a punctured tire while someone who does not may put it off.

問　According to this paragraph, ☐☐☐ .
① people do not forget unpleasant tasks
② people who love bicycles learn to fix tires fast
③ people will find different tasks pleasing
④ people will put off tasks to write emails

[本試・改題]

主張と具体例を識別しよう！

解説 問 「このパラグラフによると，□□□□□」

　まず，このパラグラフは「漠然から具体」と展開されていることを理解すること。第１文が主張で「ある仕事を楽しいと思うかどうかで，それを後回しにするかどうかが決まる」ということ。そのあとに具体例が続いている。まず「高校生の掃除と宿題に対する取り組み」，「高校生のメールの返信に対する取り組み」。さらに，「仕事が楽しいかどうかは個人による」という情報を追加して，それの具体例として「自転車のパンクをすぐに修理するかどうかは人による」とある。以上から**「ある仕事を楽しいと思うかどうかで，それを後回しにするかどうかが決まる。またその仕事を楽しいと思うかどうかは人による」**がこの文の主張だとわかる。よって③「楽しいと思う仕事は人により異なる」が正解。

　①「人々は楽しくない仕事を忘れない」は本文と無関係。not と un- の組み合わせは昔からのワナ。例 not unusual「珍しくない」。

　②「自転車を愛する人はタイヤの修理の仕方を速く覚える」は，本文と無関係。「速く」だけを見ると正解に見えるかもしれない。

　④「人はメールを書くために仕事を延期する」は，まずメールについては「高校生」に限定されていたので，主語が「人々」ではおかしい。また本文には「メールの返事を後回しにしない」とは書いてあったが，「他の仕事を延期して」とは書いていない。そして何よりも大切なことは，**②・④は具体例の一部を取り上げたにすぎないので，見た瞬間に「あやしい」と思ってほしい。**

解答 ③

訳 　最初の要素は，人がある仕事をどれほど楽しいと思うかあるいは楽しくないと思うかである。研究によると，人は楽しくないと思う仕事は後回しにする傾向がある。多くの高校生は部屋を掃除したり宿題をしたりするのを後回しにするかもしれない。しかし，友達にメールを返信するといったことは後回しにしないかもしれない。ある仕事が楽しいかどうかはそれをする人によって決まるということを忘れてはいけない。たとえば，自転車を好きな人ならばパンクしたタイヤをすぐに直すかもしれないが，好きでない人はそれを後回しにするだろう。

語句 ▶ deláy ～　　　　他「～を遅らせる」
　　　 ▶ fix ～　　　　　他「～を修理する」

第4章 評論・小説・エッセイ読解問題

評論・小説・エッセイ読解問題　417

例題 15

次の文章を読み，問に対する答えとして最も適当なものを，①～④のうちから一つ選べ。

(1) During his trip, my son called home three times: from London, from Paris, and from a town named Ullapool in Scotland. (2) "It's like no place in America, Dad," he reported excitedly. (3) He hiked through flocks of Scottish sheep and climbed a mountain in a heavy rainstorm. (4) In a village near Ullapool, a man spoke to him in the unfamiliar local language, and, too polite to interrupt, my son listened to him for ten or fifteen minutes, trying to nod in the right places. (5) The French he learned from the cassette was of little use in Paris; the people he spoke to shook their heads and walked on.

問　How well did the son communicate when speaking with the local people during his trip?
　① He experienced difficulties in Scotland and Paris.
　② He had no difficulties, thanks to the language tape he took with him.
　③ He had no trouble in Scotland, but he couldn't communicate in Paris.
　④ He managed to communicate in the local language in Ullapool.

［本試・改題］

解説　問　「息子は旅行中地元の人々とどれくらいうまく意思の疎通が図れたか」

　climbed a mountain in a heavy rainstorm「大雨の中で山に登った」，The French he learned ～ was of little use in Paris「カセットから学んだフランス語はパリではほとんど役に立たず」という記述からもわかるとおり，このパラグラフ全体の方向性は**「息子がいかに海外で苦労したか」**である。

　そして，その具体例として，スコットランドとパリの話が取り上げられている（ロンドンの話には言及がない）。よって，**「テーマの方向性」** + **「具体例の網羅」** という視点から考える。

① 「**息子はスコットランドとパリで困難を経験した**」。「息子が苦労した」という具体例がすべて凝縮されているこの選択肢が，ズバリ正解。

② 「持っていった語学テープのおかげでまったく苦労しなかった」。「まったく苦労しなかった」が論外。

③ 「スコットランドでは困難はなかったが，パリでは言葉が通じなかった」。「よくわからない地元の言葉で話す男に適当に相づちを打った」というスコットランドでの経験と一致しないので不可。

④ 「ウラプールでは地元の言葉で何とか意思の疎通が図れた」。これが「**ワナ**」。(4) の文だけを読んで「何とか通じたのだろう」などと適当に考える「**甘ちゃん受験生**」を「**ワナ**」にはめる問題。

間違いであるポイントは，次の 2 点。

❶ **パラグラフ全体の主旨**（「**苦労**」）**とずれている**
❷ **パリのことにまったく触れていない**

解答 ①

訳 (1) 旅行のあいだ，息子は家に 3 回電話してきた。ロンドンからとパリからと，スコットランドのウラプールという名の町からである。(2)「アメリカとはぜんぜん違うよ，お父さん」と，息子は興奮ぎみに報告してくれた。(3) スコットランドの羊の群れの中をハイキングしたり，大雨の中で山に登ったりした。(4) ウラプール近くの村では，ある男がよくわからない地元の言葉で話しかけてきた。息子は,話をさえぎるのは礼儀に反すると思い，10 ～ 15 分のあいだ，適当なところでうなずこうとしながらその男の話に耳を傾けた。(5) カセットから学んだフランス語は，パリではほとんど役に立たず，話しかけた人は首を振って通り過ぎて行った。

語句
▶ flock　　　　　　　名「(ヒツジ・ヤギなどの) 群」
▶ interrúpt　　　　　自「(人の話を) さえぎる」
▶ nod　　　　　　　 自「うなずく」
▶ of líttle use　　　 熟「ほとんど役に立たない」

評論・小説・エッセイ読解問題　419

3rd step 問題チャレンジ編

チャレンジ問題 1

次の文章を読み，A・Bに答えよ。なお，**1**～**6**はパラグラフの番号を表す。

1 Dance is one of the oldest forms of art, and it is seen in every culture and performed for a variety of purposes. In modern society, dance is widely recognized as a form of entertainment: many people enjoy dancing for fun or watching their favorite artists dance on stage or screen. It can also be a form of sport: there are dance competitions of various types. In addition to these obvious functions, however, there are other more complex roles dance can play in a society.

2 Sometimes dance serves to help teach social rules to young members of a community. A kind of dance called the minuet is a good example. The minuet originated in France and by the 18th century had become popular among the European elite. In Britain, debutantes, or upper-class women about to make their entrance into adult society by attending their first dance, were strictly trained for their first minuet. They usually danced it before a crowd of people who would critically observe their movements and behavior. This dance taught them how to behave like a member of high society. One writer, in fact, called the minuet one of the best schools of manners ever invented.

3 Dance has also been used to make sure that adults follow the rules of their community. An example comes from research conducted in the mid-1900s on dance performed after hunts by the Mbuti Pygmies, an ethnic group living in parts of Central Africa. Suppose something had gone wrong in the hunt. For example, an opportunity to catch an animal was missed because someone neglected to perform their role of hitting the ground to drive the animal towards the hunters. Later, a dancer would act out the event to show the wrong action and perhaps embarrass that person. It is easy to imagine that this would discourage behavior that could ruin a future hunt.

4 In some cultures, dance can be a way of displaying power. For

instance, there is another report from the mid-1900s describing how the Maring people of New Guinea would hold dances to show their military strength and recruit allies for possible battles. Although battles often occurred after these dances, it is also said that these dances could contribute to peaceful solutions among enemy groups. Through the dances, a group's size and strength would become obvious to potential opponents, and this could help avoid a fight.

5 Through dance, groups can also exhibit their traditions and, thus, increase their prestige. An example of this is the world-famous Trinidad Carnival in Trinidad and Tobago, a Caribbean island country that was once a European colony. The roots of this event can be traced to the late 1700s, when the European colonists held a carnival, dancing in elaborate costumes. People of African origin, many of whom came to the island as slaves, were mostly excluded. After slavery ended in 1838, they started to participate fully and changed the character of the carnival. In their dances, they acted out scenes from the slavery period and displayed their own traditions. Their performances were a way for them to show past injustices and to earn recognition for their customs.

6 The roles of dance discussed here, maintaining traditions and demonstrating group strength or cultural richness, have one shared effect: they unite members of a group. Dance is not just an artistic expression but a way for groups to strengthen their shared identity. Though it may not be apparent, this effect may also apply to us. For example, there might be dances unique to our local regions that we participate in. Why do we take part in such activities and how did these dances originate? Considering the role of dance in our lives can lead to interesting discoveries about the history or values of our own society.

A　問1～5の □□□□□ に入れるのに最も適当なものを，それぞれ下の ① ～ ④ うちから一つずつ選べ。

問1　In paragraph **2**, the topic of debutantes is introduced to provide an example of □□□□□ .
　① how long it took young people to learn the minuet
　② the kind of schools that the European elite attended

評論・小説・エッセイ読解問題　421

③ the role women played when dancing the minuet

④ young people learning how to act properly

問2　According to paragraph **3**, the Mbuti Pygmies ☐ .

① disciplined careless hunters through dance

② handed down customs and traditions through dance

③ made lazy members dance after a day's hunt

④ performed culturally desirable behavior by dance

問3　Paragraph 4 suggests that dance could discourage ☐ among the Maring people.

① military recruiting

② peace-making

③ physical conflict

④ power display

問4　Paragraph **5** mentions ☐ .

① how the Trinidad Carnival was transformed

② when the Caribbean area was first colonized

③ where the African dance tradition started

④ why the Europeans started the Trinidad Carnival

問5　The main idea of this passage is that ☐ .

① dance can bring us together and also help us understand society

② dance plays a significant role in educating upper-class people

③ the primary purpose of dance is entertainment and exercise

④ understanding the history of dance is important

B 次の表は，本文のパラグラフと内容をまとめたものである。□に入れるのに最も適当なものを，下の①～⑤のうちから一つずつ選べ。ただし，同じものを繰り返し選んではいけない。

Paragraph	Content
1	Typical roles of dance today
2	□
3	□
4	□
5	□
6	□

① Dance for passing down appropriate cultural behavior
② How dance improves a group's status
③ The common function of dance and its significance
④ The demonstration of group force through dance
⑤ Using dance to point out unfavorable actions

[本試]

毎年2月から3月の時期に行われるトリニダード・カーニバルは，ブラジルのリオのカーニバル，イタリアのヴェネツィアのカーニバルとともに，世界の三大カーニバルに数えられている。スペインや中国系移民，インド系移民の影響などが重なり，多民族の文化の特色が混ざり合っているお祭り。

解説 各パラグラフの役割と要旨　パラグラフごとのメモをとる ⇒ 原則❶-①

第1パラグラフ：[主張]：娯楽やスポーツ以外にダンスが果たす役割
第2パラグラフ：[具体例1]：「若者に社会の規則を教える」というダンスの役割
第3パラグラフ：[具体例2]：「大人に社会の規則を教える」というダンスの役割
第4パラグラフ：[具体例3]：「平和解決のため軍事力を誇示する」というダンスの役割
第5パラグラフ：[具体例4]：「民族の歴史を示す」というダンスの役割

第6段落：[**主張補足**]：ダンスの持つ集団の結束性を強める役割

[全体の要旨]　ダンスは，娯楽やスポーツ以外にもさまざまな機能を持つが，すべてに共通するのは集団の結束性を強めるということだ。

A

問1　「第2パラグラフにおいて，社交界にデビューする女性の話題が持ち出されたのは，□□□□□の例を示すためである」

　このパラグラフは，「若者に社会の規則を教える」というダンスの役割について述べられている。よって，①「若者がメヌエットを習得するのにどれくらいの時間がかかるか」，②「ヨーロッパのエリートが通っていた学校」，③「メヌエットを踊るときに女性が演じた役割」は，どれもこのパラグラフの断片を加工したにすぎないので，見た瞬間に消してほしい。下位層は，パラグラフメモをしていないため，全体像をつかまぬままこうした選択肢を選ぶ傾向が強い。答えは④「若者がいかに適切に行動するかを学ぶ」。

問2　「第3パラグラフによると，ムブティ・ピグミー族は□□□□□」

　第3パラグラフは，「大人に社会の規則を教える」というダンスの役割が述べられている。

　①「ダンスを通して不注意な狩人をしつけた」は問題なく正解。②「ダンスを通して習慣と伝統を伝えた」，③「1日の狩猟のあとに怠惰な人に踊らせた」，④「ダンスによって文化的に望ましい行動をとった」。③は面白いが本文に記述がないので不可。②「習慣と伝統」，④「文化的に望ましい行動」は，このパラグラフだけでは正誤の判断は難しい。「文化的に望ましい」は，第2パラグラフのメヌエットの話のことである。このことは，設問Bでわかる。また「習慣と伝統」は，第5パラグラフのトリニダードの話である。間違えた人の多くが③を選んでいる。

問3　「第4パラグラフは，ダンスがマリング族の中の□□□□□を妨げる可能性があったことを示唆している」

　上位層と中位層で非常に差がついた問題。第4パラグラフは，「平和解決のため軍事力を誇示する」というダンスの役割について述べられている。よって，空所には「戦い」という意味の単語が入るはずである。①「軍による新兵の募集」，②「調停」，③「物理的争い」，④「権

力の誇示」の中で該当するのは ③ だけ。間違えた人は ④ にした人が多い。本文中にある「目につく単語」が入った選択肢を選ぶとワナにかかる場合が多い。正解となる physical conflict という単語は本文にはないが，このような選択肢の作り方の癖に熟知している人なら消去法で簡単に選べるはずだ。

問4 「第5パラグラフは ☐☐☐☐ について触れている」

第5パラグラフは「民族の歴史を示す」というダンスの役割について述べられている。「トリニダード・カーニバルは，初めはヨーロッパ人によって開始されたが，それが変遷していって民族の歴史を踊りによって表すようになった」ということ。① **「トリニダードのカーニバルがいかに変遷したか」** が正解。② 「カリブ海の地域がいつ初めて植民地となったか」，③ 「アフリカのダンスの伝統はどこで始まったのか」，④ 「なぜヨーロッパ人がトリニダード・カーニバルを始めたか」 はすべて不可。間違えた人は ③ にした人が最も多い。

問5 「この文の趣旨は ☐☐☐☐ ということである」

全体の趣旨は「ダンスは，娯楽やスポーツ以外にもさまざまな機能を持つが，すべてに共通するのは集団の結束性を強める」ということである。① **「ダンスはわれわれを結束させ，社会を理解するのにも役立つ」**，② 「ダンスは上流階級の人々を教育することにおける重要な役割を演じている」，③ 「ダンスの主な目的は娯楽と運動である」，④ 「ダンスの歴史の理解は重要だ」。② ・③ は具体例の一部にすぎず不可。また ④ は的外れ。以上から ① を選ぶことになる。正答率は比較的高いが，間違えた人の多くは ④ を選んでいる。

B

パラグラフ	内容	答え
1	今日におけるダンスの主な役割	
2	文化における適切な行動を伝えるためのダンス	①
3	好ましくない行為を指摘するためにダンスを用いる	⑤
4	ダンスを通して集団の力を誇示すること	④
5	ダンスがいかにして集団の地位を上げるか	②
6	ダンスの共通の機能とその意義	③

評論・小説・エッセイ読解問題　425

上位層でも65%ぐらい，下位層では20%ぐらいの正答率しかない。とくに5の答えの選択を間違えた人が多い。

もう一度，各パラグラフの要旨を確認する。

第1パラグラフ：[**主張**]　　：娯楽やスポーツ以外に，ダンスが果たす役割

第2パラグラフ：[**具体例1**]：「若者に社会の規則を教える」というダンスの役割

第3パラグラフ：[**具体例2**]：「大人に社会の規則を教える」というダンスの役割

第4パラグラフ：[**具体例3**]：「平和解決のため軍事力を誇示する」というダンスの役割

第5パラグラフ：[**具体例4**]：「民族の歴史を示す」というダンスの役割

第6パラグラフ：[**主張補足**]：ダンスの持つ集団の結束性を強める役割

　③「ダンスの共通の機能とその意義」は第6パラグラフしかない。次に⑤「好ましくない行為を指摘するためにダンスを用いる」は第3パラグラフだとわかる。④「ダンスを通して集団の力を誇示すること」は第4パラグラフ。あとは，①「文化における適切な行動を伝えるためのダンス」，②「ダンスがいかにして集団の地位を上げるか」。トリニダード・カーニバルの話は「奴隷身分から地位が上昇した民族の歴史」の話だから，②がこれを表しているとわかる。よって②は第5パラグラフだとわかる。消去法から①は第2パラグラフだとわかる。

解答 A　問1　④　　　問2　①　　　問3　③　　　問4　①　　　問5　①
B　2　①　　3　⑤　　4　④　　5　②　　6　③

訳　1　ダンスは，最も古い形態の芸術の1つである。そして，それはあらゆる文化において見られて，いろいろな目的のために行われている。現代の社会で，ダンスは娯楽の一形態として広く認められている。多くの人々は，楽しみのために踊るか，大好きなアーティストがステージまたはスクリーンで踊るのを見て楽しんでいる。それは，スポーツの一形態にもなり得る。いろいろな種類のダンス競技会がある。しかし，ダンスには，これらの明らかな機能に加えて，社会で果たし得る他のより複雑な役割がある。

2　時々，ダンスは，ある社会の若者たちに社会規則を教える補助としての役割を果たす。メヌエットと呼ばれている類のダンスが好例だ。メヌエッ

トはフランスから始まって，18世紀までにヨーロッパのエリートのあいだで普及した。英国では，デビューする女性，つまり初めてダンスパーティーに出席することによってまさに大人の社会に入ろうとする上流階級の女性は，初めてのメヌエットのために厳しく訓練された。彼女たちは，その動きと振る舞いを批判的に観察する大勢の人々の前でメヌエットを踊るのが普通だった。このダンスは，上流社会の一員としてどのように振る舞えばよいのかを彼女たちに教えた。ある作家は，実際，メヌエットをこれまでに発明されたマナーの学校の中で最高のものだと言った。

3　ダンスはまた，大人を社会の規則に確実に従わせるために用いられてきた。その例の1つは，ムブティ・ピグミーという中央アフリカ地域に住む民族集団が，狩猟のあとに行うダンスに関して1900年代中ごろになされた研究に見られる。狩猟の際に何かがうまくいかなかったとしよう。たとえば，動物を猟師のほうへ追いやるために地面を叩くという役割をだれかが怠ったため，動物を捕える機会を逃してしまったとする。あとで，ダンサーは，間違った行動を示し，さらに，たぶんその人を恥ずかしい気持ちにさせるために，その出来事をダンスで表した。これが，その後の狩猟を失敗に導く行為を食い止めるのに役立ったことは容易に想像できる。

4　ダンスが力を誇示する方法として用いられることがある文化もある。たとえば，ニューギニアのマリングの人々がいかにして，ダンスを踊ることで軍事力を示して，起こり得る戦いに備えて味方を募ったかを述べた1900年代中ごろの別の報告がある。戦いはこれらのダンスのあとしばしば起こったが，これらのダンスが敵の集団のあいだに平和的解決を促したとも言われている。こうしたダンスを通して，集団の大きさと強さを潜在的な敵に対してはっきりさせ，戦いを避けるのに役立った。

5　またダンスを通して，集団がその伝統を示し，それによって，威信を高めることもある。この例は，トリニダード・トバゴ（かつてヨーロッパの植民地であったカリブ海の島国）での世界的に有名なトリニダード・カーニバルだ。この起源は，1700年代後半に，ヨーロッパの入植者がカーニバルを開き，凝ったコスチュームでダンスをしたことにまで遡ることができる。アフリカから来た人々（そのうちの多くは奴隷として島に来た）は，大部分がカーニバルから閉め出された。奴隷制度が1838年に終わったあと，そうした人々はカーニバルに全面的に参加し始め，カーニバルの性質を変えた。そうしたダンスの中で，彼らは奴隷制度の時代のさまざまな場面を演じ，伝統を示した。その演技はみずからが過去の不正を示し，またみずからの習慣を認識してもらうやり方であった。

6　ここで述べられているダンスの役割，伝統を守る，集団の強さまたは文化的な豊かさを示す，には1つの共通点がある。それは集団の中の人々の

評論・小説・エッセイ読解問題　427

結束性を高めることだ。ダンスは，芸術の1つの表現形式であるだけではなく，集団が共通のアイデンティティを強化する方法なのだ。明らかではないかもしれないが，この影響は我々にもあてはまるかもしれない。たとえば，我々が住む地域には，我々が参加するその地域に特有のダンスがあるかもしれない。なぜ我々はそのような活動に参加するのか，そして，これらのダンスはどのように始まったのか？　我々の生活におけるダンスの役割を考慮することで，我々自身の社会の歴史や価値観について興味深い発見ができるかもしれない。

語句　第1パラグラフ

▶ **form**　名「形態」
▶ **perfórm ~**　他「~を演じる」
▶ **récognize ~**　他「~を認識する」
▶ **entertáinment**　名「娯楽」
▶ **competítion**　名「競争」
▶ **in addítion to ~**　熟「~に加えて」
▶ **óbvious**　形「明白な」
▶ **fúnction**　名「機能」
▶ **compléx**　形「複雑な」
▶ **role**　名「役割」

第2パラグラフ

▶ **serve to (V)**　熟「V するという役割を果たす」
▶ **commúnity**　名「(地域の区切りから見た) 社会」
▶ **minuét**　名「メヌエット」
▶ **oríginate in ~**　熟「~で始まる」
▶ **elíte**　名「エリート」
▶ **débutante**　名「初めて社交界に出る娘」
▶ **be abóut to (V)**　熟「まさに V しようとする」
　　＊　本文では be が省かれ，about to (V) が，直前の名詞を修飾する形を取っている
▶ **make** *one's* **éntrance into ~**　熟「~にデビューする」
▶ **atténd ~**　他「~に出席する」
▶ **stríctly train ~**　熟「~を厳しく鍛える」
▶ **a crowd of ~**　熟「~の集まり」
▶ **crítically**　副「批判的に」

428

▶ obsérve ～	他 「～を観察する」
▶ behávior	名 「振る舞い」
▶ invént ～	他 「～を発明する」

第3パラグラフ

▶ make sure that S V	熟 「必ず S V にする」
▶ condúct résearch on ～	熟 「～に関する研究をする」
▶ Mbuti	名 「ムブティ族」
▶ an éthnic group	名 「民族集団」
▶ suppóse S V	他 「S V と考えてみる」
▶ opportúnity	名 「(よい) 機会」
▶ negléct to (V)	熟 「V することを怠る」
▶ drive ～ towárds …	熟 「～を…に追いやる」
▶ act ～ out ／ out ～	熟 「(物語・出来事など) を実演する」
▶ embárrass ～	他 「～に恥ずかしい思いをさせる」
▶ discóurage ～	他 「～を思い止まらせる」
▶ rúin ～	他 「～をだめにする」

第4パラグラフ

▶ displáy ～	他 「～を誇示する」
▶ for ínstance	熟 「たとえば」
▶ describe ～	他 「～を説明する」
▶ hold ～	他 「～を開催する」
▶ mílitary strength	名 「軍事力」
▶ recrúit ～	他 「(団体・組織が) ～を勧誘する」
▶ álly	名 「味方／同盟国」
▶ báttle	名 「戦い」
▶ occúr	自 「生じる」
▶ contríbute to ～	熟 「～に貢献する」
▶ solútion	名 「解決」
▶ énemy	名 「敵」
▶ poténtial	形 「潜在的な」
▶ oppónent	名 「敵対者」
▶ avóid ～	他 「～を避ける」

第4章 評論・小説・エッセイ読解問題

評論・小説・エッセイ読解問題　429

第5パラグラフ

▶ exhíbit ～	他	「～を示す」
▶ tradítion	名	「伝統」
▶ thus	副	「したがって」
▶ incréase ～	他	「～を増やす」
▶ prestíge	名	「威厳」
▶ wórld-fámous	形	「世界的に有名な」
▶ Caríbbean	形	「カリブ海の」
▶ cólony	名	「植民地」
▶ be tráced to ～	熟	「～まで遡る」
▶ cólonist	名	「入植者」
▶ eláborate	形	「凝った」
▶ cóstume	名	「衣装」
▶ of Áfrican órigin	熟	「アフリカを起源に持つ」
▶ slave	名	「奴隷」
▶ móstly	副	「大半は」
▶ exclúde ～	他	「～を排除する」
▶ slávery	名	「奴隷制度」
▶ partícipate（in ～）	自	「（～に）参加する」
▶ cháracter	名	「性質」
▶ perfórmance	名	「演技」
▶ injústice	名	「不正」
▶ earn recognítion	熟	「認識を得る」
▶ cústom	名	「習慣」

第6パラグラフ

▶ maintáin ～	他	「～を維持する」
▶ démonstrate ～	他	「～を示す」
▶ efféct	名	「効果」
▶ uníte ～	他	「～を結びつける」
▶ artístic	形	「芸術的な」
▶ stréngthen ～	他	「～を強める」
▶ idéntity	名	「アイデンティティ」
▶ appárent	形	「明白な」
▶ applý to ～	熟	「～にあてはまる」

▶ be uníque to 〜　　　熟「〜に独特な」
▶ lócal　　　　　　　形「地元の」
▶ région　　　　　　名「地域」
▶ consíder 〜　　　　他「〜を考慮する」
▶ *A* lead to *B*　　　熟「A の結果 B となる」
▶ discóvery　　　　　名「発見」
▶ válues　　　　　　名「価値観」

お役立ちコラム
アクセントの原則を覚えよう

❶　-ate, -ous, -ize, -ise で終わる単語は，2 つ前の母音字にアクセントがある！

　　　　1. récognize　　　　2. óbvious
　　　　3. oríginate　　　　4. eláborate
　　　　5. partícipate　　　6. démonstrate

❷　-ic, -ics, -ical, -ity で終わる単語は，直前の母音字にアクセントがある！

　　　　1. commúnity　　　2. crítically
　　　　3. éthnic　　　　　4. opportúnity
　　　　5. artístic　　　　6. idéntity
　＊　例外は pólitics

チャレンジ問題 2

標準 25分

次の文章を読み，問1～6の _____ に入れるのに最も適当なものを，それぞれ下の ① ～ ④ のうちから一つずつ選べ。なお， **1** ～ **6** はパラグラフの番号を表している。

1 Rats, mice, hamsters, and squirrels belong to a large group of animals called rodents. It is estimated that there are about 2,000 species of rodent, and they are believed to be one of the most successful groups of animals we know. They are considered successful because the rodent group accounts for over 40% of all mammal species on earth. Of all the rodents, the mouse-like rodents, such as those mentioned above, are probably the most successful, and it has been suggested that what makes them so is their teeth.

2 Rodents' teeth enable them to eat a wide range of food, such as leaves, roots, nuts, and seeds. All rodents have four very sharp teeth at the front of their mouths —— two at the top and two at the bottom. These teeth are called incisors, but unlike the incisors of most other mammals, they never stop growing. So whatever their age, rodents will always have fresh, sharp teeth to eat with. In addition, they also have extremely strong muscles around their mouths, which enables them to bite through the shells of nuts and seeds. Many other mammals and birds cannot do this, so the seeds they eat pass through their bodies undigested, and the nutrition within them is unused.

3 Nuts and seeds are very nutritious. Some seeds, such as sunflower seeds, sesame seeds, and peanuts, are very high in fat and protein. There are benefits of being able to eat these energy-rich foods: a lot of energy is gained in a short period of time; spending less time outside the home searching for food reduces the risk of being killed by other animals; and the time saved can be spent reproducing and looking after their young.

4 Successful reproduction is essential to the survival of a species. However, it can be a double-edged sword. That is, it has good points and bad points. Many rats and mice are eaten by other animals before they die of natural causes, so being able to reproduce quickly is a good thing

432

as it increases the species' chance of survival. For example, a Norwegian rat could have 56 children and over 400 grandchildren within 20 weeks of being born. On the other hand, if reproduction is too successful and there is a huge increase in population in a short time, then there will not be enough food available for all of them to survive. When this happens, thousands and thousands die, resulting in a population crash.

5　The survivors often survive, not always by chance but because they are slightly different from the general population in some way. Perhaps they can run faster or further and so get to food before the others; or they have a better sense of smell and find food that others cannot; or they have stronger jaws and sharper teeth and can open nuts that others cannot open. Which of these slight advantages they have over those that die is not clearly understood; however, those that do survive have the opportunity to reproduce and pass on their advantageous traits to a new generation.

6　So together with their high rates of reproduction and the survival of those that have adapted in some beneficial way, mouse-like rodents are in a strong position to survive well into the future. Ultimately, however, what probably enables these mouse-like rodents to reproduce so successfully is the fact that their teeth allow them to eat highly nutritious nuts and seeds so they do not have to spend most of their time engaged in the dangerous activity of gathering food.

問1　Paragraph **2** states that _____ .
① 　most birds and mammals can also digest the seeds they eat
② 　mouse-like rodents are not as successful as other animals
③ 　mouse-like rodents cannot bite into the center of nuts and seeds
④ 　rodents have four incisors and powerful muscles around their mouths

問2　In the paragraph **3**, which of the following is NOT mentioned as a benefit of eating energy-rich foods? _____
① 　Eating food high in fat and protein helps rodents develop muscular bodies.
② 　It takes little time to get enough food to satisfy the body's energy requirements.

③ Less time is spent being exposed to the dangers of being eaten by another animal.

④ The time that is not spent searching for food can be used for raising a family.

問3 According to paragraph 4, ☐ .

① the good point of having many young is that they exhibit different traits

② the increase in the population of a species may lead to food shortages

③ the Norwegian rat is a good example of surviving food shortages

④ the population of rodents is kept down by natural death

問4 Paragraph 5 discusses ☐ .

① the breeding habits of rodents and other methods of repopulation

② the different kinds of successful rodent subspecies

③ the disadvantages that the surviving rodents face

④ the possible reasons why some rodents survive population crashes

問5 The theme of the passage is about ☐ .

① the advantages of using incisors for eating high energy food

② the mouse-like rodents and the reasons for their success

③ the relationship between the rodent population and the food supply

④ the rodents which account for the 40% of mammal species

問6 The contents covered in the passage are listed at random below.

(a) Sharp teeth and a powerful bite

(b) The likely explanation for survival

(c) Reproduction and population crashes

(d) A background to mouse-like rodents

(e) The advantages of high energy food

(f) Conclusion

Which of the following best reflects the flow of the passage?
① (b)⇒(a)⇒(c)⇒(d)⇒(e)⇒(f)
② (b)⇒(a)⇒(e)⇒(c)⇒(d)⇒(f)
③ (d)⇒(a)⇒(c)⇒(b)⇒(e)⇒(f)
④ (d)⇒(a)⇒(e)⇒(c)⇒(b)⇒(f)

[本試]

第4章 評論・小説・エッセイ読解問題

受験生には耳慣れない rodent「齧歯類」の話。これは，どの受験生にとっても馴染みのない話題を提供するために選ばれたもの。「全体をつかむ」ことを念頭に置いて読むための非常にすぐれた素材である。パラグラフごとに簡単にメモをして最後まで読み，全体を理解してから設問を解いてみよう。差がついたのは問4。

解説　**各パラグラフの役割と要旨**　パラグラフごとのメモをとる ⇒ **原則❶-①**

第1パラグラフ：[主張]　　　：齧歯類，なかでもネズミ類が最も繁殖に成功している

第2パラグラフ：[主張の理由]：齧歯類は歯や口の周囲の筋肉が発達している

第3パラグラフ：[主張の理由]：そうした歯のために短時間で栄養価の高いものを食べられる

第4パラグラフ：[譲歩]　　　：繁殖しすぎると食糧不足で数多くのものが死ぬことがある

第5パラグラフ：[主張]　　　：強い特性を持ったものが生き残り，その遺伝子を残す

第6パラグラフ：[主張の再現]：齧歯類の繁殖成功の主な要因に，その歯の発達が挙げられる

全体の要旨　齧歯類の繁殖成功は，その強い歯によって，敵に襲われることなく短時間で栄養価の高い食物を食べられたことによる。

問1　「　　　　　　と第2パラグラフは述べている」

齧歯類の話であることがわかれば，①「たいていの鳥類と哺乳動物も食べた種子を消化できる」は不可だとわかる。

②「ネズミ系の齧歯類動物は，他の動物ほど成功していない」は主張と真逆で不可。

③「ネズミ系の齧歯類動物は，木の実や種子の中心部まで噛むことができない」も齧歯類の繁殖成功の秘訣「歯の強さ」と真逆の記述。

評論・小説・エッセイ読解問題　435

以上，消去法により ④「齧歯類は 4 本の門歯と口の周囲に強い筋肉を持っている」が正解だとわかる。この選択肢の細かい記述の正誤はともかく，本文の主張の方向に合っていることがわかれば正解だとわかる。もちろん，第 2 パラグラフに戻って，1 文 1 文を確認する方法でも答えを得ることはできるが，時間がかかってしまうおそれがある。

問2　「第3パラグラフにおいて，高エネルギーの食物を食べることの利点として述べられていないものはどれか」

②「体のエネルギー必要量を満たすのに十分な食物を得るのに時間は少ししかかからない」

③「他の動物に食べられる危険にさらされて過ごす時間が少なくなる」

④「食物を探すのに使われない時間は，子どもを育てるのに使うことができる」

これらはすべて第 3 パラグラフに書かれている。

①「脂肪・タンパク質が豊富な食物を食べることは，齧歯類動物が体を強くするのに役立つ」は記述がない。やや細かい出題である。

問3　「第4パラグラフによると，　　　　　」

第 4 パラグラフは「繁殖力の強さのマイナス部分」を述べた箇所である。よって，マイナスの記述の ②「種の個体数の増加は，食糧不足を引き起こすかもしれない」が正解となる。

それ以外の選択肢は，以下のとおり。

①「多くの子どもを持つ利点は，子どもがいろいろな特徴を示すことである」

③「ノルウェーネズミは食糧不足を乗りきる好例である」

④「齧歯類の個体数は自然死によって抑え込まれる」

これはすべてプラスの意味なので不可。

問4　「第5パラグラフでは　　　　　が論じられている」

第 5 パラグラフでは，「強い種が生き延びる理由」が述べられている。よって ④「一部の齧歯類が個体数の激減を乗りきる理由として考えられるもの」が適切。多くの学生は ②「さまざまな種類の成功した齧歯類の亜種」の subspecies「亜種」という見慣れない単語に飛びついたようである。「教科書にさえ出てこない見慣れない単語」は消去

法で選ぶ場合を除いてはワナであることを忘れてはならない。そんな単語を正解にしようものなら，問題作成部会は各方面から「お叱り」を受けることになる。なお①「齧歯類の繁殖習性と他の再増殖法」，③「生き残った齧歯類動物が直面する不利な状況」は無関係。

問5 「この文のテーマは ☐☐☐☐ である」

この文のテーマは「齧歯類の成功は，その強い歯によって，敵に襲われることなく短時間で栄養価の高い食物を食べられたことによる」である。もっと簡単に言えば「齧歯類はなぜ繁殖しているのか」ということである。

これに近いものは②「ネズミ系の齧歯類動物とその繁殖成功の理由」。

④「哺乳類の40%を占める齧歯類」では不十分である。

全体の趣旨をとらえていれば何でもない問題だが，逆に全体像が見えないと，①「高いエネルギーの食物を食べるのに門歯を使うことの利点」とか，③「齧歯類の個体数と食糧供給の関係」を選ぶ可能性がある。

問6 「本文中で扱われている内容が以下に順不同で挙げられている」

(a) 鋭い歯と噛む力の強さ
(b) 生存に対するもっともな説明
(c) 繁殖と個体の急激な減少
(d) ネズミ系の齧歯類動物の背景
(e) 高エネルギー食物の利点
(f) 結論

「次のうちこの文の流れを最もよく反映しているものはどれか」

明確なのは第2パラグラフを反映している(a)，第3パラグラフを反映している(e)，第4パラグラフを反映している(c)の流れ。これで②か④に絞られる。あとは(b)と(d)を検討することになる。第5パラグラフの内容を反映しているのは(b)のほうである。以上から④が正解となる。

(a)は第2パラグラフ「齧歯類は歯や口の周囲の筋肉が発達している」を指しているのは明らか。(e)は第3パラグラフ「そうした歯のために短時間で栄養価の高いものを食べられること」しかない。(c)

のマイナス面は第4パラグラフ「繁殖しすぎると食糧不足で数多くのものが死ぬことがある」しかない。ここまでは簡単。(d)は，第1パラグラフか第5パラグラフになるが，「ネズミ系の齧歯類動物についての導入部」となっているのは第1パラグラフであることから，④ (d) ⇒ (a) ⇒ (e) ⇒ (c) ⇒ (b) ⇒ (f) を選ぶことになる。

解答 問1 ④　　問2 ①　　問3 ②
　　　　問4 ④　　問5 ②　　問6 ④

訳

1　ネズミ，ハツカネズミ，ハムスター，リスは齧歯類と呼ばれる大きな動物群に属する。約2000種類の齧歯類がいると推定されていて，我々が知る中で最も栄えている動物群のうちの1つであると考えられている。齧歯類が栄えているとみなされているのは，それが地球上のすべての哺乳類のうちの40％以上を占めているからである。すべての齧歯動物の中で，上で述べたようなネズミ系のものがおそらく最も栄えていて，それを可能にしているのは，その歯であると示唆されている。

2　齧歯類はその歯のおかげで，葉や根や木の実や種などの幅広い食物を食べることができる。すべての齧歯動物は口の前部にとても鋭い歯が4本 —— 上に2本，下に2本 —— 生えている。これらの歯は門歯と呼ばれているが，他の大半の哺乳類の門歯とは違い，成長が止まることはない。だから，齧歯類は年齢に関係なく，つねにものを食べるための新しい，鋭い歯を持っていることになる。おまけに，齧歯類には歯の周りにきわめて強力な筋肉がついているので，木の実や種の堅い殻を嚙み切ることができるのだ。他の多くの哺乳類や鳥類はこれができない。だから食べた種は消化されないまま体内を通り抜け，種の中にある栄養分を摂取することはない。

3　木の実や種子はとても栄養価が高い。種の中には，ヒマワリの種やゴマの種や落花生などのように，非常に多くの脂肪分とタンパク質を含むものもある。こうしたエネルギーに富んだ食物を摂ることができる利点は数多い。まず，短時間で多くのエネルギーがとれるということ。食物を探して住処の外で過ごす時間を短縮できることにより，他の動物に殺される危険性が減ること。そして節約できた時間を，子どもを産んだり世話したりするのに使えるということである。

4　生殖がうまくいくことは種の存続には不可欠である。しかし，それは諸刃の剣となる。つまり，良い点もあるが悪い点もある。多くのネズミやハツカネズミは自然死の前に他の動物に食べられてしまう。だから，短時間で繁殖できることは，それによって種が生き延びる可能性を高めるのでよ

438

いことである。たとえば，ノルウェーネズミは生後 20 週間以内に 56 匹の子どもと 400 匹以上の孫を持つこともある。一方，もし繁殖しすぎて短時間に個体数が急増すると，すべての個体が生存できるだけの食糧が入手困難になる。こうなると，無数の個体が死滅し，その結果，個体数が激減してしまう。

5　生き延びることができる齧歯動物が存在するのは，偶然によるものではなく，それらが何らかの点で一般的な他の個体と少し異なっているからであることが多い。もしかすると，より速くあるいはより遠くまで走れるので，他の者より先に食物にたどり着くことができるのかもしれない。あるいは，嗅覚が他の者よりすぐれていて，他の者が見つけられない食物を見つけることができるのかもしれない。また，他の者より顎が強く鋭い歯を持っているため，他の者には割ることのできない木の実を割ることができるのかもしれない。生き残る者が死んでしまう者にわずかに勝る点として，これらのうちのどれを持っているのかははっきりとはわかっていない。しかし，実際に生き延びる者は繁殖し，より勝る特性を次の世代に伝える機会を持っているわけだ。

6　だから，高い生殖率を持ち，何らかの有益なやり方で適応してきた者が生き延びるため，ネズミ系の齧歯動物はかなり先まで生き延びることのできる有利な立場にいる。しかし，突き詰めれば，こうしたネズミ系の齧歯動物がそれほどまでに繁殖するのをおそらく可能にする要因とは，その歯によって栄養価の高い木の実や種子を食べ，時間の大半を食物を集めるという危険な活動に費やす必要がないということなのだ。

語句

第1パラグラフ

▶ squírrel　　　　　　　名「リス」
▶ ródent　　　　　　　　名「齧歯類」
▶ éstimate ～　　　　　　他「～を推定する」
▶ spécies　　　　　　　　名「種」
▶ accóunt for ～　　　　　熟「（数字・割合）を占める」
▶ mámmal　　　　　　　名「哺乳類」

第2パラグラフ

▶ a wide range of ～　　　熟「幅広い～」
▶ incísor　　　　　　　　名「門歯」
▶ extrémely　　　　　　　副「きわめて」
▶ undigésted　　　　　　形「消化されていない」
▶ nutrítion　　　　　　　名「栄養」

評論・小説・エッセイ読解問題　　439

第3パラグラフ

▶ nutrítious	形	「栄養価が高い」
▶ súnflower	名	「ヒマワリ」
▶ sésame	名	「ゴマ」
▶ fat	名	「脂肪」
▶ prótein	名	「タンパク質」
▶ search for ～	熟	「～を探す」
▶ reprodúce	自	「生殖する」

第4パラグラフ

▶ survíval	名	「生き延びること」
▶ double-edged sword	熟	「諸刃の剣」
▶ withín A of B	熟	「BからA以内に」
▶ huge	形	「莫大な」
▶ íncrease in ～	熟	「～の増加」
▶ aváilable	形	「手に入る」
▶ resúlt in ～	熟	「～という結果になる」
▶ crash	名	「大暴落」

第5パラグラフ

▶ by chance	熟	「偶然に」
▶ slíghtly	副	「わずかに」
▶ in some way	熟	「何らかの点で」
▶ jaw	名	「顎」
▶ advántage óver ～	名	「～に対する利点」
▶ opportúnity	名	「(よい) 機会」
▶ pass ～ on to …	熟	「～を…に伝える」

第6パラグラフ

▶ adápt	自	「適応する」
▶ benefícial	形	「有益な」
▶ well ＋副詞句	副	「十分に～」
▶ últimately	副	「突き詰めれば」
▶ gáther ～	他	「～を集める」

チャレンジ問題 3

標準 25分

第4章 評論・小説・エッセイ読解問題

次の文表を読み，問1～6の ［　　　］ に入れるのに最も適当なものを，それぞれ下の ① ～ ④ のうちから一つずつ選べ。なお，**1** ～ **8** はパラグラフの番号を表している。

1　Controversial issues such as the global economy, military conflicts, and the environment are difficult, if not impossible, for competing countries to deal with in a calm and peaceful manner. It is for this reason that a number of international organizations have been created. The most important of these is probably the United Nations (UN). Founded in 1945, the UN has come to play an essential role in our world today.

2　In spite of its importance, there are limitations to what the members of the United Nations can accomplish. All UN members participate in the annual General Assembly meeting, and each country's ambassador has one vote. Sometimes it can be difficult to reach agreements on urgent issues. Perhaps because of this, leaders of major industrialized countries came to feel the need for other formats, such as face-to-face meetings, in order to seek more effective solutions to critical problems.

3　In 1975, the first of what later became yearly "summits" was held when the leaders of six countries — France, Italy, Japan, West Germany, the United Kingdom and the United States — gathered in France to discuss in person the global economic problems caused by the 1973 oil crisis. Later Canada and Russia were invited to join, and the number of countries participating increased to eight. These countries came to be known as the Group of Eight (G8).

4　Over the years, the G8 has addressed many different issues. The main topic at early summits was the global economy. In the early 1980s, leaders also discussed political issues such as the Cold War, and from the end of the 1980s, topics included problems relating to the environment and health. Thus, the scope of the topics taken up in the summits has broadened.

5　Although the summits place leaders in the spotlight, it is the workers who are involved in preparations that make the summits possible. One

評論・小説・エッセイ読解問題　441

important group of such workers is the "Sherpas," who are the personal representatives of the G8 leaders. They are called this because, like the guides who lead climbers to the summits of the Himalayan Mountains, they provide guidance to the leaders at each summit. In addition, the Sherpas negotiate on behalf of their leaders before a summit begins so that when the leaders arrive all but the most important decisions have been made.

6　While G8 summits have attracted great interest from the public, there has been debate about their usefulness. Supporters argue that the summits played a crucial role in raising awareness of issues like climate change and hunger, and that such worldwide media attention prompted action not only by G8 member nations, but also by volunteer and aid organizations.

7　On the other hand, G8 summits have drawn a lot of criticism. Some insist that they either did not take up the most important issues facing the world or did not bring about satisfactory solutions to the problems they tried to address. It has also been suggested that the participating members were too few, and that it was unrealistic to talk about the world economy while not including China. In addition, many critics have argued that G8 summits were nothing more than media events in which the leaders were only shown in a positive light.

8　Overall, however, most would say that it is necessary for world leaders to have more access to one another than is possible at the UN, and that summits lead to a clearer awareness of global issues as well as problems affecting individual countries. While summits may not always result in immediate action, they do in fact highlight the challenges the international community faces.

問1　According to the passage, summits are more effective than the United Nations partly because 　　　　　 .

①　each participating country has an equal vote in decision-making

②　leaders have an opportunity to discuss key issues in person with other leaders

③　peace between countries at war can be brought about immediately

④ problems that concern more than one nation are dealt with completely

問 2 Paragraph 4 mentions that the range of topics discussed at the summits has ☐ .
① become more technical since the first summit was held
② decreased and discussion has become more focused
③ evolved so that more diverse issues are covered
④ remained mostly unchanged from year to year

問 3 According to the passage, one thing the "Sherpas" do for a summit meeting is to ☐ .
① make the most significant decisions on behalf of the leaders
② substitute for the leaders when they are absent
③ take the leaders on guided tours around the summit site
④ work on solving minor problems before the leaders arrive

問 4 One criticism against G8 summits that is NOT expressed in the passage is that ☐ .
① there are a limited number of nations making decisions that affect the world economy
② there have been no major results to the issues they faced
③ they are primarily held to gain attention for world leaders who are attending
④ they have been extremely costly to organize and hold for the host country

問 5 On the whole, the author of the passage ☐ .
① basically has a favorable view of the summits and what they achieve
② believes there is little room for improvement of the summits
③ feels that the summits should be held on a monthly basis
④ insists the summits be replaced by a new international organization

評論・小説・エッセイ読解問題　443

問6　When paragraphs **1** through **8** are divided into five groups, which grouping is the most appropriate? ☐

	Group 1	Group 2	Group 3	Group 4	Group 5
①	1	2	3, 4	5, 6	7, 8
②	1	2, 3	4, 5	6, 7	8
③	1, 2	3	4	5, 6	7, 8
④	1, 2	3, 4	5	6, 7	8

［追試］

おおよそ50％前後の正答率だが，問3だけは30％ぐらいしかない。パラグラフごとに「結局何が言いたいのか？」と考える癖をつけること。

解説　各パラグラフの役割と要旨　パラグラフごとのメモをとる ⇒ 原則❶-①

第1パラグラフ：[主張：前提]：国連が重要な役割を果たすようになった
第2パラグラフ：[主張：前提]：国連では対話が十分にはできない
第3パラグラフ：[主張]：サミットの登場
第4パラグラフ：[具体化]：さまざまな話題を論じる
第5パラグラフ：[具体化]：裏方が存在する
第6パラグラフ：[主張]：賛成派の意見
第7パラグラフ：[譲歩]：反対派の意見
第8パラグラフ：[主張再現]：全体としてサミットは必要

全体の要旨　国連では実現できなかった「面と向かっての対話」を実現するためにサミットが生まれた。いくつかの問題点が指摘されているのは事実だが，全体的に見てサミットは必要だと言える。

問1　「本文によると，サミットが国連より効果的な理由の1つは ☐ ということだ」
①「それぞれの参加国が意志決定において同等の投票権を持っている」。投票権に関する記述は第2パラグラフの国連に関する部分に存在するだけである。よって不可。
②「リーダーが他のリーダーと大切な問題について直接話せる機会

が持てる」。第3パラグラフの記述に合致。

③「戦争中の国同士の和平が即座にもたらされる」。本文第7パラグラフに矛盾。よって不可。

④「複数の国に関与する問題を徹底的に扱っている」。deal with 〜は「とくにある問題を解決するために必要な行動を取る」の意味。よってサミットは行動に出るわけではないので不可。

①にした人が多かった。

問2　「第4パラグラフはサミットで話し合われる話題の幅が □□□□□ と言及している」

第4パラグラフの内容は「サミットにおける話題の多様化」である。よって，以下のとおり。

①「最初のサミットが開かれて以来，専門的になった」，②「減少し議論に重きが置かれるようになった」，④「年度による変化はほとんどない」は不適切。

③「進展し，より多様な問題を扱うようになった」が正解。

問3　「本文によると『シェルパ』がサミットのためにやることの1つは □□□□□ ことだ」

大切なことは「シェルパとは裏方である」ということ。

①「リーダーの代わりに最も重要な決定を下す」，②「リーダーがいないときにリーダーの代わりをする」はともに「裏方」に反するとわかるはず。

③「リーダーたちにサミットが開催される場所周辺を案内して回る」は本文に無関係のデタラメで不可。

以上から④「リーダーが到着する前にさほど重要でない問題の解決に取り組む」。①・②・③が間違った内容なので，消去法からこれを正解とする。

なお，第5パラグラフには「シェルパ」の役割とはリーダーの案内役であるという記述が存在する。さらに第5パラグラフの最終文に「リーダーたちが到着するときには，最も重要な決定以外のすべての決定がなされている」とあるから，本文にも合致していると言える。all but 〜「〜以外のすべて」という熟語がわからなかった人は間違えたようである。①にした人が約50％，次に②にした人が多い。

評論・小説・エッセイ読解問題　445

問4 「本文に<u>書かれていない</u> G8 サミットの批判の1つは □□□□ ことだ」

① 「世界経済に影響を与える決定をする国が限られている」。第7パラグラフに合致。よって不可。

② 「彼らが直面する問題に対するおもだった結果が出ていない」。これも第7パラグラフの記述に合致。

③ 「主に参加している世界のリーダーに向けて注意をひきつけるように開催されている」。第7パラグラフの最終文に合致。よって不可。

④ 「開催国にとって計画し開催するには莫大な費用がかかる」。一見合っていそうだが，本文には書いていない。よって，正解。③にしてしまった人が多い。

問5 「全体としてこの文の筆者は □□□□□ 」

筆者がサミットに好意的なことは文全体から明らかだ。よって④「サミットは新たな国際組織に取って代わられるべきだと主張している」は不可。また，②「サミットには改善の余地はほとんどないと思っている」は言い過ぎ。筆者は問題点も指摘していた。③「サミットは毎月行われるべきだと思っている」のような記述はないのでこれも不可。

以上から①「基本的にサミットおよびそれが達成することに好意的である」が正解。間違えた人の多くは②か③にしている。

問6 「第1〜8パラグラフを5つのグループに分けるとき，どのグループ分けが最も適切か」

第1パラグラフ「国際連合の役割の重要さ」，第2パラグラフ「国際連合の限界」，第3パラグラフ「サミットの誕生」，第4パラグラフ「サミットの議題の多様化」，第5パラグラフ「サミットの裏方」，第6パラグラフ「サミット肯定派の意見」，第7パラグラフ「サミット否定派の意見」，第8パラグラフ「サミットがいかに有用か」。以上から第1パラグラフと第2パラグラフがセットなのはすぐにわかるので①・②は消える。次に第6パラグラフと第7パラグラフもセットなので③が消えて正解がわかる。

解答 問1 ②　　問2 ③　　問3 ④
問4 ④　　問5 ①　　問6 ④

訳 **1** 世界経済や軍事衝突や環境といった論争を巻き起こす問題は，競い合う

国同士が冷静で平和的な方法で取り扱うことが，たとえ不可能でないとしても難しい。まさにこの理由のために，いくつかの国際機関が作られた。これらのうちで最も重要なものはおそらく国際連合（UN）であろう。国連は1945年に設立されて，今日我々の世界で不可欠な役割を果たすようになっている。

2 その重要性にもかかわらず，国際連合に加盟する国が達成できることには限界がある。すべての国連加盟国は年次総会に参加し，それぞれの国の大使には1票が与えられている。時には緊急の問題について合意に達することが難しいこともある。おそらくこのために，主要工業国のリーダーは，重大な問題に対するいっそう有効な解決策を模索するための，一対一の会談のような他の形態の必要性を感じるようになったのであろう。

3 1975年に，のちに年1回の「サミット」となる催しが初めて開催されたのは，6か国 —— フランス，イタリア，日本，西ドイツ，イギリスとアメリカ —— のリーダーが1973年の石油危機によって起こされた世界的な経済問題を直接議論するためにフランスに集まったときだった。のちにカナダとロシアも参加するよう求められ参加国の数は8か国に増えた。これらの国は8か国グループ（G8）として知られるようになった。

4 数年のあいだに，G8は多くのさまざまな問題を扱った。初期のサミットにおける主な議題は世界経済だった。1980年代初頭に，リーダーたちは冷戦などの政治問題も論じた。そして1980年代の終わりから，環境と健康に関連する問題も議題の中に含まれるようになった。このように，サミットで取り上げられる議題の幅は広がったのである。

5 サミットではリーダーに注目が集まるが，サミットを可能にするのはその準備にかかわっている人たちだ。このような人たちの重要なグループの1つは「シェルパ」と呼ばれているグループで，G8のリーダーたち個人を代行する者である。彼らは，登山家をヒマラヤ山脈の頂上に導く案内人のように，サミットが開かれるごとにリーダーを導く役目を果たすのでこう呼ばれている。さらに，「シェルパ」は，リーダーの代わりにサミットが始まる前に交渉し，リーダーたちが到着するときには，最も重要な決定以外のすべての決定がなされているようにする。

6 G8サミットはたしかに世間の関心をかなり集めているが，その有用性については賛否両論ある。サミット肯定派は，サミットが気候変動や飢えのような問題に対する意識を向上させることに非常に重要な役割を果たし，このような世界的なメディアの注目によりG8参加国による活動のみならず，ボランティアと支援組織による活動も活発にさせたと主張する。

7 他方，G8サミットは多くの批判を引き起こした。そうした批判の中には，サミットが世界が直面している最も重要な問題を取り上げることもし

なければ，取り組もうとしている問題に対する満足な解決策をもたらしてもいないという主張もある。さらに，参加国があまりにも少なすぎること，また，中国を含めないで世界経済について話をすることは非現実的であることを指摘した批判もある。さらに，多くの批判者によると，G8サミットはリーダーたちをただ肯定的に扱うにすぎないメディアのイベント以上のものではないということだった。

8 しかし，全体的に見れば以下のような意見が大半であろう。世界のリーダーが，国連という場以上に互いに接触することが必要であり，サミットによって個別の国に影響を与えている問題のみならず，世界的な問題に対する意識を高められる。サミットが開かれたからといって何かがすぐに行動に移されるわけではないかもしれないが，実際国際社会が直面している難題に注目を集めさせる事実には変わりはない。

語句　第1パラグラフ

▶ controvérsial íssue	名	「論争を巻き起こす問題」
▶ mílitary cónflict	名	「軍事衝突」
▶ *A* if not *B*	熟	「たとえ*B*でないとしても*A*」
▶ péaceful	形	「平和的な」
▶ in a ～ mánner	熟	「～のやり方で」
▶ It is for this reason that S V.		「S V なのはこの理由のためである」

　　　　＊　強調構文で書かれている

▶ a númber of ～	熟	「いくつもの～」
▶ organizátion	名	「組織」
▶ found ～	他	「～を設立する」

第2パラグラフ

▶ a limitátion to ～	熟	「～に対する限界」
▶ accómplish ～	他	「～を達成する」
▶ partícipate in ～	熟	「～に参加する」
▶ ánnual	形	「年1回の」
▶ Géneral Assémbly méeting	名	「国連総会」
▶ ambássador	名	「大使」
▶ úrgent	形	「緊急の」
▶ fórmat	名	「形態」
▶ seek ～	他	「～を探し求める」
▶ efféctive	形	「効果的な」

448

▶ critical　形「（きわめて）重大な」

第3パラグラフ
▶ the United Kingdom　名「イギリス」
▶ gather　自「集まる」
▶ in person　熟「本人みずからが」
▶ crisis　名「危機」

第4パラグラフ
▶ address 〜　他「（問題など）に取り組む」
▶ political　形「政治の」
▶ relate to 〜　熟「〜と関連する」
▶ scope　名「範囲／視野」
▶ broaden　自「広がる」

第5パラグラフ
▶ ..., it is the workers who 〜 .「〜するのは働く人たちである」
　　※　強調構文で書かれている
▶ be involved in 〜　熟「〜にかかわる」
▶ representative　名「代表」
▶ in addition　熟「おまけに」
▶ negotiate　自「交渉する」
▶ on behalf of 〜　熟「〜を代表して」
▶ all but 〜　熟「〜以外のすべて／ほとんど」
▶ make a decision　熟「決定をする」

第6パラグラフ
▶ attract interest　熟「関心を集める」
▶ debate about 〜　熟「〜に関する議論」
▶ argue that S V　熟「S V と主張する」
▶ awareness of 〜　熟「〜に対する意識」
▶ prompt 〜　他「〜を促す」

第7パラグラフ
▶ draw criticism　熟「批判される」
▶ take 〜 up ／ up 〜　熟「〜を取り上げる」
▶ bring 〜 about ／ about 〜　熟「〜を引き起こす」

評論・小説・エッセイ読解問題　449

- ▶ inclúde ～ 　他「～を含める」
- ▶ nóthing more than ～ 　熟「～に他ならない」
- ▶ show ～ in a pósitive light 　熟「～を肯定的にとらえる」

第8パラグラフ

- ▶ óverall 　副「全体的に見て」
- ▶ have áccess to ～ 　熟「～に接触できる」
- ▶ afféct ～ 　他「～に影響を及ぼす」
- ▶ indivídual 　形「個々の」
- ▶ *A* resúlt in *B* 　熟「A の結果 B になる」
- ▶ immédiate 　形「即座の」
- ▶ híghlight ～ 　他「～を際立たせる」
- ▶ chállenge 　名「(やりがいのある) 難題」

お 役 立 ち コ ラ ム
but ～「～以外の」に注意しよう

❶ All **but** two students passed.
　「2 人の学生以外は全員合格した」

❷ I ate nothing **but** bread.
　「私はパン以外は何も食べなかった」

❸ She lived next door **but** one.
　「彼女は 1 軒おいて隣に住んでいた」

❹ We have no choice **but** to wait.
　「私たちには待つ以外に選択肢はない」

❺ I couldn't **but** laugh.
　「私は思わず笑った」

　＊　I couldn't do but laugh. から do が脱落した形。

チャレンジ問題 4

次の文章を読み，問1〜6の[　　]に入れるのに最も適当なものを，それぞれ下の①〜④のうちから一つずつ選べ。なお，**1**〜**6**はパラグラフの番号を表している。

1 Designers are always trying to improve upon existing products. They try to make things work better, look better, and be a pleasure to own. Music players, for example, continue to improve every year through development of better electronics and enhanced functions. Unfortunately, they also become more complex. It is estimated that as many as one-fifth of all adults have difficulty using everyday products. While people are naturally more interested in quality, appearance, and color, they are also becoming more interested in how easy products are to use. This means successful designers need to consider the three principles of usability: *visibility*, *feedback*, and *affordance*, in addition to the customary ways of doing things, which are known as conventions.

2 The first principle is visibility. This means that we can see the main features and easily recognize what they are for. It should be clear where to put the CD. It should be obvious which is the on/off switch, and which is the volume control. Important controls must be easy to find and easy to recognize. Too many buttons can make a music player confusing to operate, especially if the most used buttons are mixed with the least used. This is why the least used controls are often hidden behind a panel.

3 The second principle, *feedback*, is about letting the user know what is happening; it shows the effect of an action. When a button is pushed, there should be some response from the machine —— a click, a beep, a light, or something on the display —— so the user knows the button is working and the command has been accepted. For example, many electrical goods have a small light to indicate that the power is on, while most CD players have a screen to show which track is playing.

4 The third principle, *affordance*, is a term used not only in the field of design but in other areas such as psychology, and it has various definitions. Dr. Donald Norman, who specializes in design, states,

"Affordance provide strong clues to the operations of things ... the user knows what to do just by looking: no picture, label, or instruction is required." For example, a large CD player has a handle on top. The handle looks comfortable, and suggests that it can be picked up and moved easily. We want to use the handle. It invites us to use it.

5   When designers apply these principles, they must also consider conventions of use, because people should not have to, nor do they want to, relearn how to use an already familiar item. For example, which way would you turn the knob if you wanted to turn the volume up on a music player? Most would say, to the right —— clockwise. Most people associate the clockwise turning of a control with an increase in something. But, what about water? Which way do you turn on a water faucet? That's correct, to the left —— counterclockwise. For water and gas the conventions are usually reversed. However, while some conventions are almost worldwide, others are more local. Electric light switches in Japanese homes mostly go from side to side, while in the USA and the UK most go up and down. However, up is typically on in the USA and down is on in the UK.

6   Designers have known about conventions and the principles of usability for many years, but have sometimes paid little attention to them. However, as consumers' needs are changing, designers are increasingly focusing on *visibility*, *feedback*, and *affordance* in an effort to make their products easier to use and thus more attractive. While it is difficult to predict what color or shape future music players will be, it is reasonable to assume that designers will produce many well-thought-out designs that are easier for everyone to use.

問1   In paragraph 1, the writer points out the problem that ⬚.
  ①   adults are not concerned about design and color
  ②   designers are making small fashionable products
  ③   people cannot find pleasure in owning colorful products
  ④   products have become too complicated for some people

452

問2 According to paragraph **2**, a product with good *visibility* [ ] .
① has fragile controls protected by a cover
② has the main controls hidden by a cover
③ makes the main controls easier to find
④ must have a clear plastic CD drawer

問3 According to paragraph **5**, [ ] .
① conventions are universal so that everyone can use things readily
② household electric light switches do not follow regional conventions
③ it would be frustrating if we had to relearn the basic functions of every new product
④ keeping to conventions prevents us from making new products

問4 A handle on a living room door that you must open as in the picture below [ ] .
① breaks with convention
② does not follow the *feedback* principle
③ improves the *affordance* of the design
④ is a bad example of *visibility*

問5 In the passage, the writer implies [ ] .
① designers should make new rules reflecting current demands
② designers should not change according to the age of consumers
③ future products are likely to be better designed to meet users' needs
④ smaller and cheaper products will be welcome in the future

問6 The contents covered in the passage are listed at random below.
(a) Consumers trends (What people want)
(b) Future trends
(c) Global conventions
(d) Local conventions
(e) The three principles of usability

Which of the following best reflects the flow of the passage? ☐

① (a) ⇒ (e) ⇒ (c) ⇒ (d) ⇒ (b)
② (a) ⇒ (e) ⇒ (d) ⇒ (c) ⇒ (b)
③ (b) ⇒ (e) ⇒ (c) ⇒ (d) ⇒ (a)
④ (b) ⇒ (e) ⇒ (d) ⇒ (c) ⇒ (a)　　　　　　　　　　　　　　　　［追試］

affordance という見慣れない単語が入っているが，その部分はうまく設問から外されている。正答率が50％ぐらいしかないのは，問3，問4，問6である。

解説　　**各パラグラフの役割と要旨**　　パラグラフごとのメモをとる ⇒ **原則❶-①**

第1パラグラフ：[**主張**]　　　　　　：製品の設計には，慣習，見た目，フィードバック，アフォーダンスを考慮に入れる必要がある

第2パラグラフ：[**主張の具体化**]：「見た目」とは，主な機能がぱっとわかること

第3パラグラフ：[**主張の具体化**]：「フィードバック」とは，何かの動作に対して製品が反応すること

第4パラグラフ：[**主張の具体化**]：「アフォーダンス」とは，その製品を置いておくだけで，思わず使いたくなる気持ちにさせること

第5パラグラフ：[**主張具体化**]　　：地域差はあるが，製品は「慣習」に従っている

第6パラグラフ：[**主張の再現**]　　：製品の設計者は今後も使いやすい製品を作るだろう

全体の要旨　製品を使いやすいものにするためには，設計段階で慣習，見た目，フィードバック，アフォーダンスを考慮に入れる必要があり，将来もこの傾向は続くだろう。

問1　「第1パラグラフで，筆者は ☐ という問題を指摘している」

　　第1パラグラフは，「製品の使用法が難しくなりすぎている今日，製品の設計者として成功を収めるには使いやすさを考慮することが重

要である」という趣旨。

よって，①「大人は設計や色に関心がない」，②「設計者は小さな流行の製品を作りつつある」，③「人々は色彩豊かな製品を所有することに楽しみを見いだすことはできない」はすべてまったくのデタラメ。

消去法により④「**製品は一部の人にとって複雑になりすぎている**」を選ぶ。

問2　「第2パラグラフでは，よい見た目を持つ製品とは ▢▢▢▢ ものである」

第2パラグラフでは，「製品のつまみ類の設計では，どのつまみが大切なのかを明確にしなければならない」ということ。

①「壊れやすい機能はカバーで覆われている」は第2パラグラフと無関係だが，fragile「脆(もろ)い」というやや難しい単語に飛びつく人がいるかもしれない。

②「主な機能はカバーで隠されている」はまったくのデタラメ。もしこれが正しければ非常に使いにくい製品になる（笑）。

④「透き通ったプラスチックのCD用の引き出しを必ず備えつけている」は，本文の「CDを入れる所がどこなのかを明確にしなければならない」をもとにでっち上げた間違い選択肢。ただし，「CD用の引き出し」という段階で不可だとわかる。具体例の一部がパラグラフ全体を表すことはないからである。

以上から，③「**主な機能を見つけやすくしている**」が正解だとわかる。

問3　「第5パラグラフによると， ▢▢▢▢ 」

第5パラグラフでは，「地域差はあるものの，製品は慣習に従わなければならない」ということが述べられている。

①「慣習は，だれもがものを容易に使えるように普遍的なものである」は「普遍的」が不可。「地域差がある」と矛盾する。

②「家庭用の電灯スイッチは地域の慣習に従っていない」は本文と真逆。

④「慣習に従うことで新たな製品を作ることができなくなる」は，内容は正しいと思われるが，本文では述べられていない。また，このパラグラフの主張とは異なるので不可。

以上から③「**新しい製品それぞれの基本的な機能を一から覚えなけ**

ればならないなら，イライラすることになるだろう」が正解となる。

問４ 「下の絵のように開けなければならない居間のドアの取っ手は
　　　　　　　　」

　第3パラグラフの内容である②「『フィードバック』の原則に
従っていない」，第4パラグラフの内容である③「設計の『アフォー
ダンス』を向上させる」，第2パラグラフの内容である④「『見た目』
の悪い例である」は不可。

　以上から①「慣習に反している」だとわかる。文全体の細かい内容
を覚えていなくても十分に解答可能な良問。

問５ 「この文では，筆者は　　　　　　ということを暗に意味している」

　全体の要旨は「製品を使いやすいものにするためには，設計段階で
慣習，見た目，フィードバック，アフォーダンスを考慮に入れる必要
があり，将来もこの傾向は続くだろう」ということ。

　①「設計者は現代の需要を反映した新たな規則を作るべきだ」は「新
たな規則を作る」が不可。

　②「設計は消費者の年齢に応じて変化してはいけない」，④「将来，
より小さくより安い製品が歓迎されるだろう」はどちらも本文にない。

　以上から③「将来の製品は使用者の要求を満たすようによりよく設
計されるだろう」が正解。

問６ 「本文中で扱われている内容が以下に順不同で挙げられている」
- (a) 消費者の傾向（人々が何を望むか）
- (b) 未来の傾向
- (c) 世界的な慣習
- (d) 各地の慣習
- (e) 使いやすさの3つの原則

「次のうちこの文の流れを最もよく反映しているものはどれか」

　(b)の「未来の傾向」は最後だから①か②に絞られる。(c)「世界的
な慣習」と(d)「各地の慣習」はともに第5パラグラフであるが，イギ
リスとかアメリカの話がパラグラフの後半であることからだけでも，
(c)「世界的な慣習」⇒(d)「各地の慣習」だとわかる。以上から①が
正解だとわかる。

解答	問1 ④	問2 ③	問3 ③		
	問4 ①	問5 ③	問6 ①		

訳

1 ものの設計をする人たちは，既存の製品に改良を加える努力をいつも続けている。商品がよりうまく作動するように，見栄えがよくなるように，持っていてうれしいものになるように彼らは努力する。たとえば，音楽プレーヤーはよりよい電子機器と高性能の機能の開発を通して毎年改良されている。残念ながら，そうした製品はますます複雑になっている。推定では，全体の5分の1もの大人が日常製品を使いこなすことに困難を感じているということだ。人々が製品の質や外見や色に興味を持つのは当然だが，彼らは同時に，製品の使いやすさにも興味を持ちつつある。これが意味することは，設計者として成功を収めるには，慣習として知られている，物事を行う習慣的なやり方に加え，3つの使いやすさの原則，つまり，見た目，フィードバック，アフォーダンスを考慮に入れる必要があるということである。

2 1番目の原則は見た目である。つまり，主な特徴が目に入り，それらが何のためにあるのかをすぐに認識できることである。CDを入れる所がどこなのかを明確にしなければならない。どれが電源スイッチで，どれがボリュームかを明確にしておかねばならない。大切な機能は見つけやすく，また認識しやすいものにしなければならない。音楽プレーヤーのボタンが多すぎると，操作に混乱を招く。とくに最もよく使うボタンと一番使わないボタンがいっしょに配置されている場合はそうだ。だから，最も使わない機能は多くの場合パネルの裏に隠されているわけだ。

3 2番目の原則，フィードバックは使用者に何が起きているのかを教えるものである。それはある行為の結果を見せるものである。ボタンを押すと，機械から何らかの反応——カチッという音がしたり，ビーという音がしたり，光ったり，画面上に何かが現れたり——があって，使用者がボタンが機能していること，命令が受け入れられたことを知ることができなければならない。たとえば，多くの電気機器は電源が入っていることを示すための小さなライトがついており，一方たいていのCDプレーヤーはどのトラックを演奏しているかを示すための画面がある。

4 3番目の原則，アフォーダンスは，設計の分野だけでなく，心理学などの分野でも使われている用語で，さまざまな定義を持つ。設計を専門に研究しているドナルド・ノーマン博士は「アフォーダンスとはものの操作に対する強い手掛かりを与える……使用者は見るだけで何をするかがわかる。絵も，ラベルも，指示も必要ない」と述べている。たとえば，大きなCDプレーヤーは上に取っ手がある。その取っ手は見た目が心地よく，そ

評論・小説・エッセイ読解問題　457

れを持てば，プレーヤーを簡単に移動させることができるということを示している。取っ手を使いたくなる。それは私たちに使うように誘うのである。

5 　設計者が3つの原則を適用するとき，使う際の慣習も同時に考慮に入れなければならない。なぜなら人々にとって，すでによく知っているものをどう使うのかを一から学び直す必要などないことが大切であり，またそんなことを望む人はいないからである。たとえば，音楽プレーヤーのボリュームを上げたいと思うなら，つまみをどちらに回すだろうか？　たいていの人は「右方向，つまり時計回り」と答えるだろう。つまみを時計回りに回すことから何かが大きくなることを連想する人が大半である。しかし水はどうだろうか？　水道の蛇口をどちらに回すだろうか？　左回り，つまり，反時計回りが正しい。水道やガスでは慣習はたいてい逆なのである。しかし，ほぼ世界中で同じ慣習もあるが，ある地域にしか適用しない慣習もある。日本の家庭用電灯スイッチはたいてい左右に動くが，アメリカやイギリスでは大半は上下に動く。しかしアメリカでは通常，上に押せば電源が入り，イギリスでは下に押せば電源が入る。

6 　設計者は何年も前から慣習や使いやすさの原則を知っている。しかし，それらにあまり注意を払わないときもあった。しかし，消費者の要求が変化するにつれて，設計者も，製品をより使いやすく魅力的なものにするために，見た目，フィードバック，アフォーダンスにますます注目している。将来の音楽プレーヤーが，どのような色や形になるか予測するのは難しいが，設計者がだれもが使いやすい，考え抜かれた多くの設計を生み出すだろうと考えるのは理にかなっている。

【語句】　第1パラグラフ

▶ **impróve upon** 〜　　　熟「〜に改良を加える」
▶ **electrónics**　　　名「電子機器／電子回路」
▶ **enhánce** 〜　　　他「〜を高める」
▶ **unfórtunately**　　　副「残念ながら」
▶ **compléx**　　　形「複雑な」
▶ **éstimate** 〜　　　他「〜を推定する」
▶ **as mány as** ＋数字　　　熟「(最大で) 〜も (の)」
▶ **náturally**　　　副「当然」
▶ **príncple**　　　名「原理」
▶ **usabílity**　　　名「使いやすさ／使い勝手」
▶ **visibílity**　　　名「見た目」

▶ affórdance	名	「(認知心理学者ギブソンの造語) アフォーダンス」
▶ convéntion	名	「慣習／しきたり」

第2パラグラフ

▶ féature	名	「特徴」
▶ récognize ～	他	「～を認識する」
▶ óbvious	形	「明白な」
▶ óperate ～	他	「～を操作する」
▶ the least used (búttons)	熟	「最も使わない（ボタン）」

第3パラグラフ

▶ respónse	名	「反応」
▶ click	名	「カチッという音」
▶ beep	名	「ビーという音」
▶ commánd	名	「命令」
▶ índicate ～	他	「～を示す」

第4パラグラフ

▶ term	名	「(主に専門的な) 用語」
▶ psychólogy	名	「心理学」
▶ definítion	名	「定義」
▶ instrúction	名	「指示」

第5パラグラフ

▶ applý ～	他	「～を適用する」
▶ reléarn ～	他	「～を一から学び直す」
▶ ítem	名	「品」
▶ clóckwise	副	「時計回りに」
▶ assóciate A with B	熟	「B から A を連想する」
▶ an íncrease in ～	熟	「～の増加」
▶ counterclóckwise	副	「反時計回りに」
▶ revérsed	形	「逆の」
▶ lócal	形	「局地的な／地元の」

第6パラグラフ

▶ pay atténtion to ～	熟	「～に注意を払う」

評論・小説・エッセイ読解問題　459

▶ incréasingly	副	「ますます」
▶ fócus on ～	熟	「～に焦点を当てる」
▶ attráctive	形	「魅力的な」
▶ predíct ～	他	「～を予測する」
▶ réasonable	形	「理にかなっている」
▶ wéll-thought-óut	形	「十分に考え抜かれた」

お 役 立 ち コ ラ ム
the U.K. と the U.S. について

❶ **the United Kingdom**（**the U.K.**）「**イギリス**」

　イギリスは，England「イングランド」，Wales「ウェールズ」，Scotland「スコットランド」，Northern Ireland「北アイルランド」が統合された国。England＝「イギリス」ではないことに注意。サッカーやラグビーの大会では，それぞれが独自のチームで戦っているのは有名だろう。

❷ **the United States**（**of America**）（**the U.S.**）「**アメリカ**」

　普通，America と言えば，North America「北アメリカ」，South America「南アメリカ」という大陸名を表す。よって，英字新聞では，「アメリカ合衆国」の表記は the U.S. となっていて，USA は応援のときに使われるのが普通。またアメリカ人は the States と言うこともある。

チャレンジ問題 5

次の文章を読み，問1～7の ☐ に入れるのに最も適当なものを，それぞれ下の①～④のうちから一つずつ選べ。なお，**1**～**8**はパラグラフの番号を表している。

1 When I first entered university, my aunt, who is a professional translator, gave me a new English dictionary. I was puzzled to see that it was a monolingual dictionary, which meant that everything was in English. Although it was a dictionary intended for learners, none of my classmates had one and, to be honest, I found it extremely difficult to use at first. I would look up words in the dictionary and still not fully understand the meanings. I was used to the familiar bilingual dictionaries, in which the entries are in English and their equivalents are given in Japanese. I really wondered why my aunt decided to make things so difficult for me. Now, after studying English at university for three years, I understand that monolingual dictionaries play a crucial role in learning a foreign language.

2 When I started to learn English at the age of ten, I wanted to pick up as much basic vocabulary as possible and created what might be called a simple bilingual "dictionary" for myself. This consisted of English words and their equivalents in Japanese written on cards. I would put the English word on one side of a card and the Japanese equivalent on the other. I found this to be a convenient tool for memorizing basic everyday words.

3 In high school I was assigned longer texts which had a larger vocabulary, so I started to use a standard English-Japanese bilingual dictionary. Such dictionaries contain a large number of commonly used English words. Each item comes with a pronunciation guide, its equivalents in Japanese, a note on its grammatical function, and examples of how it is used.

4 For those working as professional translators and interpreters, there are more specialized bilingual dictionaries. My aunt often translates articles submitted to international medical journals, so she uses a bilingual dictionary devoted to medicine. Such dictionaries, available in various fields, tend to omit words like "come" or "go" used in an everyday sense; on the other hand, they contain highly specialized terms not found in standard bilingual dictionaries. For example, in a bilingual medical dictionary, one can find a term like "basal body temperature," which is unfamiliar to most people —— an expression referring to the temperature when the body is at rest.

5   Then, if bilingual dictionaries are so useful, why did my aunt give me a monolingual dictionary? As I found out, there is, in fact, often no perfect equivalence between words in one language and those in another. My aunt even goes so far as to claim that a Japanese "equivalent" can never give you the real meaning of a word in English! Therefore she insisted that I read the definition of a word in a monolingual dictionary when I wanted to obtain a better understanding of its meaning. Gradually, I have come to see what she meant.

6   Using a monolingual dictionary for learners has benefited me in another important way —— my passive vocabulary (words I can understand) has increasingly become an active vocabulary (words I actually use). This dictionary uses a limited number of words, around 2,000, in its definitions. When I read these definitions, I am repeatedly exposed to basic words and how they are used to explain objects and concepts. Because of this, I can express myself more easily in English.

7   Once I got used to the monolingual dictionary for learners, I discovered another kind of monolingual dictionary, which is particularly useful when writing essays or preparing presentations. This is what can be called a "find-the-right-word" dictionary. This kind of dictionary enables me to come up with an alternative, and sometimes more precise, expression for a word I am already familiar with. For example, if I look up "difficult," I will find a group of related terms such as "challenging," "tough," "hard," and "demanding." A word like "important" will lead me to "significant," "crucial," "essential," "influential," and "major."

8   What I realize now is that both monolingual and bilingual dictionaries have particular uses, and your choice of dictionary depends on your aims. If you wish to understand the general meaning of texts in a foreign language and have no need to express your own ideas in the language, you may find a bilingual dictionary sufficient. If you work as

462

a professional translator, you will find it necessary to use specialized bilingual dictionaries. However, if your ultimate goals are to understand a foreign language clearly and to speak or write the language using a variety of words, I strongly recommend that you obtain a monolingual dictionary once you have command of a basic vocabulary. I feel I owe the progress I have made in English to the wisdom of my aunt.

問1　When the writer received the dictionary from his aunt, he did not find it easy to use because ☐ .

① entries were arranged in an unfamiliar order

② he was not used to reading definitions in English

③ it often did not contain the meanings he was looking for

④ most of his friends only used bilingual dictionaries

問2　The type of dictionary described in paragraph **3** is different from those explained in paragraphs **2** and **4** in that it ☐ .

① includes a lot of information about ordinary words and their usage

② is more convenient for those just beginning to learn a language

③ is too advanced for most language learners to use effectively

④ lists highly specialized terms used by language professionals

問3　Which of the following examples best fits the aunt's view that "a Japanese 'equivalent' can never give you the real meaning of a word in English"? ☐

① A clear stress falls on the first part of the word "water," which is not always the case with "*mizu*."

② The letter "t" in "water" can be pronounced as *t* or *d*, but the "*z*" in "*mizu*" is almost always pronounced as *z*.

③ Unlike "water," "*mizu*" can be written using different writing systems such as *katakana*, *hiragana*, and Chinese characters.

④ "Water" is not the same as "*mizu*" because the former can refer to hot or cold water, unlike the latter.

問4 By using the type of monolingual dictionary described in paragraph **6**, the writer [＿＿＿].

① became more active in explaining concepts to others

② greatly expanded his passive English vocabulary

③ improved his speaking and writing skills in English

④ was able to count words in English more easily

問5 Through using a "find-the-right-word" dictionary, one can [＿＿＿].

① come up with more precise Japanese equivalents for English words

② find the precise meanings of words that are no longer used

③ learn to use a variety of words with related meanings

④ write an essay or prepare a presentation in a shorter time

問6 When paragraphs **1** through **8** are divided into four groups according to the topic of each, which grouping is most appropriate?"

[＿＿＿]

	Group 1	Group 2	Group 3	Group 4
①	1	2, 3, 4, 5	6, 7	8
②	1	2, 3, 4	5, 6, 7	8
③	1, 2	3, 4, 5	6, 7	8
④	1, 2	3, 4	5, 6, 7	8

問7 The writer implies that [＿＿＿].

① by continuing to use only bilingual dictionaries, learners are less likely to achieve a good command of a language

② learners should start to use monolingual dictionaries as soon as they begin to study English

③ the role of bilingual dictionaries is declining and monolingual dictionaries are becoming more popular

④ when learners look up a word in a monolingual dictionary, they should also check the word in a bilingual dictionary　　[本試]

要するに、「上級者には**英英辞典がよい**」という［**主張**］の全体像がつかめれば簡単に解ける。ただし、正解の選択肢には巧妙な言い換えが用いられているから、**消去法**を徹底したい。問4が最も正答率が悪く、50％ぐらい。また、問2、問7がやや難しかったようである。

なお、本文に登場する「ベースとなる単語が2000語の英英辞典」は、おそらく『ロングマン現代英英辞典』のことだろう。

解説　各パラグラフの役割と要旨　パラグラフごとのメモをとる ⇒ **原則❶-①**

第1パラグラフ：［**主張**］：大学入学を機に、翻訳家の叔母から英英辞典をもらう。今では重宝している

第2パラグラフ：［**譲歩1**］：英語の初学者のころは、私家版英和辞典を作っていた

第3パラグラフ：［**譲歩2**］：高校では標準的な英和辞典を使った

第4パラグラフ：［**譲歩3**］：英語の専門家のための英和辞典も存在する

第5パラグラフ：［**主張再現：根拠1**］：英英辞典のほうが、語の意味が明確になる

第6パラグラフ：［**主張再現：根拠2**］：英英辞典の語の定義を読むことによって能動的語彙が増える

第7パラグラフ：［**主張の補遺**］：英英辞典の類義語辞典もある

第8パラグラフ：［**主張の具体化**］：基本的な語を学んだあとは、もし英語を明確に理解し、さまざまな単語を駆使して話したり書いたりしたければ、英英辞典が最高である

全体の要旨　初学者にとっては英和辞典が便利だが、英語を明確に理解し、さまざまな単語を駆使して話したり書いたりするためには、英英辞典を使うべきだ。

問1　「筆者が叔母がくれた辞書を受け取ったとき、使うのが難しいと思った理由は□□□からだ」

　答えは「英英辞典だったから」のはず。だから、②「**英語で定義を読むことに慣れていなかった**」が正解。

　①「見出し語が慣れない順序だった」、③「探している意味が載っていないことが多かった」、④「友達の大半が英和辞典しか使っていなかった」は明らかな間違い。

問2 「第3パラグラフで述べられている種類の辞書は，第2，第4パラグラフで述べられている辞書とは [_____] という点で異なる」

第3パラグラフに登場する辞書は「高校で用いる英和辞典」のこと。

②「言語を習得し始めたばかりの人々にとってより便利である」は不可。初学者なら，第2パラグラフで述べられている「単語カード」のほうが有効。

③「高度すぎて，たいていの言語学習者は効果的には使えない」はまったくの見当違い。

④「言語のプロが使う高度な専門用語を載せている」は第4パラグラフで述べられている「英語の専門家のための英和辞典」のこと。

以上から，①「普通の単語や用法についての情報を多く含んでいる」が正解。

問3 「『日本語の "対訳" が英単語の本当の意味を教えてくれることはけっしてない』という叔母の意見に最もよく合っているのは次のどれか」

筆者が述べている英英辞典の利点は，「意味が明瞭にわかる」「能動的語彙が増える」ということ。よって，発音関係のことを述べた①「"water" という語は最初の部分に明瞭なアクセントがあるが，それは "mizu" には必ずしもあてはまらない」，②「"water" の "t" という文字は，/t/ あるいは /d/ と発音できるが，"mizu" の "z" はほとんどいつも /z/ と発音される」は不可。

③「"water" とは異なり，"mizu" は片仮名，平仮名，漢字などの異なる文字を使って書くことができる」は方向性も違うし，本文には書かれていない。

よって，④「"water" は "mizu" と同じではない。なぜなら前者は後者と違って，湯にも水にも使えるからである」が正解。

問4 「第6パラグラフで述べられているたぐいの英英辞典を使うことによって，筆者は [_____]」

第6パラグラフの要旨は，「受動的語彙が能動的語彙に変換できる」ということ。

①「概念を他人に説明するのにより積極的になった」は active という単語だけが本文に合致した「ワナ」。

②「自分の受動的な語彙を大幅に増やした」は「能動的語彙」の間

違い。

④「英語の単語を数えることが以前より簡単にできるようになった」は**ギャグ**。そんなことをしてどうするの？と小一時間問い詰めたくなる。

よって，**消去法**により，③「**英語を話したり書いたりする技術を伸ばした**」を選ぶ。

問5 「『**適切な語を見つけるための**』辞書を使うことによって，人は │　　　　│ ことができる」

「英語の同義語が多数掲載されている」という主旨の選択肢を選べばよい。

①「英単語のより正確な日本語の同義語を思いつく」は，「日本語の同義語」が不可。

②「今では使われていない単語の正確な意味を見つける」は全然ダメ。

④「より短い時間でエッセイを書いたり発表の準備をしたりする」は「短い時間で」など無関係なので，不可。

以上から，**消去法**により ③「**関連する意味のさまざまな語が使えるようになる**」が正解。

問6 「**第1〜8パラグラフをそれぞれの話題に従って4つのグループに分けるとしたら，どのグループ分けが最も適切か**」

各パラグラフの役割と要旨 で示したとおり。第2〜4パラグラフが［譲歩］。このことからだけでも，② が正解だとわかる。

問7 「**筆者は │　　　　│ ということを示唆している**」

文全体の主旨は「英英辞典を使いましょう」というものなので，

①「**英和辞典だけを使い続けることによって，学習者が言語を十分に使いこなすようになる可能性は低い**」が正解。

②「学習者は英語を勉強し始めたらすぐに英英辞典を使い始めるべきだ」は不可。本文にも記述があるとおり，英英辞典を使うためにはベーシックとなる2000語の理解が必要となる。

③「英和辞典の役割は低下しており，英英辞典の人気がますます高まっている」も不可。前半の記述は本文にないだけでなく，これを正解にしたら，**問題作成部会は英和辞典の出版社をすべて敵に回すこと**

になってしまう。**大学入試センターはある種の公的機関**であり，偏った見解を表明してはならないから，そんなことは絶対書かないはずだ。

④「学習者が英英辞典で単語を調べるときには，英和辞典でもその単語をチェックすべきだ」も不可。本文に記述がないというより，方向性が明らかにずれている。

解答　問1　②　　問2　①　　問3　④　　問4　③
　　　　問5　③　　問6　②　　問7　①

訳

1　私が大学に入学して間もないころ，プロの翻訳家である叔母が真新しい英語の辞書をくれた。私はそれが英英辞典，つまりすべてが英語で書かれている辞書であることを知って戸惑った。それは学習者向けの辞書ではあったが，クラスの中のだれ一人としてそうした辞書は持っておらず，正直言って，最初はきわめて引きづらいと感じた。その辞書で単語を調べても，意味が十分には理解できないことが続いた。私が慣れていたのは，見出し語が英語で，それに相当する訳語が日本語で書かれているおなじみの英和辞典だった。叔母がなぜこんな面倒なことを私に課したのかと，私はずいぶん思い悩んだ。今，大学で3年間英語を勉強してわかったことは，（英英辞典のような）単一言語の辞書は外国語学習においてきわめて大切な役割を果たすということだ。

2　10歳で英語の勉強を始めたとき，私はとにかくたくさん基本的な語彙を覚えたかった。そのため，自分専用の単純な英和「辞典」と言えるようなものを作った。この辞書は，カード上に英単語とそれに相当する日本語訳が書いてあるだけのものだった。カードの表に英単語を書き，その裏にその日本語訳を書いた。私は，この辞書が基本的な日常語を覚えるには便利な道具だと思った。

3　高校ではもっと多くの語彙を含む長い文章を読まされたので，標準的な英和辞典を使い始めた。そのような辞書にはよく使われている英単語がかなりたくさん掲載されている。それぞれの項目には，発音のガイド，日本語の対訳，文法的機能の注釈，例文が並んでいる。

4　プロの翻訳家や通訳として働く人々のために，もっと専門的な辞書がある。叔母は国際的な医学雑誌に載せる記事を翻訳することが多いので，医学に特化した英和辞典を使うことが多い。さまざまな分野で使われているそのような辞書には，"come"や"go"などの日常的な意味で使われる語は省略される傾向にある。他方，それらの辞書には標準的な辞書では見られない高度に専門的な用語が掲載されている。たとえば，医学用の英和辞典には，"basal body temperature"というような語があるが，それはた

いていの人にはなじみが薄いもの —— 身体が休息を取っているときの体温を示す表現——だ。

5 では，英和辞典がそれほど役立つというのに，なぜ私の叔母は英英辞典を私にくれたのであろうか？　私にわかったことは，実際は，ある言語の言葉と別の言語の言葉とのあいだには完全に対応する語など存在しないことはよくある，ということだ。私の叔母は，日本語の「対訳」は英単語の本当の意味を教えてくれることはけっしてないとまで言いきる！　それゆえ，叔母は，私が単語の意味をもっと理解したいと思っているのならば英英辞典の単語の定義を読むべきだと主張した。だんだん，私は叔母が言っていることがわかるようになった。

6 学習者向けの英英辞典を使うことは，また別の重要な面でも得るところがあった —— 私の受動的な語彙（私に理解できる語）がどんどん私の能動的な語彙（私が実際使用できる語）になっていったのである。この辞書の定義で使われているのはおよそ 2000 語という限られた語にすぎない。こうした定義を読むと，基本的な語や，事物や概念を説明するためにそれらがどのようにして使われているのかに繰り返し触れることになる。このため，英語で自分の考えを表現するのが以前よりも簡単になった。

7 学習者向けの英英辞典に慣れたころ，別の種類の英英辞典を発見した。それはエッセイを書いたり発表の準備をするときに，とくに役立つものである。これは，いわば「適切な語を見つけるための」辞書のようなものである。このたぐいの辞書があれば，すでになじみのある語とは別の，時にはさらに正確な表現を拾うことができる。たとえば，"difficult（難しい）"を引くと，"challenging（難しいがやりがいのある）"，"tough（過酷な）"，"hard（きつい）"や"demanding（要求が多い）"のような関連する語群を見つけることができる。"important（重要な）"を調べると，"significant（意義深い）"，"crucial（きわめて重要な）"，"essential（不可欠な）"，"influential（影響力がある）"や"major（主な）"などを見つけることができる。

8 今私にわかったことは，英英辞典も英和辞典もそれぞれ特有の用途があり，辞書の選択はその目的によって決まるということだ。もし外国語で書かれた文章の大意を理解したくて，その言語で自分自身の考えを表現する必要がないのなら，英和辞典で十分かもしれない。もしプロの翻訳家として働くのなら，特別な英和辞典を使う必要があるだろう。しかし，もし最終的な目標が外国語を明確に理解し，さまざまな単語を使ってその言語を話したり書いたりすることであるならば，基本的な語彙を自由に使えるようになったあとは，英英辞典を持つことを私はぜひ勧めたい。私の英語が上達したのは叔母の知恵のおかげだと感じている。

語句

第1パラグラフ

▶ translátor	名	「翻訳家」	
▶ púzzled	形	「戸惑う」	
▶ monolíngual	形	「単一言語の」	
▶ inténd 〜	形	「〜を意図する」	
▶ to be hónest	熟	「正直言って」	
▶ méaning	名	「意味」	
▶ bilíngual	形	「2か国語の」	
▶ éntry	名	「見出し語」	
▶ equívalent	名	「相当するもの」	
▶ crúcial	形	「非常に重要な」	

第2パラグラフ

▶ pick 〜 up ／ up 〜	熟	「(子どもが言語) を覚える」
▶ consíst of 〜	熟	「〜からなる」
▶ find 〜 to be ...	熟	「〜を…だと思う」
▶ mémorize 〜	他	「〜を暗記する」

第3パラグラフ

▶ assígn ＋人＋〜	他	「人に〜を割り当てる」
▶ contáin 〜	他	「〜を含んでいる」
▶ ítem	名	「項目」
▶ pronunciátion	名	「発音」
▶ fúnction	名	「機能」

第4パラグラフ

▶ intérpreter	名	「通訳 (者)」
▶ árticle	名	「記事」
▶ submít A to B	熟	「A を B に提出する」
▶ jóurnal	名	「機関誌」
▶ (be) devóte (d) to 〜	熟	「〜を専門に扱う」
▶ aváilable	形	「手に入る」
▶ omít 〜	他	「〜を省く」
▶ term	名	「専門用語」
▶ refér to 〜	熟	「〜を指す」
▶ at rest	熟	「休んだ状態で」

第5パラグラフ

- ▶ as S find out ······ 熟「S にわかったことは」
- ▶ go so far as to (V) ······ 熟「V ということまでする」
- ▶ claim ～ ······ 他「～を主張する」
- ▶ definítion ······ 名「定義」
- ▶ obtáin ～ ······ 他「～を獲得する」

第6パラグラフ

- ▶ bénefit ～ ······ 他「～に利益をもたらす」
- ▶ pássive ······ 形「受動的な」
- ▶ áctive ······ 形「能動的な」
- ▶ be expósed to ～ ······ 熟「～に触れる」
- ▶ cóncept ······ 名「概念」

第7パラグラフ

- ▶ come up with ～ ······ 熟「～を思いつく」
- ▶ altérnative ······ 形「他の／代わりの」
- ▶ precíse ······ 形「精密な」

第8パラグラフ

- ▶ partícular ······ 形「ある特定の」
- ▶ géneral ······ 形「一般的な」
- ▶ expréss ～ ······ 他「～を表現する」
- ▶ suffícient ······ 形「十分な」
- ▶ última te ······ 形「究極的な／最終的な」
- ▶ recomménd ～ ······ 他「～を推薦する」
- ▶ have commánd of ～ ······ 熟「（言語）を自由に操る力を持っている」
- ▶ owe A to B ······ 熟「A は B のおかげである」
- ▶ wísdom ······ 名「知恵」

第4章 評論・小説・エッセイ読解問題

評論・小説・エッセイ読解問題　471

チャレンジ問題 6

標準 **25分**

次の文章を読み，問1〜7の [   ] に入るものとして最も適当なものを，それぞれ下の ① 〜 ④ のうちから一つずつ選べ。なお，**1** 〜 **7** は段落の番号を表している。

1　My niece, Ann, is in her third year at university. She has recently started her job search. When she entered the university, she wanted to be an architect and planned to apply for work in an architectural firm. But as she prepared for her job search, she learned that the way people work has changed a lot in the last few years. She discovered that much of the change has occurred because of what is called the IT Revolution. The "IT (Information Technology) Revolution" refers to the dramatic change in the way information is perceived and used in today's world.

2　Over the past 12 to 15 years, the amount and types of date available on the Internet and, in particular, the speed at which we can process the data, have increased to an extent few people could have imagined. These developments have led to new ways of thinking about how we use information and how we work in information-rich environments. Simply put, doing business no longer relies on location; new information-sharing software has made cooperation at a distance convenient and efficient.

3　As a result, many new business models have appeared. One such model is a large corporation arranging to have another company, often located in a different country, perform essential tasks. This became possible with the growth of reliable and secure communications and the ability to move massive amounts of data over long distances in an instant. An early example of this arrangement is in the field of accounting. A company in the United States, for instance, first scans all its bills, orders, and wage payments into the computer and sends the documents to an accounting center in, say, Costa Rica. Basic accounting activity is then carried out at that site. Next, the data is returned via the Internet to the original company, where high-level analysis is done.

4　Another example of this type of arrangement is reliance on overseas call centers, which have become increasingly common. It has become possible for a telephone operator in India to answer a customer-service call from anywhere in the world, respond directly to the customer and offer a satisfactory solution, at a far lower cost to the company than ever before. Many large companies now depend on such call centers. Today in Japan, when you call a toll-free number, there is a chance that someone in Chingtao, China will answer the phone in Japanese to help solve your problem.

5   A second business model made possible by the IT Revolution is one in which work is divided into smaller, more specific tasks performed by individuals in different geographical locations. For example, freelance specialists who may be living at a great distance from each other can work together to produce a new semiconductor design. A member of the group living in California does some initial work on the project and uploads the result onto a server. A colleague in Japan spends the day making further additions to the design. Next, someone in Israel accesses it and does his/her portion of the job. Finally the group member in California downloads it and gives it a final check. Thus, freelance specialists in different parts of the world collaborate to complete a single project.

6   A similar example is that of a commercial artist who works in the privacy of her beachside home in Hawaii to create a mail-order catalog for a client in Paris. She uses pictures taken by a photographer in Australia, adds text composed by a writer in Canada, includes artwork she created on her computer, and sends the finished product out to the client for final approval. All this is done digitally and according to each worker's own schedule. In this way, the best talent in the world can be chosen for each task.

7   With the knowledge she has acquired in the course of her job search, Ann now understands how the nature of work has changed as a result of the IT Revolution. Although she is still interested in architecture, Ann now realizes that this field offers a broader variety of opportunities. Rather than studying architectural design itself, Ann has decided to become an expert in the specifications and materials that architects need for their designs. She also now knows that there is often not enough work in one office for a specialist of this type.

評論・小説・エッセイ読解問題　473

However, she is confident she can work as a freelance specialist in collaboration with a variety of people in different countries. Ann now looks forward to taking advantage of the career opportunities that the IT Revolution has opened up.

問1 Ann realized that people today work in ways unimagined before because ⬚ .

① the amount of data on the Internet can no longer be dealt with effectively

② the demand for architects has risen sharply over the last couple of decades

③ they think the impact of the IT Revolution is already a thing of the past

④ they deal with information entirely differently than in the past

問2 The statement "doing business no longer relies on location" implies that ⬚ .

① business people must be physically close to each other to do their work

② business people need to travel abroad more often in order to do their jobs

③ people feel that using information is more important than making profits

④ people who are not in the same place can successfully work as a team

問3 In the example described in paragraph **3**, the initial work takes place ⬚ .

① in the United States and the work is completed in Costa Rica

② in Costa Rica and the work is completed in the United States

③ in the United States, some work is done in Costa Rica, and the work is completed in the United States

④ in Costa Rica, some work is done in the United States, and the work is completed in Costa Rica

問4　According to paragraph **4**, the IT Revolution has ☐ .

① not reduced the cost of doing business

② influenced where companies locate their call centers

③ increased the demand for people who speak Chinese

④ eliminated the need for call centers

問5　If we divide paragraphs **3** through **7** into three groups according to their topics, which grouping is most appropriate? ☐

	Group 1	Group 2	Group 3
①	**3**	**4, 5**	**6, 7**
②	**3, 4**	**5, 6**	**7**
③	**3, 4**	**5**	**6, 7**
④	**3**	**4, 5, 6**	**7**

問6　When Ann begins working, she ☐ .

① may not be in the same office as the people she works with

② will be working at a newly designed toll-free call center

③ is likely to move to the city where her employer is located

④ wants to join a company where she can stay until retirement

問7　Discussed in the article is the IT Revolution's ☐ .

① enormous impact on the way workers, rather than companies, think about work

② limited impact on the way workers, rather than companies, think about work

③ profound impact on the way workers and companies think about work

④ slight impact on the way workers and companies think about work

［本試］

文全体の主旨をとらえていればまったく問題なく正解を得られる。ただし，正解の選択肢には巧妙な言い換えが用いられているから，消去法を徹底したい。「本文のどこに書いてあるのか？」ではなく，「本文の主張の方向と一致しているのかどうか」を判断基準として解くこと。
要するに，「IT革命は，会社がアウトソーシングすることを可能にした」という主旨をつかめばいい。

解説 各パラグラフの役割と要旨　パラグラフごとのメモをとる ⇒ 原則❶-①

第1パラグラフ：[主張]　　：IT革命が仕事に大きな影響を与えている

第2パラグラフ：[主張の具体化]：IT革命のおかげで，離れたところで同じ仕事を共有できる

第3パラグラフ：[主張の具体例1]：海外の子会社に仕事を分業させることが可能

第4パラグラフ：[主張の具体例2]：海外のコールセンターへの仕事の委託が可能

第5パラグラフ：[主張の具体例3]：さまざまな地域の人がグループを作り，仕事をすることが可能

第6パラグラフ：[主張の具体例4]：さまざまな地域の人がグループでカタログ製作をすることが可能

第7パラグラフ：[主張の具体例5]：建築家の仕事もさまざまな地域の人と共同で行うことが可能

全体の要旨　IT革命によって，互いに離れたさまざまな地域に住む人が，1つの仕事を共同で行うことが可能になっている。

問1　「[　　　　]ので，今日の人々は，以前は想像できなかった方法で働いているということが，アンにはよくわかった」

①「インターネット上のデータの量をもはや効果的に扱うことはできない」

②「建築家の需要がこの20〜30年のあいだに急増した」

③「IT革命の影響はもう過去のものであると彼らは思っている」

④「**彼らは，昔とはまったく異なった方法で，情報を扱う**」

文全体の[主張]は，「**IT革命によって，互いに離れたさまざまな地域に住む人が，1つの仕事を共同で行うことが可能になっている**」

476

というもの。

ここから，「マイナス」イメージを持つ①・③は消える。②は本
文に書かれていないし，そもそも［**主張**］とは無関係なので，不可。
④が正解だとわかる。

なお，第1パラグラフの［**主張**］である「IT革命の結果，仕事の
方法が変わった」のみから考えても，答えは決まる。

問2 「『ビジネスは，もはや場所にはよらない』という言葉は
　　　　　　　　　　　ということを意味する」

①「ビジネスパーソンたちは仕事をするために物理的に互いに近く
にいなければならない」

②「ビジネスパーソンたちは仕事をするためにより多く海外に行く
必要がある」

③「情報を使うことは，利益を得ることよりも重要であると人々は
感じている」

④「同じ場所にいない人々がチームとしてうまく働くことができ
る」。

文全体の［**主張**］である「IT革命によって，互いに離れたさまざ
まな地域に住む人が，**1つの仕事を共同で行うことが可能になってい
る**」から，④であることは明らかである。①は②と内容が同じで，
どちらも［**主張**］の逆だから，不可。③は［**主張**］と無関係なので，
不可。

問3 「第3パラグラフで説明されている例で，最初の仕事が行われ
　　　　るのは　　　　　　　」

①「アメリカで，そしてその仕事はコスタリカで完成される」

②「コスタリカで，そしてその仕事はアメリカで完成される」

③「アメリカで，仕事の一部はコスタリカでなされ，そしてその仕
事はアメリカで完成される」

④「コスタリカで，仕事の一部はアメリカでなされ，そしてその仕
事はコスタリカで完成される」

「ある国の会社が海外に仕事を発注すれば，最終的にはそれが元の
国に戻ってくる」というのは，考えてみれば当然のこと。本文中に「ア
メリカの会社がまず最初に」とあるので，最初と最後にアメリカが入っ
ている③が正解だとわかる。

評論・小説・エッセイ読解問題　477

もし，それがわからなければ，本文をていねいに読むしかない。「まず最初に請求書，注文，賃金支払い明細すべてをコンピュータに取り込んで」という仕事は，アメリカの会社で行われる。「そのデータはインターネットによって元の会社に返され」とあるから，最後の仕事もアメリカの会社が担当することになる。ここからも ③ だとわかる。

問4　「第4パラグラフによると，IT 革命は 　　　　 」

　① 「事業をする費用を減らさなかった」

　② 「会社がどこにコールセンターを設けるかに影響を及ぼした」

　③ 「中国語を話す人々の需要を増やした」

　④ 「コールセンターの必要性をなくした」

　第4パラグラフは，第2パラグラフ「IT 革命のおかげで離れたところで同じ仕事を共有できる」の[**具体例**]。「IT 革命の結果可能になったこと」を選べばよい。

　「マイナス」イメージの ① ・④ は消える。③ は [**主張**] とは無関係。以上より答えは ②。「本文のどこに書いてあるのか」などと考えて「該当箇所」を探そうとすると，locate という単語がこのパラグラフにはないので，そこでつまずく仕掛けになっている。

問5　「もし，第3～7パラグラフを，話題に応じて3つのグループに分けるとしたら，どのグループ分けが最も適切か」

　第1パラグラフが文全体の [**主張**]「IT 革命が仕事に与える影響」で，その [**具体化**] が第2パラグラフ「IT 革命のおかげで，離れたところで同じ仕事を共有できる」。そして，第3・4パラグラフが [**具体例1**] と [**具体例2**]「会社が海外へ仕事を委託すること」。第5・6パラグラフが [**具体例3**] と [**具体例4**]。以上から，答えは ②。

　全体を見渡すための良問。ただし，問い方にはこれ以外にもさまざまなバリエーションがあるから，どのような問われ方をしても答えられるよう，いつも「**パラグラフごとの内容を意識した読み**」を心がけることが肝要。

問6　「アンが働き始めるとき，彼女は 　　　　 」

　① 「いっしょに働く人々と同じ職場にはいないかもしれない」

　② 「新しくデザインされたフリーダイヤルのコールセンターで働いているだろう」

③「社長がいる都市に引っ越す可能性がある」

④「退職までいることができる会社に入りたい」

第7パラグラフの内容だけからではなく，文全体の主旨から考える問題。②・④は文全体の[主張]と無関係で，③は文全体の主旨「**それぞれが離れたところで仕事をすることが可能である**」とは逆。以上から，①が正解。

問7 「**本文で論議されているのは，IT革命の　　　　である**」

①「会社よりもむしろ働く人々が仕事についてどのように考えているかへの莫大な影響」

②「会社よりもむしろ働く人々が仕事についてどのように考えているかへの限られた影響」

③「**働く人々と会社が仕事についてどのように考えているかへの深い影響**」

④「働く人々と会社が仕事についてどのように考えているかへのわずかな影響」

「**IT革命は仕事に大きな影響を与えている**」という文全体の主旨から考える問題。②「限られた影響」や④「わずかな影響」は[**主張**]に反する。①は，「会社よりむしろ」が[**主張**]に反する。第3・4パラグラフには明らかに，IT革命によって会社が受けた大きな影響の[**具体例**]が示されている。以上から，③が正解。

全体の主旨をつかんでいればきわめて簡単な問題だが，「どこに書いてあったかな」などと考えて本文に戻り，あてはまる内容を探そうとした受験生は戸惑ったはず。

解答 問1 ④ 問2 ④ 問3 ③ 問4 ②
問5 ② 問6 ① 問7 ③

訳 1 私のめいのアンは大学3年生で，最近就職活動を始めた。アンは大学に入学したとき，建築家になりたくて建築関係の会社の仕事を志願するつもりだった。しかし，アンは就職活動の準備をする中で，人々の働き方がこの数年間でずいぶん変化したということに気がついた。その変化の多くはいわゆるIT革命が原因となって生じたということを知った。「IT（情報技術）革命」は，今日の世界で，情報がどのようにとらえられ使われるかに関する劇的な変化を表している。

2 過去12年から15年にわたって，インターネットで手に入るデータの

評論・小説・エッセイ読解問題 479

量と種類，また，とくに，データを処理できる速さが，ほとんどの人が想像できなかった程度まで加速した。これらの発達によって，私たちがどのように情報を使うのか，そして私たちがどのように情報で満ちている環境で働くのかについての新しい考え方が生まれた。端的に言えば，仕事をすることはもはや場所にはよらない。新しい情報共有ソフトウェアによって，離れたところで協力することが便利に，そして能率的になった。

3　その結果，たくさんの新しい事業の形態が出現した。そのような形態の1つは，大きな企業が，多くの場合別の国にある他の会社に不可欠な仕事を行わせるよう設定するというものだ。信頼できて安全な通信手段の発達と，大量のデータを遠く離れたところへただちに送ることができるようになったことによって，これが可能になった。このような仕事を委託する初期の例は，会計の分野で見られる。たとえば，アメリカの会社がまず最初に請求書，注文，賃金支払い明細すべてをコンピュータに取り込んで，コスタリカの会計センターへその文書を送る。基本的な会計作業はそれからその場所で行われる。次に，そのデータはインターネットによって元の会社に返され，そこで高度な分析がなされる。

4　これに似た他の例は海外のコールセンターへの委託であり，それはますます一般的になった。会社にとってこれまでにないほど格安で，インドの電話交換手が，カスタマーサービスの，世界のどこからの電話にも応答して，客に直接返答して満足のいく解決策を提供することが可能になった。現在，そのようなコールセンターに委託している大企業は多い。今日，日本でフリーダイヤルに電話をかけると，中国のチンタオにいる人があなたの問題を解決するために日本語で電話に応答する可能性があるだろう。

5　IT革命が可能にしたもう1つの事業の形は，仕事が地理的にいろいろな場所にいる人々によって，より小さく，より特定の作業に分割されるというものだ。たとえば，互いにかなり離れて暮らしているかもしれないフリーの専門家たちが，新しい半導体の設計をするためにいっしょに働くことができる。グループの1人でカリフォルニアに住んでいる人が，プロジェクトの最初の仕事をいくらかして，できた仕事をサーバにアップロードする。日本にいる同僚が，1日かけてその設計にさらに手を加える。次に，イスラエルにいる人が，そこにアクセスして，その仕事の自分への割り当て分を行う。最後に，カリフォルニアにいるグループの1人がそれをダウンロードして最終チェックをする。このように，世界のいろいろな地域にいるフリーの専門家たちが協力して1つのプロジェクトを完成させる。

6　よく似た例が，パリの依頼人に通信販売のカタログを作るために，ハワイの海辺の自宅で他人に干渉されずに働いている広告デザイナーである。

彼女は，オーストラリアにいる写真家が撮った写真を使い，カナダにいるライターが書いた本文を加え，彼女がコンピュータでつくったアートワークを加えて，最終承認のために完成品を依頼人に発送する。このすべてはデジタル方式で，仕事をする人それぞれ自身の予定に応じてなされる。このように，世界最高の才能の持ち主にそれぞれの仕事を割り当てることが可能になる。

7　アンは就職活動の中で得た知識のおかげで，IT 革命の結果，仕事の性質がどのように変化したのかを今では理解している。アンはまだ建築に興味があるが，この IT の分野はもっとさまざまな好機を提供してくれることがわかっている。アンは，建築の設計そのものを勉強するよりもむしろ，建築家が設計に必要とする仕様書や材料の専門家になることを決心した。このタイプの専門家にとって，十分な仕事が 1 つの事務所にはないことが多いということもまたわかっている。しかし，いろいろな国のいろいろな人々と協力して，フリーの専門家として働くことができると彼女は確信している。アンは今，IT 革命が切り開いた仕事の好機を利用することを楽しみに待っている。

語句

第 1 パラグラフ

▶ **job search**　名「就職活動」

▶ **árchitect**　名「建築家」

▶ **applý for** ～　熟「～を志願する」

▶ **firm**　名「会社」

▶ **the way** S V　熟「S V のやり方」

　　＊　way のあとに関係副詞 that が省略されている

▶ **occúr**　自「生じる」

▶ **refér to** ～　熟「～を指す」

▶ **percéive** ～　他「～を認識する」

第 2 パラグラフ

▶ **aváilable**　形「手に入る」

▶ **in partícular**　熟「とくに」

▶ **the speed at which** S V　熟「S V の速度」

▶ **prócess** ～　他「～を処理する」

▶ **extént**　名「程度」

▶ *A* **lead to** *B*　熟「A の結果 B となる」

▶ **envíronment**　名「環境」

評論・小説・エッセイ読解問題　481

▶ símply put 　　熟 「簡単に言えば」
　　＊　この put は，動詞 put「〜を表現する」の過去分詞
▶ cooperátion 　　名 「協力」
▶ dístance 　　名 「距離」
▶ effícient 　　形 「能率的な」

第3パラグラフ

▶ as a resúlt 　　熟 「結果として」
▶ arránge to（V） 　　熟 「〜するように設定する」
▶ have O V 　　他 「(合意のうえで)O に V してもらう」
　　＊　another company が O，perform 〜が V
▶ lócated in 〜 　　熟 「〜に位置している」
▶ relíable 　　形 「信頼性のある」
▶ secúre 　　形 「安全な」
▶ communicátions 　　名 「通信手段」
　　＊　上記の意味では必ず複数形で用いる
▶ mássive 　　形 「多量の」
▶ accóunting 　　名 「会計」
▶ scan 〜 　　他 「(データ) を読みとる」
▶ dócument 　　名 「書類」
▶ say 　　副 「たとえば」
　　＊　普通両側にコンマをつけ，挿入的に用いる
▶ site 　　名 「場所」
▶ vía 〜 　　前 「〜を経由して」
　　＊　/ vaiə /
▶ oríginal 　　形 「もともとの」

第4パラグラフ

▶ relíance 　　名 「依存」
▶ incréasingly 　　副 「ますます」
▶ respónd to 〜 　　熟 「〜に反応する／返答する」
▶ satisfáctory 　　形 「(基準を満たして) 満足のいく」
▶ tóll-free númber 　　名 「フリーダイヤル」

第5パラグラフ

▶ one ＝ búsiness módel
▶ divíde A ínto B 　　熟 「A を B に分割する」

482

▶ specífic	形	「特定の」
▶ geográphical	形	「地理的な」
▶ fréelance	形	「自由契約の」
＊ 日本語では「フリーの」と訳される		
▶ semicondúctor	名	「半導体」
▶ inítial	形	「最初の」
▶ cólleague	名	「同僚」
▶ colláborate	自	「協力する」
▶ compléte ～	他	「～を完成させる」

第6パラグラフ

▶ that of ～ = the exámple of ～		
▶ clíent	名	「依頼人」
▶ photógrapher	名	「カメラマン／写真家」
＊ cameraman はテレビなどの「カメラマン」のこと		
▶ inclúde ～	他	「～を含む」
▶ appróval	名	「是認／承認」
▶ tálent	名	「才能のある人」

第7パラグラフ

▶ acquíre ～	他	「～を身につける」
＊ the knowledge (which) she has acquired「彼女が身につけた知識」		
▶ in the course of ～	熟	「～のあいだに」
▶ náture	名	「性質」
▶ opportúnity	名	「(よい) 機会」
▶ matérial	名	「材料」
▶ cónfident	形	「自信がある」
▶ a varíety of ～	熟	「さまざまな～」
▶ take advántage of ～	熟	「～を活用する」

第4章 評論・小説・エッセイ読解問題

評論・小説・エッセイ読解問題　483

チャレンジ問題 7

標準 25分

次の文章を読み，問１〜６に対する答えとして最も適当なものを，それぞれ下の ① 〜 ④ のうちから一つずつ選べ。なお，**1** 〜 **7** はパラグラフの番号を表している。

1　When I was a child, our dining room had two kinds of chairs — two large ones with arm rests and four small ones without.　The larger ones stood at the ends of the table, the small ones on the sides.　Mom and Dad sat in the big chairs, except when one of us was away; then Mom would sit in one of the smaller chairs.　I always remained in the same place, at my father's right.　He always sat at the end, at the "head" of the table.　I couldn't imagine either of us sitting in any other position.

2　In the years when I went away to school and came home only during the holidays, the arrangement at the table remained the same.　Sitting where he did, Dad was framed by the window through which the yard could be seen with its carefully cultivated trees and grass.　His chair was not just a place for him at the table; it was a place in which he was situated against the yard and trees, the fences and barbecue, the bikes, and cars.　It was the holy and protected place that was his, and ours through him.

3　Years later, in my mid-20s and uncertain about my future, I returned home.　I remember my feeling at the moment I sat down: "There is still a place for me at this table; things seem understandable here even if I can't yet make sense of my failed attempts in work and love.　I'm glad I can come home to this table."

4　After Dad retired, he and Mom moved out into a small apartment. When they came to visit me at their old house, Dad still sat at the head of the table though the table was no longer his but mine.　Only with my marriage to Barbara, did I hear a voice question the arrangement. She requested, gently but firmly, that I sit at the head of the table in our home.　I realized then that I was head of the family, but I also felt unwilling to introduce such a change.　How would I feel sitting in that "head" place in my Dad's presence?　And how would he handle it?　I was to find out on the occasion of our youngest child's first birthday.

5   Mom and Dad arrived for lunch, and went into the dining room. Dad moved toward his usual seat in front of the window that opened to the backyard.   Before he could get around the side of the table, I took a deep breath and said, "Dad, this is going to be your place, next to Mom, on the side."   He stopped and looked at me.   Then he sat where I had indicated.   I felt awkward, sad, and angry at Barbara for pushing me to do this.   It would have been easy to say, "My mistake, Dad.   Sit where you always sit."   But I didn't.

6   When he and Mom were seated, Barbara and I took our places.   I don't know how Dad felt.   I do know that, though removed from his usual place, he continued to share his best self with us, telling stories of his childhood and youth to the delight of his grandchildren.   As I served the food with my window and yard as background, our lives experienced a change, which we continue to live with.

7   It wasn't easy, but I sense that there is also something good in the change which has occurred.   I am beginning to learn that "honoring one's father" is more than the question of which place to occupy at the dining table.   It also means listening, wherever we sit and whatever our own positions, to the stories Dad longs to tell.   We may then, during these magical moments, even be able to forget about whose chair is whose.

問1   Where did the author's mother sit when one of her children was away?

①   She didn't change her chair.

②   She moved her own chair next to Dad's.

③   She moved to an empty chair on the side.

④   She sat opposite to Dad.

問2   What did the father's chair represent to the author in his school days?

①   It represented a secure family life he could rely on.

②   It represented his father's changing position within the family.

③ It represented the religious beliefs which his father shared with the family.

④ It represented the world which could be seen outside the window.

問3 How did the author respond to his wife's request when he heard it for the first time?

① He agreed, but was worried about the consequences.

② He decided that his father would have to live apart.

③ He disagreed because he knew exactly how his father would react.

④ He refused, gently but firmly, to follow it.

問4 How did the author feel when he told his father to sit on the side?

① He didn't feel bad because his father was going to sit there anyway.

② He felt relieved at having carried out the difficult task.

③ He regretted what he had done and wanted to blame his wife.

④ He was thoroughly satisfied with the new seating arrangement.

問5 What happened during the meal after the family had all taken their new seats?

① The author's children removed their grandfather from his usual place.

② The author's father didn't appear to mind where he sat.

③ The author's father shared his favorite dishes with the grandchildren.

④ They became tense and nervous about their future as a family.

問6 What did the author learn about "honoring one's father"?

① Fathers always long to tell stories about their early years.

② Providing the right chair is the only way to honor one's father.

③ Respect for one's father doesn't depend only on where he sits.

④ The family should dine together at the same table as often as possible.

[本試]

公式発表の正答率は，問1…69％，問2…18％，問3…47％，問4…62％，問5…50％，問6…48％。
問2が勝負の分かれ目であることは明らかである。

解説 各パラグラフの役割と要旨　パラグラフごとのメモをとる ⇒ 原則❶-①

第1パラグラフ：私と父だけは食卓のいすが固定されている
第2パラグラフ：私の学生時代も状況は変わっていない。父のいすは神聖な場所でもあった
第3パラグラフ：私が20代半ばでも状況は変わっていない。家に帰るとほっとした
第4パラグラフ：結婚して初めて，妻のバーバラが座席の位置に異議を唱え，変更を迫った
第5パラグラフ：意を決して父に座席の変更を願い出たときは悲しく，バーバラに腹を立てた。しかし，言葉を撤回することはなかった
第6パラグラフ：座席が変わっても父のようすに変化はなく，上機嫌で孫に話をしてくれた
第7パラグラフ：父を敬うことは，座席の問題とは無関係であることがわかった

全体の要旨　昔は「父の座席」が家族の安定を象徴していると思っていたが，じつは「父の威厳」は座席とは無関係であるとわかった。

問1「子どもの1人が家にいないとき，筆者の母はどこに座っていたか」

　第1パラグラフ最終文の not 〜 either of us の **us はだれを指しているかが理解できているか**どうかがポイント。not 〜 either は「二者のうちどちらも〜ない」の意味だから，この us は「**父と私**」であると気づかねばならない。

　ここがわかれば，第1パラグラフの内容が「**私の家では父と私の席は不動であった**」ということがわかるはず。問1は，その内容をストレートに聞かず，父でも私でもない「母の席」に焦点を当て，「母の席の位置は必ずしも固定されていない」ということが理解できているかどうかを聞いている。

　よって，①「母は席を変えなかった」，④「母は父の反対側に座った」は論外。第1パラグラフ第3文 Mom would sit in one of the smaller chairs「小さないすのうちの1つに座った」より，③「**脇の空いている席に移動した**」が正解。②「父の隣に自分の席を移した」は，本文に記述がないので不可。

問2　「筆者の学生時代，父のいすは筆者にとって何を表したか」

第2パラグラフでは「父のテーブルでの席は，筆者が学生のときも**不動であった**」ことを述べ，第3パラグラフでは「筆者が20歳を超えても**やはり不動であった**」ことを述べている。さらに，「そのおかげで私は**ほっとした**」とあるから，①「**筆者が信頼できる安定した家庭生活を表した**」が正解。

②「父の家族内での変わりつつある位置を表した」は論外。

③「父が家族と共有する宗教的信念を表した」。第2パラグラフの最終文にholyがあるという理由だけでこの選択肢を選んだ人は，**海よりも深く反省せよ**。そもそも**出題に「政治・宗教」がからむわけがない**。

④「窓の外に見える世界を表した」，これに似た記述が本文にはあるが，"「父」＝「窓の外に見えるもの」＝「バーベキューセット」"では**笑うしかない**。本文全体のテーマが見えていないと選んでしまう。

パラグラフとの対応を見つけるだけでは正解に至るのが**難しい**問題。本文のどこに書いてあるかを探すだけではなくて，全体をしっかり読んだうえで答えること。この問題の正解率が**18%**しかないのは，受験生がいかに「**全体を見据え，テーマを追いかけて読む**」ことができていないかの証明でもある。

問3　「妻の要求を初めて聞いたとき，筆者はどのように反応したか」

問2の内容がわかっていれば，「**最愛の家族の象徴**」である「父のいすの位置」を変えることを**ためらった**ことは，容易に予測がつく。

①「**同意したが，結果を案じた**」。筆者の**不安感を見事に表している**。正解。

②「父は離れて住むべきだという判断をした」。そもそも，すでに離れて住んでいるのだから不可。

③「父がどのような反応をするか完全にわかっていたので，**同意しなかった**」。「**ワナ**」の選択肢。このパラグラフだけ読んでいても答えは出ない。

しかし、そもそも同意しなかったら、この物語が進まない。「完全にわかっていた」というのも、第4パラグラフの後半 how would he handle it?「彼（＝父）はどうするだろうか」の記述に合わない ⇒ **原則❹**。

④「筆者はやさしく、しかしきっぱりとそれに従うことを**拒否した**」。やはり、これでは物語が進まない。ちなみに、gently but firmly は、**筆者の妻の発言のようす**についての記述。**笑ってしまう**。

問4 「筆者が父に脇に座るように言ったとき、筆者はどのように感じたか」

問3と同様に、これまでの内容がわかっていれば、とりあえずは「**マイナス**」イメージの選択肢を選ばなければならない。

①「父はいずれはそこに座るのだから悪い気はしなかった」。「プラス」イメージなので論外。

②「難しい仕事を終え、ほっとした」。これも「プラス」イメージなので論外。

③「やったことを後悔し、妻を責めたくなった」。「マイナス」イメージ。

④「新しい席の配置に完全に満足した」。「プラス」イメージなので論外。

「マイナス」イメージの選択肢が1つしかなく、**迷う必要のない問題**。本文の該当箇所を確認するまでもない。

問5 「家族全員が新たな席に着いたあと、食事中何が起きたか」

①「筆者の子どもたちがおじいちゃんをいつもの場所から引きずり下ろした」。**ギャグ**。

②「筆者の父はどこに座るかなど気にしていないように見えた」。第6パラグラフを読めば、「父のいつもと変わらぬ落ち着きぶり」がわかるはず。

筆者の父も、内心では「**息子の成長**」と「**自分の老い**」を感じていただろう。気にしていないとは思えない。しかし、その**複雑な心境**を答えさせるのは無理なので、この選択肢は appear ～「外見上に見える」という単語を用いて「**外見上気にしていないようであった**」とすることで、正解に仕立てている。見事な選択肢である。

③「筆者の父は大好きな料理を孫と分かち合った」。分かち合った

評論・小説・エッセイ読解問題　489

のは「料理」ではない。share his best self with us は「父が最高の自分を私たちと分かち合った ⇒ 父はずっと上機嫌であった」ことを意味する。

④「家族としての将来について，緊張し，不安になった」。論外。

問6　「『父を敬うこと』に関して筆者が学んだことは何か」

要するに，「**あれほど気にしていた席の順序など，じつはどうでもいいことがわかった**」ということ。その主旨に合う選択肢を選べばよい。

①「父は，いつも若いころの話をしたがっているものだ」。たしかに，第7パラグラフ第3文には It also means listening, 〜 to the stories Dad longs to tell.「父を敬うこととは，父の話したいことに耳を傾けること」と書いてある。しかし，これが意味することは，「**父を敬うこと**」という**本文のテーマとは異なる**。「**ワナ**」。

②「適切ないすを提供することが父を敬う唯一の方法である」。「いす」にこだわっている。論外。

③「**父に対する敬意は，父が座る場所だけでは決まらない**」。第7パラグラフ第2文の "honoring one's father" is more than 〜「『父を敬う』というのはダイニングテーブルでどの場所に座るかという問題だけにとどまらない」より，これが正解。

④「家族は同じテーブルで，できるだけ頻繁に，いっしょにごはんを食べるべきだ」。一般論としては正しいかもしれないが，「**父を敬うこと**」とは**無縁**。

解答　問1　③　　問2　①　　問3　①
　　　　　問4　③　　問5　②　　問6　③

訳　**1**　子どものころ，ダイニングルームには2種類のいす ― 肘掛けのついた大きないすが2つと，ついていない小さないすが4つ ― があった。大きいほうはテーブルの両端に置かれていて，小さいのはテーブルの脇に置かれていた。大きないすは母と父専用で，子どものうちの1人がいないときは例外であった。そのときは，母は小さないすのどれかに座った。私の席は，いつも父の右隣に決まっていた。父はいつも奥の，テーブルの「上座」に座っていた。父と私のどちらも，それ以外の場所に座るなんて考えられなかった。

2　私が寄宿学校に行き，帰ってくるのは休暇に限られていたときも，テー

490

ブルの席の位置は変わらなかった。父はいつものところに座り，まるで窓枠で縁取られているようであった。そして，その窓の外には手入れが行き届いた木々と芝生があった。父のいすはテーブルの父のための席にとどまらなかった。そこは，庭や木々，フェンスやバーベキューセット，自転車や車などを背景とした父の居場所であった。それは神聖な守られた父の場所であり，また，父を通して我々家族のものでもあった。

3　何年かが過ぎ，私が20代の半ばにさしかかり，将来について不安を感じていたとき，私は家に戻ってきた。席に座ったときの気持ちを今でも覚えている。「このテーブルにはまだ僕の居場所がある。仕事や恋で何度か失敗し，たとえそれがなぜかわからないとしても，ここに座っていると物事がわかるような気がする。家に帰り，このテーブルにつくことができてよかった」

4　父が退職し，父と母は家を出て小さなアパートに引っ越した。私を訪ねて元の家に戻ってくると，父はまだテーブルの上座に座った。もうそのテーブルは父のものではなく，私のものになっていたのにである。私がバーバラと結婚して初めて，その席順に疑問を投げかける声を聞いた。バーバラはやさしく，しかしきっぱりとした口調で「あなたが家の上座に座ったら？」と言った。そのとき私は，自分こそが家族の大黒柱だとわかったが，そのような変更を加えるには抵抗があった。「父のいるところで『上座』に座ったらどんな気持ちになるのだろうか？」「また，父はそれを見てどうするだろうか？」と私は思った。一番下の子どもの1歳の誕生日に，その答えがわかることになった。

5　父と母が昼食を食べにやってきて，ダイニングルームに向かった。父は裏庭に面した窓の前のいつもの席に向かった。父がテーブルの脇を回りきらないうちに，私は深呼吸をして言った。「お父さん，ここがお父さんの席です。テーブルの脇のほうの，お母さんの隣です」父は立ち止まって私を見た。そして，指示されたところに座った。私はバツが悪く，悲しくて，こんなことをさせたバーバラに腹が立った。「お父さん，僕の間違いです。いつものところに座ってください」と言うのは簡単だった。けれど，言わなかった。

6　父と母が席についたとき，バーバラと私も席についた。父の気持ちはわからないが，ただわかったのは，父はいつもの席から追い出されたのに，ずっと上機嫌で，自分の小さいときの話や若いときの話をし，孫を喜ばせたということだ。私が窓と庭を背景として食事を振る舞ったとき，私は，私たち家族の生活の変化を経験し，今もそのままである。

7　それは簡単ではなかったが，生じた変化にはよいところもあると感じて

いる。「父を敬う」というのは，ダイニングテーブルでどの場所に座るかという問題だけにとどまらないということがわかり始めた。それは，どこに座っていようが，立場がどうであろうが，父の話したいことに耳を傾けることを意味するのだ。そうすれば，この不思議な時間のあいだ，どのいすがだれの席かなど，忘れることさえできるのかもしれない。

(語句) 第1・2パラグラフ

▶ **except when** S V「S が V するときを除いて」
  * 〈except + 副詞節〉に注意

▶ **not ～ either of us**「私たち2人のうちどちらも～ない」
  * 完全否定

▶ **go away to school**「家を離れて（寄宿舎などのある）学校に行く」

▶ **the window through which** S V「窓 + それを通して S が V する」
  * 長文読解の際には，関係代名詞は代名詞に置き換えて読み進めよう

▶ **not just** *A* ; *B*　　熟　「A だけでなく B も」
  * not only *A* but *B* の類似表現

▶ **be situated against** ～「～を背景として位置している」
  * against ～ は「～と父とのコントラスト」を表している

▶ **his, and ours through him**
  「父の場所であり，父を通して我々の場所であった」
  * his = his place / ours = our place

第3・4パラグラフ

▶ **make sense of** ～　　熟　「(とくに困難・複雑なもの) を理解する」
  * 「～から意味を作る」と考えるとよい

▶ **only with** ～ **did I hear** ...「～して初めて私は…を耳にした」
  * 〈only with ～〉の副詞句が文頭に置かれると，後ろは倒置形となる。形は疑問文と同じ形式となる

▶ **requést that I sit**「座るよう私に要求する」
  * request は suggest などと同様，後ろに〈that S + 原形動詞〉の形をとる

▶ **I was head**「私が長であった」
  * 「官職・地位」を示す名詞が補語にきた場合には，冠詞が略されることに注意

▶ **How ～?　And ... handle it?**
  * 描出話法（登場人物の発言，心理を生き生きと描写するための修辞法）で書かれている

492

▶ **be to find out** 〜「〜がわかることになる」
  ＊ いわゆる be to V の構造

第5〜7パラグラフ

▶ **befóre S can V** 　熟 「S が V できる前に」
  ＊ S が V しないことを示唆する

▶ **take a deep breath** 　熟 「深呼吸する」

▶ **feel áwkward** 　熟 「バツの悪さを感じる」
  ＊ awkward は，"awk「ズレた」+ ward「方向」"
     関連 toward / backward

▶ **It would have been easy** 「簡単だったかもしれない」
  ＊ 仮定法過去完了形

▶ **though removed from** 〜「〜から追い出されたが」
  ＊ though he was removed from 〜 を，接続詞の though を省略せずに，分詞構文にした形

▶ **to the delight of his grandchildren** 「孫が喜ぶまで」
  ＊ to my surprise「私が驚いたことには」などと似た表現

▶ **with my** 〜 **as background**「私の〜を背景として」
  ＊ 「付帯状況」の with

▶ **the question of which place to occupy**
  「どの位置を占めるかという問題」
  ＊ of which と読んではいけない。ここでの of は「同格」の関係を示し，「〜という…」という意味

▶ **long to** (V) 　熟 「V することを熱望する」

評論・小説・エッセイ読解問題　493

チャレンジ問題 8

次の文章を読み，問1～6の[　　]に入れるのに最も適当なものを，それぞれ下の①～④のうちから一つずつ選べ。なお，**1 ～ 13** はパラグラフの番号を表している。

1　Douglas Corrigan peered out of the window of his airplane. Below, a thick blanket of fog hid the ground from view. Earlier that morning on July 17, 1938, Corrigan had taken off from New York. He hoped to fly nonstop to the West Coast.

2　Flight across the continent was still unusual, and in a plane like Corrigan's, it was a daring venture. Corrigan had bought the plane secondhand. It had been a four-seater built to fly short distances, but he had replaced three of the seats with extra fuel tanks and changed the original engine for one with more horsepower. Corrigan had worked diligently on every inch of the plane he called *Sunshine*.

3　Ever since he had been a boy hanging around the Los Angeles airfields doing odd jobs, he had loved flying. Corrigan had no money and very little formal education. His father had abandoned the family, and a few years later his mother died. By working hard and doing without many things, including breakfast and sometimes lunch, he saved enough money to take flying lessons at the age of eighteen.

4　Corrigan's dream was to fly across the Atlantic, as his hero, Charles Lindbergh, had done. But when Corrigan applied for a license to fly to Europe, the inspectors took one look at the condition of the plane and refused to issue him one. However, Corrigan did talk them into giving him a license to fly nonstop from Los Angeles to New York and, if things went well, to try the return trip from New York back to the West Coast.

5　Things went well. In spite of rough weather, Corrigan made the trip east in twenty-seven hours. He was confident that both he and *Sunshine* could cross the continent a second time.

6　Spectators gathered as Corrigan climbed into the plane. Few supplies were aboard. Except for a box of cookies and some candy bars, he wasn't taking much with him, not even a parachute.

Sunshine was already carrying a heavy load of fuel, so he didn't want to add any more weight.

7 As dawn was breaking, the overweight plane rose with difficulty into the sky. Within a few minutes, Corrigan and his plane were swallowed by the fog. He soon noticed that one of his compasses didn't work. But he wasn't worried. A second compass on the floor of the plane was set for a westerly course. Corrigan swung the plane around to match the compass setting, and climbed above the fog. Ten hours later he was still flying above the fog.

8 As darkness closed around the plane, Corrigan's feet began to feel wet and chilled. He turned on his flashlight. The floor of the cabin was covered with gasoline that had leaked from the main tank. With a screwdriver, Corrigan poked a hole through the cabin floor so that the gasoline could safely drain into the open air. He wasn't too worried about the loss of fuel. After all, he thought, he could always land if he ran out of gasoline.

9 Hour after hour, Corrigan flew on through the night, following his compass needle. His muscles ached from sitting too long in one position. His gasoline-soaked feet were numb.

10 When daylight came, Corrigan was surprised to see water below him. He checked his compass and realized that in the poor light he had matched his course to the wrong end of the compass needle. Instead of flying west, toward California, he had flown east, out over the Atlantic Ocean.

11 He had no idea how far from land he was. He had no radio, no parachute, and he was running low on fuel. There was only one thing he could do: keep flying and hope he reached land before running out of gas.

12 Twenty-eight hours after takeoff, he spotted land. At a large airfield, Corrigan brought *Sunshine* safely back to Earth. He was approached by an army officer.

13 "Hi," Corrigan said. "I got turned around in the fog. I guess I flew the wrong way." He soon found out he had landed near Dublin, Ireland. And it wasn't long before the whole world knew about "Wrong Way" Corrigan, the man who flew backward into his dream.

問1　What kind of plane was the *Sunshine*? ☐

① A four-seater which could fly only short distances.

② A small, used plane changed to seat one person.

③ A three-seater with extra fuel tanks.

④ One with an extra engine for more horsepower.

問2　What did Corrigan get permission to do? ☐

① To fly across the continent and back.

② To fly from the U.S. to Europe.

③ To fly only one way from New York to Los Angeles.

④ To fly only short distances.

問3　What was the reason that the *Sunshine* had difficulty taking off?
☐

① Corrigan found that one of his compasses was broken.

② Many supplies were necessary for such a long trip.

③ The fog made it difficult for Corrigan to see the controls.

④ There was a large quantity of fuel on board.

問4　Why wasn't Corrigan too worried about losing fuel? ☐

① He had carried plenty of fuel with him.

② He managed to drain the gasoline into the sky.

③ He thought he could land at any time.

④ He was more concerned about the numbness in his feet.

問5　When daylight came, what did Corrigan discover? ☐

① Both of his compasses were broken.

② He had forgotten his parachute and was running low on fuel.

③ He had used the compass incorrectly.

④ He was already near his destination.

問6　Why was the hero of the story called "Wrong Way" Corrigan?
☐

① He failed to make his dream come true.

② He flew back to Los Angeles.

③ He fulfilled his dream in an unexpected way.

④ He landed in Dublin instead of New York.　　［本試・改題］

公式発表の正答率は，問1…14％，問2…41％，問3…46％，問4…53％，問5…52％，問6…51％。

解説 各パラグラフの役割と要旨　パラグラフごとのメモをとる ⇒ 原則❶-①

第1パラグラフ	： ニューヨークから出発。ノンストップで西海岸へ行きたい
第2パラグラフ	： 中古の小型飛行機を徹底的に改造
第3パラグラフ	： パイロットの免許を取るために苦労を重ねる
第4パラグラフ	： ロサンゼルスからニューヨーク，もしうまくいけば帰りもOKという許可証を取る
第5・6パラグラフ	： ロサンゼルスからニューヨークへは万事順調。帰りの準備。重量制限
第7パラグラフ	： 燃料を積み過ぎて重量オーバーだが，ロサンゼルスに向けなんとか出発。コンパスの1つが故障していたが，大丈夫
第8・9パラグラフ	： トラブルがあるが，致命的なものではない。
第10パラグラフ	： 夜が明け，方向を間違えていることが判明。大西洋上を東に向けて飛んでいる
第11パラグラフ	： 絶体絶命
第12・13パラグラフ	： アイルランドに不時着。一躍有名人となる

全体の要旨 自作の飛行機で大西洋横断を試みたかったが許可が出ず，アメリカ横断をすることになった。コンパスを見間違えた結果，偶然にも大西洋を横断することに成功した。

　まず，解答する前に次の流れを確認しておく。
　コリガンの本来の予定は「ロサンゼルス ⇒ ニューヨーク ⇒ ロサンゼルス」。それが「ロサンゼルス ⇒ ニューヨーク ⇒ ダブリン」になってしまったのである。にもかかわらず，第1パラグラフを見ると「ニューヨークから」とあるから，**このパラグラフは，本来途中に入るべきものである**ことがわかる。正確には，第7パラグラフ第2文の後ろに入れるべき一節なのである。

問1　「サンシャインとはどんな飛行機だったか」
　文章を最後まで読めば，「1人乗り用の飛行機」であることは明白。

評論・小説・エッセイ読解問題　　497

第4章　評論・小説・エッセイ読解問題

念のため，*Sunshine* について説明している第 2 パラグラフ第 2 文の Corrigan had bought the plane secondhand. と次の文の It had been a four-seater built 〜 . を確認。

この 2 つの文に述べられた内容を列挙すると，次のとおりになる。
❶「中古で買った」，❷「短距離用である」，❸「改造をほどこした」。
原則❹ に従って，この 3 つの内容を網羅する選択肢を探すと，②「**一人乗り用に改造をほどこされた，小さな中古の飛行機**」しかない。「**短距離用**」は **small** で，「**中古で買った**」は **used** で，「**改造をほどこした**」は **changed to seat one person** で言い換えられている ⇒ **原則❸**。

雑な受験生は「small なんて本文にない」という理由でこの選択肢を選ばなかった。そんな受験生が全体で 30 万人！

①「短距離しか飛べない 4 人乗り」。これは改造前の姿。fly only short distances という「**本文そのまま**」の表現を「**あやしい**」と思う感覚が必要。

③「余分の燃料タンクがある 3 人乗り」。論外。

④「より大きな馬力のための予備エンジンのついたもの」。選択肢に **an extra engine**「**予備エンジン**」とあるが，これは第 2 パラグラフ第 3 文の extra fuel tanks「予備燃料タンク」とは似て非なるもの。引っかかってはいけない。

問2　「コリガンは何をする許可を取ったか」

大西洋を横断したことによって「道を間違えた」コリガンと言われることになったのだから，少なくとも**大西洋横断の許可ではない**ことがわからなければならない。

①「**大陸を横断し，戻ってくる飛行のための**」。これが正解。該当箇所は第 4 パラグラフ。

②「アメリカからヨーロッパまで飛行するための」。論外。

③「ニューヨークからロサンゼルスまで片道だけを飛行するための」。第 4 パラグラフ最終文に，**to fly nonstop** 〜 and 〈if ...〉 **to try the return trip** とあり，ニューヨークとロサンゼルスを，片道ではなく**往復する**飛行の許可を（条件付きではあるが）取ったことがわかるので，不可。

④「短距離だけを飛行するための」。論外。

問３ 「サンシャインが離陸に手間取った理由は何か」

大陸を横断するために「3 つの座席を燃料タンクに改造した」のであるから，機体が重くて飛べないのは明白。念のため第 6 パラグラフを確認する。

① 「コリガンにはコンパスの 1 つが壊れているのがわかった」。論外。

② 「そのような長旅には多くの物資が必要であった」。第 6 パラグラフ第 3 文に not even a parachute「パラシュート**さえ**ない」と書いてあるので不可。

③ 「霧のため，コリガンが操縦パネルを見ることが困難になった」。原因は，天候にではなく，飛行機にある。的外れ。もちろん，本文にもまったく記述がない。

④ 「**多くの燃料を積んでいた**」。これが文句なく正解。

問４ 「**燃料を失っても，コリガンがそれほど心配しなかったのはなぜか**」

第 8 パラグラフ最終文に After all で始まる箇所がある。この箇所は，コリガンが**アメリカ大陸を横断している**と**勘違い**していて，いつでも不時着できると思っていることを表している。なお，**After all** は，文頭で用いられるときは［補足理由］**を示す**ことを覚えておきたい。もちろん，この知識がなくても答えはわかるはずだ。

① 「多くの燃料を積んでいた」。理由として成立しない。

② 「ガソリンを空へ流すことができた」。これも的外れ。drain「流れ出る」などという，**本文そのままの難語が正解になる可能性は低い**。

③ 「**いつでも着陸できると思っていた**」。これが正解。

④ 「足が冷たくなったことのほうが心配だった」。こんな記述はどこにもない。

問５ 「**夜が明けたとき，コリガンは何を発見したか**」

第 10 パラグラフ第 1 文に Corrigan was surprised to see water below him.「**水**(= **海**)を見つけた」とある。そして，その理由は，次の文に matched his course to the wrong end of the compass needle「コースをコンパスの針の逆方向に合わせて」とあるように，「**コンパスを間違って使った**」からである。

① 「コンパスが両方とも壊れていた」。「**ワナ**」の選択肢。第 7 パラ

評論・小説・エッセイ読解問題　499

グラフ第3文 He soon noticed that one of his compasses didn't work. および，第5文 A second compass on the floor of the plane was set for a westerly course. より，少なくとも片方のコンパスは壊れていないことがわかる。適当にやっていると間違える。

②「パラシュートを持ってくるのを忘れていて，燃料ももうすぐなくなりそうだ」。論外。

③「コンパスを間違った方法で使用した」。正解 ⇒ 原則❷ 。

④「目的地に近い」。論外。「海」を見たときに方向を間違えたとわかったはず。

問6 「この物語の主人公が『道を間違えた』コリガンと呼ばれたのはなぜか」

文全体のテーマさえわかれば容易に解ける問題。

①「夢を実現できなかった」。論外。

②「ロサンゼルスに戻った」。論外。

③「予期せぬ方法で夢を実現した」。最終パラグラフ最終文 the man who flew backward into his dream「逆方向へ飛んだために夢を実現した男（＝コリガン）」の**見事な言い換え** ⇒ 原則❸ 。

④「ニューヨークではなくて，ダブリンに着陸した」。「ワナ」。「ニューヨークではなくて」が「**ロサンゼルスではなくて**」なら正解。

解答 問1 ② 問2 ① 問3 ④
問4 ③ 問5 ③ 問6 ③

訳 1 ダグラス・コリガンは機内から外を注意深く見た。下は厚い毛布のように濃い霧で覆われており，地面が見えなかった。1938年7月17日の早朝，コリガンはニューヨークを飛び立った。無着陸飛行で西海岸まで行こうとしていた。

2 当時，大陸横断飛行などまだ珍しく，コリガンのような飛行機での試みなど無謀であった。その飛行機は中古で手に入れたもので，短距離用の4人乗りのものであった。しかし，コリガンは座席のうち3つを取り外し，そこに予備燃料タンクを取りつけた。さらに，元のエンジンを，もっと馬力の出るものに取り替えた。コリガンは，サンシャインと名づけたこの飛行機のすみずみに至るまで手を加えた。

3 コリガンは，雑用係としてロサンゼルスの空港でうろついていた少年時代から，空を飛ぶことが好きだった。お金などまったくなく，正規の教育を受けたこともほとんどなかった。父は家族を見捨てて出て行き，そ

の数年後には母が亡くなった。コリガンは懸命に働き，さまざまなものを我慢した。朝ご飯を抜き，時には昼ご飯も抜いた。そして，18歳のときにはパイロット養成の講習を受けるだけの資金を蓄えたのであった。

4　コリガンの夢は，あこがれの人であるチャールズ・リンドバーグが成し遂げたように，大西洋を飛行機で横断することであった。しかし，コリガンがヨーロッパまでの飛行許可証を取る申請をしたとき，審査官たちは飛行機の状態をひと目見て，許可証を出すのを拒んだ。それでも何とか審査官を説得し，ロサンゼルスからニューヨークまでの無着陸飛行の許可証と，もしそれがうまくいけばという条件で，ニューヨークから西海岸まで戻ってくるための許可証をもらった。

5　万事うまくいった。荒天にもかかわらず，コリガンは27時間で東海岸へ到着した。自分もサンシャインも，もう一度大陸横断に耐えられるという自信があった。

6　コリガンが飛行機に乗り込むとき，見物人が集まってきた。飛行機に積載されている物資はわずかであった。クッキー1箱とキャンディーバー以外にはほとんど何も積んでおらず，パラシュートさえなかった。サンシャインはすでに燃料をずいぶん積んでいて，それ以上重量を増やしたくなかったからである。

7　明け方，積載過剰の飛行機はやっとのことで空へ舞い上がり，しばらくすると，コリガンと飛行機は霧に飲み込まれた。コンパスの1つが故障していることがすぐにわかった。だが，コリガンに心配などなかった。飛行機の床にもう1つのコンパスがあり，それが西向きに合わせてあったからだ。コリガンはコンパスの方位に合うよう飛行機を旋回させ，霧の上へと出た。10時間後，まだ霧の上空を飛行していた。

8　夕闇が飛行機を包むころ，コリガンは足もとがぬれて冷たくなっていることに気づいた。懐中電灯をつけてみると，操縦室の床一面がメインタンクから漏れ出したガソリンで覆われていた。コリガンは，ガソリンが空中に安全に流れ出るように，ドライバーを使って操縦室の床に穴を開けた。燃料漏れのことはそれほど気にはならなかった。「まあ，ガス欠になれば不時着すればいいだけだ」と，コリガンは考えた。

9　コリガンは，コンパスの針に従って夜通し何時間も飛び続けた。あまりに長いあいだ同じ姿勢でいたため，筋肉のあちこちが痛み始めた。ガソリンでびしょぬれになった足は感覚がなくなった。

10　夜が明けたとき，コリガンは眼下の水面を見て驚いた。コンパスを点検してみると，薄明かりの中でコースをコンパスの針の逆方向に合わせてしまったことに気がついた。西のカリフォルニアに向かって飛んでいるのではなく，大陸を離れ，東の大西洋上空を飛んでいたのだ。

11 陸地からどれほど離れたところにいるかわからなかった。無線もパラシュートもない。おまけに燃料もわずかしか残っていなかった。コリガンにできることはただ１つ。このまま飛び続け，ガス欠になってしまう前に陸地に着くことを願うだけだった。

12 離陸して28時間後，陸地を発見した。大きな飛行場に，コリガンは無事にサンシャインを着陸させることができた。１人の軍の将校が近づいてきた。

13 「こんにちは」とコリガンは言った。「霧で方向が逆になってしまいました。コースを間違えて飛んだようです」。着陸したのは，アイルランドのダブリンの近くであることを間もなく知った。逆方向へ飛んだために夢を実現した，「道を間違えた」コリガンのことは，まもなく全世界が知ることとなった。

語句

第1・2パラグラフ

▶ **peer out of ～**　熟「～から（しばしばよく見えないものを）慎重に見る」

▶ **hide ～ from view**　熟「～を視界からさえぎる」

▶ **dáring**　形「危険をともなう」

▶ **buy ～ sécondhánd**　熟「～を中古で買う」

▶ **fóur-seater**　名「座席が4つついた車・飛行機」

▶ **repláce A with B**　熟「A と B を取り替える」

▶ **change A for B**　熟「A を B に変更する」

▶ **work on ～**　熟「～に取り組む」

▶ **évery inch**　熟「すみずみ」

第3・4パラグラフ

▶ **hang aróund ～**　熟「～をぶらぶらする」

▶ **odd jobs**　名「雑用」

▶ **abándon the fámily**　熟「家族を捨てる」

▶ **do withóut ～**　熟「～なしですます」

▶ **inclúding ～**　前「～を含めて」

▶ **applý for ～**　熟「～を申請する／申し込む」

▶ **inspéctor**　名「審査官」

▶ **íssue ＋ 人 ＋ 物**　他「(人)に(物)を発行する」

第5～7パラグラフ

▶ **be cónfident that S V**　熟「S が V することに対して自信が

- spéctator 名「(スポーツなどの) 観客」
- climb into ~ 熟「(はうようにしてやっとのことで) ~に入る」
- be abóard 熟「(荷物などが飛行機・船などに) 積み込んである」
- dawn breaks 熟「夜が明ける」
- rise into the sky 熟「空まで上がる」
- be swállowed by ~ 熟「~に飲み込まれる」
- work 自「(機械類が) 作動する」
- swing the plane around 「飛行機を旋回させる」
- match the cómpass setting 「コンパスの設定に (機体の向きを) 合わせる」

第8〜10パラグラフ

- chilled 形「凍えている」
- leak from ~ 熟「~から漏れる」
- poke a hole 熟「穴をあける」
- so that S can V 熟「S が V できるように」
- run out of ~ 熟「~を切らす」
- ache 自「痛む」
- in the poor light 「弱い光の中で ⇒ 薄明かりの中で」
- the wrong end of ~ 「~の間違ったほうの先 ⇒ ~の反対側の先」

第11〜13パラグラフ

- have no idea ~ 熟「~がさっぱりわからない」
- spot land 「陸を見つける」
- bring ~ back to Earth 「~を地上に連れ帰る」
- it wasn't long before S V 「まもなく S は V した」
- fly backward into his dream

「反対方向に向かって飛行し,夢にたどり着く」

君たちも,コリガンのように勇気をもって未来に踏み出そう!

竹岡　広信（たけおか　ひろのぶ）

　京都大学工学部・文学部卒業。現在、駿台予備学校講師（京都、大阪、名古屋を中心に、衛星放送講座の「駿台サテネット21」にも出講）、学研プライムゼミ特任講師、および竹岡塾主宰。

　授業は、基礎から超難関のあらゆるレベル、あらゆるジャンルに幅広く対応。駿台の講習会は、受付日初日に定員オーバーとなる超人気講座。校舎所在地以外の他府県からの受講生も多数。また、近年は、絶えず新しい英語教育を実践しようとする姿勢が高く評価され、高等学校の教員を対象とした研究会でも講師を務める。その活躍は、NHK「プロフェッショナル　仕事の流儀」でも紹介された。

　授業は毒舌に満ちているが、それは受講生への愛情の裏返し。趣味が「効果的な英語の教材作成」で、夜を徹しての教材執筆も苦にしない"鉄人"。

　著書に、『CD 2 枚付 決定版 竹岡広信の 英作文が面白いほど書ける本』『DVD付 竹岡広信の「英語の頭」に変わる勉強法』『改訂版 センター 試験 英語［読解］の点数が面白いほどとれる本』『CD 2 枚付 センター試験 英語［文法・語句整序・発音・アクセント・リスニング］の点数が面白いほどとれる本』（以上、KADOKAWA）、『竹岡の英文法・語法 ULTIMATE 究極の600題』（学研プラス）、『ドラゴン・イングリッシュ基本英文100』（講談社）、『必携 英単語 LEAP』（数研出版）、『入門英文問題精講』（旺文社）、『英作文基礎10題ドリル』（駿台文庫）、『竹岡の英検 2 級マスター』（教学社）などがある。

だいがくにゅうがくきょうつう
大学入学共通テスト
えいご　　　　　　　　　　　　　　てんすう　　　　　おもしろ　　　　　　　　ほん
英語［リーディング］の点数が面白いほどとれる本

2020年 6 月12日　初版　第 1 刷発行
2020年 9 月30日　　　　第 3 刷発行

たけおか　ひろのぶ
著者／竹岡 広信

発行者／川金 正法

発行／株式会社KADOKAWA
〒102-8177　東京都千代田区富士見2-13-3
電話 0570-002-301(ナビダイヤル)

印刷所／図書印刷株式会社

本書の無断複製（コピー、スキャン、デジタル化等）並びに
無断複製物の譲渡及び配信は、著作権法上での例外を除き禁じられています。
また、本書を代行業者などの第三者に依頼して複製する行為は、
たとえ個人や家庭内での利用であっても一切認められておりません。

●お問い合わせ
https://www.kadokawa.co.jp/（「お問い合わせ」へお進みください）
※内容によっては、お答えできない場合があります。
※サポートは日本国内のみとさせていただきます。
※Japanese text only

定価はカバーに表示してあります。

©Hironobu Takeoka 2020　Printed in Japan
ISBN 978-4-04-604212-5　C7082